古代歷史文化 研究輯刊

二六編

王明蓀 主編

第3冊

狄宛第一期以降瓬疇曆圖與流變體釋
——狄宛聖賢功業祖述之三（第三冊）

周興生 著

國家圖書館出版品預行編目資料

狄宛第一期以降瓬疇曆圖與流變體釋——狄宛聖賢功業祖述
之三（第三冊）／周興生 著 -- 初版 -- 新北市：花木蘭文化
事業有限公司，2021〔民 110〕
目 2+298 面；19×26 公分
（古代歷史文化研究輯刊 二六編；第 3 冊）
ISBN 978-986-518-586-2（精裝）
1. 天文學 2. 中國
618   110011815

古代歷史文化研究輯刊
二六編 第 三 冊   ISBN：978-986-518-586-2

狄宛第一期以降瓬疇曆圖與流變體釋
——狄宛聖賢功業祖述之三（第三冊）

作　　者　周興生
主　　編　王明蓀
總 編 輯　杜潔祥
副總編輯　楊嘉樂
編　　輯　許郁翎、張雅淋、潘玟靜　美術編輯　陳逸婷
出　　版　花木蘭文化事業有限公司
發 行 人　高小娟
聯絡地址　235 新北市中和區中安街七二號十三樓
　　　　　電話：02-2923-1455／傳真：02-2923-1452
網　　址　http://www.huamulan.tw 信箱 service@huamulans.com
印　　刷　普羅文化出版廣告事業
初　　版　2021 年 9 月
全書字數　673187 字
定　　價　二六編 32 冊（精裝）台幣 88,000 元

狄宛第一期以降瓬疇曆圖與流變體釋
——狄宛聖賢功業祖述之三（第三冊）

周興生　著

第二卷　瓧疇圖體釋之基暨狄宛瓧疇圖釋

一、效獸曆為隆階及寄丸事與形土曆為

（一）舊石器期末以降獵人祖恃虎曆生殖

1. 舊石器期末宗女效雌虎仲冬昏圍為諸夏人產之始

1）朱彬孫希旦陳夢家舊說高禖起源不清

（1）《月令》《周官媒氏》記春二月會男女

昏菁事傳承何久，甚難窺知。其更改記於《禮記‧月令》。其更改須在鳥官氏世或其後。仲春會男女初起於何時，文獻不記。《禮記‧月令》「仲春之月，其日甲乙，其帝大皥，其神句芒，其蟲鱗……。是月也，安萌牙，養幼少，存諸孤。擇元日，命民社……。是月也，玄鳥至。至之日，以大牢祠於高禖。天子親往，后妃帥九嬪御。乃禮天子所御，帶以弓韣，授以弓矢，於高禖之前」。

《周禮‧地官‧媒氏》所言：「媒氏掌萬民之判……仲春之月，令會男女；於是時也，奔者不禁。若無故而不用令者，罰之」。

此二文獻互證，東周曾存春二月男女歡會之事。又依《月令》，春分時節歡會涉曆法與物候玄鳥。昏菁二字之菁，宜以圍代，故在圍（通娶）字早而菁字遲起。菁於狄宛第二期乃井宿名，《祖述之二》既考，不贅言。

（2）朱彬說不俱禖神男女

朱彬援《明堂令》曰：「玄鳥至之日，祠於高禖以請子」。朱氏言：「故

乳從乙。請子必以乙至之日者，乙，春分來，秋分去，開生之候鳥。帝少昊司分之官也」。朱氏援《續漢書禮儀志》引蔡邕《章句》云：「高，尊也。禖，媒也，吉事先見之象也。蓋為人所以祈子孫之祀。玄鳥感陽而至，其來主為字乳蕃滋，故重其至日，因以用事。契母簡狄，蓋以玄鳥日至，有事高禖，而生契焉」。朱彬又俱其援鹵制注云：「居明顯之處，故謂之高，因以求子，故謂之禖」。朱彬援孔穎達云：「蔡邕以為禖神高辛巳前舊有……。不由高辛氏而有高禖。又《生民》及《玄鳥》毛傳云：『姜嫄從帝而祠於郊禖』，又云『簡狄從帝而祈於郊禖』，則是姜嫄、簡狄之前先有禖神矣」。朱氏援王引之云：「鄭、蔡、盧三家之說，皆非也。高者，郊之借字。古聲高與郊同，故皆高為郊〔註1〕」。

　　蔡氏言姜嫄前既有禖神，此說可從。又依蔡氏言推測，高禖掌春分使帝後有身。倘非如此，何以祠高禖。於此宜問：高禖如何能為此？倘再問：高禖為男神、女神？倘為男神，則主雄壯，男君祠之。倘為女神，則君後祠之，何勞君祭之？男君者，蔡氏所謂帝也。

　　朱彬言姜嫄、簡狄前既有禖神。倘從此說，「姜嫄」、「簡狄」「從帝」之「從」堪否釋如「順從」之「從」？倘是，「帝」、姜嫄之昏圂如何？

　　（3）孫希旦說伏犧為禖神但不能釋祀南郊

　　孫希旦曰：「玄鳥，鳦也。古以玄鳥至為祠高禖之候。《詩》云『天命玄鳥，降而生商』是也。高禖，祈嗣之祭也。高，尊也。禖者，禖神，謂先帝始制為嫁娶之禮者，蓋伏羲也。高禖之禮，祀天於南郊，而以禖神配之。鄭氏曰：變『媒』言『禖』，神之也。御，謂從往侍祠。《周禮》天子有夫人，有世婦，有女御，獨云『帥九嬪』，舉中言也。天子所御謂今有娠者。於祠，大祝酌酒，飲於高禖之庭，以神惠顯之也。帶以弓韣，授以弓矢，求男之祥也。《王居明堂禮》曰：『帶以弓韣，禮之禖下，其子必得天材。』」孫氏援孔穎達曰：「《周禮》媒氏注：『媒之言謀也。謀合異類，使和成者。』《世本》及譙周《古史》云：『伏羲制以儷皮嫁娶之禮。』既用以配天，先媒當是伏犧也。『媒』字從女，今從示，是神明之也。祭高禖，是祭天，高禖為配祭之人。祭天特牲，此用大牢者，謂配帝之牲也」。孫氏云：「《周禮》不言高禖之祭，然以《生民》、《玄鳥》之詩及《王居明堂禮》證之，則祠禖祈嗣之禮由來久矣。意者天

〔註1〕朱彬：《禮記訓纂》，中華書局，1996年，第228頁～第229頁。

子繼嗣不蕃，乃特行之。《周禮‧大宗伯》國有故，則旅上帝。其中蓋兼有此祭。若以此為歲祭之常，則未免於瀆也〔註2〕」。又依孫希旦說，君嗣不蕃，宜祠高禖。否則罷。

檢鄭言變媒為禖，神之也。檢《金文編》十二畫下無「媒」字，《甲骨文編》未見此字。而孫氏以伏犧為禖神，憑據不足。況且，祀於南郊之故不清。孫氏等同高禖之祭、天之祭。今問，禖神、高禖、南郊之祀有何聯繫？

（4）陳夢家高禖始於商族說乏基

陳夢家考證，高唐即高密，而高密，乃高禖之轉音。援《魯頌‧閟宮》為證。又援聞一多曰：「夏殷周三代皆以其先妣為高禖，夏人塗山氏，殷人簡狄，周人姜嫄」。陳氏是之。又云：先妣為高禖即以先妣為高禖之神。高禖高密音轉。其初指高丘密厓，初人野合之處。久而尊其處為神宮。

陳氏又言，高禖、郊社與祖廟為一。他講，高禖即社。高禖為祖妣發祥地，故祀高禖亦即祀最古之宗廟。宗廟、高禖、郊社，並是同源分化者。卜辭凡⌂，即宀字，皆為宗廟。卜辭上甲前之先祖稱「高祖」，又有高妣。古文祖作且。且象古宗廟形。而高妣疑高密之轉，世傳媒神，多其祖之先妣，三代皆然。高禖祖廟本是一事：高禖行於山厓石壁，祖廟亦然；高禖用石，宗廟以石為主。援許慎《五經異義》曰：「《春秋左傳》曰：衛悝反祏於西圃。祏，石主也。主大夫以石為主，今山陽民俗祭以石主」。陳氏釋祏援《說文》云：「宗廟主也，《周禮》有郊宗石室，一曰大夫以石為主，從示石，石亦聲」。

陳氏又云，古之示（主）疑皆石為之。陳氏又言，「高禖始於商族」。他推測，卜辭祀東母、西母，疑即高禖。蓋商人有先妣二元傳說，故有娀二佚女，實為最初之高禖。陳氏文注22云：西母疑即西王母。《穆天子傳》周王見西王母於瑤池之上，立石弇山，疑即郊禖故事；瑤池猶《離騷》之瑤臺。《離騷》凡記高禖必有遠遊而求之說。此傳特誇大之。疑穆王西獵，或實有其事。造父為御，其族西遷。陳氏推問，西王母之國其或在秦州。由此導出古雍州有眾高神明地名，譬如密畤好畤，屬瑤池之故跡。陳氏在文後《補錄》云：按《說文》謀之古文從母從口，是高禖乃高母之轉音，而卜辭之東母西母或是東禖西禖。商之先妣，卜辭之東母西母，傳說上之佚女，皆以一對為定例。《大荒東經》帝俊下二臺。《海內北經》「帝堯臺、帝嚳臺、帝丹朱臺、帝舜

〔註2〕孫希旦撰，沈嘯寰、王星賢點校：《禮記集解》（上），中華書局，1989年，第425頁。

臺，各二臺，四方，在崑崙虛北」，亦以二臺為常〔註3〕。晚近，懂恬嘗試從多視域給此說增補。但終境未饋給「高禖」源頭〔註4〕。

陳夢家援聞一多言三代男君以先妣為高禖。此說可從。但此「禖」如何為禖？以神力保祐，抑或以神力足祈求者謀子之欲，陳氏未審。陳氏言先妣為高禖即以先妣為高禖之神。言先妣為高禖，此乃先公先妣昏媾事。言先妣為高禖神，於後世為神，非謂其當世為高禖神。檢此說不須是。陳氏言，野合在密匡，僅告匡用於掩蔽人目，而無媾時，蓋古時非似如今，發情多受季節誘導。此係要題。陳氏未檢。陳氏猜高妣係高密之轉。此猜測非是。妣韻從闈，闈韻通匕，乃母宗法旁證。陳氏以示為主，猜示以石為之。此推測謬。狄宛第二期勒刻見宗、見示。陳氏又推測高禖始於商族，此言乃乏本之見。陳氏言「高禖即社」不必是：「社」係行動，抑或行動之所，抑或某物，抑或某物寄某念想，俱未考證，不得猝論。

陳氏謂商先妣二元說，可從。甚或，商先妣多於二元。此事於不諳母宗初治者，乃夐事。其本在於，二女或三女與交一男，而女姊屬係君後之胤。

陳氏推測周穆王西遊秦州，此推測可信。《秦本紀》言孝王時，非子居犬丘，周孝王邑之秦。地望在今天水、秦安、清水、遠及禮縣，甚或納西和仇池。夐山在何地，未知。陳氏推測，穆王見西王母於瑤池之上，立石夐山西為郊禖事，匱乏細節，不能評判。倘言彼地彼時仍有西王母之治，屬可信。西王母者，於西為治之母，母宗在西之謂也。于省吾曾考「西王母」謂西母〔註5〕，此說可信。依此，穆王時猶存母宗之治。此猶武丁時猶有婦好嗣女媧一般。此蓋母宗之治未喪之證。言密畸好畸屬瑤池故跡，匱乏事證。

陳氏檢得卜辭「東母」、「西母」，堪視為母宗之東西兩宗別後子遺。猶狄宛第一期，瓬疇女二宗，留居故地為一脈，徙往白家村營造北陸為一宗，詳後考。陳氏推測東母、西母為東禖西禖，此說或是，但匱乏細節。又見禖、母二字韻差甚大，故難從此說。如此，禖名之本仍不清白。

（5）羅新慧「毋咎」為高禖暨上古群婚說無種系之別

羅新慧檢上海博物館藏《子羔》簡之12、12，承用馬承源釋文：「句稷之

〔註3〕陳夢家：《高禖郊社祖廟通考》，《清華學報》1937年第3期，第447頁～第472頁。

〔註4〕董恬：《高唐神女原型考釋——再議「高禖說」》，《新國學》2019年第1期。

〔註5〕于省吾：《〈穆天子傳〉新證》，《考古社刊》1937年第6期。

母，又邰是之女也，遊於串咎之內冬見芣攺而薦之鼉以祈禱」。羅氏先依簡文還原「串」字如毌字，後將咎釋如高，以為毌咎宜讀如「媒高」，「或當即『高媒』之異寫」。末了，言毌咎指高（皋）禖，此文透露上古男女群婚之風俗。后稷是上古群婚之果。

羅氏言后稷乃上古群婚之果，似可從。但羅氏疏於察考，簡文「乃見人武履以禱告帝之武尚吏……」之「見人武履」如何釋〔註6〕。倘不能釋諸言，以后稷為「上古群婚之果」猶如猜測。有此簡猶如無此簡，上古群婚說終竟是久傳舊說，不恃簡文而在心念。此外，稷母「又邰是」可否單視為「有邰氏」？何等古文明信息寄於此人？諸問宜聯檢，便饋基答。

2）從自然發情到昏圍尚虎為人產之始

（1）乳虎之效為人祖之源

倘檢高禖起源，宜檢男女之合會起源。檢男女合會起源不如見女發情起源，及男得菁便起源。於雌雄菁欲約束生成，歷代檢者淡漠，故無新見新知。如此，唯檢太初宗女發情，能得禖事起源。

題涉人類起源，題域甚廣。一地人種起源或涉異地人種起源。但主流起源方式史檢，乃檢者首題。在此，北方狄宛系人種起源之太初菁事有證可跡，如此能得若干信息。在此，發掘者揭露新石器期遺存之一——河南濮陽西水坡與葬闕 M45 之蚌殼虎龍圖饋給微弱信息。此信息即太初宗女發情信息。M45 係與葬闕。此一與葬闕虎圖檢討迄今未涉及太初宗女發情、菁時與產子時節。今宜補足此缺。

檢母宗起源，宜始於雌虎發情與乳崽。此思向出自宗女占北方諸宿（含造父星）以及天市垣諸星，掌屠肆（詳後），以及母宗掌曆算諸事。溯跡既往，唯母宗效乳虎行止堪為佐證。

許慎訓「虎，山獸之君」。檢甲骨文字書，見虎字形別減省與細摹兩等（前註第 199，第 224 頁～第 225 頁）。而細摹虎腹背見單向若干「ᴧ」，此畫可視為狄宛「六」串聯。又係「虎」名曆義之源，而外廓來自墨畫虎軀體狀。減省狀存此部為虎頭部，軀體表義難跡。若干「六」殘去，遂見金文僅存一部有「六」。而且，此部又涉及狄宛晚期地畫畫構。「六」字源於狄宛第一期赤畫。

母宗之言基於狄宛宗人星占。此事勒記於狄宛第二期瓦面，但星占事發

〔註6〕羅新慧：《從上博簡〈子羔〉和〈容成氏〉看古史傳說中的后稷》，《史學月刊》2005 年第 2 期。

生於狄宛第一期。譬如器樣 T340③：P48。此勒記兩用：第一，斜線兆夏至赤經在丸天方向，亦兆午時日直射🐾。第二，於掌瓦丸邑首，轉此勒記 180°，即得宗人星圖🪝。如此，宜順狄宛文明勘審母宗起源，乃至諸夏人祖起源。檢此題宜始於乳虎之效。

（2）虎發情習性

依研究者報告，虎曾遍見於中國各地。東北、華中、華南。東北虎喜臥於山南坡，選隱蔽處。喜在山脊與河流臺地活動，利用斜坡。嗅尿、糞辨識它虎屬雄、雌，倘是雌虎，是否發情。虎喜在突兀物體上以尿標誌。山岩、樹幹、獨立木俱可被標誌。虎也喜在乾草或灌木上撒尿、排糞，留下印記。倘有數雄虎競爭，各雄虎在家域核心區使標誌顯著。熱帶雌虎一年四季都能發情。溫帶雌虎發情期有較強季節性。雌虎發情期約 30 日。雌虎接受交配時，對於雄虎友善，能用臉部或身體摩擦雄虎，容許雄虎爬跨。在 5～7 天交配期，虎頻繁交配，交配能達 5～6 日。交配時，雄虎用牙咬住雌虎後頸部。交配後雌虎大聲咆哮，然後翻滾，用牙撕咬爬跨雄虎。雌虎在地上仰面劇烈滾動。虎孕期約 100 天。18 個月後，雄虎崽離開母獸，另覓家域。雌虎仍與母獸相處。雄虎不參與撫育幼崽。雌幼虎在母獸發情或頻繁攻擊時離開母獸家域，但母獸能允許一隻雌崽在自己家域近處獨建家域。其餘雌崽在遠處定居。雌虎大約在 3 歲性成熟。雌虎一生能與多個雄虎交配〔註7〕。迄今，倘聞虎吼，倍覺驚悚。人言虎嘯山林，宜指雌虎嘯震山林。

狄宛昔聖生存時段，猛獸虎出沒於人類文明之所。福臨堡遺存掘理者曾起出虎牙。他們檢知，秦嶺山區虎捕獵而來福臨堡一帶，此地草食動物多樣。更新紀末，陝西藍田澇池河哺乳動物含虎，來自劍齒虎進化（揭前註第 51，第 222 頁～第 224 頁）。狄宛遺存早期，草食動物物種亦多，此地海拔較高，山地便於虎即虎崽藏匿。

3）尚虎便農醫與便占算

（1）尚虎以便農事醫事

《郊特牲》：「古之君子，使之必報之。迎貓，為其食田鼠也；迎虎，為其食田豕也。迎而祭之也」。

《太平御覽·獸部三·虎上》援《山海經》曰：「狄山，爰有熊羆文虎。

〔註7〕馬建章、金昆：《虎研究》，上海科技教育出版社，2003 年。第 154 頁～第 157頁。

幽都之山，黑水上有玄虎」。又援《春秋運斗樞》曰：「樞星散而為虎」。

又援《風俗通》云：「虎者陽物，百獸之長也。能噬食鬼魅。今人卒得病，燒皮飲之。係其衣服亦避惡。此甚驗」援《月令》曰：「仲冬，虎始交〔註8〕」。

（2）虎涉星占物候母宗會治及曆算文獻

《太平御覽‧獸部三‧虎上》援《春秋運斗樞》曰：「樞星散而為虎」。《履》卦詞：「履虎尾，不咥人，亨。利貞」。《易本命》記孔子言：「三九二十七，七主星，星主虎，故虎七月而生」。

《海內西經》：「崑崙南淵深三百仞。開明獸身大類虎而九首，皆人面，東向，立崑崙上」。《大荒西經》：「西海之南，流沙之濱，赤水之後，黑水之前，有大山，名曰崑崙之丘。有神人面虎身，有文有尾，皆白處之。其下有弱水之淵環之，其外有炎火之山，投物輒然。有人，戴勝，虎齒，有豹尾，穴處，名曰西王母。此山萬物盡有」。

《西山經‧西次三經》：「西南四百里，曰崑崙之丘，是實惟帝之下都，神陸吾司之。其神狀虎身而九尾，人面而虎爪；是神也，司天之九部及帝之囿時」。

《虞氏易候》：「《大夫籌》：（大雪之日）又五日，虎始交。虎不始交，……〔註9〕」。

狄山之所不詳，推此名乃域廣之名，以犬尚平為曆法文明之號，以此號傳播之地而言諸地山脈。自狄宛向東偏北行，廣域狄納北狄舊地。其南者，沿秦嶺山北麓向東傳播，或沿秦嶺山南麓傳播。無論向何方延伸，俱屬山區。

《大荒西經》、《海內西經》、《西次山經》與《履》卦詞最難訓。我曾檢論「虎主星」，彼時未澄澱星占與用星曆算，以及母宗肇創禮法事，基於紫微垣星宿釋虎占，以為紫微垣勾陳左右弧狀星帶似虎某種身姿。視俗世有自命天皇者以勾陳象徵之「九」布算而發令，曾將西水坡 M45 蚌殼虎圖視為帝令護衛，以帝令為禮法〔註10〕。此說不盡是，今宜補正。

〔註8〕李昉編，孫雍長、熊毓蘭校點：《太平御覽》（第 8 卷），河北教育出版社，1994年，第 144 頁～第 148 頁。

〔註9〕張惠言：《虞氏易候》，《續修四庫全書》第 26 冊，上海古籍出版社，2002 年，第 17 頁。

〔註10〕周興生、馬治國：《〈周易‧履〉卦禮法系統考源──「虎」的星象數術說新論》，《西安交通大學學報（社會科學版）》2014 年第 6 期。

4）乳虎嘯嚇致女獵人察參宿參旗及畢宿初知春分簡便算式

（1）虎占印記乳虎嘯嚇

狄山，推測在狄宛。熊羆文虎，皆獸占之事。星占、獸占皆古心理仰賴動作。言虎為陽物，百獸之長，故在虎能搏殺它獸。倘依此而論虎能噬食鬼魅，言者取虎剛猛之能，又以鬼魅為物似獸，堪被虎搏殺。此乃寄剛猛而克鬼魅之欲念，其源甚早，而先人念其附靈力。倘言人患病，燒虎皮飲灰湯，此乃巫醫說，乏寒溫醫理可循，堪命之妄言。中醫「虎骨」說本於此處。

《月令》「仲冬，虎始交」堪為虎孕期推算基數。此「虎」大抵係渭水流域或秦嶺北濕潤溫爽氣候變遷後狀況。於狄宛第一期，或不可推測狄宛第一期雄、雌虎唯於冬至交配。但可推測冬至能交配。如此，夏至也能交配。依前援文獻，虎三月而乳，則雌虎冬至交者，春分乳也。夏至交者，秋分乳也。無論春分產仔，還是夏至產仔，雌虎哺乳期內，養護其子，嘯聲遠聞。

依虎占為據，溯跡獵人習俗，即知某獵人初謀獵獸，遇乳虎，兇猛異常，傷人甚眾。獵人由此而記物候與節令。於此二節令休息或獵取它獸。春分、秋分節令被牢記。言迎虎，以其食田豚，其時代在農耕發達後。但尚虎之俗傳承未絕，迄周初，宋、衛殷遺民仍以虎為附靈力之獸。證在《毛詩‧簡兮》「有力如虎」，于省吾先生考以《弓鎛》云「靈力若虎〔註11〕」。倘孔子傳《詩》迄漢無誤，「靈」、「有」表義以某途相通，而此題旁證諸夏文明質同異傳，難於窺測。此處略言之：靈以屠肆而得。宗女掌屠肆。屠肆每於日鬱（食）進行。日食古名「鬱」，通「有」，詳後日鬱圖考及「有」訓。

（2）依仲冬雌雄虎交初昏察參宿參旗暨太初徑算春分之法

《易本命》孔子易虎論「三九」、「七主星」、「星主虎」的主旨，在禮學界已失傳。王聘珍引盧辯注云：「二十八宿，方各七也。虎炳文似星也〔註12〕」。盧氏以虎炳文似星釋此說，顯謬。經言「三九二十七」，其術算不用二十八宿。烏恩溥說從「二十八宿」亦誤〔註13〕。《山海經》神話研究也未曾揭示「虎」與曆算、星象聯繫之必〔註14〕。

我曾以為，「九」與「三」相乘，得數合二十七，符合孔子「三九二十七」

〔註11〕于省吾：《澤螺居〈詩經〉新證》，中華書局，1982年，第11頁。
〔註12〕王聘珍撰，王文錦點校：《大戴禮記解詁》，中華書局，1983年，第257頁。
〔註13〕烏恩溥：《〈周易〉星象通考》（一），《周易研究》1999年第2期。
〔註14〕連劭明：《中國古代神話與〈易經〉》，《周易研究》1993年第1期。

之數。乘三之故在於，聖人察星象基於三垣，用九數三倍即得此數，察此說不妥。「七主星」之言未有塙詁，「星主虎」之言乏基，故不宜先見「三九」數謂。

檢「七主星」紫微垣在北，而北斗七星為眾星之綱。南方有七星，為星宿。南北星與見七顆之數。準乎寒暑氣變，南北為綱，宜用七數。星宿在南方星天狗星之下。狄宛第二期葬闕 M224 含天狗星圖。

「星主虎」推測出自「參」字訛變而為星字。《史記·天官書》言，「七星，頸，為員官」。此宿屬南方七宿，不涉「虎」。依金文「參」、「星」二字形似推之，《易本命》經文在漢朝謄寫時訛變。此條本是「參主虎」。獸虎之察配察參宿為其本。參宿計七顆。此數畫記見於狄宛第二期器樣 M1：1 器口沿面。其認知則在狄宛第一期。參宿央三星較之奎、婁宿甚亮（《祖述之一》第 345頁），必已被女獵人知曉。

《夏小正》「正月，初昏參中」、「五月，參則見」、「八月，參中則旦」。檢狄宛第一期中星時節非如《夏小正》記，推彼時仲冬初昏參中。此時節合「仲冬，虎始交」之記。依此續推，狄宛第一期，於「六月，參中則旦」之時，冬至已來，流逝七個月。此時，又能聞虎吼、甚或目睹虎乳。而仲冬雌雄虎交，吼聲震撼人心，其驚怖可感。仲冬，初昏參中之記覈虎吼與虎交。此二者被昔聖記憶。

再察「三九二十七」術算基於「參宿」央星三顆，故用三。用九，推測起於參旗九顆。此星座近參宿。狄宛第一期二星座更近。用參旗星 9 顆〔註15〕之數出自占數。此術算乃古昔獵人簡便曆算，係狄宛第一期少前瓬疇家依星占算節令之法。女獵人依參旗九星連參宿央三星為乘算，並以參旗連畢宿躔月而謀算月事之期。

孔子言「三九二十七」亦可視為雙功曆法：女月事月長與夜曆法月長。此數非塙數，但為曆法本源。於不知手指、指節數關聯月長之時代，此算法為簡便算法，今驗算如後。

星數：

$3 * 9 = 27$

以冬至為歲起迄節令，即謂一歲為 12 個月。倘算三個月為虎乳間隔，其曆算：

〔註15〕伊世同：《全天星圖》，地圖出版社，1984 年，第 5 頁。

27 夜＊3＝81 夜

此數去新月長三倍之數，可如下算得：

3 個月＊28.5 夜＝86 夜

舊簡便算法較之新算法差 5 夜。於舊石器末期狩獵者，此夜數差於三個月之期不算大。準乎斗杓指向而察，此誤差堪被校正。依此訓，狄宛早期瓬疇家能用簡便算式算春分、秋分。而仲冬初昏虎交虎吼滲入先輩記憶。換言之，西水坡蚌殼虎圖之源在於狄宛母宗參宿、畢宿、婁宿、奎宿、參旗等星占與曆算。

《易本命》「星主虎」宜正如「參主虎」。「參」韻讀從申，聲也。於畫記即《祖述之一》既考器樣 H3115：11 曆法氣程率數畫記。而此讀乃諸夏神教源自狄宛第一期之證。狄宛第一期曾施行乙教，乙教者，後世神教也。施教者乃宗女，即太初媧祖。

今本「虎七月而生」之「七月」非夏曆七月，而謂自前番仲冬之月起算，於第七個月又見乳虎，即來年六月。此處虎係秦嶺山區之虎。

5）獵人效虎嘯發情依節令受孕暨媾源

（1）效雌虎發情交配於冬至之證

迄今，無一文獻告遠古人發情狀況。檢史書唯能覺其隱秘。考古界無人開題如此，而生殖崇拜之說與變說汗牛充棟。今試檢此題，僅謀通檢狄宛系曆法、人本。檢「婚姻」語源者也未得其義〔註 16〕。倘不澄清此題，中國文明之肇創與傳承俱顯偶然。

依《御覽·獸部三·虎上》援《山海經》「狄山，爰有熊羆文虎」，今將涉狄古地名視為虎崇尚之所。以虎嘯被聞被記為題，檢者能知物產之人產起源。在此，北京周口店山頂洞人事項剔除在外，彼處遺物最多佐證用火之能，但不能證曆法、尚獸虎起源。

狄宛第一期或少前時段，女宗首知曉冬至雌虎與雄虎交，也知雌虎吼叫謂發情。由此，能夠模仿雌虎之嘯。但也能悄無聲息。問題在於，倘不招惹成年男，則難成交配事，渭水流域之狄宛一帶無由出現新生代，狄宛文明亦無由產生。彼時，人心蒙昧，求食困難，營養低下。而發情須有成年、時節、健康為基礎。成年、健康或與在，或不與在。唯成年與健康與在一體之女獵人

〔註 16〕陳鵬：《中國婚姻史稿》，中華書局，1990 年，第 1 頁。

有此機緣。

　　題涉聞雌虎發情而致日落後女獵人交配，西周及其後金文文獻存證。《金文編》援字釋昏者 8 例，以 ▇ 為首。此字出自「諫簋」：「女某不又昏」。援「克盨」字同此。釋云：「婚與昏為一字」，以為《說文》籀文即此字訛變。又援 ▇ 字，釋「聞」，以為「假借為聞」〔註17〕。

　　檢末說不確。此字下右部字是耳字。其狀似「巨」字，本匚，來自女宿星圖摹寫。但混於摹狀甲骨文「耳」部，遠古信息以摹耳狀隱沒。金文若干從耳字部狀俱含女宿圖狀，譬如聖人之聖，聞命之聞，耿直之耿（前註，第 771 頁～第 772 頁）。劉釗釋「聯」字甲骨文向金文演變，其言不誤。《合集》三二一七六字作 ▇，《考母鬲》聯字作 ▇。惜乎劉釗未給出此字何由演變信息〔註18〕。

　　第 8 例昏字又以「｜」部間左側兩弧線交。耳告聽覺，｜告事時。斗杓北指即為仲冬。如此，可正舊說：非「昏」假借為「聞」，而是昏、聞於虎仲冬交而吼叫混致一事。太初，知此事以目睹耳聞，後唯依傳聞。言時須言昏，言交事須用「聞」。虎交吼聲震耳，故謂之聞。「昏」、「聞」二字通用例見於郭店楚簡《老子》「上士昏道」〔註19〕，《上博竹書二・子羔》記「問」、「昏」通用：「子羔昏於孔子」〔註20〕。此三文饋證，「昏」為「婚」假借字之源在日落後目不睹時聲傳致知之事。於學問，音訓者與曾閱歷者之橋樑由此造設，而此題乃諸夏學問津梁。

　　昏字源出自日環鬱（食）與申二部。《甲骨文編》（卷七）援「京津四四五〇」，「寧滬一・七〇」字俱如此。「且至於昏不雨」（前註第 199，第 285 頁）之「昏」乃時辰名，非古義。日環鬱乃正朔曆事，涉紀元及建正。而「申」述乙教曆算事。曆教變而為氣象與光影之教，此乃中國「昔學」變遷之證，但不得以此變遷為本。

　　效此訓釋，健壯邑首發情，而招惹膽氣足夠之成年健壯男子，效虎交交配。或一女與數男子交，或與一男子交。題涉交配之季，依《禮記・月令》記

〔註17〕容庚編，張振林、馬國權摹補：《金文編》，中華書局，1985 年，第 793 頁。

〔註18〕劉釗：《〈金文編〉附錄存疑字考釋（十篇）》，《人文雜誌》1995 年，第 2 期。檢劉釗說，間推甲骨學界今猶輕忽金文之俗。我以為古字檢討不宜如此。金文、甲骨文對照，能使遠古文明信息立顯。

〔註19〕彭浩：《郭店楚簡〈老子〉校讀》，湖北人民出版社，2000 年，第 88 頁。

〔註20〕馬承源：《戰國楚竹書》第 2 冊，上海古籍出版社，2003 年，第 192 頁。

事饋證，推測最初在仲冬，此乃邑首效虎交配而交配之事。此孕期致 8 月中旬產子。於此宜進補營養之時，既可獵獸，也可收穫。原始稗子收穫乃一大盛事。狄宛第一期遺物含碳化稷。稷以春分下種，秋分收穫。

涉生殖醫學，曆闕 H398 起出火烤骨匕，器樣 H398：24。火烤者，消毒之技也。此器用於割斷臍帶。此曆闕亦起出碳化稷。割臍骨匕、稷與存於一曆闕，此告產子、穀物嘉生於古人屬係同類。推測此二物於彼時乃「坐月」宗女用物，稷乃產子後進補食物。曆算預產之證在蚌殼 H398：63。

題涉虎乳、人乳時段吻合，《春秋左傳·宣四年》饋證：「初，若敖娶於䢵，生鬬伯比。若敖卒，從其母畜於䢵，淫於䢵子之女，生子文焉，䢵夫人使棄諸夢中，虎乳之。䢵子田，見之，懼而歸，以告，遂使收之。楚人謂乳穀，謂虎於菟……」。晚近校注者捨虎乳嬰事不注〔註21〕，不詳何故。

聞一多跋《高禖郊社祖廟通考》之三援此文獻，聞氏對照《天問》「何環閭穿社，以及丘陵，是淫是蕩，爰出子文？」聞一多云：「《天問》說鬬伯比與䢵女通淫之處曰閭社丘陵，參之《左傳》，其地實在云夢，此即襄王宋玉所遊者矣」。

我曾疑心虎乳嬰之記難證：乳虎如何乳人子？倘以此記為誣，䢵子即為妄人，屈原有失察之過。檢聞氏言通淫之處曰閭社，此說可從。閭社者，邑里男女效先輩野合於其所。此所初是虎交配之所。彼時，虎交配之所被視為威武剛猛之所，宗女自占此所。依虎習性，此所在陽坡。宗女察見雌虎雄虎交，嗅覺虎翻滾之所氣味，也翻滾於此上，效使體裏皮毛有虎糞便或體表散發氣味。如此，宗女產子有虎氣味。乳虎雖剛猛，但以嗅覺認類同，故能乳此嬰兒。倘依虎夏至受孕，秋分產仔計算，逢男女春分前交配，婦人孕期 280 日許，冬至後 10 日許為哺乳期。其事中期。䢵子目睹此事，不奇而懼。此心態告人，他知不可使子文受難。故在子文有「命生」之數，此命來自虎乳子文。由此間推，虎殺虎生屬命數，目睹者不得違逆。此乃太初虎命之說。

（2）效雌虎為「囷」乃曆算「人產」之始

既效雌虎於冬至而吼，男女於冬至而交。合節令之「人產」出現。此後，女邑首效雌虎，曾驅逐少年男子。少年男子遂流落或被收養。鄰邑狀況類似。也致少年男子流落。如此，若干年後，在一地宗女初知冬至交合後若干年，

〔註21〕趙生群：《春秋左傳新注》（上），陝西人民出版社，2008 年，第 360 頁～第 361 頁。

男童匱乏漸被察知。蓄養流浪兒行動開始。周始祖棄初產被拋棄事蘊藏此信息，與其來日驅走，不如當下拋棄，以節用食物。蓄養流浪男童未曾更改女宗之治。邑內少女長成，繼其母或祖母為邑首。

今言「交配」、「交合」，狄宛第一期甚或少早時期，無諸名指。今以「交」為關鍵字，但此字韻來自「櫜」或「槁」，乃郊祭名源。此字韻後起。依前考韻部，彼時或以婺或以圉命動作。倘言「菁」，即謂男爬跨於女，第三人目視如搭木於木上，如菁木。事從男主。男主者，男宗興起之事也。婚邁二字之本即「聞菁」。聞以聲覺，菁以木搭。此韻又涉有巢氏功業，以及隋皇菁木燦火事。太初不必如此。

檢婺或圉韻足指交配，而且宗女掌交配。宗女之號曰「鳥」或號「務」。推其悍遠超今婦人。此字韻變遷而致圉，隸定「圉」字甲骨文字狀存其殘跡。此字每狀俱涉方廓。若干方廓內有似人部屈膝狀，又伸手前撫鼓腹狀物體。此部上下俱見「矢」狀，或三角狀。「矢」乃族念畫記，族謂男宗之紀，證在北首嶺遺址男葬闕頻見矢鏃。

隸定字「圉」《鐵七六‧一》字作🔲、《一九三五》作🔲、《後二‧四一‧一》🔲（前註第 199，第 425 頁）。字從方納拘執，或瓬疇畫日鬱附嘉生圖。口部謂「去」，兆處置。倘言男女心念「去鬱」，圉字韻通呼。乎者，心鬱舒暢也。言男女事，兆一人在他人體上。依此推測，古人男女合狀似雄虎跨爬於雌虎背上。

此言之證：倘將前舉第一圉字左旋 90°，即見爬跨狀。此方廓即匚自右側視狀。倘此推斷不誤，則媾事於狄宛及後輩初有「方」義。後世求子者拜方士之本或在此事。於後世，「圉」含爬跨義被限止，在周朝轉而指掌馬者。馬以廄而養，廄者，方坎、方圈、方槽也。馬廄之馬沿槽楨橫排。《周禮‧夏官‧夏官》「圉人掌養馬芻牧之事，以役圉師」。孫詒讓承用舊說，未達「芻姆」舊事〔註22〕。倘無交，何來子？倘無子，何須牧？

諸問以《周禮‧夏官》得證：「校人掌王馬之政」，更顯日月交會，男女交合之交同義，而孕期與曆算不悖之事。「馬」告曆算，馬王堆《繫辭傳》也存證無疑。後世，「圉」韻變遷，產生星占字「婺」韻，產生「育」韻，俱涉子嗣。而自此字派生幸字，專指皇帝或貴胄男交女事。當此時，母宗勢塌，而父

〔註22〕孫詒讓：《周禮正義》（卷 62），《續修四庫全書》第 84 冊，上海古籍出版社，
　　　2002 年，第 45 頁。

宗隆盛。圍字韻讀以幸字韻讀變遷旁證：前者韻讀從乎或吁，後者韻讀從亨。

（3）太初交合在仲冬昏時補證

《禮記·昏義》：「夫禮，始於冠，本於昏」。此言不誤，但乏細部。今檢禮者，履也。足踐謂之履。於男女媾，履為雅名。幼聞「雞踩蛋」說，踩即踐、履。禮字在「昏禮」名內至塙，故在非爬跨無「在上」之義，凡無「在上」動作，不能受孕。

《儀禮·士昏禮》鄭《目錄》云：「士娶妻之禮，以昏為期。因而名焉。必以昏者，陽往而陰來，日入三商為昏。昏禮於五禮屬嘉禮」。疏云：「商，漏刻之名。三商，即三刻也〔註23〕」。

為何宜在日入三刻為婚禮，歷代不傳。檢初傳禮者或不欲張揚其事，事為隱秘，其故隱沒，其事傳習衰微。檢「菁」於昏者，此事唯宜在昏。事之便有二：第一，於目視不清時便於避開競爭，免去敗興。第二，效雌虎而吼，能恫嚇欲攻者。昏時，掠食獸動向營地，倘能速動，能殺死部眾以食。昏時吼叫，能嚇阻掠食者。使之察覺有乳虎一般人類。戰國楚竹書《容成氏》第14簡之「乎」字作虖，從虍。馬承源援陳松長《香港中文大學文物館藏簡牘》（甲戰國楚簡）第三簡含一字，隸定虗，訓呼（《戰國楚竹書》第2冊，第194頁），亦為證。

2. 由日鬱害稷成瓠致仲春昏圍與宗女佚鬱考

1）正日鬱致正曆夜法生成

（1）正日鬱致改夜曆算法未更昏交於仲冬

題涉仲冬女宗首效雌虎交，此事後曾變遷。變遷起於狄宛第一期元朔日全鬱，此番天象致曆夜次弟錯亂。曆夜曆法難以取信，以葬闕記此事，故有M15。對照舊夜曆法，此番日鬱屬禁忌，眾人譁言。此天象為食時冥，《祖述之一》已訓。但冥僅告夜色黝黑。倘有清醒邑人，目睹日鬱天象，而且知食既猶能見日。如此，於曆夜者，重算夜數，乃急迫大事。叕定算法後，以八數貫穿月曆法，並照顧日鬱。此致狄宛第一期 H3115：10 夜曆法乾坤冊數產生。

解此疑後，困擾瓴疇家另一難題出現。元朔日全鬱食時月撝日之事既非真昏時，區別此情狀與昏時情狀乃一大事。在獲得判別兩情狀契機前，狄宛瓴疇家暨女宗首如舊生活：圍獵或收穫未曾間斷。女邑首逢冬至交於昏時每

〔註23〕鄭玄注，張爾岐句讀，朗文行校點：《儀禮》，上海古籍出版社，2016 年，第24 頁。

年重演，治下眾女菁事也曾發生。男子仍以與鄰邑交換獲得。倘有人問：彼時狄宛邑內曾否亂血脈？我不能答，而葬闕納骨殖無變易，無變易即證無畸形。

依狄宛第一期有稷推斷，瓬疇家知別其母本、父本，以及稷異花授粉與自交。由他們能培育稷可推斷，他們已知昏交與受孕所際。如此，學界凡涉「群婚」而猜測血脈混亂，或種素退化俱難立足。自狄宛元朔日全食迄由日食，照以 1941 年秋日全鬱、2009 年長江流域日全鬱，狄宛第一期日鬱之正日鬱、由日鬱間隔不過 67 年 10 個月。在此時段，鄰邑換男後宗女產子已歷兩世（30 年／世）。狄宛相與換男之鄰邑三所：其一，狄宛西南之西山坪或師趙村。其二，狄宛東關桃園。秦安縣王家陰窪與張家川縣龍山鎮西川村苗圃園遺址於狄宛第一期有無古人活動，迄今不知。此二遺址俱起出瓦瓠，似狄宛第二期器狀。

（2）由日鬱致邑後「虖」「莫」韻別於呼日全鬱之象

母宗仲冬昏園沿襲多年，狄宛邑人增益。此間，昏刻與元朔日全鬱致食時「暗夜」之別未曾判別。迄某年 7 月 22 日長江流域日全食發生，狄宛邑人見日偏鬱，非似元朔日全鬱。此番日鬱使狄宛嗣承宗女驚恐而呼號。此番日食刺激宗女，別呼日偏鬱。

推彼時以名韻給名，而「乎」韻混於烏韻，虎、木、鹿等韻皆從此韻得義。其細節今無證推斷。指稱日偏鬱天象之韻，我推為暮，彼時無孳乳字。倘以甲骨文言，則是莫字。

《甲骨文編》記 59 莫字，略別三等：第一，從日環食圖與上下艸部，《甲二〇三四》字作 ᛩ。第二，從丁在上下林字之央，《寧滬二・一〇七》，ᛩ。此二者日俱圓。第三，從外廓四邊狀日字，上下有林字，或艸，或僅上有艸。譬如《前四・九・二》ᛩ，本暮字（前註第 199，第 25 頁）。方框部若無間橫短畫，此部訓丁。證在祖丁之丁多從四邊形（前註第 199，合文七，第 590 頁）。「丁」後世通指男子。依此義聯，「莫」字央部 ᛩ 或圓或四邊，俱是日字。讀丁，故在日鬱乃正朔日之兆，丁、正韻通。正月之正，字從四邊方角。合文正月或作 ᛩ 或作 ᛩ（前註第 199，第 629 頁），故在甲文「正月」有二義：第一，塙已合朔並曆日，被初二或初三上弦月佐證，前字如此。第二，正月月初後曆日。望月之後第 14 日，仍在正月，但見下弦月，後字如此。

「莫」字有忌義，含勸誡使毋。日鬱發生時刻不及夜，元朔日全鬱使宗

女以日鬱時刻為冥夜，此念頭不當。此事曾致驚慌，依傳告，宗女今知日鬱為何事，故驚慌如先輩。此掩日之事不當發生，忌之，故驚呼「莫」。《金文編》莫字狀似前狀，無文明史間斷或滅失之兆（第三冊註第 17，第 40 頁）。

甲文日在上下「艸」央，或在「林」央有別，以時代別，以記事遠近別。文明史含義無別。《甲二〇三四》字早，《寧滬二·一〇七》遲。前者告草本植物，後者似告木本植物，寄草本告植物莖之兆已變為禾稈，其籽產量已增。如此，此部告莖稈粗壯。後字似林字本是「嘉生」畫記，即稷或粟圖變成。其源係「嘉穀祝盛」圖之「禾稈圖」之下部■■。此圖寄器存於甘肅靜寧縣博物館；禾稈粗壯告嘉禾生長以時，能夠豐產。詳後「嘉禾祝盛」圖釋。

別證在於，《士昏禮》納采之采字從木，非本狀，其本是禾稈，證在《鐵二四二·一》，作，𝄇（前註第 199，第 262 頁，第 737 字）。此「采」從禾稈，謂嘉穀。此「采」乃《士昏禮》納采之采本源，乃諸夏最古采禮用信物。《士昏禮》以雁為采禮乃有虞氏後采禮。鄭玄注「女氏許之，乃後使人納其采擇之禮」〔註 24〕，由「采」義不顯推測，鄭氏本不知「采」本義。涉嘉穀為采禮，此乃寄喻，告賓將取所言女子誕子。此子類比嘉生或嘉穀。嘉生、嘉穀以先收者祭獻，《逸周書·嘗麥篇》之「嘗麥」為證。

依此間推，狄宛第一期曆闕 H398 稷或來自收，或來自通婚得采。由此，順道給農耕起源一個細節正名：人類初無採集，而有獵積，雜以折食野草（菜蔬），於石研發達後收穫草籽。食料甚雜，其要在於肉食與穀食。謀得營養雜而多，獵人一部培育嘉禾有成。而後以時下種，以時收穫。以時於狄宛第一期瓬疇家，謂春分下種，秋分收穫。H3107 曆闕傳告，彼時瓬疇家能精確曆夜。太初元朔日全鬱之月、日變為收穫嘉穀之節令。

凡采，皆限於某地，不得遠行謀收穫。否則，路途消耗獲谷甚多，迄還鄉幾無剩餘。《禹貢》「百里采」本於此里程之限。倘言育稷，其必出自二事：第一，肉食者易患痛風。第二，宗女產後進補。欲食草籽，宜別而培育。此乃諸夏穀食之源。

2）由日鬱敗稷成瓠致改仲春昏圍謀耰節氣而產子

（1）由日鬱敗稷成瓠

狄宛第一期邑首以葬闕 M208 日食圖志告後世，某年 7 月 21 日發生日

〔註 24〕胡佩翬：《儀禮正義》，《清人注十三經（附經義述聞）》（三），中華書局，1998年，第 37 頁，下欄。

食。白家村 M22、北首嶺 77M17 告此日食輪返。此事自太初係災害天象。其害處至少有二：第一，稷類食料於秋分收穫未成。第二，節令延遲致當年瓠敗。而不堪用於浮水。

不得收穫，仲冬毒而有身，次年秋分前後誕子婦人養生不成。產後婦人羸弱，不宜捕獵。倘依前考，宗邑數女有身。若干產後婦人近乎同時亟需營養與康復，稷類穀物為最佳替代食料。此物未以時而成，宗女與僕從，以及幼童之消瘦不難想見。嬰兒營養不足致死致人悲傷、絕望。

此外，生殖醫學之水腫在彼時也是難題。孕期水腫與產後水腫乃彼時重大保健問題。石器期末，知用火燒石刀刃部足以殺菌後，以此物割斷臍帶致生育發達。但由日食發生致當年瓠瓜即葫蘆未能成熟。此外以其狀殊早被認知。於嘗試菜蔬者，瓠瓜嫩時可食已被察知。此物成熟後，表皮乾而硬，便攜而且堪用於浮水。於逐獵者，此物乃最佳浮水器。喜好此物之獵人還邑後，見此物被河水泡軟，不忍損壞，依其嫩時可食而蒸煮，食後覺察解乏而雙足爽快。此蓋瓠瓜消腫之藥力。瓠瓜乾皮用於消腫，或是狄宛系先輩最早嘗藥之事，遠在神農之前。此物最初也是便攜取水器。

先於察知由日食致敗嘉禾之月，於當年 7 月，瓬疇女初查瓠瓜未能成熟。此事致女宗首占星於須女星之北敗瓜星座，以及其上首瓠瓜星座。夏曆七月乃西部收穫瓠瓜之月。《詩經・豳風・七月》：「七月食瓜，八月斷壺」。王先謙援毛傳「壺，瓠也」。又援服虔注：「瓜時，七月〔註25〕」。

題涉葫蘆皮藥用，證在浙江餘姚河姆渡遺址第一期地層起出瓠皮，器樣 YM70。紀實編訂者乃至迄今考古研究未曾檢討用途〔註26〕。言此物係藥用之物，證在同期地層起出殘缺木器，器樣 T225（4A）：230，此物質地係樟（前註第 26，第 218 頁）。樟木用於防蟲。河姆渡地潮濕，空氣富含微生物。知藥用而用物，此乃諸夏八千年前舊事，今醫家不必疑心。依諸考，我間推，北方狄宛、南方河姆渡前人俱以瓠瓢為日用器，瓠皮藥力俱被知曉。於狄宛宗女，此物嫩時乃度飢饉之食料，其果腹之力被記憶。其乾硬之時，可用於梟水，此乃旁題。於狄宛系宗女，此事涉日鬱敗稷致遊徙而營造白家村，後將體考。

〔註25〕王先謙撰，吳格點校：《詩三家義集疏》，中華書局，1987 年，第 520 頁。
〔註26〕浙江省考古研究所：《河姆渡——新石器時代遺址發掘報告》（上），文物出版社，2003 年，第 217 頁，彩版四二之 2。

（2）謨產秋分後得嘉穀食料致改春二月昏圊暨宗女恃瓠佚鬱

狄宛第一期瓬疇家察知由日鬱害稷成，而不害瓠成。如此，產生齟齬評價。而此等齟齬致狄宛邑眾之信統裂隙形成。女宗裂而為二或更多，難以避免。存留與徙居以異信而別：以為由日鬱雖害稷成，不害食源者留居狄宛或狄宛鄰近地帶。以由日鬱害稷食者徙居師趙村，關桃園、北首嶺、或往白家村。徙往白家村者與前番日全鬱後徙往白家村宗女一部匯合。如此，狄宛女宗前後生成至少五宗。

狄宛瓬疇女知夏季日鬱不害瓠瓜成熟但延遲稷成熟，而且此番日鬱被視為曆命更改之證。彼時，他們不知此日鬱非元朔日食，以為此番日鬱乃上輩曾見元朔日鬱輪返狄宛，唯變樣而已。由此，他們產生「從命」之念。從命而貴瓠。此年之後，能復寄託營養於稷由日鬱之前歲。

於日鬱害稷成指年，宗女聽從自然而更改舊俗。效虎仲冬發情之事遂此更改。如此，將誕子蘡以曆夜法，唯以延遲昏圊時節，於次年二月春分節令行昏圊。如此，能於秋分後產子。此時能確保收穫嘉穀稷，獲得「坐月」營養。總之，瓬疇女誤以為由日圊恒能發生，此念致其改昏圊於春二月。此乃狄宛舊宗昏圊指律。此律乃女宗隱秘之律，男人不得與知。

當然，情狀或是：由日鬱發生當年，宗女產子以宗女營養不良，哺乳不足而夭折。宗女產後體能恢復甚緩。最後，於春二月開始發情。於由日鬱次年二月發情，當年秋分後產子，得嘉穀。

比較前後依曆推測，狄宛遺跡遺物饋證，但後佐證難覓。譬如，前者指證在狄宛第一期曆闕 H363。此曆闕存證，瓬疇家曾為正朔曆算。聯此曆闕存證曆為，曆算蘡效秋分節令，此遺跡功在瓬疇家謨產為曆，其星圖曆義清白。謨產曆算即依日鬱而謀發情、昏鬱于春分，誕子於秋分後曆為。

如此，宗女使邑內成年女發情於春分，此乃狄宛古法。由此間推，狄宛第一期，諸夏國人最初計劃產子曆算生成，狄宛第二期人口增加燙上曾為人產計劃之烙印。產子期謨不外產子月日數謨算。此係我知最早產人期謨。《呂氏春秋·孟春紀》：「孟春之月，以立春。是月也，天子乃以元日祈穀於上帝」。孟春者，曆日曆法歲首月也。元日者，新歲元月朔日也。祈穀者，祈嘉穀是也。祈於帝者，君自命為嗣承者，祈先輩之靈，使佐己得嘉穀也。孟春之尚，起於孟春合朔歲曆。事起於貴夏至曆為。夏至曆為者，黿戲王事也。詳後西水坡 M45 紀鬱圖新考。在此之前，春分節令為祈嘉穀乃至嘉生節令。昔聖由貴夏而溯推

孟春節令，猶如狄宛第一期造曆闕 H363 瓠疇家謀正冬至節令而溯推前番秋分節令一般。曆算家無往算必無今後數。無今後數，必不能豫來日。

（3）女媧初祖用瓠遊春佚鬱考

狄宛媧祖之祖遊春非後世春遊，但塙係後世春遊之源。後世春遊側重看景欣然，悅目賞心。而初之遊春乃抒發第六覺念或曰發情致鬱而將散佚。於宗女，此事隱於用瓠涉水求偶。於宗女姊妹，此事隱於宗女之瓠被視為秘器。姊妹猜嫉而多端設擬，又連屠肆（詳後釋）、月事、雨下之淅淅瀝瀝，難以休止。大抵在狄宛第一期末，瓠崇尚蔚然為俗。此俗被畫記，證在北首嶺葬闕瓦器 77M17：（1）外菹屠肆圖，或靈念畫記。

於宗女傳瓠於姊妹，此器被視為靈物。而用瓠遊往彼岸或異渚求歡之器。此器流傳於宗女姊妹，此事致狄宛第一期女宗宗支繁茂。至於此器狀源，則來自菱星圖變。其事涉狄宛宗女遠遊，而產子黿戲，黿戲王事而見菱星圖。由菱星圖而得啟發，致「宥坐器」產生。此題後將細考。如此，宗嗣起源於宗女與姊妹遊春佚鬱爽快。

三事可證此言：第一，今舟字源自用瓠涉川。狄宛系女祖初無獨木舟，故在刊木為舟必恃匠人之器，耗時費力，於短程旅行者係不便之事。涉水以瓠甚便：輕而便攜，敗而晾乾堪為食材或藥材。涉川者縛兩三枚乾瓠，手足並用，浮水耗體力不多。劉志一依湖南沅江上游黔陽高廟遺址起出一瓦罐面繪船形圖猜測彼地昔聖能為木舟。能掏空其猜測之基者，仍係造舟勞力值與不值之疑〔註 27〕。

第二，《甲骨文編》錄舟字有俯視瓠狀局部。略其狀，別為三等。第一等雙弧線如同心圓，圓心在右，證在《滬寧一・一八三》〖。第二等，圓心在左者，如《粹一〇五九》〗。此字書納諸舟字無一狀外兩邊與內兩短邊垂直（前註第 199，第 358 頁，第 1050 字）。倘檢後世舟狀，絕無弧度相近兩邊船幫。倘無弧狀為證，甲骨文研究者決難自信此字為舟字。倘使我尚未考證瓠為舟本，亦難堅信殷商初祖有娀氏乃西部人氏，其宗源在狄宛。

第三，《金文編》錄字甚夥，略其狀，多見同心圓一截為舟兩幫，《舟父丁卣》字作 ⌣，《舟簋》字作 ㇉，《楚簋》字作 ㇉（第 606 頁，第 1422 字）。後兩字隱約有甲骨文尼字模樣。尼部來自剮古字變形，其事更早。如此，甲骨文舟

〔註 27〕劉志一：《7400 年前的船圖》，《尋根》1999 年第 3 期。

出自瓠上下丸體參差之邊線俯視。而最初母宗渡河以瓠。於造船業，東周始有大舟。史書載春秋吳國初造舟楫甚美。王僚二年，公子光伐楚，敗而亡王舟。後襲楚，奪回王舟《史記集解》援《左傳》云：「舟名余皇」〔註28〕。

　　前考證遊春以瓠，昏鬱于春。二別證在於醫家言愈，即甲骨文或金文隸定俞字。此字從舟，𦨭或𦨶（第三冊註第 17，第 606 頁，第 1023 字）。舟與右側短弧線夾字之源謂陰陽不通，證在狄宛第四期器樣 T802③：25，其上下別而合朔，黑色畫乃影日圖。圖上下地色部不連，地色間以橫線，上下合朔圖之內邊聯上下即得《甲・二九〇八反》𐤠字（前註第 199，第 269 頁，第 767字）。橫線為界，界上下別而合朔，故在前後氣程不通。醫家以陰陽氣不通謂病。如此，古有「患春」之疾，此疾非癘疫，乃冬季以來積存體內不暢之氣。欲消去不爽快，宜遊而使往如丸轉。此蓋醫家「俞」字本義。此圖橫線謂「間陰」，謂別寒氣，使屬兩歲之義。曆算涉冬至、夏至日出落。如此，狄宛系瓬疇圖殘存日鬱佚鬱殘跡。

圖二五五　　狄宛 T802③：25 合朔氣間斷

　　依此考釋，在狄宛第一期，第二期，倘言女媧祖，於聞者非謂高禖，至多謂謨日鬱或謨佚鬱者。於宗女姊妹，女媧祖可謂號令自求昏園於春分者。而高禖之高恐係後世念者追加。於後世，昔日境況無妨後嗣將女媧初祖視為寄祁之祈向，謀得嗣者。宗女春分昏園於邑外，本謀佚鬱暢快。但得子而養，子嗣念其功業，堅信初祖期盼得子，使己得出。此乃擬善信善之類，決非初祖本請。宗女如何使姊妹某人以瓠遊春，此事恐來自宗女喜好，而非任一姊妹宜得此便。畢竟，占瓠瓜星者乃宗女，地上掌瓠者亦宗女，而非同宗任一姊妹。

　　晚近，朱英貴先生以舟行釋俞，以覓得甲骨文舟字為最古佐證。並以為《繫辭下》述伏羲氏「刳木為舟，剡木為楫」，舉蘆沽湖摩梭人獨木舟為物證〔註29〕。檢朱先生言「刳木」屬係申戎氏後功業，其言獨木舟非古濟水之器。

〔註28〕司馬遷撰，裴駰集解、司馬貞索隱、張守節正義：《史記》，中華書局，1959年，第 1461 頁。

〔註29〕朱英貴：《舟行為俞各奔前程——釋「舟、俞、前」》，《文史雜誌》2017 年第4 期。

（二）狄宛第一期母宗寄夜曆於器丸跡考

1. 碗塗赤汁瓬疇義釋

1）素碗效天瓬疇義跡

（1）瓬疇本瓠丸小大之別記以器藝

前著跡考烏、丸韻遷，今從此考，使此敷形土為器之念。言丸，昔聖用如類韻，以此韻察天、擬天。從此念而為瓦器丸狀、截丸狀。截丸可縱可橫。凡效丸，橫截縱截無別。倘謀志某節令之天，譬如春分、秋分之天，或尚橫截。故在地平兆黃赤交角 0°。倘欲以此器兆冬夏之天，右旋 90°，左旋 90°，以得夏至或冬至之天。念及丸乃昔聖與用之便，今用截丸器，不用截球器。今日言截球，出自球面名廣布。晚清以降，西方天文與數學結合之新格出現，北壽州公學之姚史青曾譯耶魯大學 W. A. Gronville 著作《球面三角法》（1905年）。民國時期，李光蔭承用此名，編著《球面三角術》（1935 年）。倘使我比較二名高下，我以為姚史青用「法」字精確，「球面」二字喪本。此外，以此格算術而論，「球」、「圓」兩字韻參差，不能類通，於學者不便。對照諸名、檢求古韻，我決計用丸、截丸器藝考證瓬疇家藝能。

丸能類全天，截丸能類上天。此蓋華夏昔聖天念之源。讀經籍者不可不察。狄宛第一期見丸狀壺，此器樣依成器者尚星象之瓠瓜，抑或爟宿。得別名。早先宜名壺。稍遲宜名罐。壺者，從茶壺、水壺命也，其本在瓠。瓠乃匏之本。自舊石器末昔聖橫截瓠為二，昔聖已別小丸、大丸。而罐韻從雚，取轉而還之義，猶去歲雚得睹，今歲雚得睹，天猶丸，半旋再半旋，滿旋。此乃全或天韻源。如此，狄宛第一期碗、罐韻乃器藝之本末。

凡言碗，乃瓬疇家吉名，或曰減省名。此名之全者為半丸。以半字韻近蚌，命數之必，此必納吉祥之祈，故用之。狄宛諸器以碗（丸）韻為本，告烏還。烏還者，烏雚以半歲在，以半歲往，今在者，一歲有奇也。「今在」之義或述眼下，或述即將。言時節，即喻得食時節。碗韻乃諸夏名納曆數之證。此外，依《方言》第五：「盂，宋楚魏之間或謂之盌」〔註30〕。碗亦係古名，缽較之盌係後起名，此著作不用。盂字韻亦屬係古韻，從烏，恒述日烏動態，或兆節令恒變，偶而一用則可。

〔註30〕盧文弨：《重校方言》，叢書集成初編，商務印書館，1936 年，第 60 頁。

（2）徑程深程比數瓬疇義

既往檢者不察，碗徑程、深程基數與變數之偶乃瓬疇家為器，形器欲告數比，間此數比以告天近、天遠。

形器之證：狄宛《發掘報告》（上冊）圖二五，15，B 型 III 式，器樣 H3116：7，口沿施一條紅色寬帶。口徑程 276、高程 115mm；圖二四，2，器樣 H3116：10，口徑程 21.2、高程 10.2cm；圖二四，6，器樣 T213⑤：8，徑程 19、高程 10cm。

《臨潼白家村》，圖六四，早期碗，4，T116③：13，口徑程 26、高程 13.3cm。高程約等於口徑程二分之一。高程二倍約等於徑程。圖六四，5，圈足碗 T102H18：3，口徑程 31.1、殘高程 14.8cm。去圈足部，見碗本狀。而碗字韻又減省圜底之圜底韻。掘理者謂碗，名韻為本。惜乎掘理者不自省也。

數比之證：高程類深程，二者差數限於 3mm 許。臨碩口瓦，可忽略之。見深程、徑程數比可大於等於 0.5，也可小於等於 0.5。

間告天之證：深程或高程等於徑程 0.5 者，春秋分之告也。深程徑程比數小於 0.5 者，近北天之告也。近北天者，日盛之告也。此乃間告之間，格名之疊間也。深程徑程比數大於 0.5 者，此碗告秋分之後也。取烏遠之義。烏遠者，日烏遠也。

倘讀者欲問：你既為今人，不曾目睹、耳聞 8000 年前舊事豈可自信彼時如何，豈非妄哉？我解其辭曰：妄者，芒也。詰者不知何謂妄，而辭。是謂張口自杜以為難人。月芒恆在，未曾絕跡。我以知芒，故求，為算驗物而證。以間故而求證，以疊故溯跡，其道不可誹。欲知舊事，疊間而近古。不知疊間者，不自知寄故有道，寄故非是，將淪落癡盲之類。吾不與也。

（3）底弧面曲率瓬疇義

勘狄宛第一期以降瓦碗模樣參差，其狀非隨欲而來。曲率於今人似述格知之格名，但於瓬疇家，乃若干代認知積累後不得已而成器之器藝。丸物小大，目睹即知。而埏埴為碗，近口沿水平曲率、自口沿向碗底曲率，此乃二等曲率。昔聖雖不依曲率檢器狀，但能以甚曲、少曲、近直三等埏埴而為碗。

曲率大，則易於為丸，易於效半天丸狀。春秋分之際，節令不誤，即宜為半天丸碗。倘為曲率僅可效深冬半天丸，即宜為益深碗，器底曲率變小。反之，欲為較大曲率，又截以少半丸器藝，即得夏季天丸狀。北向而橫置瓦碗，凡見瓬疇圖，即得夏至瓬疇圖。

2）光沿碗瓴疇義

（1）光內沿碗

光內沿碗者，內蒞瓴疇家察黃道內景象也。於黃道周匝而睹星宿，故得星宿圖。倘以夏至星象為要，即益樹立瓴疇圖，面北以察，即得夏至南北向星象圖。北達北天極，南及南方七宿。前著曾考狄宛第二期瓴疇家爟事依爟宿，察知菁宿、張星、鬼宿。如此，北方、南方星圖之連於夏季而成夏季星圖。諸夏星曆之星官增益難免，後世星圖被奠基。

（2）光內外沿碗

碗沿內外抹光彩繪乃內蒞兼外蒞瓴疇圖；內蒞圖係蒞者自認在蒼穹之下，罩於蒼穹而察天象得某象而為畫構圖。此自認身所關聯者大。瓴疇家自設不曾設擬自登天，則不近北斗察北極星等。此念乃蒞者階別之基。階別二等：外蒞、內蒞。統言之，蒞者階別乃後世「神道設教」念頭之端。

凡見器壁內黑窄帶即內冥帶，此帶謂腰帶之帶，已含丸天之半義。器有半丸狀或截丸狀，能象半天丸（球）。如此，冥帶或間冥帶有天球內冥帶或天球內間冥帶之義。而睹畫者係知冥者。此類器宜以口向下而識，如圜底盂，除非特異天象之畫，宜使器口向左、向右。

以截球器口向上，即見冥帶在下。下於何處，係難答之題。此不合瓴疇家舊意。器口沿內與內壁輒見畫作。此所睹畫即內蒞圖。內蒞圖須識見者設擬處於天球內，不可設擬在天球外。而外蒞者識見之界別於內蒞者。內蒞者不得自設擬如烏蘆。但外蒞者能自設擬如烏蘆，此蓋兩等識見者之界。

連蒞圖：連蒞者，周歲指蒞也。外蒞周歲或內蒞周歲。外蒞周歲謂黃道圖，星宿在黃道之外也。內蒞周歲圖謂紫微垣、太微垣、天市垣星察也。

3）口沿塗赤膏汁本乎瓴疇女及其瓴疇義

（1）塗赤膏汁於弧面直面義別本檢

細察為畫者動作、身姿、視向，可別外內之動。外部之動不外動膏汁耗膏汁，畫地由紙、或布變為畫作，此乃見成。知畫者察畫匠活計在於意念與潛念。意即《墨子・經上》之「意」。畫匠以意調念，動用潛念，而後有畫。如此，材料面、色面、色面參差等外部曾存自然之真被印記，其真堪鑒，真之善亦堪鑒。

狄宛畫匠初不恃平面，滿足於弧面。營窟壁面塗抹赤色膏汁遲於器面塗抹赤膏汁。為畫者意念關聯某種自然景象記憶，此謂景物所際之遷，所際遷於弧面，顛覆凹底弧面，鋪排於寬環面。此時，可謂完成顛覆膏汁動作。此等意念

與潛念之合乃任一早期瓦畫生成之基。至於畫面反映之真為何，後將檢討。

　　細察顛覆膏汁於圜底碗之程，界畔施曳膏汁之起、續、連，鋪曳、勻曳、補注，而後設擬連察畫匠動瓦碗之手，即知圜底碗口沿赤帶、黑帶皆係聖賢轉動半丸之果。此乃顛覆膏汁不懼繁，成畫潛念半丸面之能。凡能知此者，即知瓦畫動作全異於近代油畫、國畫動作。中世紀、文藝復興期西方壁畫之凹面施彩則是弧面施彩之反面。這或許是安特生認得仰韶村瓦畫之潛念，而中國考古界反昧於返察祖輩藝能，豈無憾哉！

　　顏料來自採掘礦料。而後，施彩者須先加工顏料。狄宛第一期為畫者以研磨加工顏料。研磨面乃石質面，研磨動向是環狀往返，而非線狀往返，猶後世磨墨。石料研磨器 H397：5、磨盤 H12：5 面上顏料研磨殘跡呈弧狀皆為其證（《發掘報告》上冊，圖四三，1、2）。加工後兌水調和，顏料變成膏汁，存於凹所。姜寨遺址第二期畫具 ZHT4M84（《姜寨》下冊，彩版一六，右）為其證。北首嶺遺址 77M13 起出小碗納赤色顏料，同事同義（《寶雞北首嶺》第 81 頁）。

　　狄宛第一期前，施彩者未必用膏汁塗抹於瓦面，而能塗抹於宗人或宗人之首臉面，謀求以赤色或黑色方便圍獵。但在舊石器期末，狄宛聖賢初用膏汁塗染瓦坯。自塗染臉部起，他們獲知人臉凹凸之別，弧、直之異。察日月又增強凹凸辨別力，埏埴圜底盂增強此念。總之，施彩為畫者潛念膏汁存於凹底弧面之所，此念放大其鑒識球面、平面之力。猶如今化學家細知液面非平，古用彩者以此潛念調動其施曳膏汁之能，善於在弧面為畫。

　　（2）口沿赤色告赤經丸轉猶經血輪返不休

　　今依發掘者饋給圜底瓦盂黑白圖展開此等半天丸曆義。圜底盂，所謂 B 型 III 式，器樣 H3116：7，口沿施一條紅色寬帶。口徑程 276、高程 115mm（《發掘報告》上冊，圖二五，15）。依考古繪圖原理〔註31〕，原圖是正投影圖。而發掘者算口徑程可能用外徑程，彼時瓦器壁厚約在 3～5mm 間〔註32〕。

　　口沿赤色膏汁之色本血色。塗抹於口沿以兆經血可依曆日期至。唯女子於經血之可期敏感而記憶猶新。可期與輪返之赤色融入女子記憶，而男子混沌。

　　以可期之念將此器顛覆，扣於平地，見北半天丸狀。將圜底著地，見南半天丸狀。靜止不動，即告春分日晨刻東出。春分、秋分日晨刻赤經面平行

〔註31〕馬鴻藻：《考古繪圖》，北京大學出版社，1993 年，第 32 頁。
〔註32〕馬清林等：《甘肅秦安大地灣遺址出土陶器成分分析》，《考古》2004 年第 2期。

於黃道面之義顯著。將器左轉 23.5°，得口沿走向為赤經面，見夏至晨刻走向。右轉 23.5°，即見冬至晨刻赤經線走向。如此，得知彼時聖哲以圜底瓦盂口沿告赤經面。口沿紅色乃赤經名之本。帶狀即地面赤道帶。題涉狄宛人察知赤經面與地球軌道面度數差 23.5° 之檢證。後圖橙色射線有箭頭，告晨刻日射向。早期遺址凡見同類器物俱告同一認識，譬如臨潼白家村文明圜底碗。

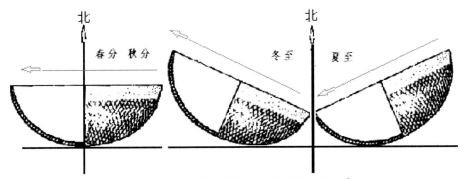

圖二五六　碗擺幅限赤道上下±23.5°

（3）碗擺幅效日烏往來覈曆闕 H3107 氣程率

狄宛第一期圓口曆闕宜得珍視。察筒狀腔能容外徑程小於筒內徑程之丸上下。丸在腔升降較之靜止丸能占腔內體積最大。對邊形物體入筒腔而澀止。如前檢，丸象徵天球。而日動之象徵物即赤經圈。如此，將赤經圈動靜別三等，能得擺幅上、平、下。赤經圈上及極為夏至。下及極為冬至。自冬至及平為春分。自夏至還平為秋分。

如是釋又不盡穴腔之義：畢竟，此穴底平，不便容納丸體，而便於容納平足物。舊石器期末，平底瓦器已見。但平底瓦器體小，不匹配穴腔。

今檢穴底平整來自狩獵者創造。太初狩獵者能用自然坎，獵物名下，走獸也知此。謀求自用而避氣流交換曝露己所，獵人掘穴而狩獵。又顧底不平不便立足，故偶而粗糙找平底面，謀轉身之便而擴大坎腔，如此得穴。無論貓腰或蹲踞，皆不礙狩獵。此蓋平底穴之源。於狩獵者，躍出穴腔奔跑，乃日行狩獵之事，而穴腔之底，即謂過往。此覺即渡覺。

倘將渡覺關聯穴口地平，由既往而躍及今，此知乃歷知。於知既往、今日時變者，穴腔曆義在於坎及其深淺、闊窄。今昔之別以穴腔上下，而下平、上平之必來自狩獵圖便之欲，而狩獵又依時節，冬日獸寡，春日獸眾。獸類發情與產仔，率仔覓食，俱關聯春秋分節令。如此，獵人認知乃狄宛第一期瓬疇家認知之基，而瓬疇家以圓口穴平底告既往節令平或曾平中氣數。此蓋

H3107可用於行關聯節令曆算之基。

　　察此穴腔南北徑長於東西徑。東西向徑程告渭水流域春秋分日出正東，日落正西。如此，南、北、東、西四點足以述寒暑氣程總日數大於溫氣程日數。寒暑依經向而定，溫涼依緯向而定。如是，方向與寒溫氣程關聯初定。此等曆義融入瓨疇圖。

　　（4）器口沿略曳赤汁告丸天氣程合率

　　略曳赤膏汁謂瓨疇者足於曳赤膏汁於圜底器口沿。或先抹光口沿內外，或足於抹光外沿。凡見抹光外沿者，宜知瓨疇取外菔為身所。凡見抹光內沿者，宜知瓨疇取內菔為身所。外菔者，外球體而顯其歷知者也。內菔者，入球體而顯其歷知者也。歷知者，為歷之知也。倘不論一人求知之途，如《墨子·經上》類舉，瓨疇之外，另類近知之覺乃渡覺（Erfahrung）。即使不究問知源，不求索人知昇華之途，俗人亦有似知或近知之源。此近知或似知之源即渡覺。渡覺者，既往始於行所行迄今所，官覺而志者也。於後時，能憶亦能恃憶而略當下情狀。但歷知基於曆為，含算法而具聯數術。倘檢為歷者遺物，見遺物名下瓦畫，則外菔、內菔之別乃勘審瓦畫之基，而此題被既往中國、西方考古者罔顧。

　　圜底碗口沿抹光帶喻春分、秋分日日照地赤道。天赤道合地赤道。此二義之前者驗證以圜底盉圜底著地而靜止。後者則宜證以圜底盉兩件相扣而靜止。或顛覆一件圜底盉，亦能得截半球而靜察春秋分日照之義。

　　謀求還原狄宛系聖賢全天球認識，今依寶雞鬥雞臺遺址瓦盉扣合形成球狀，參照今大學球面天文學教材，繪製全天球圖樣，並給定黃道赤道相交及北極略圖。字母表義：P，極點；O，黃道赤道交點；橙色線段，自交點迄北極。橙色貫穿線謂黃道線；赤線謂赤經，其色接近狄宛圜底盉口沿色係。

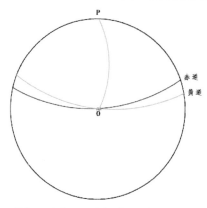

圖二五七　天丸赤道交黃道

狄宛第一期瓬疇家塙知北極與塙知北極星乃二題。我寧信彼時瓬疇家得知天北極移動，暫不能信彼時瓬疇家知北極星。北極星認定乃狄宛第一期末，第二期初大事，詳後西水坡遺址 M45 黽戲王事考釋。

4）內壁短黑線告黃赤交角

（1）《圖譜》器樣 1 內壁短線圖示

前既檢蔣氏說《圖譜》1，圖一九六，內壁冥色短橫線表義之謬，今圖示饋證檢評。拓俯視圖而補繪輔助線，便讀者檢證。繪圖前右旋俯視圖 92°，取至少一組短線水平向平行，依 AutoCAD 2014 繪圖軟體正交線測得 0°。

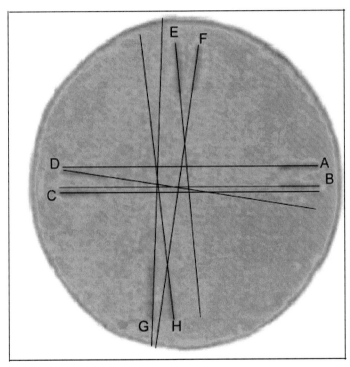

圖二五八　《圖譜》器樣 1 俯視四組短線所際

（2）舊釋敵解

蔣書慶曾言此器樣內壁四組短線似十字形切割圓周，其外壁口沿繪赤色寬帶。檢此器口沿外壁赤帶乃外菈帶。內壁四組短線乃內菈形線。瓬疇女欲寄此形何義，甚難窺知。依圖橫線平行察見，彼時昔聖顧春秋分節氣平，但冬夏至赤經面非垂直，而見傾斜。南北向斜線兩條兆赤經黃道面相。春分或秋分前後，赤經、黃道面亦成交角。

繪圖顯此器內壁僅 A、B 兩線平行布列。此二線段可視為春秋分晨昏日

照線。是日，黃赤交角等於 0°。線段 C 不與線段 D 為組，但平行於 A、B。D 線段與 C 線段相交以 9°。E、F 兩線段交以 14°。G、H 交以 9°。F、D 交點近圓心而不在圓心。由此不在圓心交線得知，蔣氏說盡謬。

瓴疇家寄線段組之義：春秋分日射赤道。但冬至、夏至日所不盡以對應於天丸。E、F 兩線段交以 14°來自黃赤交角，圖示誤差些微。兩組線段相交度數 9°之義不詳。

2. 碗三足塗赤汁瓴疇義釋

1）碗三足樣變告丸天協所系星曆義變

（1）碗三足撇向等別

掘理者命「三足圜底缽」以「三足鼎」，或陶鼎。我檢「鼎」不必是。今所謂鼎，乃商周鼎名承襲。史傳黃帝鑄鼎，其狀未知。又傳禹鼎傳於周，秦滅周得禹鼎，下落不詳。無以旁證黃帝鼎似狄宛截丸三足盂。無證但無諸鼎，不得徑言狄宛第一期截丸盂三足為鼎。此外，鼎字韻本丁。此丁或謂男丁之丁，或謂天干之丁。韻讀或從正，本正朔義。無論從何者得義，俱宜考證。而男丁之丁又涉及男子在遠古位分及其變遷認識。狄宛第一期，無物能證男子為君或為邑首。狄宛第一期屬係夜曆法時代，無晝曆。無晝曆即無日陽之數，正朔日說無由可得。故此，不用鼎字。

題涉三足瓦碗，考古界迄今乏貫坐之說。張忠培、嚴文明等以「老官臺文化」指早於半坡類型考古文化，代表瓦器係「三足缽」，器藝基於手工等〔註33〕。張朋川等別狄宛第一期文化於磁山、裴李崗類型文化。亦察見狄宛三足「缽」、圜底「缽」等見於白家村遺存，元君廟遺址下層遺存。張氏等察見狄宛三足「缽」三足施赤彩（前註第 101），未曾工察三遺存圜底瓦器三足以何方向附聯器底。

我檢狄宛、白家村等地截丸三足瓦碗界畔在於足釘與足釘附聯點丸面之所。略言之，三足附聯丸面宜別二等：一曰三足外撇，與截丸器央垂線構造交角。二曰三足貌似垂直於口沿面，又即平行於半丸器央垂線。澄瀝此異，始可檢狄宛系截丸三足碗二等表義，而後可言其保存與流變。

（2）狄宛系碗三足外撇內收流變

《發掘報告》圖二四，2，器樣 H3116：10；圖二四，6，器樣 T213⑤：

〔註33〕張忠培：《關於老官臺文化的幾個問題》，《社會科學戰線》1981 年第 2 期。

8。此二器俱係施彩器，較之舞陽賈湖遺址，施彩與值合畫為其兆，此題於《祖述之一》既檢。此處唯鑒二器三足於球面位置。讀者目視第一截球瓦盂三足外撇，器置使人覺穩當。第二器置也使人覺穩當，但其狀非外撇，而顯內收，貌似平行於央垂線。

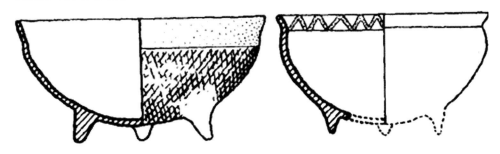

圖二五九　狄宛碗三足外撇內收二狀

此二狀傳播，致臨潼白家村早期截球瓦碗三足狀也顯二狀。譬如，《白家村》圖二二，1，器樣 T315③：7（似狄宛）。6，器樣 T328③：10、9，器樣 T117③：8（裴李崗）狀如後：

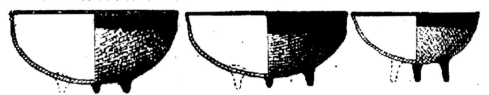

圖二六〇　臨潼白家村碗三足外撇內收與加長

三器圖拓顯每器三足參差。T315③：7 猶存狄宛第一期器三足外撇狀。器樣 T328③：10 三足內收。而器樣 T117③：8 三足似外撇而加長，此致盂底去地平更高。

澄清三足外撇內收之別，即能檢裴李崗文明三足截球盂三足附聯方式親緣白家村截丸碗三足附聯方式。而且，其外撇三近狄宛外撇三足。後圖二器能證此鑒。裴李崗遺存三足截球器變樣，腹深者不少。而二器親緣狄宛系之兆甚顯。截球三足盂器樣 M38：11，以及器樣 M88：3 為證，前者三足外撇，後者三足外撇而加長〔註34〕。於前者外撇而近狄宛第一期 H3116：10 外撇，考古界漠視而無言。

〔註34〕中國社會科學院考古研究所河南一隊：《1979 年裴李崗遺址發掘報告》，《考古學報》1984 年第 1 期，圖一三，18、17。

圖二六一　裴李崗碗三足以外撇親緣狄宛碗

　　磁山文明瓦碗三足外撇益似狄宛系截球三足瓦盂。證在 H90：1、H269：30 兩瓦碗三足朝向〔註35〕。前器腔深而已，後器似狄宛器樣 H3116：10 黑白圖樣貌，倘不論狄宛器口沿外抹帶、面紋與抹帶下一匝界線。而兩地器藝水準高下立判。

　　至於裴李崗遺存含雙耳罐，其雙耳之用同狄宛系器雙耳。惟親緣舞陽賈湖遺址瓦器雙耳。倘不顧器面施彩，無彩三足碗在濮陽西水坡又生流變，以致所謂「後崗」類型瓦器產生。

　　我連狄宛、白家村、裴李崗、西水坡三地瓦碗，故在四地瓦碗三足自西向東流變，而且裴李崗瓦碗三足之效在白家村。西水坡遺存時屬難以徑係於狄宛第一期，但狄宛第一期末遺存時段緊連西水坡遺存初時。如此，檢截丸三足碗固可將四地器狀變遷連屬。

　　濮陽西水坡第一期遺存起出卵狀三足碗、深腹三足碗若干。無論卵狀碗，深腹碗，其三足俱平行於器央垂線。而且器三足較高，使器去地面更遠。器樣 T229⑥：10，素面，口徑程 64、最大腹徑程 68cm〔註36〕。圖拓如後。

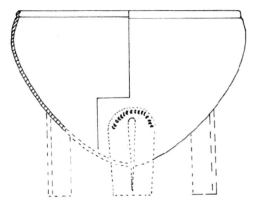

圖二六二　西水坡第一期碗 T229⑥：10 垂足似狄宛碗垂足

〔註35〕河北省文物管理處：《河北武安磁山遺址》，《考古學報》1981 年第 3 期，圖一二：4，5。

〔註36〕南海森：《濮陽西水坡》，中州古籍出版社，2012 年，第 31 頁，圖一八，6。

　　此器三足垂地，乃直足瓦盂之效器。器口、器腹諸程之大使人難忘。細察三垂足聯器外壁狀，不顧其度程之大，即見狄宛第一期 T213⑤：8 三足下垂狀乃濮陽大器三足之本。倘去此器三足，不能得截丸狀碗，但能得近似三角狀：自器底畫直線，兩翼延伸，及器口沿平面，得三角。此器深腹告某年深冬。此器收口劇烈。收口而消直視碩碗側邊三角狀變更。此變更使人深思。而三角狀外廓引人矚目。

　　此蓋狄宛第一期、臨潼白家村等地效器變遷之果。而西水坡瓦碗不似裴李崗瓦碗，而裴李崗瓦碗腹淺。腹淺告夏季，諸器告某一年滿之夏季。起算於前歲夏季。如此，碗形告歲之告夏紀年之曆法產生，此乃季年曆法，此季當夏至否，暫不檢討。

　　（3）碗三足外撇狀摹丸天協所系春秋分天赤道平行於黃道面

　　今檢狄宛撇三足碗 H3116：10，使其旋轉 180°，繪球體協所系，又顧裴李崗遺址 T315③：7 器狀似，以為天丸協所系，繪圖減省瓦碗三足，使三足顯於球體同截面。得圖如後。在此，不能睹丸天協所系三向程，故在此圖顯春分、秋分地平面等於黃道面，而此面平行於天赤道面，其狀於晨昏最顯。

　　後圖 a、b、c 即截球瓦碗三足附著點。O 察天者察星體之所。央橢圓乃天赤道線。恰由於天赤道以日行為兆，日兆乃輪返赤色，故狄宛第一期截球三足瓦碗多見抹光帶、赤膏汁。

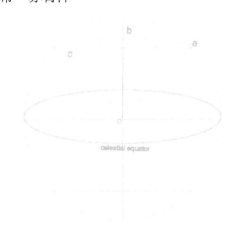

圖二六三　碗外撇三足恒告春秋分黃赤交角零度

　　口沿施曳赤色，故在瓬疇家摹記天赤道察見。而三足施曳赤色，故在瓬疇家察見春秋分晨昏星體。菈中者立足於地表，菈中者目視蒼天，在周旋滿度時分割天球圓周，察見星宿在地表以上，或曰平行於地表之「天面」，由此

獲得日運行宿度與日行投影。此周圈乃狄宛第二期圓爟闕泥圈放寫黃道念頭之源。器足高告天遠，器足低告天近。如此，狄宛第一期瓬疇家察天乃近天。天近者，目力甚勁也。天遠者，春秋分察天者目力不濟也。如此，裴李崗遺存撇足較長截球瓦盂無赤帶，也無口沿抹光帶，俱出自察天者目力不足，而非刻意為此。即使造徑程較大截球盂，仍無口沿抹光帶，乃天事之途必見狀況。

由此圖又得知狄宛第一期瓦盂口沿抹光帶、赤帶之源，並得所謂西水坡遺址「紅頂碗」起源：紅頂碗紅頂即口沿施曳赤膏汁為較寬赤帶。其截丸狀甚顯。較之狄宛第一期赤帶瓦碗，其赤帶益寬而已。依此判西水坡截球狀瓦碗非異質文明，乃同質文明少變。

（4）碗三足垂直於口沿面告春秋分丸天協所系定極

前舉濮陽西水坡截球瓦盂 T229⑥：10 碩大。為何造如此碩器，此疑迄今未被考古界舉問。此乃昧於瓦器度程之態。我檢此器告狄宛碗三足外撇以非常故被更改。而此更改之故乃北極星被察見。狄宛第一期截球三足瓦盂 T213⑤：8 三足少撇，可視為彼時瓬疇家已知北極星，但定其所不搞。對照西水坡 T229⑥：10 截球器三足垂於口沿面，得知西水坡瓬疇家察北極星之力進益，北天被放大。器表雖無膏汁，也不見瓦畫，但此器度程碩大足顯其察北天極甚細。由此器度程、垂口沿面三足得知，彼時瓬疇家已確定春秋分北極星之所。此乃狄宛第一期文明以降重大事件。面對可喜可賀功成，故瓬疇家唯能以督造此器為志。今如前旋器圖 180°，繪圖亦給出協所系與北極星圖。圖面北端赤點狀星即春秋分時節北極星所。

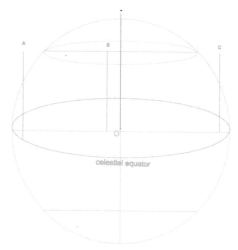

圖二六四　碗三足垂於口沿面與天丸協所系

A、B、C 告三足垂於截球口沿平面。此三點可延長，以合器狀。此處欲顯北極星所，故縮短垂足線段。依此圖得知，任一截球三足碗來自瓬疇家察星象，而且於塙知春秋分赤經平行於黃道面。但泥坯不便埏埴為球體，瓬疇家以心念截球而為三足瓦盉。

如此，狄宛系三足截球瓦盉變遷迄西水坡碩大垂足瓦盉而終止。三足碗以述察見北極星而不施曳膏汁。倘將狄宛系三足截球碗三足刪除，旋轉協所系，存留天赤道、黃道交角，能構造三角狀天區。北首嶺、半坡、姜寨等地三角畫別源俱在此處，而施加交線於三角圖，能得三角羅畫。此畫乃羅日烏圖之本。

（5）碗面碗足間塗赤汁告日烏還行半歲三分

狄宛第二期起出瓦器，頻見冥帶數曆圖，而罕得孤圖。貌似毫無稀奇。但其訓釋須恃間菮、連菮圖之勘審。連菮者，施曳膏汁不輟，為帶為線俱可。間菮者，施曳膏汁為圖而不遍，或在瓦盉口沿下，或在瓦盆唇沿，或在瓦匏口以迄肩下，其間技或為縱間或為橫間，俱無別。但物象依察圖寄之所而異。

考古界曾有「二方」「四方」連續畫之說。此說非屬體術語，乃瑣碎暫且之名，故不承用。所謂「二」「四」方，非出自二、四圖塊貌異，乃出自瓬疇家間菮之事。

間菮圖以二者，寒暑之別也。間菮圖以四者，四分曆所致也。四圖同而間者，同景象重現也。連菮較之間菮，參差僅在瓬疇家見一，抑或見多。見一則畫一丑之圖。見多則畫多塊而為圖。連菮圖產自月冥日無間。間菮圖產自節令休歇或景日參差。甚或遍口沿唯見數個黑圓點，貌似瓬疇家唯能別圓點與非圓點，持此說者謬察色實圓點之義。

連菮圖見於口沿內外，以口沿外連菮圖為重。間菮圖俱見於器沿內壁，口沿外壁。而以內壁為要。間在圖上蓋為地色。間或以矩形，或以扇面，或非矩形非扇面，而介乎某邊界非矩形非圓形之際。

地色之廣配外菮圖之狹者，非冥帶畫，倘近口沿必涉冥帶畫。如此圖樣者甚寡，尤須珍視。

（6）膏汁施曳之點塊線與間菮圖解勘

解勘者，察圖件而使之屬異類，見其義別。連菮圖便認而間菮圖難認。狄宛系瓬疇圖難認者，間菮圖構圖複雜而圖件難解也。無論膏汁以線、以框、以點、以面而現，勘讀者俱須先解圖為多件、多向，並以瓬疇外菮或內菮，甚

或體外茈內茈記憶而解圖為多件。能行此途而勘見曆義，皆屬成勘，否則歸諸無稽。

解勘須恃類別：膏汁線之類有直線、弧線、似直線而為弧線，或似弧線而瞬時為直線。膏汁點之類唯一，此即圓點。圓點別大者、小者。小大之別表義參差：遠者小而近者大。凡天象被涉及，其畫之早期曆義限於烏日，晚期曆義能涉禽烏，但非鳥。舊說無稽，混淆烏、鳥，將言語起源之烏韻視為鳥韻變遷而生「奧」或「雐」韻。

2）碗塗赤汁日照圖志與口沿抹光帶星曆體釋

（1）遍施曳膏汁於圜底盂限於球面日照之域

遍曳赤膏汁於瓦器係膏汁施曳一途。此名非謂每局部俱見赤膏汁硬化之色，但謂日烏行程能及之所遍見赤色。於瓺疇家，協所系向程為二向或三向程，足以誘導其為畫。我曾考瓦器三足乃分圓之法，此考證結論於此宜增補。倘在同圓周設定三點，自三點下垂三足，此乃分圓。倘在球體設三足，可有多義。既往，我未顧及球體三足施曳赤膏汁曆義。如此，半球體三足或球體六足見赤膏汁，曆義別樣。而扣合兩圜底器見六足赤膏汁，六足赤膏汁之義顯別於球面或半球面日烏氣程率數之義。

以日烏往返論寒溫氣程論，日烏往返程率之數乃氣數之率。道教舊說氣數乃神道施教下王霸行令取譬於天氣度數。我不承用此名，而用陰陽氣或寒溫二氣變率。如此，自然認知與賦值連屬。此乃狄宛昔聖之力，而非後世巫覡之能。

日烏氣程率頗似獸以寒暑一度升降於穴腔之率。識獸升降於穴腔乃狄宛昔聖類比日烏之間階。此取譬傳授久遠，致《繫詞傳》記「包犧氏」「觀鳥獸之文」。倘無版本訛誤，此記必存傳者謬信。蓋狄宛昔聖類比獸、禽鳥俱知寒暑氣程率數。日烏類比禽鳥，而烏為同項。如前著考證，「觀鳥獸之文」本是「爟烏獸之文」（《祖述之二》，第 187 頁）。「之文」者，及經星且連屬經星遍布黃道也。此言合乎前考營窟內爟闕泥圈曆義。「之文」二字聯繫狄宛聖賢第一期、第二期功業，即謂星曆系統已備。

前考圜底碗 H3116：7 口沿赤帶告赤經帶，及其變率分至，即春分、秋分、冬至夏至。此四氣程之節能分冬春、夏秋，能止夏令、冬令。其間月數、日數及氣程長短俱有率數。歲長、月長皆恒數，故是率數，日長於彼時不被深究，而曆法之曆夜、曆日於彼時未知，僅行老祖母之教，以昏時起算，終於

昏時。如此，察天象而知氣程率數為恒率，此知引導瓬疇家施曳膏汁於瓦盂口沿，而為帶狀。

倘將赤膏汁帶走向聯繫瓦盂擺動，隨口沿升高即見赤帶傾斜。此傾斜絕非地赤道傾斜，而是天赤道傾斜。狄宛第一期昔聖不必知曉地能傾斜，地為球體自轉。他們知曉天傾斜。聯屬諸事，得知瓬疇家施曳膏汁為帶狀，足以括納日照之域。

（2）寒暑終極匹赤經東西域極擺動暨三足碗口沿抹光施彩星曆義

寒暑氣程本是率數，凡無日食致寒氣延長，或星體撞擊地表，皆無變數。氣以寒暑而別。氣程終端謂寒氣、溫氣終端。寒氣終端為春端，溫氣終端為秋端。如此，寒暑氣程在蒼穹周旋之念產生。察赤經面遷徙，得知寒極時日近東北隅，而熱極時日近西北隅。而且，此二所之央能為北極。獵人時代，依魁四星之天樞辨向。自關聯熱極於赤經北天之西，寒極赤經對應北天之東，瓬疇家改造圜底碗之念產生。此改造致若干三足碗產生。狄宛器藝以三足瓦碗眾，以樣貌參差為兆。三足碗瓬疇圖寄此產生。

其證在於，三足圜底大盂，器樣 H3116：10，口沿施赤色帶，沿外抹光施赤色寬帶，《發掘報告》圖二四，2。三足圜底瓦盂之二，器樣 T213⑤：8。口沿外施赤色寬帶，沿面施赤色值合畫，圖二四，6。此二器瓬疇圖異，曆義異。外施赤色值合畫者，教邑人知氣程率數之器也。此言故在外蒞圖乃自外而察，設擬在天外而察。而得傳者宜俱強勁空間設擬之力。

三足圜底瓦盂之三，器樣 H398：59，口沿施赤色寬帶，圖二四，5。其四，器樣 H3116：12，口沿施赤色寬帶，圖二四，16。其五，器樣 H10：37，口沿施赤色寬帶，內壁有赤色值合畫，圖二四，8。此值合畫乃內蒞值合畫，較之外蒞值合畫謂瓬疇家察知而志，告其他內蒞者或僅勸勉自己。

三足圜底瓦盂之六，器樣 H3107：1，沿內施赤色窄條帶，沿外施赤色寬，圖二四，10。其七，器樣 H3116：14，口沿抹光，施赤色寬帶，圖二四，9。其八，器樣 H391：6，口沿抹光後施赤色寬帶，圖二四，11。其九，器樣 H363：30，圖二四，13。此器出自曆闕 H363，此曆闕曆圖含氐宿圖，告日月五星合會之所。此器口沿抹光後施赤色寬帶。含義有二：施曳赤膏汁顯天赤道，抹光口沿謂春秋分日照充足，也告春秋分二日，黃道面平行於赤道面，而黃道面星體顯亮。檢第二期黃道帶以營窟圓燋闕泥圈模擬，其源在於第一期圜底瓦盂口沿抹光告黃道帶可見星體。

3）丸要與渾丸曆象及影日

（1）丸要或天要曆象

丸要曆象者，以南北天之合為全，橫取此全天之要，使之合春秋分曆象之事也。狄宛第一期，此念既成。工程曆算與形土之工致記此念。今饋證寶雞關桃園遺址葬闕 M26（前註第 70，彩版一六，2）。

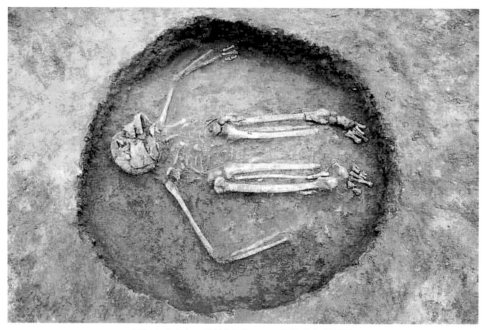

圖二六五　關桃園 M26 規天丸要闕

此葬闕之形土者去骨殖之腰椎，欲告人要不得存，而存天要（腰）。骨殖之臂骨盡存。而且，狀似畫圓。此圖又顯規狀，故在左肘——尺骨橈骨與腕骨留形圓周。而圓心在右膝髕骨之所。此髕骨兆球心，或北極星之所，係後世「賓天」說之源。右肱骨長於左肱骨。故此葬闕骨殖納它骨架肱骨。兩側肱骨異長，告此人規形非告平面規圓，而告規圓而有陰影、遠近。間此故，我認定葬闕 M26 告規天，命此葬闕規天葬闕。存圓口，乃規天丸要圖。丸要者，天丸之要也。此葬闕又是《海外西經》：「形天與帝至此爭神」之刑天義之基。但關桃園刑天者乃形土為闕者，非「爭神」之刑天。此人乃狄宛第一期刑天。形者，規形也。此葬闕顱骨旁起出鹿角。鹿角告解。解含二義：鹿角依節令解。第二，解天。解天者，拆散全天也。顱骨在西偏北 330°。此告目視向黃道 360°之南 60°，此所乃冬至日出之所，冬至鹿角解。由此推算，M26 規天丸要乃赤道傾斜之要，冬至節令也。

　　丸要之要非謂上下兩截等深或截丸等大，而謂上下兩截丸可等大，可上大而下小，可上小而下大。截丸之上截、下截間以要。此要於天丸猶帶狀。此帶乃狄宛第一期碗口沿抹光、赤塗念別源。今格名之曰丸要。此要可窄、可寬。依關桃園 M26，丸要可斜。此傾斜又即黃赤交角之傾斜。

　　（2）瓦丸擬月入掌

　　器藝之瓦丸者，瓬疇家擬掌月之兆也。其效別二等：第一，效全丸，第二，效側切丸。前者乃望月之兆。後者乃日鬱之兆。日鬱者，古日食之名也。瓦丸諸證：狄宛第一期瓦丸 H398：13。體較小，手捏而成，泥質紅褐色。直徑程約 2cm。此物亦係瓬疇家擬丸行天丸之器。置瓦丸於碗，得弧邊相切狀，又效月行或日行蒼穹狀。如此器藝屬係器合象圖。

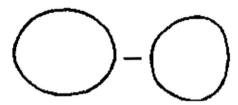

　　　圖二六六　　狄宛瓦丸 H398：13 效月或側切效日鬱

　　狄宛第二期瓦丸器藝進益：器樣 F348：17，面磨光。泥質色赤外徑程 5.5、內徑程 3.4cm，空心。另一瓦丸，器樣 T210④：21，穿孔，孔一端勒刻，徑程 2.6cm。

　　檢瓦丸者，能得瓬疇家器兆，能得器合象圖。器合象圖者，瓬疇家以細物擬宏物而成象也。檢者於此不獨宜識瓬疇家之設擬，更宜察此設擬蘊藏曆象，或曰曆義與天象，或廣義星象。瓦丸、石丸之數、小大俱兆瓬疇家嘗試，或其試兆五星、或試兆日月，甚或能兆星連珠。如此，丸天之碩與瓦碗之細足證瓬疇家器藝之能與星曆認知。

　　（3）瓦瑁兆影日與日鬱錐影

　　狄宛第一期錐狀瓦，器樣 H398：18。掘理者言：平頂。泥質橙黃色。直徑程 1.5、高程 2.6cm。此器宜以底著地，顯圓錐體。掘理者言此物係網墜，此說旁落舊旨。推狄宛第一期不必網魚。或以水豐沛澤藪不乏水蟲，或以昔聖不恃水蟲食源。此物又無孔可穿繩頭。我檢此物係最古影器，宜命曰影瑁。造此器者知曉日全食投景錐狀，放錐而造此器。狄宛第一期地層納骨錐甚夥。

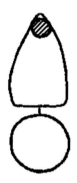

圖二六七　狄宛瓦珇 H398：18 兆日鬱錐影

　　此器即《尚書大傳》記三代天子朝諸侯用珇源。器 H398：18 物料係橙黃泥，其選料、篩料皆不易。赤瓦輒見而橙黃瓦罕見。橙色乃赤色之亞。而橙黃乃穀物稷受熱之貌。故此，影珇 H398：18 乃狄宛秋分節令元朔日鬱錐影之兆，又是狄宛元朔日鬱無礙獲稷之證。此器寄祁嘉穀而為吉器。此物可改用於影日，係地平圭表之雛。置於平地，可匍匐察影，可置於瓬疇家頭頂，旁人目睹景自上小而變下大。迄狄宛第二期，此器質料變更，用骨料，長程增益。又增鑽孔，但仍是影珇。其縱橫置向足致曆義變遷。

　4）氣程六分行丸面暨溫氣氣弟圖
　（1）內菈赤道迄北極以下半丸陽射率六畫

圖二六八　器樣 H3115：11 內菈赤道以下及赤道陽射率六圖

器樣 H3115：11，內蒞赤膏汁圖。依《祖述之一》（第 107 頁）考釋，係三分丸面圖。匝線自央扭 180°，即得圖二六八。此圖乃六分丸面之體，全角 360° 六分，六分後各得 60° 為域。此數蘊藏歲長 12 月。璇璣歲度數亦以圖兆。

依掘理者識見，赤圖位於腹片內壁。狄宛第一期瓶疇家，乃至西山坪瓶疇家喜繪值合畫或心宿於瓦碗內壁。而且，圖去碗底有間，以兆狄宛第一期圖瓶疇家知曉北極星（《祖述之一》第 334 頁），但未必占北極星。氣程率數係赤道——北極以下氣程率六。

（2）溫氣氣弟圖

於今，乙、弟乃兩字，每字多義。但於狄宛瓶疇家，此二者同源而義異。題涉神本於申，而申從乙得狀，及韻讀諸題檢論，揭《祖述之一》（第 107 頁～第 113 頁）。乙字又是「弟」本字，即氣程次第。今更用「氣弟」論溫氣一歲次第，而此畫可縱擺，可橫向入畫，俱告氣弟不誤，即自寒而溫，或自暑及寒。滿度 360°，當 360 日。今唯繪圖如橫陳縱懸兩樣，以為氣弟起算之選。

圖二六九　器樣 H3115：11 解出天干乙畫氣程率弟

若干遺存掘理者識見瓦面外蒞圖似「S」，俱本狄宛「弟」畫反轉 180°。於節令，或自春分而轉為秋分，或自冬至而轉為夏至。由此間推，狄宛第一期瓶疇圖 H3115：11 係後世天干念源。

3. 白汁圖告芟日致氣程率變暨羅丸珠槽勒

1）器樣 H398：3 畫記白膏汁芟赤

（1）白膏汁施曳記錄氣程異行

參瓦片內壁有白色之證在器樣 H398：3，圖三四，1。初著曾檢狄宛狄宛一期某年秋分後節氣不連。此考無誤，今唯更改內壁白畫似上弦月，但塙非謂上弦月，而謂日鬱食甚後月褪出之月要圖，題涉「月要」名源，詳後考。此番日鬱之後，氣程斷繼，故見口沿磕破豁口。

殘片來自碗。使碗底向下，得義如前考圖示，告熱氣下而衰減。及秋分而有口沿平著地模擬秋分。但氣程之率今破，率數破，故須破圜底碗，並破口沿以兆顯此事，以為記憶。此瓦片口沿內外無赤色。如此可斷，白色乃替

代赤色。以白色去赤色，此即月芟日之事。

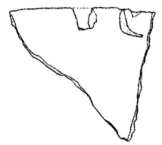

圖二七〇　狄宛器樣 H398：3 月要畫

施曳白膏汁，故在皎白之色乃月色，而日鬱（食）係月襲日。月襲日於夜察星象者乃白芟赤，故以白色為志。此瓦片白膏汁月要圖珍貴無比，係狄宛月曆月長起算方式嫌疑初起之證，也係新曆法念頭萌芽之證。亦係狄宛第二期月要圖源。此番日鬱即 M15 日鬱圖志日鬱。此番日鬱致邑眾嫌疑，此嫌疑摧毀宗女曾享聲望，失信宗女逃逸或被流放，遠遁臨潼白家村。

（2）狄宛第一期陰曆氣程率補釋

初著雖曾揭示狄宛第一期有陰曆孑遺，但未遑考證月曆之細。今順道補證。未嘗盡顯

寒氣綿延或溫氣綿延俱被視為程，頗類日行走蒼穹。此程念致狄宛舊石器期末太陰出現。此念也導致挖掘曆闕 H3107 以類日升降，而對用節氣日以深程表達。

既往，關於舊石器期古人用數曆算，長期匱乏信據。狄宛 Dadiwan06 發掘點及近旁布方鑽探饋給了圓口火塘。它是狄宛舊石器曆算孑遺，供給了可考佐證。圓口象月滿之狀。此狀為滿，為盡，為全，故於自然數是 1。此一在曆日上等於 1 個月盡，而月長起算始於滿月，終於滿月。月長大抵毛算 28 日有餘。這個算法也是舊石器期除法的根源。

以棒擊獸失敗，致獵人瓬疇家察手。攤開兩手算指節，以每指節配一日月相。先算迄十四日，續算迄十四日。放過晦日，以匹兩手不連。見上弦月如鉤續算，以迄第 14 日。不睹月之夜不入算。這樣，由認識指節數，人類將認識的利刃移向一種時長，即陰曆月長。這種折算算法導致一種比例算法及等比算法，以及乘法與除法：

5 指：14 日

10 指：28 日

1 手：14 日

2 手指數＊14 日＝28 日

28 日÷2 手指數＝14 日

此算法在狄宛舊石器末是文明發達之基，對於後嗣或後嗣以外接受者，它值得紀念。此習俗隨遷徙者進入關中，半坡遺址文明早期，人指骨被截取，或置於墓壙，或儲存於瓦罐埋於地下。石興邦先生以為是「割體」葬之證〔註 37〕。其子遺即河西走廊永昌縣鴛鴦池墓地 M94 墓主近頭骨有手指節 5 枚。張行認為此狀乃割體葬儀之兆，出自有意安排〔註 38〕。也見以巫術、厭勝說釋此現象〔註 39〕，諸說不合彼時獵人求食狀況，我不採納。

如此例證系數學史上比例算法之證，亦係石器期文明初等數學之證。於古人，指節所自者曾是初等算數之掌握者。凡葬闕見指骨分解，俱涉初等數學。太初月食致此算法被視為某種知曉天令者算法。

若干年後，邑人為固定此算法，在純風成黃土層專掘圓平底獨立火塘，新石器初期某一圓火塘〔註 40〕可視為月全鬱記錄，其側旁邊有小圓坑，須視為夜間見月食後日脫離月的記錄。而夜間月全食之月甚大，日小。依資料圖片上標尺白底色黑色 N 字，日去月向北偏東行，月向西退行。大圓穴近旁另側有副火塘，底面有火眼通達圓火塘。推測副火塘後來挖掘，是改用圓火塘為窯室之證據，詳狄宛黃土層體爟闕說（《祖述之二》第 279 頁～第 280 頁）。

（3）赤膏汁畫陰曆氣程率數初破暨月曆革新臨界

以赤膏汁畫氣程值合志在狄宛第一期某年面臨艱難。其證：H5：21，圖三三，2（《發掘報告》上冊，第 48 頁）。細察此畫有兩條條狀赤粗線，布於上、下。此二條線非整直合畫，但猶見其跡可循：上直合紋有上六三處、下六兩處，總計五處，當三十個月。這三十個月歲曆起於春分，終於秋分前。下組值合紋起於下六，即一歲秋分後，它終於春分前。檢此直合畫有下六兩處上六兩處，合計四處，以每六當六個月，總計二十四個月。這是陰曆氣程率數兩歲。倘對照直合畫，見 H5：21 畫似值合畫而非值合畫。

〔註 37〕石興邦：《半坡氏族公社》，陝西人民出版社，1979 年，第 127 頁～第 128 頁。

〔註 38〕張行：《永昌鴛鴦池墓地割體葬儀》，《絲綢之路》1994 年第 4 期。

〔註 39〕蕭兵：《略論西安半坡等地發現的「割體葬儀」》，《考古與文物》1980 年第 4 期。

〔註 40〕儀明潔、張東菊：《甘肅大地灣遺址發掘再獲豐碩成果》，《中國考古網》2015 年 2 月 6 日。

我曾對照三足碗 H10：37 上下兩組值合畫與 H5：21 畫，見前者係真值合畫，而後者是狄宛第一期昔聖嘗試次第月曆曆法氣程率數之證。此嘗試出自陰曆寒溫氣程率數失序。舊曆法以日全鬱（食）之故面臨解散，曆法革新時刻到來。關於昔聖試曆，揭《祖述之一》（第 136 頁）。

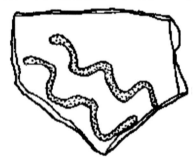

圖二七一　碗殘片 H5：21 赤汁畫陰曆氣程率數失弟

2）蚌狀瓦 H398：72 白膏汁畫合雙向交線羅丸槽勒

（1）蚌狀瓦雙向交線羅日烏日鬱志

我曾考證，殘瓦器樣 H398：72 白膏汁畫為曆志，記錄日全鬱間斷兩節氣能致節氣延遲 30 日，亦考此殘瓦白膏與節氣行程所際（《祖述之一》第 139 頁～第 130 頁）。彼時認定，殘瓦片正面為白膏汁畫，而反面術算基於勒刻槽線局部交夾而俱算式。後以曆日補算算法驗證此此番日全鬱發生。今聯瓬疇畫源流考釋，擷取舊考局部。後圖右為蚌狀格羅日烏畫，乃此器背面圖之透視圖，左側為灰底照片。其面上白膏汁色易識（《發掘報告》圖版九，5）。

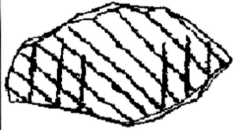

圖二七二　蚌狀瓦 H398：72 格羅日烏月丸及白膏汁畫

如舊考述，此殘瓦貌似蚌狀，瓦片背面勒槽具曆義。用勒槽之故在於，勒槽為單線程則為勒槽，多線雙向則為羅。羅用於捕禽，非漁網之證。狄宛第一期無任一種魚圖，也未見魚鉤。彼時，河流富於魚鱉，以木杈得魚使結網多餘。

　　檢相交勒槽別為兩塊，二者相鄰而不相連。不相連，即《墨子・經上》「不體」，在此謂氣程不連。今睹氣程別兩截氣程之率打破。察遍布蚌狀瓦面勒槽十道，非遍布者兩處各三道。以槽線當日出射線、以一交點當一日，相交總計十五點，當十五日。另外一處的交線也是十五處，算十五日。它證明，日鬱發生前曾算 15 日，日食後又算 15 日，這恰證明，日鬱當日未入夜而先加算一夜，由於日鬱發生致夜見於晝。昔聖勉強計算，得第 30 夜。月曆月長確數應等於 29.5 夜。器樣 H398：72 蚌狀瓦羅日烏勒刻確證，狄宛第一期陰曆曆法不算日而算夜。以夜起算，算迄第二夜為月長第一夜，而每月滿月為初一，其次夜為初二。如此，狄宛最初曆法乃芟陽曆法，而非俗言朔日之夜起算月長之陰曆。

　　又檢此「乂」狀交線，有「芟」義，即芟陽之義。芟陽者，曆算不入算晝見日烏，而以見月為準。唯昔聖謀求統一月曆法，故不容混淆日、月，故須芟陽。

　　第一期昔聖不獨用蚌狀瓦勒刻配白膏汁畫記述日食，也用圓瓦陀瓦面勒刻記述日食，譬如圓瓦陀 M212：2 等。此題前已考釋，此處不再贅言。以文明史源流論，以圓瓦羅記錄日鬱，猶如格羅日烏與月丸。其故在日鬱以月襲日而發生。日喪謂災。昔聖欲得之，故以格羅兆得月丸會日烏。於後世，器樣 H398：72 羅勒與白膏汁為畫，而合記日鬱。此事留存於狄宛昔聖記憶。此畫藝在狄宛第二期演變，遂產生甚夥格羅畫。其特異者係器樣 QDO：19（《發掘報告》上冊，圖一二一），此瓬疇圖依考係「咸羅日環鬱肜日」圖。迄第三期，產生驚世器畫「羅賀圖」T210③：38。如此圖樣遠傳它域，多遺址俱見其變樣。

　　（2）捕禽用羅及羅日烏圖補證

　　狄宛昔聖羅禽舊事無傳，但古字存其孑遺。史考者檢得舊義，今宜撮錄於此：檢《說文解字》小篆「羅」字下從隹省，網字從兩線兩向而交，猶存古誼〔註 41〕。古字兩側傾斜而下，頗似反 V 狀。《甲骨文編》錄三證，字狀相似：《殷墟文字乙編》四五〇二、四八四二、五三九五：𦥯，釋「象網中有隹，羅之初文」（前註第 199，第 332 頁）。《爾雅・釋器》：「鳥罟謂之羅」。丁山先生檢甲骨文𦥑、𦥑，認定前者從隹，後字是禽字初文〔註 42〕。此說可採。察禽

────────────────

〔註 41〕許慎：《說文解字》，中華書局，1963 年，第 157 頁。
〔註 42〕丁山：《甲骨文所見民族及制度》，中華書局，1988 年，第 81 頁。

字上部唯從 𢆶 省。此字源自狄宛蚌狀殘瓦 H398：72 勒刻槽線雙向相交。此雙向相交槽線於彼時韻讀須從「烏阿」。今羅字讀音聲母來自追加，出自 i、l 韻、聲變遷。

烏韻初用於告烏蘁，又用於類比日烏。此認知在北半球曾是「與知」。涉其考證，讀者檢《祖述之二》（第 218 頁～第 221 頁）。

（3）曆闕 H398 藏骨刀割臍帶器佐證陰曆暨日月合會用圖考

掘理者言：牙飾 H398：24，扁平體。上端穿 2 小孔。雙側與下端磨成鋒利的單面刃，檢器上端弧狀。背面受火燒烤呈棕色。長 43、寬 22、厚 3mm。此器有何用途，舊不識。將原圖轉動 180°，不改舊比例尺，其狀始可兆檢。

檢此器長程微大於身高 168cm 者大拇指長程。寬程等於如此身高者大拇指寬程。舊不識此物用途，出自掘理者未儲生殖醫學知識。我檢此長寬骨器係指夾刃器，即拇指、食指夾而用骨器之一。器功於宗女自割臍帶，而無求於旁人之證。生產於孤獨之時，乃至悲至危之刻。高月有身而出獵婦人為宗女，既能預產日數，即於出獵時自攜此物。此物乃狄宛第一期生殖醫學發達之證。自割臍帶謂女獵人受孕待產而不休勞作。攜帶此器以備臨盆。此器上端乃合谷夾持部。無刃，兩側可切割臍帶，下端可用於防禦。身弱而易受攻擊乃產婦體兆。倘遇獵食者，捕獵者先將口器或喙加於初誕之子。母護子時又須自衛，故此器三面有刃，以弱力而割獵食者口器，獵食者不堪此痛，不得不割捨食欲。此器受火，乃先烘烤消毒之證。彼時，用火消毒乃最佳途徑。推測此器乃掌燋闕宗女之器。

曆闕 H398 起出此器，旁證狄宛母宗傳承舊曆法計夜失效：不能勝記夜數。28 夜太陰曆面臨更改。生產乃母宗大事，用物不潔將致母子臨危，「四六風」乃頻發惡疾。切割臍帶清潔，則能安度此劫。舊曆法算月長以 28 日，此算法係母宗曆法。證在孕期算十個月，所謂十月懷胎，謂陰曆十個月 280 日，誤差不過一星期許。此孕期是人類在舊石器早期已知之事。依次算法，每月長 28 夜。彼時所以算夜不算日者，夜難避獸故也。狄宛元朔日全鬱，食時睹夜，昏時又見夜，於曆算者，及信從者，是謂夜數亂。此亂能致既往信從不敢輕信能於晝產子。此乃檢者間推器樣 H398：24 入曆闕前宜究之事。

上端鑽二孔之故在於，此器用於象徵芟、生。芟，割也。割而去初誕之子，使之離母體。生，謂腹部曾鼓起，今見嬰兒產出。

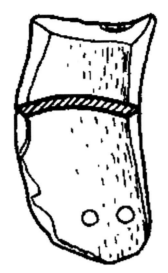

圖二七三　斷臍骨匕 H398：24 記元朔日月擬會

月芺日之念又涉人類群居特性，此特性即母宗群居，彼時有會而無社。此題不在此處檢討。倘言日月合會，有兩時段可檢：或在夜、或在晝。在晝須是日食，在夜則為月食，滿月即初一夜。太初女獵人能夠設擬，夜月遇日，則日自月脫出，猶如女產子，故貴月而賤日。太初人不知日月合會於中道。甚至，在狄宛元朔日食發生之日或稍遲，昔聖後嗣仍將日食視為月芺日。

迄曆闕 H363 挖掘之時，察赤經者塙知日月合會於氐宿內日月中道。而曆闕 H398：72 納羅勒刻，故在昔聖憂懼日喪。此恐懼係太初畏懼。

總之，狄宛曆闕 H398 記事告狄宛陰曆變革，新曆算月長等於 29.5 夜。而日食能用兩圓孔表達，此念傳及第二期，產生圜底盂口沿日烏與月合會畫 T212②：21（《發掘報告》上冊，圖一〇四，6）。

（三）狄宛第一期曆為舊考補正暨葬闕正由日鬱圖考

1. 葬闕諸度程與瓦器及形土日鬱類證

1）葬闕諸度程日鬱類證

（1）葬闕諸度程日鬱間證

依《發掘報告》（下冊）附表四，第一期葬闕 15 座。依第一部考證，凡見圓瓦陀葬闕，皆涉日食。而且，納成年男骨葬闕俱涉日食，其死亡年齡涉日食輪返年數。今略述無圖葬闕摹記察日食細節，以及用器緣故，以便勘審後世關連制度。

涉元朔日全食葬闕：葬闕 M207，頭向 276°，葬闕納深腹罐，II 式、III 式

各 1 件，納圓底缽 BII 式 1 件。葬式不清。頭向 276°，謂黃道 354°。正東偏南 4°，乃秋分日晨刻正東出後升空之所。日弧行高升，後在黃道之南。葬闕納深腹罐者，深腹罐平置能放寫日丸所自。此時月尚未襲日。

葬闕 M225，納男骨。仰身直肢，283°。納圓底碗 2 件，壺 1 件。283°謂目視黃道南，當黃道 347°。此時，日食已發生。證據：第一，圓底碗乃能轉動之物。第二，狄宛第一期弧乃卵狀壺，喻日烏轉動。兩圓物相遇，壺底能附著於圓底碗之碗底。或曰：碗底能倒扣丸壺，其狀乃圓物籠罩，遮蔽日照。第三。圓底碗仍是碗，言瓦盂亦可。此物用於盛食物，而飲食有時。史書頻言食時，即今鄉間早飯時刻，約當晨 9 時。此刻，日已升高。葬闕 M228，頭向 282°。納男骨，仰身直肢。不納它物。此葬闕乃 M225 為連葬闕，此時乃狄宛元朔日全食發生臨界，與日食開始黃道°僅 1°差。

葬闕 M227，仰身直肢，頭向 290°。葬闕納截底碗，三足碗，圓瓦陀。此葬闕記錄日食發生延續時段。圓瓦陀告羅日烏。截底碗能遮蔽更大面積。此時，日食食甚。日升至黃道 0°南 350°。與交食開始比較，目視黃道度數差 3°。

葬闕 M308，頭向 298°。納石刮削器、石刀。此器即《發掘報告》（上冊）圖五四，4，器樣 H308：7。此葬闕也納石刀，器樣：M308：2，圖五四，1。此二者告月球日分離。二者猶如切開一般。此器葬闕 M317，頭向 300°。葬闕納男骨殖，仰身直肢，納圓底碗 1 件。此圓底碗告日，其所告日去月西行初所。無圖，不能繪製其狀。

但葬闕 M212、葬闕 M208 非屬摹記元朔日食葬闕。葬闕 M212，頭向 32°，此所乃黃道 58°之所。此所乃日出之所，在夏季。日出處射向對角，故目視西南方向。在視線方向，有日食帶掃過。圓瓦陀為證。此系列著作第一部未澄清此點，今更正。而此番日全食致氣程之率延誤。日食帶掃過狄宛後向西南移去。此葬闕納筒狀深腹罐，謂日丸去往。此葬闕與葬闕 M208 乃姊妹葬闕，二者覈述狄宛瓬疇家察見日食，而且知曉此日食致氣程率誤差。涉 M208 細節，詳後補考。

此番日全食乃狄宛元朔日全食輪返。用大器覆首蓋肩，此乃增容所致。增容之前，在狄宛第一期，瓬疇家用深腹罐或鼓腹罐（葬闕 M207）告日所自來或行道受約束。此關聯出自布置葬闕者。而今見葬闕骨殖顱骨以下受約束，可見自狄宛第一期到第二期，葬闕納瓬疇家與器之關係依葬闕布置者念頭發生變化。此題後將深檢。

（2）葬闕間顱骨視向日食類證

掘理者言頭向，今命如格名顱骨視向，減省名視向。今照《發掘報告》（下冊）附表四採取涉記察日食葬闕如後，附視向黃道度數。

表三　狄宛第一期涉日鬱（食）葬闕參數

碼　次	長 m	寬 m	骨性別	理　骨	頭　向°	黃　道°
M212	1.76	0.9		不清	32	238
M207	1.6	0.72		不清	276	354
M228	1.4	0.7	男	仰直	282	348
M225	1.82	0.6	男	仰直	283	347
M209	1.7	0.9		仰直	286	344
M227	1.3	0.6		仰直	290	340
M14	1.6	0.75		不清	290	340
M15	2.24	0.8	男	仰直	291	339
M13	1.1	0.84		不清	293	337
M308	1.55	0.9		不清	298	332
M317	1.94	0.7	男	仰直	300	330
M211	1.84	1		不清	306	324

葬闕 M208 不入此表，此葬闕記第一期瓵疇家察見夏季日食。而且，發掘者沿頭向讀度數有誤。依平面圖，檢得葬闕骨殖頭骶骨一線度數等於 129°，折算 321°黃道度數。骨殖雙眼眶直視西北方，乃夏季日落之所。推測此日鬱係陽曆 7 月 22 日鬱，最近輪返日是 2009 年 7 月 22 日。當日，多地曾睹日鬱（食），全食帶掃過長江流域。

2）諸器與遺跡類證日鬱

（1）諸器日鬱類證

依《發掘報告》（上冊）圖五〇，葬闕 M208 納圜底盆 M208：1。依同圖，納三足罐 M208：2。依其圖五一，納圈足碗 M208：4；納圜底盂 M208：3。依其圖五二，納圓瓦陀 M208：14。依其圖五三，納石鏟 M208：5，弧刃，納所謂砍砸器 M208：7。圓瓦陀告羅日烏有成。石鏟告日鬱有弧刃狀，景帶猶偏食弧狀。此物為片狀，告非日鬱環、非全鬱。納器係所謂砍砸器，謂近圓而外廓有碰撞之跡，象日受撞擊，圓而變形。覈 M208：5，謂天象為日偏鬱。

鑹為功平器，平置告赤經線近平黃道面。葬闕 M208 記錄夏季降日鬱，納圓瓦陀，告格羅日烏事，前已考。今依此訊息，勘審它闕納器記察日鬱。

葬闕 M209 納三足碗，器樣 M209：2；依前考，三足碗或謂火上，或謂火下。謂火上即喻赤經面上升，在冬至後。謂火下，即夏至後。無圖即無證。但依葬闕方向（前表），知瓬疇家查看晨日升高，日所偏黃道 0°之南 344°。此處乃春秋分晨 9 時許日所。

檢葬闕 M308 納三足罐 M308：13，納圓底三足碗 M308：12。又納瓦杯 M308：11。亦納未透鑽小瓦器 M308：5，發掘者命之「陶墜」。器有一似圓凹窞，陰影狀似偏鬱陰影。依掘錄圖五三，葬闕納石斧 M308：1。告斫硬物有火星，放寫日食時見月襲日日邊有強光。又納石刀 M308：2，告斷割，即日月合而去。葬闕 M308 起出石刮削器 M308：7，告日鬱帶掃過。

又檢葬闕 M227 納圓底三足碗 M227：2。此器告某圓物被止於某所，繪日食圖或模擬日食者須瞬時止星體於某所。

檢葬闕 205 起出圓底碗，器樣 M205：1。依同圖葬闕 M205 納圓底碗 M205：2。二者相偶即告丸體運動。此二者大小不一，能告月襲日未及食甚。

檢葬闕 M307 納三足罐，器樣 M307：1。依其圖五一，葬闕 M307 起出深腹罐 M307：2。三足罐告止，而另一罐義待定。

檢葬闕 M207 起出罐 2 件，M207：1、M207：2。前者小，後者大。依同圖，葬闕 M13 起出圓底碗 M13：2，乃日鬱之象，圓底碗乃圓底器，告日能在丸面移動。而碗乃食時用器。此器告食時日鬱。檢葬闕 M225 起出圓底碗，記察日食發生於食時，即狄宛第一期元朔秋分節令日食。依掘錄圖五二，葬闕 M212 起出圓瓦陀 M212：2。依前考此器狀，此葬闕記察日鬱事。

（2）遺跡日鬱類證

天象與工合圖遍見於古遺址。考古界不曾定性古遺址，故在每所古遺址俱是天象圖與工合圖構成。其文明深度、廣度非發掘與記錄可以容納，也非舊考者抒發偶見可略。

工合圖基於形土向程，而天象圖在彼時也基於形土向程。我以為，此二者合為文明高地之證。此決斷已被此系列著作前二部彰顯。而星象圖尤能兆顯文明海拔線。星圖旁證或類證狄宛第一期昔聖圖志日鬱：曆闕 H391 角宿圖、曆闕 H363 壁宿、女宿、氐宿、北斗七星圖等。倘計狄宛第一期營窟 F471、F378 等星圖（《祖述之一》第 329 頁～第 334 頁），則可言狄宛星圖乃丸天星

圖之雛，諸夏丸天星圖之祖。

2. 第一期正日食由日食圖補考暨曆考補正

1）M15 正日食曆圖

（1）平面圖所出自所中之選

顧葬闕 M212 頭向角 32°與其他葬闕頭向角不類，暫且不顧。剩餘 11 座葬闕，頭向角分布在 30°內。其圖如後：

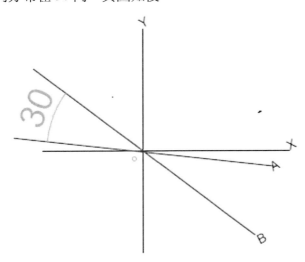

圖二七四　狄宛第一期葬闕顱骨視向角輻輳

圖釋：X 軸為橫軸，Y 軸為縱軸，自第 III 象限邊線到 A 線段夾角 6°。自 A 線段到 B 線段，畫赤線告日光入目，夾角 30°。頭在此域內，向東偏南察日，基於食時視運動。頭向角均度等於：

$$270° + 6° + 15° = 291°$$

依此推算，葬闕 M15 頭向角為葬闕記察日鬱諸葬闕之央葬闕。如此，可將此葬闕視為效葬闕，可擇釋其義。

（2）M15 日鬱圖補正

狄宛第一期日全鬱（食）發生，乃諸夏曆法史莫大事件，為諸夏曆算文明或星曆文明肇創之兆，也係舊石器期末以降最大事件。細考瓬疇家行跡，乃端詳諸夏文明之基。此系列著作第一部曾考葬闕 M15 曆算，今無改首旨。彼時曾依繪圖判定狄宛歲首在立春，中官每 15°為星區界（《祖述之一》第 374 頁～第 378 頁）。此二說證據不足，今須改正。

原圖俱器：1.圜底盆。2.深腹罐。3.圜底碗。4.瓦杯。5.瓦杯。6.瓦片。7.

豕下頜骨。8.獸骨板。9.研磨器。今不改長程比例，唯平移子午線，角度無改。原圖右旋21°，使簌子午線向。這樣，頭向角、日入射角，表達日鬱發生諸器交角可被測繪。

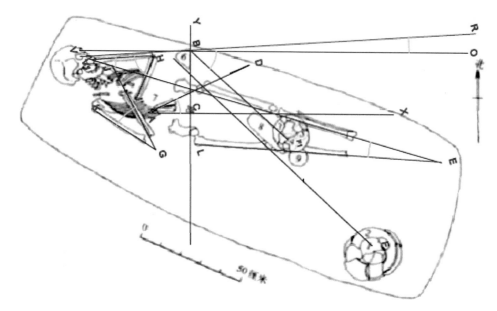

圖二七五　狄宛葬闕 M15 秋分日鬱志

　　畫 X 為橫軸，Y 為縱軸。Y 軸過瓦片邊線與 X 軸交於 C，即央骨塊。左腿骨下垂線為瓬中線，與右腿骨交角為 E，等於 12°。X 最東端當食帶掃過東端邊界。F1 為食帶錐狀模擬。內角∠H＝62 度、內角∠G＝30、內角∠A＝25 度。豕下頜骨銳端項西偏南，謂日向黃道南行。似下六而非下六，一邊僅傾斜而已。交角處為日升黃道南 25°開端。此時在食既後。

　　內角 B 等於 4°，為氐宿日月中道與黃道交角在 5°內。此數據旁證節令在秋分。自梨狀孔到東與 O 黃道線交於 B 點。此線赤色，與黃道線交 4°，為日射線。及食時前，日升 4°。側視圖見其所在黃道 360°之北 4°，實謂日秋分晨刻出東方而升高。藍線伸向左眼眶 V。

　　此圖含日月合會產生日鬱（食）帶，證在骨板擱置走向有帶狀行動之義。器碼 9 為圓形石顏料硯，與缽合會，告日月合會。在彼處合，後向東移動。圓瓦片 6 以弧角向左肱一線，謂景延及之所。股骨與脛骨交界有骨板，此為食帶曳行。行義來自人踮步以股骨、脛骨相交。目視交黃道度數即 OBF1 等於 20°，食帶拖曳向 F。左右兩尺骨橈骨皆舉。左尺骨橈骨似托住右尺骨橈骨。

右尺骨橈骨似舉某物。檢全圖，連梨狀孔向眉心射來，日月交會於 B 所，僅勘審右肱骨高抬故在引準線，猶如匠人握拳豎大拇指求得准線。如此，H 內角 62°貌似平面兩線夾角，其實是肱骨、尺骨橈骨交 90°角之側視圖。

（3）第一期葬闕日鬱圖序列黃赤夾角閾檢

依前考，發掘者言 M15 頭向角 291°來自央骨塊到顱頂線，當葬闕中線，自縱軸 0°右旋 291°為 M15 頭向角。依前圖，發掘記錄與圖考存在差異，今檢此差異，以見發掘記事與天象曆圖考數差。此差數非屬誤差。在無平面圖考證時，便於推考圖義。

檢 M15 莅中線 E 與緯線交角等於 16°。準乎發掘者言頭向角，此二者差數如後：

270＋16＝286

291－286＝5

這 5°差恰在日月合會 5 軌道面角度差限之內。由此參數得知，掘錄凡俱葬闕頭向角，大致可推考葬闕曆圖含義。自葬闕 M207 以下，頭向角變閾：

306－276＝30

此度數堪視為瓶疇家察日食自食時以迄正午或正午前日月交會之角度閾。如何算得此交角，今進言採納前勘得 M15 圖顯左尺骨橈骨與肱骨交角與真實交角 90°差：

90－62＝28

倘將這 28°加於頭向角變閾 30°，可算得狄宛第一期日食查看者 M15 瓶疇家視見食時日鬱線與地平交角約等於 58°。而左臂尺骨橈骨與地中 E 線交 90°角。58°角是狄宛第一期食時日鬱目視線與地平交角。

在獲得狄宛第一期迄今未開示葬闕平面圖前，此度數配合前圖葬闕扇面散佈，便於檢者獲得察日鬱葬闕度數之貌。我檢葬闕 M212 外，其餘葬闕俱涉日食查看。

除葬闕 M212 外，諸葬闕俱涉目視中天之東，黃道 360°之南，但此所閾非晨日出東南之所，而係晨日鬱發生之所。諸葬闕起出瓦器含飲食器，類屬食器，盡兆食時。又檢葬闕 M212 顱骨或雙眼眶與梨狀孔兆視向黃道 238°之所，此所或為午後日鬱發生之所。掘錄不具平面圖，難究日鬱察看度數。

諸葬闕或納男骨，或無男骨，但無一葬闕納女骨。此題曾見於第一部討論，今增新勘如後：狄宛第一期葬闕凡可考見日鬱圖志者，納骨俱為男骨。

此致另一問題：在掘理探方不見女骨。宗女死生如他人，骨殖何在？此題必涉宗女之治、宗女死葬或死而不葬之疑。倘度宗女死葬，死葬之所乃一大疑。倘度宗女死而不葬，骨殖何往？於二問，我覓問者解答：宗女死葬有所。或似狄宛第一期葬闕 M307，存骨殖數片而已。或被鄰邑殺戮而骨殖無存，又或以失算夜數而被驅逐，或自遁往它域。又或以骨殖乃肉身之寄，宗女死而不葬，骨殖被嗣承宗首保留，攜帶。隨徙居而散佈野外。

2）由日鬱曆圖訓

（1）M208 日鬱暨鬼宿星圖

考古與藝術史檢瓦面彩繪諸說不可信，以其不究本源故也。今依工程圖核瓬疇圖之題，補考某種所謂「魚畫」菱形邊狀之源。其實，此等畫構之源本乎鬼宿圖。勘審此類瓦圖鬼畫部須始於右下，不可混淆次第。

此系列著作第一部曾考證狄宛第一期葬闕 M298 摹寫紫微垣正仲秋，涉狄宛元朔日全食（《祖述之一》第 380 頁～第 384 頁）。今存日鬱考釋，宜依新知補正，並去紫微垣舊說，維持曆算考得節氣延遲事。

旋轉原圖 34.5°，得正協所系。葬闕納物：1.三足圓底盂。2.圓底盆。3 圓底盂。4.圈足碗。5.石鏟。6，敲砸器。7.圓瓦陀。8.豕豬下頜骨。西北方雍覆曆援係第二期第 III 段 F233 遺跡，依《發掘報告》附表五，其狀不詳。但依彼時雍覆曆援可知，第二期、第三期瓬疇家知曉第一期葬闕 M208 曆義。

舊考繪圖不精細，葬闕星圖定義亦存不塙。今採取舊圖菱形而少改，承用第三期 F233 雍援切線為構造線，並照葬闕骨殖顱骨兩眼眶與梨狀孔，以左右肱骨延伸線為繪圖參照，並依左右股骨端點連線為參照，將設擬視線關聯瓦器擬物之視運動，依據日在天球圓周運動繪製此圖。另聯 H363 考證既得氐宿義，修正原圖，更正舊說。

自圓瓦陀處畫線伸向葬闕邊緣 A，使此線為垂線，當葬闕子午線，落於 B 點。自 A 沿葬闕邊緣畫畫線，伸向東南遠方 D 點。自 A 點畫線，伸項第 3 器南端，為 C 點。自 C 點畫線伸項 B 點。得菱形 DACB。使葬闕北邊緣一端點為 E，畫直線伸向 F，EF 為葬闕緯線。自 G 點畫線，過右肱骨伸向 H，得線段 GH。自右股骨端點 I 畫線，伸向 G。自圈足碗 4 畫線伸向顱頂 J，為線段 VJ，V 點是器在西北擬能動向 J 之起點。畫圓 Z 存殘部，為圓弧 ZNQ。自圓周一點 Q 畫直徑過圓心 N 及圓周一點 R，依從第三期 F233 雍覆曆援線，見弧 ZNQ 恰適葬闕南弧狀邊緣。NP 為半徑，而且 P 為此葬闕最南端。此端

點係弧線一點。從第一部考申，以圓瓦陀為日之象或羅日鳥之象，得知日南遷。又依 H363 氐宿在緯線之北舊訓，此葬闕西北角與西角能構造氐宿細邊線。東南向又見對應邊，唯兩對偶長邊不匹氐宿兩邊。

　　依此勘審，知此番日食非狄宛元朔日食。此日食發生於顬骨南部。其走向是 CB。自 V 迄 J 擬能是五星日月中道，今見此中道線段與圜底器 3 等交角遠超 5°之限。而日食發生之氐宿日月中道線在南邊，即自 C 及 B。C 係圜底盂，而 B 係圓瓦陀，圜底盂能放寫圓轉，圓瓦陀面能象徵氐宿中道線，豎立則圓轉。故二物能會於 B 端。依《發掘報告》（上冊）圖五二之 1，此葬闕起出圓瓦陀 M208：14，其周邊未曾磨光，未曾透鑽央孔。但一面有羅。乃羅日鳥之象，如 H398：72。依此勘審得知，此葬闕述日食發生於南垣某宿。日沿赤經圈在南之狀旁證此事。察赤經圈須在晨昏夜，皆在幽暗時，故堪以葬闕述。

　　由此認識，畫此葬闕各關聯點，HLM 及 P，使線間斷，得 PLHM 為四角。此四角相連後檢得星宿鬼宿。又依察日之俗，以「昏中」察之，此番日食在夏季，在渭水流域之南。推斷瓹疇家未睹全食，僅見偏食。但此偏食非狄宛元朔日食。它很可能是某年陽曆 7 月 22 日日食。

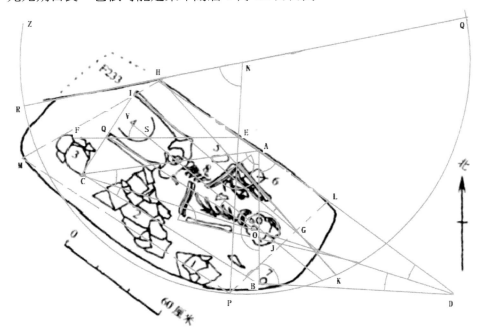

圖二七六　狄宛葬闕 M208 夏日鬱與鬼宿志

鑒察此圖甚複雜，係狄宛第一期堪與 H363 星象與合朔圖媲美之星圖，角度散佈甚夥，須依查詢給出，方便更古時代天文研究者對照。

CD 長軸 DC 左上三角各角度數：CAO＝83°、ACO＝24°、AOC＝73°；長軸右上三角各角度數：DAO＝55°、ODA＝18°、AOD＝107°；長軸右下三角各角度數：BDO＝14°、DOB＝73°、OBD＝93°；長軸左下三角各角度數：OCB＝107°、BOC＝14°、OBC＝59°；右肱骨交右尺骨度數等於 97°，左肱骨交左尺骨度數等於 80°，右肱骨與右尺骨延伸線交角度數 97°。HNE＝104°，VSQ＝39°。

上圖 ABCD 為邊，CD 為長軸，AB 為短軸之菱形是狄宛第二期以降似「鬼」頭畫構之源。而舊說「魚紋」凡涉菱形邊框，皆係無源之言，不可信從。檢諸夏史書，傳承此教者綿延不絕，夏甫侯之名、殷周鬼方之域、以及鬼侯之類皆為其證。又依此圖，我間推諸夏經星鬼宿之名源自狄宛第一期，初為由宿，後更為鬼宿。此事於南北曆為與曆教交流史有莫大珍謂。《祖述之一》雖檢告新仙女木事件後中國大陸古人遷徙，認知天球事。但未遑檢瓬疇圖，用於饋證。長江以南有由圖，曾被視為半坡類型魚紋南傳。而今宜講，狄宛宗治降及赤帝、黃帝、蚩尤之時，由日鬱圖並與黿戲菱星圖傳虞夏。

（2）由道賊氣率畫

瓦畫辨識者曾謬識某種菱形膏汁框，以及框內膏汁色差。俱以為「魚紋」「變體魚紋」。此說今以前考狄宛第一期葬闕 M208 革除。狄宛系瓬疇家固知狄宛第一期 M208 鬼宿曆圖，其為畫用冥膏汁之框，此等曆畫皆是鬼畫鬼圖。在狄宛第一期後，葬闕 M208 由日鬱圖被王事黿戲聯夏至日鬱星象圖，又地藏之圖變而為星象圖。此星象圖聯日鬱圖，變而為錐影影日圖拆合。此圖東北向播向內蒙、河北、山西北部，向東傳及北首嶺、半坡、姜寨以東，遠達河南、山東等地。向南傳播，及漢江平原、江漢平原等。

推狄宛第一期本無「鬼」字，也無其韻讀，但有甲骨文 ⊕ 字韻讀，依《唐韻》讀「敷勿切」。韻從勿，聲部難定，或如孚字，或如弗字。隸定字由上部多出者出自後世增加。而「勿」字為瓬疇圖，見於狄宛第四期瓬疇圖 H395：18。陳夢家曾將由字混淆於「囟」字甲骨文〔註43〕。李孝定曾清察兩字狀異，但不曾考得根源。我檢囟字內有「乂」斜交。但由字內交線從垂線。狄宛第

〔註43〕陳夢家：《長由盉·西周銅器斷代》，《考古學報》1956 年第 3 期。

二期瓦面瓩疇圖為證。二字為兩系字，韻須別。《古文字詁林》第 8 冊錄許慎外 8 家字說〔註44〕，俱不可從。字凡從斜交者謂月芝日，乃渭水流域秋分日鬱格羅烏事畫記。而 ⊕ 字兩線垂交，事在秋分前日鬱，其事係狄宛第一期某年依今陽曆 7 月 22 日日全鬱。此日鬱致秋分節令延遲。而可採集穀物類食源遲收，而一味肉食能致痛風，不足以保健。事源參差，事記之義別，不可混淆。

此字釋從鬼字，或係後世字釋家言。推測鬼讀源於鸏韻讀，「鸏」，水禽之號。係渭水域古人於禽名類別後命名。此名使人聯想烏蘿之烏，烏蘿食魚於此川。命以鸏者，以其叩食蚌也。食蚌則謂取陰，兆日環鬱事：兩陽環抱一陰。此事又連狄宛昔聖以蚌殼合朔豫日鬱。推此命名在黃帝時代或少前。胡義成先生讀「渭」字以「禹」〔註45〕，韻是而聲不是。

甲骨文胃字從 ⊕，但在垂直相交空白處加點，加點部不可釋為小或少，而謂秋分時節裸籽散落入地。渭為水名來自此義，字初無水部。依秋分採集但裸籽墜地不可得食故也。此是災異所致。此災異即南方日全鬱在秋分前所致。如此，人不得食係由字本義。而龜訓以歸，故在歸字從胃得韻、得義。謂地府之藏，類人食物而化。

許慎言「鬼陰氣賊害」，堪當狄宛第一期瓩疇家 M208 曆為指告。狄宛第二期此類畫作曆義，皆述由義。於人眾而難預獵獲之邑首，預算食源為穀物乃便易之事。而穀物受節令之約。宗女雖能埆算秋分，但不能免秋分前日鬱致節令延遲。故一歲秋分前日鬱乃賊害陰氣。設教者為圖記之，不算無稽。

（四）瓩疇女曆帝與星占

1. 曆帝事效察北天

1）瓩疇女邑首曆天施教

（1）正白日鬱體連檢曆闕 H398 及 H3115 平面協所系間兆瓩疇女曆教

考證迄此，須引入瓩疇家與施教者所際之疑。答此問前，宜檢葬闕納男骨與用男骨為日食圖志者所際。顧狄宛第一期葬闕無女骨，而曆教、乙教殘瓦暨瓩疇畫殘瓦多出自曆闕 H398、H3115，此而曆闕宜為題端，故宜聯檢葬闕 M15、M208、曆闕 H398、H3115。

〔註44〕古文字詁林編纂委員會：《古文字詁林》第 8 冊，上海教育出版社，1999 年，第 198 頁～第 199 頁。

〔註45〕胡義成：《黃帝鑄鼎之「荊山」考──關於「黃帝都邑」西安楊官寨遺址的神話研究之一》，《地方文化研究》2018 年第 5 期。

　　拙著第一部曾考，狄宛遺址斷崖一線為赤經、黃道相交之證。今承用此考，以赤綠藍三色繪圖，告諸遺存協所系。

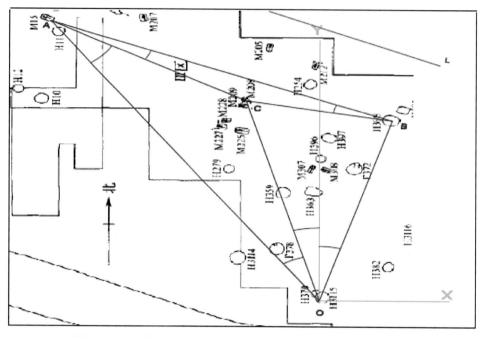

圖二七七　狄宛正日鬱由日鬱葬闕乙教曆闕平面協所系

　　點 O 為春分、秋分菭中之所。L 為夏至日照線，赤色，赤經面一歲北邊線，如 L 所示。L 與水平軸交 24°。水平軸為春秋分地平線，為黃道 0°～360° 線。A 為正日食志葬闕 M15 之所。B 為曆闕 H398 之所。O 為曆闕 H3115 之所。C 為由日食志葬闕 M208 之所。AC 為夏至後日照線。AB 為夏至日照線。自 M15 察 M208，由日食葬闕在 M15 東南 7 度之所，故在 ∠BAC＝7 度。自 O 查看，M208 告日食發生於夏至日出所之南偏 7°。

　　L 線平行於 AB 線。自 H398 察，氣弟之亂乃日鬱所致，此番日鬱發生於夏至日射線南 11°。自菭中點 O 查看，氣弟之亂來自由日食 M208。日鬱當晚昏時見日落之所即 C。此處去北極 15°。由日食志含日照線與北極線交角 15° 被 23° 交角包含，故其精確度數等於：

$$23° － 15 ＝ 8°$$

　　此數謂由日食志葬闕軸線去夏至赤經線交角 8 度，在夏至後。此數去前考 M208 日食發生日西北落時射線角度僅差 1°。此誤差或來自原圖繪製，或來自方位角測算。誤差率是 360° 分之一，折合千分之 2.7 許。此圖補釋第一卷

東方尾宿九星與配星圖（《祖述之一》第 274 頁～第 276 頁）。

此考證顯露，葬闕 M15 日食圖志乃施教之器，非施教本身。骨屬生者不必為施教者，但必為瓻疇家。瓻疇家與施教者不必與寄一人。

（2）穴曆闕 H398 與 H3115 曆訓間告氣弟正由之教不涉瓻疇男

第一期瓦片施曳赤白膏汁涉氣弟者俱來自曆闕 H398、H3115，前著已考。今類別此二曆闕納器，饋給勘審基礎。

H398 納器三等：第一，石器。H398：43，石錛，長 61mm，側視如楔，銳端能嵌入圓木弧面。器樣 H398：71，石器，直徑程 67～73mm，折合狄宛 2.2 寸許。外廓圓，側旁見撞擊疤痕，芯有凹痕，狀似月。H398：41，石錛，長程 72mm，折合 2.2 寸許。平面有直角三角形模樣，今繪圖顯示（《發掘報告》上冊，圖四〇，5；圖三八，1）。

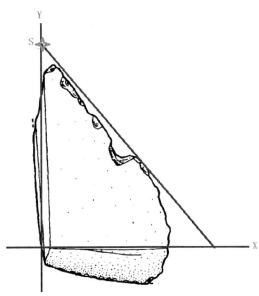

圖二七八　狄宛三角石 H398：41 擬星所志

圖釋：X 軸為橫軸，告地平。Y 軸為縱軸，二者為平面協所系。S 告星體。地平為菡中者瞬時止足靜面，為黃道 0°線。

第二等，瓦器，器樣 H398：18，錐景器，告日鬱錐景，又是狄宛元朔日全鬱不害稷採之證。器樣 H398：13 係瓦丸，直徑程 2cm。甚小，告烏丸或其他星體。為日烏以小被碩月掩設擬之證。此曆闕乃掌月者曆闕。

第三等，施曳膏汁瓦片。器樣 H398：3 內壁施曳白膏汁似上弦月圖，記氣弟錯亂起於月要圖。瓦片 H398：72 一面施曳白色膏汁，記某年日鬱後氣弟

錯亂，反面為格羅日烏畫，叕白膏汁畫。

曆闕 H3115 納器別三等：第一，月曆曆法器，又即乙教法器，為神學法器之源。下別二器。其一，氣弟率六乙教器，為神器之源。瓦片器樣 H3115：11 為乙（神）教氣弟率六圖，施曳赤色膏汁。「乙」粗細比例依璇璣歲率六氣弟而告陽氣在夏至時盛，夏至後荼弱，延及秋分、冬至。某年歲初溫氣在春分前畫線較粗，告無誤。第二，陰曆曆法，器樣 H3115：10 為月曆曆法志，施曳赤色膏汁。曆夜 363，平二分曆法無誤。此器曆法是狄宛第一期最先進曆法。此曆法叕狄宛元朔日食石器 H3115：5，圓形，直徑程 63～70mm，折合 2 寸許，狀似月（《發掘報告》上冊，圖四〇，4）。摹記月襲日之器。第三等記氣弟失常，瓦片 H5：21 記氣弟錯亂。

如此，狄宛第一期曆闕 H398、H3115 含義非凡，關聯 M15、M208 日食圖志表達氣弟，今可認定，瓬疇家與施教者將二葬闕類別，以 M15 為氣弟正日食圖志，以 M208 為氣弟由日食圖志。此判於中國曆法史乃重大事件，誘導力施加後世，延及深遠。

如此，兩曆闕乃氣弟正由之教遺跡。而且，此二遺跡不涉男骨。如此，可推斷，彼時施教者非男人事。由此，葬闕 M15、M208 納男骨可視為曆教局部。而葬闕骨主曾為瓬疇家。

如此，將察日食瓬疇男與施教者宗階對照，即產一問：瓬疇男奉使察日食，抑或自願自決察日食？此問涉及人類宗會起源大事，不可不察。依前考，瓬疇男奉使察日鬱。

在此，涉人類群居演進史，宜補釋數言：人類初無社會，而學術界承用此名，堪曰失菾，故在言者不論土而論社，使之失本。社會以社為要，而社貴土。土依寒溫言草木枯榮，冬夏之念又遲起。於文明演進，不貴土乃土產無別念頭所致。土產無別，唯以中緯度、低緯度穀物豐歉平抑為基。此乃夏以降大事，不可不察。而會以稽為要。稽何物乃重大話題。

湯因比研究歷史，貴希臘文明生成，但不貴 society 本源探究〔註46〕，域內歷史研究無不謀求衡平湯因比文明生成與馬克思等論財富致階別兩說。史學之用料精微倘無史學之原料精微檢訓支撐，將化為他人濫用之佐料。財富致階別說乃史學之淆亂視聽一說。斷章取義者好用之，求體知者不可不戒。

〔註46〕〔英〕湯因比著，曹未風等譯：《歷史研究》，上海人民出版社，1966 年，第236 頁～第 237 頁。

2）穴曆闕 H363 冬至曆圖間瓦線陀格羅日烏月丸正朔日與氣弟

（1）穴曆闕 H363 正由氣弟間證以協所系

欲細考諸遺跡所差與所協，及其於察日食、曆教之珍謂，今須圖顯諸遺跡與 H363 平面協所系，兼顧效曆闕 H3107、由曆闕 H3116 協所關係。拙著第一部曾考證 H3116 記節氣不正曁 H398：72 記節氣失常（《祖述之一》第 164 頁～第 166 頁），今依新考，命曆闕 H363 為由曆闕。此外，前著考釋 H363 曆算不全，須補釋。此曆闕納圓瓦陀 3 件。盡顯此曆闕曆算，便檢圓瓦陀格羅日烏月丸事。

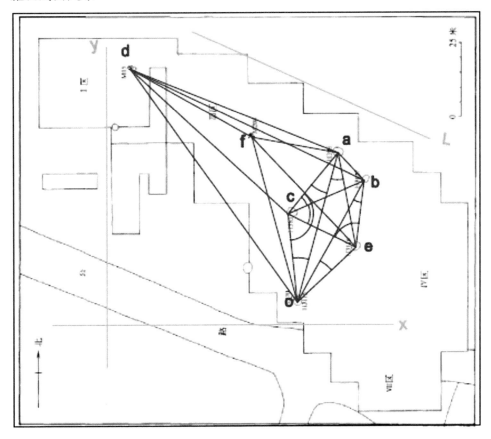

图二七九　狄宛由曆闕正曆闕由日鬱正日鬱曆志所協所系

畫協所系 x 軸、y 軸，以 H398 為 H3115 聯點，別 a、o。使正曆闕 H3107 為參照點，連 H363 氐宿察日月交會合朔曆算遺跡，為 c 點。使狄宛元朔日鬱葬闕圖志 M15 為 d。畫各點連線。以 f 顯由日鬱圖志 M208，聯此由日鬱曆志於由曆闕 H3116，得 f、a、o、e 各點，為乙教由教參照。

　　使 L 平行於 bd 線段，交軸 x 以 24°，此度數即赤經與黃經 0°交線在夏季之升限，故 L 為夏至日落射線。畫得正三角形 aco、正三角形 aeo。前者告氣弟不誤，為正氣弟，後者告氣弟失常，為由氣弟，參照點是 f。

　　繪圖見 M15 協所：由日鬱葬闕 M208 在正日鬱葬闕 M15 黃道線下 29°。正氣弟曆闕 H3107 在 H398 南偏東 45°。格羅日烏月丸冬至合朔曆闕 H363 在乙教由教 H398 南偏西 40°。格羅日烏月丸冬至合朔曆闕 H363 在正曆闕 H3107 南偏西 60°，叢氣弟地面方 6 十倍之數。

　　由曆闕 H3116 在正曆闕 H3107 南偏西 8°。由曆闕 H3116 在格羅日烏月丸冬至合朔曆闕 H363 東偏南 25°，配喻夏季日昏中，叢 M208 夏季由日鬱事。由曆闕 H3116 在乙教由教曆闕 H398 南偏東 11°，告由日鬱日中星在子午線南端之東，氣弟由在夏至之後。以下為讀角記錄：

$$\angle bce = 48°$$
$$\angle bec = 72°$$
$$\angle oae = 27°$$
$$\angle aco = 134°$$
$$\angle coa = 22°$$
$$\angle aec = 54°$$
$$\angle eac = 51°$$
$$\angle ace = 75°$$

　　末三角形度數差須出自等邊、等角三角形 ace 平面圖扭曲所致。其義：以冬至合朔羅日烏端正由曆闕曆算，用乙教氣弟率方上六方十倍曆算，聯 c 再援 o 陰曆終歲曆算。在此錄補一術語：同期遺跡鄰援。曆闕曆算堪為鄰援，葬闕曆算也堪為鄰援，前者如 H3107、H3116、H398，後者如 M15、M208。

　　最後，察∠cao＝24°，此三角形以視線差須是等邊三角形，故在其曆義堪依乙教氣弟率方六十倍之璇璣歲算盡，又堪依 H3115：10 陰曆正算。等邊三角形堪為等邊矩形。矩形之正者謂之方。但檢三角形 obc 對於 c 點，非等邊三角形，對於 f 也非等邊三角形。故在 b 點係正氣弟曆闕，o 點也能為正氣弟曆闕，但 e 乃由氣弟曆闕。

（2）穴曆闕 H363 冬至合朔正氣弟為建子之源

《祖述之一》已勘審曆闕 H363 曆圖、曆義。彼時既審知此曆闕者旨在演示氐宿察日月交食暨回歸年日道與中天夾角，以為回歸年長算法之基。舊考證不誤，但曆闕曆圖未屬協乙教。彼時檢得 H363 方天圖見壁宿氐宿女宿暨交線交角對應，此見基於氐宿及壁宿記前賢知曉日月交會。又將圖顯兩三角形與西南、西北角等關聯而為四分曆起源。已給出格星標誌在圖下方內凹處。也顧及長邊線能當斗柄自西北，向東旋轉，及正北指為冬至。彼時察知，H363長徑程與短徑程度當日數不堪以補日算法解釋。穴深程度當 15 個月餘不堪驗算節氣間隔。但未給解答（第 192 頁～第 202 頁）。

彼時，未畫弧角告日月周旋相遇圖，中道為日月交會同軸之義未顯。今依舊繪圖途徑增畫，《發掘報告》（上冊）圖二二右轉 120°，原平面協所系子午線北移。

原圖 A'凹弧之所為格星第四、五、六星聯，第五星是內凹端點。今日冬季，夜 20 時迄 21 時，日過格星第四、五星間。彼時不及此星，如圖示。

畫圓 C 為日、畫 C1 為月。圓 C 以 o 為圓心，圓 C1 以 o1 為圓心。畫氐宿四星 abcd，bc 又當壁宿。畫 C 半徑 r，C1 半徑 r1。自 b 點畫赤線伸向 l，為天赤道，並為日月五星中道，過圓與圓圓心。Bh 線段為春分、秋分天赤道線。檢∠hbl 等於 28°，大於春秋分時相交 0°計 4.5°。此差數出自璇璣歲與陽曆歲日數差，毛算 5 日。灰色「V」為莅中線。察星者莅此點，直視日月合會於 lb 線上。日月切線為 jk。此處見日月合，得朔日。bf 線為輔助線，告莅中者目睹日月會於氐宿。正察諸象，但須擬在西側，有三義：第一，非此線不足以告莅中者所在。第二，自莅中線向地平以上 15°能查距星。而且避免平面圖變更致氐宿模樣淪喪。倘自 da 線直挖向南，將消除氐宿。第三，西方乃秋分之所。狄宛正曆基準是秋分，M208 由日食前，採集稷與油菜為佐證，秋分節令元朔日全食不害稷成。此線係 180°～360°黃道線。

察北垣格星、壁宿、東垣氐宿為內莅以內莅。輔助線 bf 與 fm 交角 15°須視為瓬疇家察北極以西 15°星宿，及北垣星宿，加東垣星宿。此度數又能當璇璣歲 15 日或 15 夜。

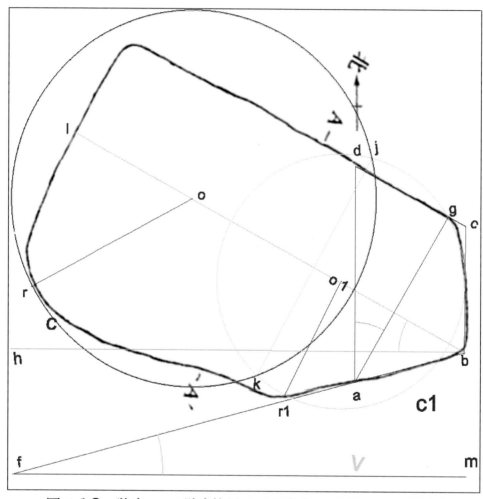

圖二八〇　狄宛 H363 壁宿格星及日月合會氐宿中道暨冬至合朔

　　線段 ag 截月，如上弦月狀，此乃日月合會朔日後月狀。此狀與西北向下弦月為冬至朔日建正之象。∠dag 等於 30°，此數當璇璣歲每月日數。猶如北斗七星斗柄向東轉動 30°。此算法基於取譬，固在冬至斗柄北指。自 cd 向西北，線段可視為斗柄略線，有北指之義。斗柄北指，時在冬季《禮記・月令》：「仲冬之月，日在斗，昏東壁中，旦軫中」。鄭注：「仲冬者，日月會於星紀，而斗建子之辰也」（第三冊註第 1，第 277 頁）。彼時，日固在斗宿，但昏中星非壁宿，推測是虛宿。依《全天星圖》，今子夜日過壁宿（第 3 頁）。而虛宿最近瓠瓜與敗瓜二座。推測此處為虛宿，有一跡曆闕根據：H398 直連 H363 正曆闕，後者冬至合朔，歲首建子，隱藏若干北宿。而由日食致狄宛某年秋收未成，此謂「虛」，即倉虛。此名乃虛宿之源。此虛即曆闕 H398 虛。氣弟

由以此曆闕納瓦片白膏汁畫告，此曆闕底有稷、菜籽，但甚寡，又入底部。入底部謂氣朽敗稷、菜籽。無收稷禾，故謂虛。《開元占經》饋給旁證：「《玄冥》曰：『須女星明，天下大豐，女工有儲，國足富；星不明，天下虛，藏不足。』」穀物不收謂之虛，曆闕 H398 下層納少許稷、油菜籽，別無納此二物遺跡。此係其證。

此外，《開元占經》援《甘氏》曰：「虛主喪事，動則有喪」。又援《黃帝》曰：「虛二星主墳墓冢宰之官。十一月萬物盡，於虛星主之。故虛星死喪〔註47〕」。喪事說來自傳說，推測源自狄宛 M208 關聯稷敗不收，咎日食事。喪事墉指 M208 納男骨事。男骨謂理骨葬。「十一月」謂夏曆十一月，冬至屬之。

點 a 也是察見壁宿的距星。線段 cb 為壁宿。壁宿有二星，值冬至呈北一南走向。此二星走向似南北向，稍向南偏東斜，係日昏中在之所。而「日月會」謂得朔日。「建子」謂準乎冬至日為歲首日，即朔日。對照經籍舊記，H363 記曆係歲首建子之證。

此曆闕曆算能顯示陰曆月長 29 夜。長徑程折算尺數：

$$3.95 \div 0.33 = 11.96$$

依每尺當 3 日折算日數：

$$11.96 * 3 = 35.88$$

此日數超璇璣歲月長日數：

$$35.88 - 30 = 5.88$$

既往，我演算迄此而未能解釋其義，今關聯短徑程度當日給出解答，短徑程度當日算法：

$$2.38 \div 0.33 = 7.21$$

$$7.21 * 3 = 21.63$$

此二數不得視為某月節氣日。將長徑程度當日數加於短徑程度當日數，其和等於陰曆月長二倍，其算法：

$$35.88 + 21.63 = 57.51$$

由於此二度程長來自兩向，是兩個矢量，非同程向，故須除以 2，得數是兩段等長，但兩段不得混同，由於赤經在天球之所不同，月已行兩周程，圖示月被截割，下弦月為前番曆夜終了，上弦月為合朔起算之證，故見陰曆兩月之數：

〔註47〕瞿曇悉達：《開元占經》，嶽麓書社，1994 年，第 621 頁～第 622 頁。

$$57.51 \div 2 = 28.76$$

穴深度當月數 15 有餘旁證建子起算於先年秋分。

線段 fm 為黃道線，角度變遷係重參數。此參數入穴深程度當日數運算。穴深程度當月日算法：

$$1.7 \div 0.33 = 5.15$$

$$5.15 * 3 = 15.45$$

此數大於對應而關聯節氣秋分—春分基準月數 6 個月，也大於一年月數：

$$15.45 - 12 = 3.45$$

存 12 個月為一年，謂自秋分訖秋分滿歲。多得三個月餘依璇璣歲月長 30 日折算：

$$0.45 * 30 = 13.5$$

依此算法，穴深程度當 1 年又 3 個月 14 日。這 14 日為曆夜算法起於元朔日全食晝食時見夜之證。非夜時而見夜。夜長虧欠約 0.5。依此算法，又能勘審，狄宛第一期夜起於日落後 3 小時許。諸題凡涉曆闕曆算佐證太陰曆法歲補十日算法，讀者檢讀拙著第一部。曆闕 H363 依元朔秋分日食謀算冬至合朔，又覈乙教瓦片 H3115：10 太陰歲曆法。

自依 H363 格羅日烏月丸合朔正曆，往後又準乎此曆闕合朔格羅日烏月丸，兩番合朔而格羅日烏，證在曆闕 H254。此曆闕起出圓瓦陀，圜底碗，其徑程（《祖述之一》下冊，附表三）度當日數等於 49 日，乃兩番用八合朔曆夜算法加殘得數。而深程 14.5 個月乃歲長餘 2.5 個月之數。自先年冬至迄當年冬至，為一歲。冬至後 2.5 個月，覈春分 15 日前。及春分，又擬見滿月。自狄宛第一期以及協所系圖曆闕 H3115 向北察，H254 在正北，其曆算效 H363 正朔，但涉用中星仍準乎冬至起點中星，此遺跡在 H363 正北。澄清諸遺跡正曆之體，可缺省 H3115、H353、H254 協所系圖，從而形土為新葬闕或曆闕。此乃狄宛第二期星曆遺跡生成之故。

2. 瓬疇女曆為成邑施教及婺女星占暨宗種依象淹流

1）正日鬱由日鬱季別使瓬疇女厭男

（1）瓬疇女夜曆法施教間以遺跡

前考不僅旁證第一部考證所得斷崖線為赤經夏至走向之結論，而且驗證了前進言勘圖方式。狄宛第一期動土出自設計、曆闕 H3115 為狄宛氣弟正教之央並被佐證。

今體察切題遺跡，次第諸遺跡，便跡邑首施教：曆闕 H3115 為曆教之央，其直徑程度當日鷇狄宛曆法曆夜三個八曰：滿月為初一，第八夜為今陰曆 23 之夜。算訖第二個八夜，得朔日。自此夜算八夜得半月狀。得夜數 24 之數。

施教者以曆闕 H3115 為軸心，體 6 遺跡而教：使 M15 瓬疇男察日鬱，告狄宛元朔日鬱為正日鬱；使 M208 瓬疇男察日鬱，告夏季日鬱為由日鬱。前者不害稷成。後者害稷成。兩葬闕男骨殖無足骨，謂止而蒞中。第一卷考北首嶺遺址 M248 男骨無足骨，係狄宛男奉使察日鬱蒞中子遺。

自此遺跡，體 H3107，告正曆。自此以及體 H3116，告由曆別於正曆。自此曆闕，體 H398，告正曆由曆俱有其數：正曆以 H3115：10。

體 H398 以告氣弟失常及察星之法：告察星用直角協所系，證在 H398：41。告月襲日猶如月匕日，證在 H398：12，所謂尖端扁圓骨錐銳部側視如匕，嫌其義不顯。補釋月匕日，將用割斷臍帶之珍貴骨匕 H398：24 投入 H398。告日鬱在曆夜第八次晝，以蚌殼合朔用 H398：63。告曆夜曆法用滿月狀，證在瓦壺 H398：63 狀似滿月。告狄宛月襲日全鬱于秋分節令為正日鬱有錐影，無害稷熟，用 H398：18。

由氣弟正氣弟之線直與非直：M15 迄 H363 為氣弟正曆圖，線直。M208、H3116 為由氣弟，線直。正氣弟之由用 H363，故此曆闕體 H3115、H3107。M208、H3116 氣弟由之校正依合朔曆算，曆算則以 H3115 而體。

（2）盛夏日鬱使男子被惌

曆闕 H398、H3115 未起出任一圓瓦陀，而 H363 起出 3 件，器樣：H363：14、H363：12、H363：11（《發掘報告》上冊，圖二八，第 43 頁～第 44 頁）。故此，須特珍重曆闕 H363，及其與 M208 見圓瓦陀所際。

檢第一期諸葬闕，得知圓瓦陀非葬闕納瓬疇男遺物，諸器本屬瓬疇女。圓瓦陀之圓能象滿月，為月全鬱狀。此乃太陰曆曆夜朔夜。凡有格羅線者，俱係羅日烏之證。羅日烏月丸之羅格出自以繩索編織之羅，用於羅禽烏。以繩索編織，乃女性擅長之技。取譬羅禽烏，設擬連線丗星體，此即格羅星體。而格羅日烏乃格羅星體之高端。推測格羅占星事在舊石器晚期發生。至狄宛第一期，格羅日烏月丸已屬大事。

將個羅日烏月丸視為女邑首大事，則瓬疇男不必有圓瓦陀，證在 M15。倘檢得氣弟異常出自日鬱，承用格羅日烏月丸。此乃瓬疇女或邑首女降罪之念，日烏受此罪惌。故此，葬闕 M208 乃日烏被罪惌之證。此罪惌係中國最古

原罪之責天之念。

2）瓬疇女星占

（1）冬至夜羅日烏占女宿

　　狄宛瓬疇女或邑首既知秋分前南方日鬱致害氣弟，遂尚北垣諸宿。反夏至而求冬至夜羅烏而質其罪愆之念，故造圓瓦陀三枚，埋入。此數多，此瘞埋輻輳而告瓬疇女掌管羅日烏。故此，狄宛第一期三枚入 H363 曆闕圓瓦陀乃正由之器，又是質罪日烏之器。依此覆查 M208 納圓瓦陀，也是女邑首之物。

　　依 H363、H3107、M15 協所系俱告氣弟正，須推斷 H363 係第一期遺跡第二施教所之央。曆闕 H363 在第一施教之央 H3115 正北偏西。此所乃瓬疇女察北垣諸宿之所。渭水流域，圍獵辨向以北為上，以南為下。渭北見高原，而谷地為平原。北行曰上，南行曰下。迄今，渭北、銅川、延安人自居所行向西安名曰「下西安」。欲格羅南方夏季日鬱之日，在北天察日所，檢及冬季日所在斗，故命斗柄北指為上。此所即《爾雅·釋天》「冬為上天」說之源。「冬為上天」者，仰察日在赤經躲藏之所。目視北極，見斗杓指北極，並見日在斗宿。

　　察見日，以為此南方日由害節令，起於此處。此處又是瓬疇女念頭之藏。舊說「冬為上天」支離破碎，但隱約有古誼。《爾雅正義》援郭璞注曰：「言時無事，在上而臨下也」。邵晉涵援《小雅·信南山》「上天同雲」。又引《鄉飲酒義》云：「冬之為言中也。中者，藏也」。又援《釋名》云：「冬，終也。物終成也。冬曰上天，其氣上騰，與地絕也。故《月令》曰：『天氣上騰，地氣下降』。《詩疏》引李巡云：『冬，陰氣在上，萬物伏藏，故曰上天』。《太平御覽》引孫炎云：『冬天藏物，物伏於下，天青於上〔註48〕』。

　　「中」、「藏」之義乃狄宛瓬疇女臨事之念，而郭璞「在上而臨下」說堪謂樞紐：在者，察也。察元朔日鬱後、斗杓東北旋之前斗杓指向，即謂「在上」。臨下者，夏季日鬱在南方。南為下是也。

　　斗杓北指，時合冬季，《禮記·月令》：「仲冬之月，日在斗，昏東壁中，旦軫中」。於初春察日旦中星，得女宿。此言證在《禮記·月令》「孟夏之月，旦婺女中」。虞夏中星時辰、月數遲於狄宛第二期、北首嶺、半坡早期。更遲於狄宛第一期，故可如此推斷。又依《全天星圖》，今 21 時日過格星（第 3頁）。格星屬女宿。此時刻差又是旁證。格星在女宿北，在天河，格星又名天

〔註48〕邵晉涵：《爾雅正義》（卷 9），《續修四庫全書》第 187 冊，上海古籍出版社，2002 年，第 4 頁。

津。格謂至者，非謂格義在至，而謂冬至節令。

於此，瓴疇女占星須女，非謀自專，以為格羅得夏季南方害節令之日烏，能恢復來年節令。占須女宿涉及須女名源，恃考證取信。

女宿之名甚多，或曰須女、或曰婺女、或曰務女。諸名迄今未見考證。《開元占經》援《聖洽符》曰：「須女者，主娶婦嫁女也」。援《巫咸》曰：「須女，天女也。天府天市斗也」。又援《玄冥》曰：「須女星明，天下大豐，女工有儲，國足富；星不明，天下虛，藏不足」。援《北官候》曰：「須女一名天少府，一名天女、一名務女、一名臨官女」（第三冊註第 47，第 621 頁）。

名以「天」字，足告其高。如前檢，及察北極星宿，此謂之高，即目力高企及極。「天府天市斗」謂此宿狀似量器斗。《後一・八・一一》字作Ϙ（前註第 199，第 579 頁）為須女宿占之證。此字不見考釋。但其內為「乙」，出自狄宛第一期氣程率數畫之局部，係乙、申字初狀。此二者合而記「女申」，或徑讀「申」，乃女宗神事之證。字凡從匚部，《唐韻》讀「府良切」，告須女占，題涉星宿連線，又申而為曆闕、葬闕等底開貌方，其事屬瓴疇事。《周禮・考工記・匠人》「匠人建國」，匠字源也在此。匠人者，初之宗女也。

「天市」星垣名，三垣之一。檢《中國天文學史》天市垣無女宿。此似證三垣星區系統——如陳遵媯先生推測——產生於戰國時期〔註 49〕。但此說存疑，「天府天市斗」名源使人深思。倘言量器，斗乃納穀之器。又檢「天少府」名遲起，故在義疊。義迭出自本義增補。增補出自新認知細類。

星宿兩字名如「天女」、「務女」、「須女」，此三者俱含女字。而女見於星名，猶「老人」見於星名，皆出自細別，細別之基在「女」。倘言女星，即能反映昔聖占此星舊事。

狄宛第一期，男女之別定已出現。三名唯以須女星名合乎初占：以體貌特徵命，取女名。以勢力言，女布令，能告禁忌，誡勉使無犯謂之毋，畫記者造字從女部。狄宛第一期夏季由日鬱為禁忌。依諸考可推知，宗女究問犯禁者而占須女星。以害稼不收為病災之念，狄宛邑人曾睹偏日鬱景芒如輻散射，使人覺不潔，命之須亦出自「韻」「象」，即從基韻而名天象。附此，男子成人屬不潔者，男人成熟之徵象「須」在狩獵與下挖獸穴謀食時穢垢及面目，使人醃臢厭惡。總之，成年男子之須是不潔之象。如此，「須女」星名含兩義：

〔註 49〕陳遵媯：《中國天文學史》（上冊），上海人民出版社，2006 年，第 196 頁～第 206 頁。

禁男子犯忌、宗女。

狄宛第一期夏季日鬱乃陽曆 7 月 22 日南方日全食之初察與初記。白家村早期存其證據，詳後考證。北方譬如西安及更北之地俱見日偏鬱或日環鬱。狄宛第一期係中國星占發達期。

陳久金先生昔說涉及天文考古、星占，採取文獻未出《中國天文學史》取材範圍，言「為帝王占」，又言天地人對應，未究星占起源〔註 50〕。其說「帝王」含義粗泛，堪為後世狄宛獨領星占別論，絕非「帝事」「王事」考證。獨領星占，至遲出現於帝堯時期。狄宛第一期星占者皆宗女之占。其帝事詳後考。

（2）占須女屬星離珠皰瓜敗瓝別屬致階別

曆闕 H363 圖含格星圖，隱婺女宿、屬星離珠五星、瓝瓜五星。敗瓜在五星在瓝瓜南。後三宿星數合計 15，此數覈正曆用 fm 線段與 bf 交角 15°。如此，離珠、敗瓜、瓝瓜俱被涉及。今所謂葫蘆，一名瓝瓜。此瓝瓜古名皰，敗瓜即敗瓝瓜。陳遵媯先生援《天皇會通》曰：「離珠，女所獻之工也」、「瓝乾則質堅，過時則敗」（註 49，第 240 頁）。女即占女宿之邑首女。工謂丸精美。

皰曬乾堪為涉水之器。聯格星在天河，而天河一歲方向一變。地面河道寬廣被聯想，猶天河寬廣。涉水於川之念被移向天。此乃「河中」諸星占之本。狄宛第一期，狄宛濕潤，秋季降雨豐沛致清水河道變寬，浮水以皰乃不免情形。皰瓜 5 星近須女，占星者自占皰瓜係正氣弟事之細者，皰為宗女執掌。離珠事在西安半坡納女骨葬闕、元君廟納女骨葬闕隨葬珠狀物為證。

狄宛昔聖濟河以瓝。而北首嶺遺址器樣 M98：（3）被謬名「船形壺」，此謬出自發掘者不知此器與器面畫表義，也不知彼時人孤身濟河恃皰。皰乃占須女星者之物。此人為宗女，占皰星甚或占敗皰。推測昔聖占「敗瓜」時曾命此星座如胸瓝。胸韻近女。胸謂收縮或縮小，告有身女誕子，腹變小用此名。今咸陽北山、涇水流域、平涼以東之涇川、平涼西南等地方音仍有此讀。

依諸考釋，可斷狄宛第一期邑首為一女人。成年男子不受寵愛，甚或被厭惡。男子苟且存活，或能及 50 餘歲，全恃從宗女之令，察日鬱以迄天年。此天年以日鬱輪返別三段：18 年、32 年、54 年。此三年齡段男子骨殖被拆理，而入葬闕，恰出自邑首女安排。而狄宛第一期遺跡規劃亦出自邑首女與

〔註 50〕陳久金：《帝王的星占：中國星占揭秘》，群言出版社，2007 年，第 1 頁～第 6 頁。

其宗人。男子給付氣力，不在話下。

3）瓶疇女帝事考

（1）帝名舊說無本而超檢超覺

題涉「帝」字，陳夢家先生以「帝」權威多樣說首唱，帝能令天時、王、我、邑。邑謂殷都邑〔註51〕。朱鳳瀚先生承此說，以為帝在人事權能上僅作用於王本身，而從不作用於王以外其他人〔註52〕。此權威說後以別樣見於神話「帝」研究。

李申基於《山海經》記神話、傳說檢論古中國眾帝、上帝。將黃帝視為兼具世俗與上界超凡能力之化身。後世君主多嘗試覓得黃帝血統嗣承，至於明朝休止。我檢李氏文非屬考證，「上帝」初被視為神話，終被視為神話。其文宜視為帝系血統嗣承舊說可疑之意念宣告〔註53〕。帝名源疑仍在。

楊青雲從原始多神論在夏商一神論建立出發，認定上帝、或帝是最高神。楊氏援卜辭「下乙賓於帝」。「太甲不賓於帝」。將「賓於帝」視為「客居在上帝那裡」，由此結論：殷人在自己祖先與上帝間建立了聯繫。後援《尚書》「惟皇上帝降衷於民」、「惟上帝不常，作善降之百祥，作不善降之百殃」。「夏氏有罪，予畏上帝，不敢不正」。楊氏由此推斷，商代前期，人們將老天爺稱呼為「上帝」，後稱呼「天」或「天帝」〔註54〕。劉龐生檢少昊係屬，言「皇、帝為天子，是一種至高、至大、至貴、至尊的稱號」〔註55〕。此說未脫「帝」為尊號說。此號之源與義係更古檢題，諸學者不檢。

許順湛檢五帝時代，始於炎帝，將炎帝視為三皇時代向五帝時代過渡之階：伏羲之後是女媧，女媧之後五十姓出現神農，亦捨檢「帝」源〔註56〕。

「帝若」等卜辭研究結論：商王令人占卜詢問「上帝」會不會使某地順利。故在「帝」很少干預人間事務，不怎未賜福於人，而多降下災難。王使占卜謀知某狀態是否受上帝干預〔註57〕。「帝」之超檢、超覺而為寄祁之兆，乃

〔註51〕陳夢家：《殷虛卜辭綜述》，中華書局，1988年，第571頁。

〔註52〕朱鳳瀚：《商周時期的天神崇拜》，《中國社會科學》1993年第4期。

〔註53〕李申：《中國上帝的起源》，《尋根》1994年第1期。

〔註54〕楊青云：《中國人「上帝」觀念的演變》，《史學月刊》2002年第6期。

〔註55〕劉龐生：《少昊考疑》，《司馬遷與〈史記〉國際學術研討會論文集》，陝西人民出版社，2002年，第651頁。

〔註56〕許順湛：《五帝時代研究》，中州古籍出版社，2005年，第11頁。

〔註57〕牛海茹、孔德超：《甲骨文有關「帝」的新材料——兼論卜辭中的「帝若爻」、「帝弗若爻」》，《故宮博物院院刊》2019年第12期。

舊說之質。

（2）「帝」三義考

檢「帝」舊說皆未鑒別「帝」義三層。此缺致混「神」事、「帝」事、「帝」占。今宜澄澱清層，以顯源流。

帝義第一曰「帝事」。帝事者，曆為謀正曆夜曆法。證在狄宛第一期曆為。帝義第二曰帝座占。帝義第三曰「乙傳」或使知帝事，此乃宗教之本。

帝事即前考狄宛第一期正日鬱由日鬱葬闕乙教曆闕平面協所系曆圖既示為曆大事。甲骨文「帝」字字源上部即此圖諸線改造而來。此圖含甲骨文「帝」上部之證在於，去甲骨文帝字含「工」字旋轉 90°之部，上部告關聯曆為：正日鬱、由日鬱、正曆合朔等事。以 H3115 為央，M208 為一端，H398 為一端，OY 為向極線，正日鬱葬闕 M15 為效線。此線在甲骨文「帝」字上部為缺省部。依此曆圖宜斷「帝」事之源在狄宛第一期。倘察「工」部旋轉 90°狀，恰得葬闕南北走向之兩壁狀。狄宛第一期遺跡之長方曆闕、葬闕、第二期之營窟俱有此部。其傳者如何將此複雜星曆與乙教信息傳及商朝，我未得佐證。推測夒曾係緊要人物，此人於虞夏之際掌樂教。聲韻注入圖案即能還原若干信息。

帝座占題涉甚廣，《中國天文學史》（上）述中國天文史言「帝座」五例：北極、紫微垣、天市垣、角宿、心宿，區域各不同（第 206 頁）。檢天市垣帝座占旨在正候，《開元占經·帝座占十四》援《石氏》曰：「帝座一星，在市中候星西」。注者曰：（帝座）「入尾十五度半，去極七十一度少，在黃道內三十九度」。《石氏》曰：「帝座，天之貴神也。執陰陽之銳，秉殺生之府，總萬化之原，保存亡之機，和陰陽之氣，應四時之分」（嶽麓書社，第 667 頁）。

《石氏》言「市」謂天市，三垣之一。注者謂「入尾十五度半，」照以今星圖，去尾宿較遠，南北向相距 50°許。依注者言，尾宿、帝座曾甚近。而狄宛第一期崇尚尾宿，前著已考。如此，彼時帝星或近角宿。但極星非帝座占之帝座。前言天市垣帝座占旨在正候。候者，節令物候也，譬如秋分收稷，冬至蚯蚓結、後五日麋角解等。依《祖述之一》圖六三，「狄宛星圖之東垣尾宿」推測，倘狄宛第一期宗女占帝座，述此星占之遺跡宜是曆闕。此曆闕宜在第 I 發掘區某所。此占於彼時或為不免大事：須女占致冬至節合朔正曆，正由日鬱氣弟之亂，狄宛第一期 H363 曆闕曆圖曆考為證。占星本質在於依某星與地上物候之兆對應。此為星識與星志初階。自狄宛第一期遺跡連而為星圖，迄此後體連星圖，差異僅在體星圖本乎蜘蛛一般連線之力發揚。連線又以紡織之力發達旁證。

如此，帝事之體星占肇創於狄宛第一期。《左傳》記星占屬體星占，非孤星占。

星際連線之力乃「帝」力，如前「圖」示。欲顯此力合乎星座顯隱，宜占宿並命以帝。此乃帝座占之源，而非後世檢討者言下「純而無稽之神」事。瓶疇家或宗女之占致不諳星占諸邑人以為，宗女有掌星之力。於其目不能見之時，宗女使人形土而協星所於地，在曆闕間連線，而後能正「氣弟」。此力恰是各等曆闕協所及工程度當夜（日）之力。而此力堪被驗算，邑人以參與測量而知其可靠。宗女放線猶如帛度長短，拉線度長程猶木匠放線。如此，天市占之宗人、帝、屠肆、帛度、候等事並被體連。

「乙傳」即宗女宗教，又即乙教，又即神教之源。宗女自施教，或以從者施教。狄宛第一期神教寄於滿氣程率六，氣程率滿謂之常，其色赤，即器樣 H3115：11 赤圖。而神教之異常者在於氣弟失常，失常之故在氣程率間斷。間段故在日鬱。於宗女，此乃合朔格羅日鳥丸月之事，證在白晝器樣 H398：3，器樣 H398：72。

狄宛第一期正日鬱由日鬱葬闕乙教曆闕平面協所系圖之 B 點，即 H398並係天市垣乙教之央。於後世，證在《堯典》「申命和叔」。

聞一多跋陳夢家《高禖郊社祖廟通考》之六，援《索隱》引《漢舊儀》「祭人先隴西西縣人先山。山上皆有土人。山下有時如種韭畦，畦中各有二土封，故云畦時」。以為人先即先妣也。可束晢說：「臬禖者人之先也」。又云：「通審全文，前後互參，似可證古所謂帝者其初本為女性〔註58〕」。聞氏「帝者其初本為女性」說為不破之論。惜乎聞氏為此論時尚無古遺存星曆圖毄證。於今，帝源既清，秦以降帝制皇宰之僭越可見一斑，學人走出「帝制」夢魘冀望將真。

二、西山坪龍崗寺白家村北首嶺日鬱曆志與星占跡考

（一）西山坪龍崗白家村日鬱曆志與星占

1. 西山坪與龍崗寺日鬱曆志跡考

1）西山坪葬闕 M4 日鬱曆志與八數源補釋

（1）西山坪葬闕 M14 日鬱月要圖志

西山坪遺址第二期葬闕 M4，長方狀土坑墓，長程 1.91、寬 0.5～0.71、深程 0.4m。人骨架一具保存完整，方向 270°。骨架右側隨葬陶蒜頭細頸壺，

〔註58〕聞一多：《跋‧高禖郊社祖廟通考》，《清華學報》1937 年第 3 期，第 468頁。

罐，缽各一件。左股骨旁隨葬牙器 1 件。女性骨殖（《師趙村與西山坪》第 242 頁～第 243 頁）。女子掌察月芟日事，女子掌夜曆法。

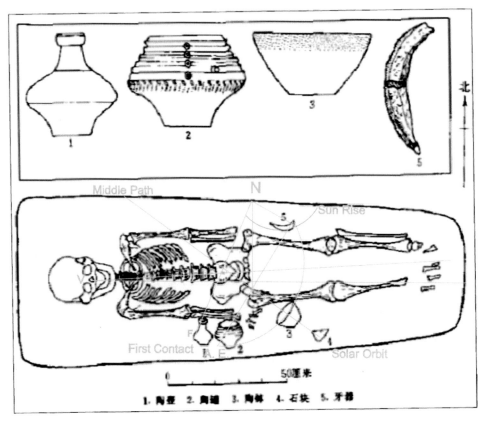

圖二八一　西山坪 M4 夏至午後日環鬱圖與月要瓦角器

圖見器樣編碼：M4：1、M4：2。目晨出而軌道西行。日行迄股骨頭以西逆西來之月。瓦罐自西過氐宿而來，逆所在骶骨。自骶骨向右股骨頭，日環鬱發生。證在弓弦。目視 5°差謂目視日在西偏北 5°初虧。此乃夏至日環鬱事。

日在東北，如英文告。午後初虧。F—N 線段交子午線以 23°，告夏至日環鬱。初虧在 F 以下，如英文告。日環鬱以 A. E.脑略之。橙色弧線謂日軌道，日自東北向來，在東天劃過。日月中道如英文告。

（2）葬闕 M4 納月要輮日環鬱圖考暨菱星器圖變

此葬闕納器使人印象深沉。考狄宛第一期瓦器，俱無此狀，而稍後頻見此狀。掘理者以「折腹」言此狀器腹。我檢瓬疇家造此器出自圖志日環鬱。今聯舊說器樣 H379：139 重消息義於《祖述之一》而考 M4 納器生成與塙名。

　　掘理者言 M4：1 西細頸蒜頭壺。言壺，不誤。言蒜頭，則出自謬察器兆。此器之兆在下部，乃「月要」狀，此器宜名「月要瓦瓠」，言月要壺似可，但此器非飲水器。器缺一孔，故倒水不暢，不便飲自。壺字韻讀從瓠，乃星占與行遊、醫學認知三念合而為名，故此，我言月要瓦瓠。

　　檢經籍述事而聯此器者，唯《周禮・冢宰・司會》：「司會」，「以參互考日成，以月要考月成，以歲會考歲成，以周知四國之治，以詔王及冢宰廢置」。

　　宋人黃度不曾問「要貳」之「要」謂何〔註59〕。姜兆錫云：「司會」之「會」讀「怪」。「名司會者，會之言計日。計日成月。月計曰要。歲計曰會是也。財以計為重〔註60〕」。姜氏言「會」讀「怪」，又言，「會之言計日」。「會」讀有說乎？姜氏言「月計曰要」，但不檢為何。可見此名源久喪。

　　劉青芝檢「司會」而題開以會計財用，但不曾究問「參互」「月要」「歲會」義〔註61〕。鞏元玠檢賦以時，言《周禮》正月為寅月，正歲乃子月。歲終，亥月也。但不言歲短長閏餘之計，失會計之正〔註62〕。

　　鄭注：「參互謂司書之要貳與職內之人，職歲之出，故書『互』為『巨』，杜子春讀為『參互』」。疏云：「『以參互考日成』者，此官贊冢宰總掌六官會計之事，與小宰為官聯，亦所謂『官成也』。賈疏云『司會，鉤考之官，以司書之等相參交，互考一日之中計算文書也』。又援黃以周云：「『日』謂十日，『日成』謂旬日之成，猶浹旬謂之浹日也。《宰夫》職云：『歲終令……正歲會，月終令正月要，旬終令正日成』。文義與此相同。則日成為十日之成可知也。云『以月要考月成，以歲會考歲成』者，月要、歲會即《小宰》『八成』所謂聽『出入以要會』也」。賈疏：「月計曰要，亦與諸職參互考一月成事文書也。歲計曰會，以一歲之會計考當歲成事文書」。

　　孫詒讓言：「注云『參互謂司書之要貳與職內之人職歲之出』者，賈疏雲。案《司書職》云：『凡稅斂掌事者受法焉，及事成則入要貳焉。』又案，《職內》云：『掌邦之賦入。』又案，《職歲》云：『掌邦之賦出』。云『參互鉤考』，

〔註59〕黃度撰，陳金鑒輯：《周禮說》（卷 1），《續修四庫全書》第 78 冊，上海古籍出版社，2002 年，第 15 頁。

〔註60〕姜兆錫：《周禮輯義》（卷 1），《續修四庫全書》第 78 冊，上海古籍出版社，2002 年，第 9 頁。

〔註61〕劉青芝：《周禮質疑》（卷 1），《續修四庫全書》第 79 冊，上海古籍出版社，2002 年，第 14 頁。

〔註62〕鞏元玠：《畏齋周禮客難》（卷 1），《續修四庫全書》第 79 冊，上海古籍出版社，2002 年，第 3 頁。

明知有此三官。出內事，共鉤考之。云『故書互為巨，杜子春讀為參互者，』
修閭氏云：『掌比國中宿互口者』，注云：『故書互為巨』，鄭司農云：『巨當為
互』，與此義同。互巨形聲，並相近，故傳寫易訛。掌舍桙櫃，故書櫃為拒。
杜讀櫃為柜，亦其比例」。「以周知四國之治，以詔王及冢宰廢置」，鄭注，「周
猶遍也。言四國者，本逆邦國之治，亦鉤考以告〔註63〕」。

　　檢孫詒讓依「巨當為互」說論韻，以為「互巨形聲，並相近，故傳寫易
訛」。此說於昔聖時代無據。段玉裁檢「漢讀」，見鄭注：「故書互為巨。杜子
春讀為參互」。段玉裁按：「此易『巨』為『互』也。以此證之，則桙櫃之當為
桙柜更無疑〔註64〕」。似無異說。

　　檢「會」讀怪者，乖也。日出後未當及夜而天冥，故乖。天象乖也。韻遷
而讀「膾」者，屠肆為醢，邑眾與食，蟹醢非膾乎？杜子春讀巨為互，非是。
宜從巨讀。龍崗寺 M324：4 內菹格羅日月會暨「立周天曆度」含媧祖用巨圖，
詳後。

　　月要瓦器乃述日環鬱瓦器，又係正朔、正曆之兆。而月要狀又系曆正之
兆，故「司會」計財算賦宜從此正。如此，計賦不誤，郡國或邦國之君無異
議，能消弭稅訟乃至稅獄。「鉤以告」者，涉三角方田稅畝之訟也。三角地面
計算本乎瓨疇家為曆，狄宛第一期事發揮是也。瓨疇圖之日環鬱影日三角狀
地面於方田者乃難事，步度地面，難免土坎，小則易算，頻見於片地，則誤差
甚大。此蓋「告」故。既往檢者不察，謬矣。

　　「要貳」者，似狄宛瓦器器藝同物，同圖。此為貳。後世史家記事，皆依
「要貳」而存。我推《誥志》孔子傳虞史記事，出自「要貳」。但問「要」何
在？曰「要」存於地下，所謂天地日月之盟，邑人與睹，不可不信焉。

　　宰夫者能「正月要」者，日比故也。媧祖設擬以比芟日，直切盡圓是也。
日數盡得，其數又直，豈非宜哉？骨比乃宗女屠肆之器，遇天象乖，即屠肆。
此事聯設擬芟日以比，詳後，狄宛第二期器樣 T361④：P33 瓨疇圖釋。

　　今依葬闕月要二器逼仄為日環鬱圖，附菱星罐半截圖，便讀者檢跡。此
三件器俱涉黿戲氏王事，前兩器月要以灰線顯。M4：3，口侈而，底平，口沿

〔註63〕孫詒讓：《周禮正義》（卷12），《續修四庫全書》第82冊，上海古籍出版社，
　　　　2002年，第33頁。

〔註64〕段玉裁：《周禮漢讀考》（卷1），《續修四庫全書》第80冊，上海古籍出版社，
　　　　2002年，第16頁。

外飾一周寬 3cm 褐色彩繪。褐色乃日照不朗之色。此器狀來自菱星圖半截，後去其銳端。其本乃兩三角上下拼輳為菱。依此圖可推斷，西山坪 M4 納骨殖乃娲祖一脈，而總女掌月曆法。月曆法之象乃月狀。此圖見月圖三樣。月損（初虧）、滿月（日環鬱）、要月反向（生光）。月入日謂之日虧。入甚即謂日鬱。月褪出謂之生光。

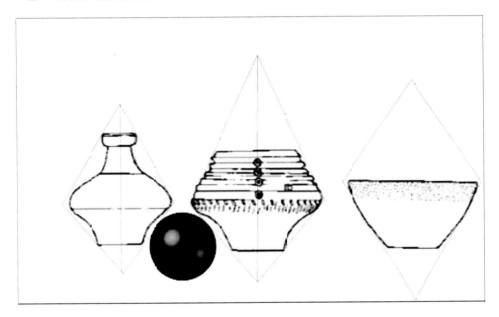

圖二八二　形日環鬱以月要器及碗本菱角狀

此圖頗似二瓦夾陰果圖，器 1、2 逼仄，外月要，內陰果，後月要在東。自西方月掩日，見月要，計見四月要圖：西月要一、央偶月要二（拆解為二）、東月要一。此乃圖元生成。此圖之菱角狀本菱星圖，央器之紐圈狀泥釘出自瓿疇家央線。菱星圖係黿戲於夏至日環鬱察見殊異星圖大角星、常陣一、五帝座一與角宿一，後見於體釋西水坡 M45。

（3）狄宛第一期日鬱「八」數源說補正

我曾考狄宛數〇〔八〕源，以為「八」所象之形是日全食食甚前能見東側日將消之弧線，生光前日西側初見弧線，即先有左弧線，後有右弧線，兩背弧成字（《祖述之一》第 114 頁）。前考字狀源不誤，但未塙識，以八為自然數，取日食之象。

今檢此字最初是夜序數，後抽象為基數。夜序數始於圓月，算訖第 8 夜，平明月隱去。自此夜重算訖第 8 夜，月消。次番第八夜起，月逐夜在中天退

縮，第8夜見月在西為峨眉月，瞬時見於地平線上而亡。因此，字兩弧線不似殘月或峨眉月狀，而似半月狀。為半月相背之狀。此數是古獵人趨利避害之約旁證。滿月後第8日晨徵獵，所謂平明出發是也。自此日起，連獵八日，此後屬慎獵期，固在無夜月可恃，於陰天難以察星象回營。瓯疇女取此，固在瓯疇女知月相當夜數，而非配日數。慎夜始於慎昏，以免營窟人寡，猛獸掠食。

日每如此，不足以赤色圖記，唯以日環鬱乃天象之乖者，宜以赤色圖記，免於遺忘。又兼元朔日鬱乃墜信大事，存留狄宛之瓯疇家曆算而用獵人約期之數，為新曆法，而後重拾邑人心念。其證如圖二八二。

2）龍崗寺曆闕H78日鬱志

（1）穴曆闕H78諸度程

狄宛第一期遺跡見於龍崗寺遺址者甚寡。曆闕H78居其一。此曆闕壁、底盡似狄宛第一期曆闕H3107。唯穴央見一小圓坑。

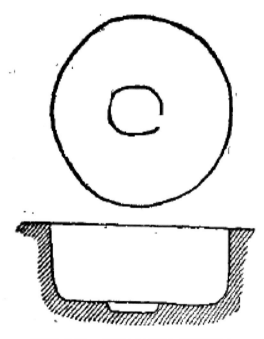

圖二八三　龍崗寺H78日環鬱志

口徑程1.64、深程0.7、底徑程1.5m。穴底小圓坑直徑程0.48m，深程0.1m。此曆闕如前檢係狄宛H3107曆闕姊妹穴。我曾考此曆闕曆義，今維持舊說（《祖述之一》，第162頁～第163頁），僅更正曆日如曆夜，即龍崗

寺昔聖也行夜曆法。彼時，述春分、秋分節氣平，由於底面與穴口地面平行。

此曆闕起出瓦碗，器樣 H78：1，口徑程 20.8、深程 11.6cm。細泥黑瓦，素面抹光。深程徑程比數等於 0.56。此數大於 0.5，覆此器，即見日降，有大於秋分曆象之狀。此比數合秋分曆象。黑瓦者，晦之兆也。抹光者，覆器高舉見流光周匝，日鬱志之器也。

（2）穴曆闕 H78 係日環鬱圖志

此曆闕間證前歲秋分當狄宛曆法 8 月 15 日，以夜曆法，即 8 月第 16 夜（晦）。起算於滿月，第 16 夜即今朔日未計之夜。此夜即日鬱之晦。當年發生日鬱。而且，龍崗寺昔聖目睹此番日鬱乃日環鬱。

2. 白家村瓶疇女曆象體釋暨夷東瓶疇家曆為

1）白家村瓶疇女種源自狄宛

（1）狄宛元朔日食後宗女出遷或出走白家村營北陸

遍查狄宛第一期曆闕、葬闕等遺存，無一能證宗女葬所。倘以斷崖既往不曾大改，如前考，則宗女骨殖去往乃一大疑。前考狄宛第一期葬闕時已呈此疑。又間推狄宛第一期瓶疇女之掌教者東行徙居。此徙居故在二端：第一，元朔日全鬱摧崩邑眾夜曆法寄念，使獵人與約朔夜（今望月夜）後八夜之第二番寧居，但晨刻後天晦。此乃天失弟而敗宗女曆算之兆。第二，此失弟使獵人無以適從。晨日鬱晦象算夜，抑或為畫？為夜則非夜，故在旦而見夜。為畫則見晦。邑眾以為，瓶疇女為君犯忌。如此，宗女被逐出狄宛。或宗女遜位，出亡於他鄉。徙居擇向依月芰日之向：自西而東，故東行，又兼顧天河與節令所際。謀春秋分節令平，如是，東遷宗女之動向謂之東，謀正秋分節令，勿令節氣延遲謂之夷。舊說「東夷」，俱無本檢〔註65〕。營造北陸謂之津。天津星占又能導其行。此蓋狄宛第一期 M208 由日鬱前大事。如此，狄宛第一期文明以元朔日食為界。前屬狄宛第一期前段，其後即為狄宛第一期後段。其第一期後段係嗣承者。而第一期前段宗女徙居白家村，在彼地討生活而傳播狄宛文明。如此，所謂「老官臺」文化係無本之說。倘問：狄宛第一期第一段宗女遠遁之所，唯臨潼白家村一地否？我不能解答。但推測其流徙不限於白家村。

〔註65〕葛志毅：《東夷考論》，《古代文明》2012 年第 1 期。

　　間推狄宛第一期第一段宗女徙居白家村之別故在於，北首嶺遺存早期文明貌似狄宛第一期文明局部，但缺赤帶沿瓦碗及三足瓦碗。再察臨潼白家村，能見甚夥三足碗，即素碗。聯狄宛第一期三足碗、北首嶺早期三足罐、白家村三足碗似狄宛三足碗，西山坪遺址狄宛文明無三足碗，依此知狄宛文明早期瓶疇女東遷白家村。至於裴李崗、賈湖等遺址，即使能見器齡測數早於狄宛第一期器，但此二地無一器塗膏汁為曆圖。同時，我不否認，賈湖、裴李崗遺址丸、旋等念無別。至於狄宛、賈湖二地昔聖曾否往來，此刻難證。我不識瓦扣鳴音、骨橫笛音堪否類名。賈湖遺址橫笛乃最早管樂器。

　　如此推斷之故亦在於，早期遺存唯白家村早晚期地層俱見瓶疇女骨殖。這恰能補前檢狄宛第一期遺跡無瓶疇女骨殖之缺。讀者能問：白家村早期瓦器酷似狄宛第一期瓦器，堪證白家村瓦器產生時代近或同狄宛第一期瓦器。必死於白家村而後葬乎？我答：日鬱發生翌年，於春暖之時，自蓮花漂流於渭水，東行能於旬月而及北首嶺附近。少歇而東流，不又旬月而達白家村。檢遺跡者與知，北首嶺遺存也在渭北，係瓶疇女求北陸之初選。此地東臨金陵河。南行4華里及渭水。得水行之便。

　　狄宛第一期第一段宗女東徙路徑之擇也可別樣：譬如北行而取道莊浪，沿涇水東行。在旬邑或邠縣分道。沿北山北行或東行，別二向。東行或東南行而及涇陽或三原南折。在涇陽者南行過雲陽南達咸陽，順渭水東漂而及臨潼白家村。及三原者東南行，行及櫟陽附近而營北陸於白家村。

　　我推測，自狄宛第一期元朔日鬱後，太初宗女後嗣一部東遷。於由日鬱前造訪北陸白家村。而北首嶺下層遺跡似狄宛第一期遺跡。器出自遁逃宗女後嗣之手。東遷者大部初續東行而及白家村。來人眾而營造之力綿長，故白家村遺存器物甚夥，器樣一如狄宛第一期瓦器，口沿赤色兆宗女承用先輩器藝，此藝能背後乃壯女曾持經血輪返之念。

　　徙居白家村之瓶疇女較之狄宛舊地瓶疇女乃夷東之宗。而舊地瓶疇女淹留彼地。而白家村北陸乃虛宿占及虛宿占指道之果。

　　在此地營北陸之念出自虛宿占。此地乃夷東瓶疇女中選之「北陸」。此北陸入星占書，證在《開元占經》援《爾雅》：「北陸，虛也。一名天府，主邑居，主廟堂，主祭祀，主祀禱之事」（第三冊註第47，下冊，第622頁）。

　　北陸名在後世寡用，而天府存於經籍。戰國時蘇秦入秦說惠王，言秦有

地形之便，物產之饒，國為「天府」〔註66〕。後世或以「天府名」初本蘇秦。今察星占史，知「天府」乃虛宿之別名，其源自狄宛瓿疇女星占。蘇秦知否星占，今無確證。秦獻公營櫟陽，在渭水北，去白家村不遠，此乃事實。

白家村遺址掘錄云：I 區 T114 東壁剖面，第 1 層，農耕土。第 2 層，灰褐色土，含有圜底盂、三足盂、三足罐、圈足碗等器殘片。第 3 層，灰黑色土。含遺物似第 2 層，同屬前「仰韶文化堆積層」。第 4 層，黃灰色土。土質潮濕。夾雜料礓石塊。屬前「仰韶文化層」。第 4 層下為渭河沖積層。II 區 T203 第 4 層，土色黃灰，土質潮濕。夾雜料礓石塊與黑灰土塊。瓦片寡見，被定為早期文化層。第 4 層下為古代河泛沖積層（前註第 49，第 8 頁～第 9 頁）。

發掘者言古代河泛沖積層，此謂彼時擇居者知曉此地為河泛區。今人自擬而問：既知河泛區，又能造瓦器取水，何須在河泛區留居？豈非不知保養？此問恰顯現代人異於古代人。古代人質樸而崇敬自然啟發。占虛宿而居北陸，近水以夜察天河動向，速知春分到來。彼時，崇夜不崇晝。故此，效天上北陸，居此地適當。

遺址發掘證實，此地邑人恃獵物得食，無穀物栽培，此事恰係狄宛第一期正日鬱「後遺症」。遺址起出瓦器頗似狄宛第一期瓦器，圜底碗施彩同狄宛第一期，值合畫盡同狄宛第一期值合畫，唯不具施曳白膏汁瓦片，也無乙教、氣弟率六等施曳赤膏汁瓦片。而且，此地人葬犬，類狄宛第二期葬犬。此遺址起出 187 件豕下頜骨，此乃狄宛用豕下頜骨事之傳承。此遺址起出骨珠（圖版二九，17、18），瓦丸（圖版二九，19、20、21、22）亦證星占：前者遠早於半坡遺址骨珠，乃占須女宿屬星離珠，由此而造骨珠。瓦丸乃宗女掌滿月之兆。白家村遺址起出背緣鑽孔河蚌 2 件，器樣：T312②：1、器樣：T116②：1，各鑽孔二眼。而鑽弧孔於河蚌蚌殼器樣見於狄宛第一期，器樣 H115：12。其承襲脈絡甚顯。我審辨白家村遺址係狄宛占虛宿宗女東遷營築之果。

（2）白家村瓦碗深程徑程比數同狄宛第一期瓦碗

我檢臨潼白家村遺存乃狄宛第一期遺存之副，前饋證無以否認。而今再依程比數饋第二證。白家村早期瓦碗，早期瓦碗，夾砂紅褐瓦碗呈紅色，外

〔註66〕程變初：《戰國策集注》，上海古籍出版社，2013 年，第 16 頁。

表口沿上見一周寬約 2.5～4 釐米光面，光面上飾紅彩寬帶。內表口沿上也見一周寬約 0.5 釐米窄帶。連口沿外紅寬帶。I 型 18 件.A 式器樣 T102H17：1，口徑程 32、高程 13.6cm；B 式器樣 T309③：1，口徑程 40、高約 20cm。係紅褐色瓦碗之最大者。II 型 15 件，A 式，器樣 T319③：1、B 式器樣 T204H25：1、器樣 T120H9：1、T308H15：1，以及 III 型器樣 T330③：1，諸器深程徑程比數俱小於 0.5（前註第 49，第 27 頁）。三足碗深程徑程比數似此。

　　狄宛晚期瓦碗深程、徑程比數似第一期比數。由此見此地瓬疇家造器多涉夏季北天極察看。或曰此地瓬疇女精於察看春分後天象。諸器饋證：白家村遺址乃狄宛瓬疇女夷東之初營。後世所謂東夷，乃狄宛瓬疇女一部之後嗣。東夷初非族名，乃某曆為舊宗之名。

　　2）白家村葬闕曆釋之基
　　（1）白家村葬闕函女骨殊狀
　　依《臨潼白家村》附錄四，發掘者可確認納女骨葬闕 6 座。倘不別其早晚，能勘審若干細節。

表四　臨潼白家村納女骨葬闕

碼　次	平面形狀	頭　向°	骨齡歲	納　器	理　骨
M4	長方	90	25～30		側身屈肢
M6	亞腰圓角	160	30～40		側身屈肢、胸前雙手抱，盆骨、脊椎擾亂
M10	長方形	245	18～22	矛頭、三足罐各 1	仰身直肢
M17	長方形	240	40～50		仰身直肢
M22	不規則圓形	270	7 人骨 4～40	底鋪瓦數塊	
M28	長方形	130	＞55		仰身直肢、雙手交於腰部，骨架中部下凹

　　諸葬闕唯仰身直肢——倘目直視——骨殖宜被勘審，以見瓬疇家心機。此表不備細部，故不可檢討角度曆義義。此表納三葬闕殊得珍視：M22、M6、M28。前者乃早期葬闕，納女骨殖屬七人，長幼參差。葬闕模樣「不規則」含

義最雜，宜澄清。既納七人骨殖，顱骨朝向最可疑問。晚期葬闕 M6 狀非長方，非圓或橢圓，而係「亞腰圓角」。圓角非角，如迄今考證，俱顯弧狀。而「亞腰」謂腰部內收，狀似兩邊線為凹弧，而弧背相近。M28 骨架腰部下凹，此謂理骨者不用地表弧狀。如何訓釋，係一疑問。

　　另見晚期骨殖異常者：葬闕 M17 盆骨穿孔，左右對稱（圖版二一，3）。M17 上頜骨穿孔，圖版二一，2。左右尺骨橈骨相交成 90°。葬闕 M22 骨殖 D 骨盆左翼有穿孔。此外，M20 納男骨殖，骨齡 35～45 歲。盆骨右翼穿一圓孔。位置同 M17 骨骼穿孔。發掘者言：「這種骨骼上的穿孔顯然是死者生前完成的。這類材料過去還未見詳細報導過」（前註第 49，第 47 頁）。在此，我保守舊識，以為此等行為絕非醫學行為，僅是理骨行為。理骨即理新骨，非乾骨。新骨乾骨之別在於，新骨係未失水之骨。乾骨乃微生物活動後剩餘骨頭，水分喪失，變輕，微生物不再活動。彼時新骨來自拆解骨殖。即拆即理，入葬闕使其模樣猶如生人察某象。新骨鑽孔，骨料納水或血水，猶如濕木鑽孔，孔周不裂。倘言生前鑽孔，但問為何？猜測此處鑽孔為醫學行動者須答問：骨盆鑽孔後，如何耐受人體運動壓力？躺臥痛感堪否忍受？檢新骨鑽孔係理骨瘞埋局部，旨在記察日食天象，合朔正曆，即「宜弟」，如《墨子·節葬下》記載。拙著第一部曾考證 M17 告赤經 45°角變動。今存此論，並補釋若干，以為澄理早期葬闕 M22 之基。

　　（2）白家村晚期葬闕 M17 曆義檢是為早期 M22 體釋之基

　　檢《臨潼白家村》葬闕 M17 骨殖弓背，如 M18 骨殖弓背。而且，M17 梨狀孔視線朝向 M18。細察 M18，見梨狀孔與視線投向右肱骨、尺骨橈骨相交界。M28 骨殖也見弓背。（前註第 49，圖三四、圖三五）。檢仰視者不弓背，視線投向遠方。弓背者視線投向近處。如此可斷，白家村 M17、M18、M28 骨殖弓背俱間告生者目光反射景象在近處。

　　M28 梨狀孔與視線反映正東景象。此處為春秋分日出之所。其左尺骨橈骨狀似狄宛 M15 左尺骨橈骨狀，平擺以告 90°角。自正北畫線，恰交緯線 45°。依此得知，葬闕 M28 係春秋分曆正圖。依《臨潼白家村》圖三二，M18 位於 M17 右側，頭向角俱是 240°，由此判定，葬闕 M17 曆圖含 M18 氣弟校正，為參照。照何事或何象，須考究。謀此，繪圖以顯。

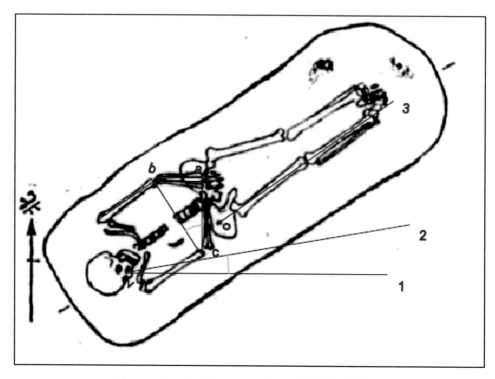

圖二八四　白家村 M17 盆骨翼鑽孔日環鬱象

繪 v 為視線出所。投射兩向，v1 與 v2。線 v1 係黃道 0 度線。線段 v2 為目視天象發生是所。此所在黃道線北 10°o 點是萏中受環食照射所。此言依據：左骨盆鑽孔，乃理骨之果。狄宛第一期用圓物鑽孔，譬如圓瓦陀鑽孔述日環食，蚌殼鑽孔述日環食，此圖後入第二期瓦曆圖。東偏北 10°線乃日食帶日食發生之所。而後，食帶向東偏北 34°逸去。三角形 abc 之∠c 度數 34°恰等於 o3 與緯線交角。∠c 用於注釋。檢 M17 鑽右盆骨翼圖志萏中期正氣弟依元朔秋分。

3）早期葬闕 M22 甶日鬱曆圖與晚期 M6 從狄宛 H363 合朔正曆圖考

（1）夷東瓬疇女察甶日鬱敗皰與夷東瓬疇女五宗考

在創作第一部時，我不確知白家村遺址葬闕 M22 考證方式，但依與葬骨殖眾而理骨殊常推知此遺存隱藏史前重大宗種信息，今補考狄宛遺跡缺漏，給定其故。

發掘者於 T111 北部揭露早期與葬闕 M22，發掘者言「七人合葬」，方向 270°。掘理者記云，坑為不規則圓形，長徑程 2、短徑程 1.5、深程 0.3m。人骨顱骨俱向西，互有疊壓，排列緊密。七人埋葬姿勢各不同。有仰身直肢、仰身屈肢、側身屈肢、俯身等。四人成年，20～40 歲之間，三人為女性，另一

骨架可能為女骨，其餘三人為 4～13 歲少兒，其一鑒定為女孩。七骨架自南向北器樣 A、B、C、D、E、F、G。

A，女童骨殖，仰身直肢，頭頂朝天，面向足端，頭枕於 B 右臂，雙腿被骨殖 C 腿骨覆壓。

B，可能為女骨殖，20～25 歲。仰身直肢，被 C 覆壓。面向南。左臂回屈，依倚在頜下。C，女骨，40 歲許。此與葬闕最長者。仰身屈肢，覆疊 A、B、D。雙肢直伸，雙手回屈，合抱於胸前。小腿呈 90°回折，狀長跪。骨盆左翼有一圓形穿孔。

D，女骨，35 歲許。側身屈肢，面南。雙臂屈 90 度，覆壓於 C 左側身下。雙腿回屈 90°。

E，女骨殖，30 歲許，側身微弓，面西南。左臂微屈，撫摟 F，右臂上屈，枕於頜下。小腿交疊，左上右下。上身、頭部高出各顱頂水平線。我檢此骨架足骨無存。

F，童骨，4～5 歲，俯身，抬頭，面向西北。趴伏於 E 懷中，雙腿直伸。壓 E、G。

G，童骨，4～5 歲。側身屈肢，面北。右手回屈支於頜下，左臂亞在身下。股骨抬起與軀體成 90°，雙腿回屈。依疊壓先後，「死者放置先後，可作如下判斷」：先葬 B、E、G，再葬 A、D、F，最後入藏 C。人架下發現大塊瓦片，但不像隨葬品。

圖釋：線段 ro 為日半徑。點 m 為月球切日之所，謂初虧之所。人在食帶之下，故大赤線為圓周局部之圓甚大。但此番日鬱非日全鬱，而是日偏鬱變日環鬱。赤線之北為日被遮蔽之域。線段 Nn 為夏至日直射線，N 為夏至日所，述既往日照。r1 為遠去之北天球半徑。灰色垂線 w1s 為偏鬱或環鬱轉變線，於 R 變環鬱。R 為左骨盆鑽孔，象環鬱狀。n1、n2 為跪服點，此狀乃考古能給諸夏最早「服」證，也是最早跪禱之證，又是占須女宿宗女使從者跪禱之證。

e 為菢中者地平，e1 為其嗣子地平。此圖告嗣子於宗階之珍：唯有嗣子者為宗首，使他人謀氣弟而跪服。點 n1 為服跪者股骨、脛骨交 90°，n2 服跪 90°角難辨。但依 n1，仍能見端倪。其側身目視正南日鬱。視線 v1 遲於視線 v。

菢中者 E 股骨、脛骨腓骨斜而直似坐姿，股下有支撐，去足骨如狄宛 M15，脛骨、腓骨底為菢中黃道平面。其他成年女骨足骨俱存。此差異出自菢中嗣承以及奉使嗣承菢中。骨 C、D 膝部皆下跪，此跪姿為後世甲骨文服字主部

狀。服謂屈膝懼罰，禱告災難速去。由由日食致稷不收而受苦難，以為由日食降罪。此乃天罰念頭之本。狄宛第一期既見，此時重現，故言輪返。蒞中者背對北極，坐姿，但前傾而察日蠲，頗顯直上身以察。天極向西偏移。蒞中者地心在顱底延長線及 e1 向下。由此推導，蒞中者直坐以察日蠲。面向南偏西，見日蠲帶自彼所移向頭頂。圖見其傾斜，出自布置北極。

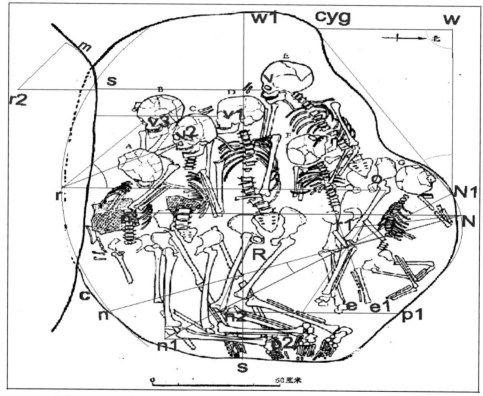

圖二八五　白家村敗匏狀葬闕 M22 記同狄宛 M208 由日蠲志

　　v 自正南見初虧，v1 如之。v2 見食帶向東移動，v3 見食帶續向東移。自北極西側見赤線 N1Cyg，此線段係日蠲發生日日暮時赤經長軸走向，Cyg 係天鵝座縮略名，指天津星在此線旁，告天河走向。倘自 N 畫西向線段，及圖西邊緣線端，再向南畫直線，內角為直角，此告四分天球星布，即四分曆謂夏至星宿分度線。自 N1 點向西畫線，得 w，向南畫線及弧線端點，得直角。∠N1 等於 31°，謂赤經長軸變遷度數，此數等於夏至後迄見日蠲夜弟數或日弟數，折算夏至後弟 31 夜（日）。自 6 月 22 日起算，算訖第 31 夜為陽曆 7 月 22 夏至。此線段過葬闕內凹線。內凹處即須女宿天津星。天津也被命為格

星。此線段也是天河季變向變之證。

　　瓦片數塊，不堪復原，謂之器敗。以此器敗間喻由日食致匏敗，此匏敗轉用於星名，即後世敗瓠星名之源。匏以 7 個月成，2 月點種，8 月成。逢 7 月 22 日日食，氣溫降於 15℃ 下，匏面不圓鼓，見乾裂，不堪用於浮水涉水，此乃由日鬱延遲節氣之果。狄宛日鬱舊事將重演，宗首不能釋懷。故為此葬闕，下闕肆理女骨、女童骨。諸人先是被殺。被殺肆理者係宗女之姊，即其母之長女，否則不堪以敗匏狀葬闕匹配。檢此曆圖者蒞知，主天象者仍係宗女或邑首女。此葬闕係女宗法或母宗法之佳證〔註 67〕。此外，此與葬闕係「嚮明而治」之源。「嚮明」者，向類雌雄之月日也。治者，治曆也。《大戴禮記·誥志》有其佐證，不再申述。敗瓠事合狄宛 M208 夏日食致稷不收事。

　　我言其骨被肆理者 E 為長女，故在《易說卦》云：「離為中女」、「離為大腹」、「為蚌」。三事俱叢此葬闕舊事：離者，月芝日。中女者，次女也。首女之次是也。大腹者，孕婦也。狄宛 QDO：19 係其證。而狄宛宗女率眾出遷，營造北陸於白家村。《離》為蚌者，蚌算合朔求日月合會是也。此葬闕承狄宛葬闕 M208 合朔事，唯彼時格羅日烏月丸以瓦線陀而已。今則以敗瓠狀葬闕有弧線而告合朔。

　　中女乃蒞中之女，非首女，非少女。真蒞中之女為宗女，此女將長女殺戮，模擬自己察日鬱，使其骨殖蒞中。殺長女依己為宗女，掌屠肆。屠肆於事為遠古殺人分食，於邑內謂肆陳理骨而葬。在白家村早期，推測曾存其子遺。屠肆於星座乃天市垣二星。宗人、候等星屬之。被宗女屠肆者總計 7 人，4 人成年，3 人為童。3 童女為 4 成年女之嗣無疑。4 成年女乃宗女外將有宗之女。如此，掌屠肆之宗女加屠肆四女，白家村計有五宗。

　　未來，倘在狄宛遺址續掘不能見女葬闕曆圖，可將白家村早期葬闕 M22 母系五宗視為狄宛母系五宗東遷之證。彼時母宗塙數幾何，將恃揭露機緣尚存。

〔註 67〕2013 年，我主筆禮法、父宗法起源兩文：《周易履卦禮法系統考源——「虎」的星象數術說新論》，《西安交通大學學報》（社科版），2014 年第 6 期；《從「觀厥」「鼇降」卦變大義看堯邦父宗法的傳播——堯典父宗法之周易新解》，《西安交通大學學報》（社科版），2014 年，第 3 期。彼時我以《易》術算聯考《山海經》曆法局部，察覺中國宗法乃法制本源，其事異乎刑，深遠難勘。滯題迄今，始得題別。

（2）效秋分霚會日月依狄宛 H363 日月弧切為曆暨四季獵狩源考

　　題觸晚期葬闕 M6，發掘者言獸骨坑獸類頷骨、脊椎骨、四肢骨擺放凌亂，無規律。此言不塙。脊椎拆散抑或不拆，俱有曆義，如第一部考證。而白家村前賢用豕下頷骨最顯「六」曆義霚丗。此葬闕述若干月日月合朔事頗含 M208 日鬱記事，證在雙臂尺骨橈骨相向而交。弧角甚眾，其義難辨。倘關聯 H363 日月弧切合會，體義可見。霚顧白家村人食譜恃獵，又檢獸骨闕效扁圓而紫微垣無氐宿狀，識見此曆圖非紫微垣狀。照 H363 冬至合朔正曆，檢知獸骨闕長軸南北霚天河走向。遍納獸骨，謂天苑。其每季轉 90°。此扁圓在春秋，長軸東西向延伸。如此，葬闕 M6 告瓴疇家春季查看全天區；倘問：為何不在南而察？答曰：南合朔謂召喚狄宛第一期由日鬱，乃招害之舉。在北而察南，謂貴南尚陽，非占須女、虛宿、格星（天津）、離珠、瓠瓜諸省者之選也。此外，副圖天苑輪廓為黃道三百六十度圖之源。於白家村遺址文明流變，此圖出自白家村早期曆闕 T102H22，而狄宛、原子頭遺址第一期不乏橢圓口曆闕，此際存親緣。

　　圖釋：弧 c 圓心為 o，在西。弧 c1 圓心為 o1，圓心近足骨。弧 c2，圓心為 o2。弧 c3，圓心為 o3。弧 c4，圓心為 c4。v 為眼眶，視線起點。投向正前，即南偏西。又投向 S 點，準線即 vf。

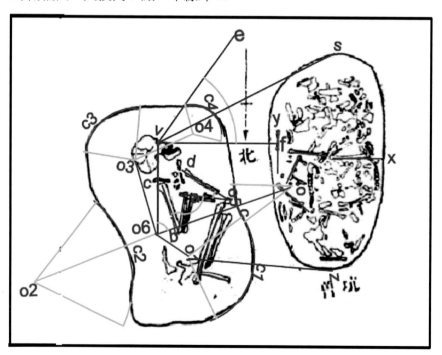

圖二八六　白家村 M6 依狄宛 H363 合朔正曆

　　弧 4 個謂日四所：日在西偏北，日在北偏東，日在東偏南，日在南偏西。每變俱能切弧 c。弧 c 在西與其餘弧向切。此謂合朔。氣弟合朔四所：東南、東北、西偏北、西南、西北。西南合朔時在冬至前。而西北合朔，時屆冬至，如 H363 例。O 所在氐宿。而且，每弧直徑延長線俱能過氐宿，故識見合朔。

　　各弧圓心依 o6、o4 堪連，而日月相切，或初虧見於弧 cc1 相切。x 為西端，聶狄宛黃道 0°，今 180°。S 謂南、N 謂北極。y 線段為南北線，又謂天苑東端，為春分發生之所。角 evf 等於 54°。線段間分此角度為二，各得 27 度。此度數須左右肱骨、尺骨橈骨旋轉 180°修正.由於目視視線隨雙臂轉向 180 度而轉動 180 度。規劃者須效一點，但須顯變率，故見 a 交角、∠do5a 等於 25°，∠abc 等於 29°。二角度數差出自視線差。而且，ab 與 ao5 為邊兩邊相交 90°，平行於緯線。以 o5 為軸，旋轉 90°，係察日軌道軸變遷之身姿。此細節恰是狄宛 M208 左右肱骨尺骨橈骨肆陳特點。

　　舊時，我讀《舜典》「巡守」章，照舊說而不得文義。曾問：為何須在八月巡守華山，何謂「如西禮」，何謂「格於藝祖」。諸疑今得還省，而知東周以降，學貴傳而不疑，及於無故而貴古，「天子失官」僅為一端。

　　今依白家村 M6 曆圖考釋補釋《舜典》章：「歲二月，東巡守，至於岱宗，柴。望秩於山川，肆覲東后。協時月正日……。五月南巡守，至於南嶽，如岱禮。八月西巡守，至於西嶽，如初。十有一月朔巡守，至於北嶽，如西禮。歸，格於藝祖，用特」。孫星衍援《釋訓》云「北方也」，又援《釋山》云：「河北，恒」，以訓〔註68〕。兩文獻竟無義連，豈不可疑！

　　如初者，如朔也。此朔即元朔日全食日之朔也。狄宛元朔日在秋分節令。秋分在八月。十一月冬至日，察天河，依天河方向而如白家村 M6，祭祀用理骨。如西禮者，依狄宛乙教者理骨為合朔曆圖也。

　　依白家村 M6 曆闕與獸苑闕所係與曆圖義體，知陶寺遺址係舜虛，而非堯虛。此遺址在河東。此河東係新北陸，此北陸傍河，河南北流向，此流向兆夏季。而夏季之夏為朝代名，基於夏季名。而此名之兆在黃河河津——孟津段。河東陶寺為天津占承襲一事明矣。

　　（3）由教乙教續傳於白家村暨西水坡 M45 葬闕南半天丸曆象源附考

　　自狄宛 H3115、H398 施曳赤白膏汁於瓦片施教，乙教由教流傳稀薄。早

〔註68〕孫星衍撰，陳抗等點校：《尚書今古文注疏》，中華書局，1986 年，第 49 頁。

期遺址不見由教瓦畫之跡。白家村 M22 不得視為由教曆闕，宜視為敗瓲曆闕，合狄宛第一期宗女占須女宿舊事。乙教嗣承於白家村，此無可疑，今再饋二證。

首證即白家村晚期瓦器嗣承狄宛、西山坪內壁作畫。《白家村》圖七一，8，器樣 I 採：1。自器底圓心畫同心圓，近同圓周彩繪別三所。間隔近 120°。似拉丁字母 F，但上短劃出頭彩繪，係東方西咸星模樣，歲初宿之一。近旁，狀似蝙蝠狀，推測此星是北方危宿造父。另一相去較遠彩繪，推測是西方七宿觜宿屬星座旗。

造父宿後傳於北首嶺。證在小底雙耳罐，器樣 77M17：（1），壁外面有似 W 狀冥畫，此畫於數為 21，模樣似危宿造父星狀。此葬闕也係陽曆夏季 7 月 22 日日食輪返圖，詳後咎男子以質夏季日食由氣弟，即寶雞北首嶺葬闕 77M17 曆圖。

似拉丁文大寫字母 E 彩繪之源，尚未考得。推測此狀係狄宛乙教畫 H3115：11 屬畫 H3114：1 拉直橫橫三畫，縱向一畫所致。曾考 H3115：1 赤膏汁施曳值合畫謂 54 個月（《祖述之一》，上冊，第 104 頁～第 105 頁）。此二者變形後向東北傳承。屬係磁山文明之下潘汪遺址瓦器彩繪有狄宛乙教子遺。盆器樣 H99：3 彩繪有 E 狀圖，前圖十八，上行，4。乙教畫證在下潘汪遺址瓦盂，器樣 T50④a：262，圖十九，上行，2。而此圖後圖樣合朔值合圖左為日升狀，右為日降狀。而「乙」反向而變為 S 狀，乙（氣程率圖）存於狄宛第一期器樣 H3115：11。

依考得狄宛文明傳承次弟，東向白家村或更遠但在渭水畔遺跡屬狄宛第一期文明嗣承。磁山文明非純磁山文明，有狄宛文明子遺。此系列第二部曾依此理路考釋其營窟曆義有果。北首嶺、半坡早期、姜寨早期俱係狄宛系文明子遺。人骨差異不能抹滅文明類同。此蓋骨相不高風相之類。

題涉白家村 M22 北天圓狀，此狀於此葬闕涖官者宜謂在北。北天可謂天丸。涖官者此時非外涖、非內涖，故在不設擬俯身察天球內景物，倘俯身察天球景物，狀宜似半坡遺址瓦盆內曆圖。涖官者也不設擬遠去天丸外涖，譬如在天丸正北。此處涖官即涖中。雖如此，此葬闕曆圖為夏季日鬱圖之知識向東北傳播，致濮陽西水坡 M45 與葬闕營造含南天丸，但狀似白家村 M22 北天丸。M45 與葬闕之主葬闕納男骨顱頂背南半天丸。舊時，天文考古陳久金、伊世同等先生俱未檢見 M45 葬闕半天球起源。今附考白家村 M22 北半天丸為濮陽西水坡 M45 南半天丸之源。天丸念本橫截瓠，器瓦碗事，前已考釋。

舊說西水坡 M45 脛骨加三角狀蚌殼堆狀摹察北斗七星。此說甚難堪證。營造史上，北天丸之源在狄宛曆闕 H3107、H3115、H10 等。葬闕用弧，不用角，其事本狄宛 M208、白家村 M22。依時代論，白家村 M22 去西水坡 M45 最近，納數人骨殖而為與葬闕似西水坡 M45，又檢似 M45 圖之具半天丸圖葬闕僅臨潼白家村 M22。馮時、伊世同等釋讀西水坡 M45 天文義途徑與心得不宜採納。

（二）北首嶺日鬱曆志與屠肆及造父星占與宗親源跡

1. 北首嶺日鬱曆志與屠肆及造父星占

1）自狄宛東徙瓬疇女過境北首嶺營居曆為

（1）納女骨葬闕饋證瓬疇女一部過境北首嶺

題涉臨潼白家村遺址、狄宛遺址文明史關係，拙著第一部、第二部曾否認考古界區域或區系文化說，否定白家村文明為自在文明。第一部曆闕考證時，將白家村曆闕並於狄宛曆闕考證。

狄宛第一期無一葬闕納女骨。狄宛周遭遺存，譬如師趙村遺址第一期迄第三期遺存無葬闕。西山坪遺址狄宛第一期遺存無葬闕，師趙村第一期遺存僅 H11、H14 能證西山坪此時段發生日偏食（前註第 57；第 16 頁～第 49 頁；第 239 頁，圖 185）。關桃園遺址約當狄宛期前段未見女骨葬闕，末段揭露成人葬闕 2 座。M23 納男骨，M26 納男骨（前註第 70，第 19 頁～第 87 頁）。原子頭遺址無狄宛第一期葬闕。

諸遺跡無狄宛第一期納女骨葬闕，使人嫌疑，邑首宗女占須女宿，此人不免死亡，其骨殖何歸，何在？自關桃園遺址向東，在北首嶺遺址早期地層，發掘者於 1977 年揭露葬闕若干，早期地層納葬闕唯 7 座（前註第 26，第 114 頁）。葬闕 77M10 屬早期葬闕，此葬闕西與葬闕，納五組骨殖，甲乙丙三組係女骨。屬甲骨殖瓦「三足鼎」納顏料，器近左足骨。屬骨殖乙瓦「三足鼎」納顏料，與骨殖甲「三足鼎」在同高程線上。同葬闕丁、戊組骨殖屬男，但器不納顏料（前註第 26，第 90 頁～第 91 頁）。發掘者言甲骨殖組三足鼎即 77M10 甲：（1），77M10 乙：（3），（前註第 26，圖七八，2，7）。前者狀似鼓腹罐加三足，後者似直腹罐加三足。前者肖狄宛第一期卵罐，後者肖粗口筒。理骨直擺不異於狄宛第一期葬闕 M15、M208。

（2）M274 瓬疇女夜察西方北方日宿

葬闕納顱骨且以梨狀孔、眼眶向上之狀可視為察星象之證，也可視為察天象之證。其佐證星象查看之力來自圖考推論，而初證力不足。倘見梨狀孔及軀

幹俯地，則獲察星象佐證力。故在晝見日，夜察星。而晝夜間黃道自向陽轉向陰，自睹日照而轉向睹星耀。此佐證力係初證力，非勘審而得證據佐證力。

北首嶺遺址揭露葬闕 367 座，「俯身葬」14 座。其一人骨殖俯臥伸直，面向下或向兩側，兩手垂直於骨盆兩側。骨架缺骨部位罕見。葬闕 M275 缺左右脛骨。M274 缺右尺骨、橈骨（前註第 26，第 78 頁～第 79 頁）。

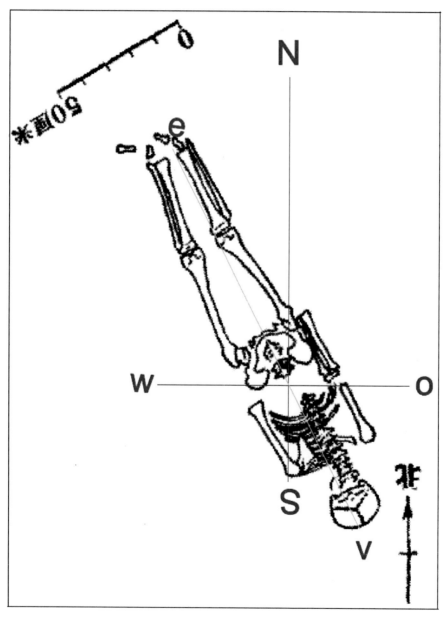

圖二八七　北首嶺 M274 瓴疇女夏至後 27 日察北迄西北星宿

　　依此掘錄附錄四，M274，墓向 152°，0.75 米深程，早、間、晚期別不清，無隨葬物，骨齡 50 歲。以罕見面闕底骨殖，今取此掘錄圖七二，圖勘瓴疇女奉察西方、西北方星宿舊事，暫以此葬闕間告北首嶺早期昔聖曆為。

　　顱骨在東南，於夜則梨狀孔、眼眶朝向西偏北。察北極之西 27°～28° 之所。此所乃西方宿、北方宿交界。而且，以此線段為日昏降之所，則自夏至迄此赤經長軸走向折合夏至後 27 日。骶骨一線，見右向扭轉趨向，此告察宿者並睹西北、北方星宿。較之前考葬闕日鬱曆志，此葬闕納瓴疇女骨殖乃司夜瓴疇女骨殖。

2）早期日鬱曆為跡考

（1）與葬闕 77M10 日鬱曆為考釋

　　北首嶺葬闕 77M10 等饋給信息使人心念豁然：前檢得宗女為邑首，占須女宿斗宿、北斗七星斗柄、虛宿、女宿屬星離珠、瓠瓜、敗瓠等，又施教邑人，乙教由教用瓦片施彩赤白。則宗女邑首掌管顏料。今檢北首嶺葬闕 77M10，見納顏料器隨入葬闕。而葬闕納女骨甲、乙年齡俱在 30～35 之間。此年齡段恰在日鬱輪返之年數，陽曆 36 年許。骨殖乙組一根肱骨橫腰理置，恰似狄宛第一期 M15 左尺骨橈骨狀。此骨殖組圜底盂、圜底碗方向顯圓物相切狀。而三足罐納顏料。其三足向南，口向北，即骨殖梨狀孔一線。骨殖乙顱骨右上方即西邊有櫨螺，狀似蚌殼，兆合朔。此組骨殖不見脛骨、腓骨，頗似狄宛第一期葬闕 M15、M208 男骨去足骨部。另一證據即北首嶺遺址圜底瓦器 M186：1 不獨有寬冥帶，而且底部有四個兩兩相對之 ⩘ 勒刻（前註第 26，圖七九，14）。此勒刻係西山坪心宿（器樣 T18④：35）赤繪之更志。舊以赤膏汁，今以勒刻。四所心宿謂四季心宿之所。察心宿乃狄宛第一期舊事，嗣承於北首嶺人。

　　與葬闕 77M10 原圖即《北首嶺》圖七五。旋轉原圖校準平面協所系。圖顯瓦器等以骨殖組別如舊，去「鼎」用碗：甲：1.三足碗；2.瓦碗；3.瓦碗（覆於前器）。乙：櫨螺；2.碗；3.三足碗；4.瓦碗。丙：1.三足碗；2.牙器；3.三足碗；4 瓦碗；5.瓦碗；6.瓦罐；7.櫨螺；8.瓦碗（覆於器 5）。丁：1.瓦碗；2.三足碗；3.瓦碗；4.瓦碗。戊：1.櫨螺；2.瓦碗；3.骨鏃；4.碎瓦片；5.三足碗。右平移下置子午線，便於繪圖。畫平面協所系 x 軸、y 軸。

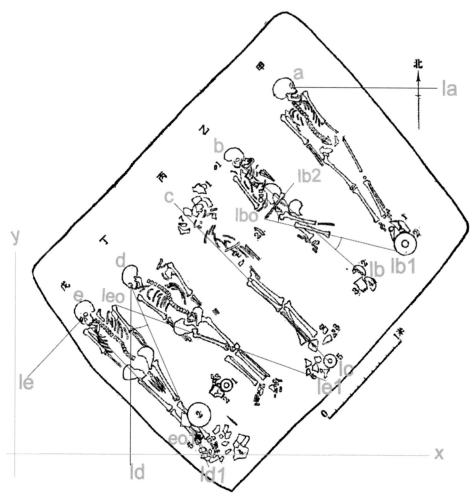

圖二八八　北首嶺葬闕 77M10 與察西南方日鬱

　　三向程（3D）圖旋轉顯示，此圖起點在 ld1。自正南畫線向北，線段過 b 顱骨上。自西、自北、自東查看，圖上諸物互遮蔽。故此判定營築者彼時用南向北視角規劃。先定 ld1 點，再定線段 clc，此線段西當日昏中線，此番日食無疑係夏季日食，在北首嶺為日偏食。

　　le 為初虧後蒞中者 e 直視視角，理骨者不能使其顱骨梨狀孔向足下，否則重複乙骨殖組。謀免誤會，在其骶骨下擱置骨鏃，取譬偏食光直射入目。故 eeo1 線段告日初虧。食分約等於線段 blb 與 lb1lbo 交角等於 28°。點 lb1 謂生光，點 lb1 為復明。blb 交 x 軸角度。41°，eeo1 線段交 x 軸 45°。此二參數含誤差，其間值等於 43°。

線段 le 與 eo1 交角 90°告此番日鬱目視在正南方之東，但近薀中者頭頂，時在夏至後而不及秋分，依 clc 能定日鬱發生於秋分前日數，此線為日鬱發生當日昏中線，此線段交 x 軸 45°，謂璇璣歲秋分 45 日前發生日鬱，發生日在 8 月 7 日許。倘依骨殖 a 雙肩畫線，此線交縱軸 y 約 44°。此所係晨日處之所。此參數去前算得參數相去甚小。對照 NASA 日鬱（食）表，推測此番日食或係蒙古高原遊獵者在北方閱曆日食後圖志。此考塙證，狄宛占須女宗首率邑人一部東遷，沿途有後嗣留居。狄宛、蒙古種係混雜狀可被瓦人面器樣 T3：3：（5）旁證。另外，此葬闕含古婚媾信息，乃《儀禮‧士昏禮》源頭之一。此題涉事甚廣，暫不遍考。

（2）葬闕 77M9 瓴疇女仄瓦罐放寫由日鬱

題開由日鬱即狄宛第一期葬闕 H208 圖志日鬱，及白家村 M22 述其輪返。葬闕 77M9 係北首嶺遺址早期葬闕之一。發掘者述此葬闕曰：長方豎穴，口小於底。壁略垂直。長程 2.56、寬程 0.96、深程 0.52m。墓向 303°。骨架完好，仰臥伸直，面向上，雙手置臀側。骨長 1.64，骨鑒定屬女。40～45 歲。隨葬瓦罐 2 件，瓦碗 2 件，瓦缽 3 件，在頭左側太陽穴附近有樞螺 3 枚。填土納白玉石質石丸 1 枚，面有凹窩。女葬闕 77M9 納器：1. 瓦罐；2. 瓦碗；3. 瓦碗；4. 瓦罐；5. 瓦碗；6.～8. 樞螺；9. 石丸；10. 瓦碗（第 3 瓦盂下）；11. 瓦碗（第 4 瓦罐下）。發掘者棄述一揭露信息：骨殖左眼眶納貝殼或樞螺 1 枚。此殊不足取。

圖顯 77M9 腰椎以上骨殖直陳，而脛骨向左，即東偏北偏轉。畫垂線過右脛骨、股骨接荏，再化梨狀孔延伸線，擬骨殖生姿雙膝平行於地表。薀中地心在 tc 點，謂北回歸線走向。基於此差異得知，薀中者面向東南察日。而不逕受「有景」。景走向在瓦罐 1 底、口中線延伸線上。在 e 線段上，自東偏南遮蔽日光。左目視見環食，為東去環食，故以貝殼或樞螺入眼眶象之。擬生者目視此方向，瓦罐底向天空，口向人目，其狀為景日狀。梨狀孔線段交垂線 67°，恰是夏至日照線，又即日射北回歸線度數。西南向圓弧赤色謂日月相切之所，即初虧。r，半徑。c 圓弧，月球將切日之所。2、3、4、5，圜底器、平底器告旋、止，月日相向而旋，見景且止。樞螺告合朔，曆算起於朔日。線段 e 交線段 tc 以 36°。依此參數，知此番日食發生日在夏至後 36 日，約當 7 月 28 日。依 NASA 網頁饋給數據，晚近，saro09167 日食輪返於 1851

年 7 月 28 日，偏食發生於北緯 68°，西經 20°〔註69〕。《中國歷史日食典》日
食表記近似日食發生曰：BC2281 年 7 月 27 全食，BC1109 年 7 月 29 日，日
環食，兩番日食俱可見於西安〔註70〕。

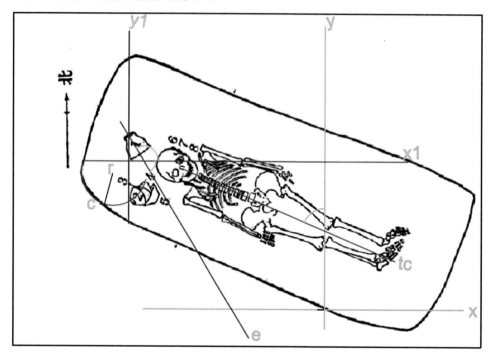

圖二八九　北首嶺 77M9 女司佚日鬱圖志

　　左目觚螺述日環鬱、合朔。觚螺、貝功用等同：77M9 左眼眶納觚螺，而
77M14 左眼眶納貝（前註第 26：圖六六、圖六四之 1）。後者乃察日鬱用貝之
源，蚌、貝通用初起。合朔用蚌殼以及用貝、觚螺，俱承狄宛第一期以鑽孔蚌
殼 H3115：12 告合朔事。凡見觚螺、蚌殼、瓦環或玉環入顱骨眼眶部，即宜
間推二事：第一，察日鬱正朔。第二，骨殖生時為宗掭。

　　顱骨頂骨盡器須命仄罐。此器腰下側視如兩圓相切狀。此乃月要影日器，
揭前西山坪 M4：1 等月要器考。觚螺來自東部海疆，係山東、蘇北臨海古文
明與北首嶺文明往來之證。

〔註69〕https://eclipse.gsfc.nasa.gov/SEcat5/SE1801-1900.html. Catalog of Solar Eclipses:
　　　　1801 to 1900.
〔註70〕劉次沅、馬莉萍：《中國歷史日食典》，世界圖書出版公司，2005 年，第 45 頁
　　　　～第 59 頁。

3）由日鬱敗氣弟致宗女畫記

（1）間期葬闕 77M17 瓬疇男崇罐察由日鬱圖考

葬闕 77M17，長方豎穴，口微斂。長程 2.6、寬程 0.66、深程 0.95m。壙西壁有一條長程 0.7、寬程 0.12m 板灰痕。骨架仰臥伸直。脊椎、下半骨骼完整，無頭骨。胸部肋骨、上肢骨僅存殘骨。鑒定骨屬男。頭部位置側放一個畫黑彩「符號」的尖底瓦器。其下有皮毛灰痕。其下又有木板灰痕。珍重之意十分明顯。看來用於代替頭顱。器東側有硃紅顏料。左臂殘存指骨，近置野豬牙。膝部下隨葬品罐 3 件，缽 2 件，壺 1 件，瓶 1 件，石研磨盤 2 件、磨石 2 件，膝部罐下有整排骨鏃，另一瓦罐納魚骨。圖示器：1.尖底罐。2.成束骨鏃。3.罐。4.研磨盤。5.、6.磨石。7.、8.瓦盂。9.壺。10.罐。11.瓶。12.野豬牙。13.罐（為罐 10 納）。

於此葬闕揭露赤色顏料，使人深思：赤色膏汁初用於狄宛第一期，狄宛第一期葬闕未見赤顏料。彼時，赤白顏料掌管者係邑首女。依前考，北首嶺遺址早期文明嗣承狄宛第一期文明，推測 77M17 骨主頂戴左側赤色顏料告此骨殖生身與掌管赤染宗女所際緻密。圖見野豬牙狀似初八月狀，乃合朔曆夜有成之證。今繪葬闕曆圖如後。題涉圖名，詳後日食取譬日鬱考。

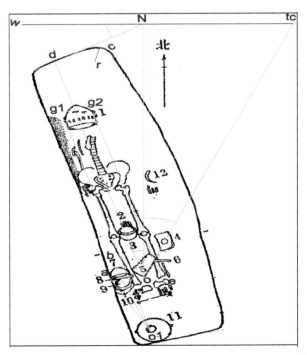

圖二九〇　北首嶺 77M17 瓬疇男佚日鬱暨由日鬱輪返

　　畫東北弧 c，半徑 r。日自正北下降。少遠去。故球半徑變小。故見弧 r。以磨石 5 不及兩脛骨之角為菭中者圖示地心 o。以瓶 11 口為 o1。自 o1 畫直線達頂戴罐西側耳，過右脛骨股骨，為 g1。再自 o 畫直線過罐底，達 d。自左足骨 e 沿脛骨、股骨畫直線 g2。此三線段平行。自 o 沿磨石 5 邊線畫直線，過左脛骨，及 tc 點。自 o 畫直線及 N。以 N 為子午線北端，自 tc 畫直線，過 N 及 w。自葬闕西北邊畫線及 N，得線段 dN。再自 o1 畫線段及圜底盂球狀側切葬闕邊切點，得線段 o1a。再自 o1 畫線及圜底盂 7，為 b。

　　圖釋：∠wNd 等於 30°。∠tcoN 等於 23°。∠Nod 等於 17°。∠g1o1b 等於 5°。∠bo1a 等於 7°。

　　N 點本是日夏至之所。夏至日近人，晝直射。其對應線段是 tco，角 tcoN 等於 23°，此線即北回歸線，夏至日晨出之所。日在 N 點下滑，遠去而降低，弧 c 告日已離夏至點。dN 線段與 Nw 交角 30°，此度數差等於察記天象發生日差，即夏至後 30 日，發生某天象，此天象即日食。依狄宛 M208 由日鬱圖志考校，此番日鬱即狄宛由日鬱輪返。此言證在菭中者目視日影射線猶骨鏃入目，器 3、2 驟寫記此狀。

　　檢∠Nod 為 17°，此度數謂目視日鬱發生於正南之東 17°。此度數 g1o1 交子午線度數，固在 g1o1 線段平行於 do 線段。後見日鬱向右偏轉而去。度數等於 g1o1 與 bo1 交角，為 5°。續之，向東行，轉動度數為 7°。罐 77M17：
（1）有雙耳，耳狀似環。環乃日環食摹記。故此器乃北首嶺由日食為環食之證。

　　此葬闕東邊呈弧狀，但不成圓周截弧。此狀來自彼時宗女星占之天市垣左垣反置，此斷出自葬闕納宥坐罐 77M17：（1）近銳短有冥畫三幅，其二上部為「一」狀。此乃屠肆星之狀。詳後屠肆星占訓。

　　在此，由日鬱自狄宛第一期初察，迄白家村早期 M22 宗女率察，降及北首嶺早期葬闕 77M9 別由日鬱之察，間期葬闕 77M17 見狄宛、白家村由日鬱，計 3 番。由日鬱二等被宗女記憶。由日食堪用於關中星曆文明斷代。澄澱清理諸疑，係狄宛第二期瓶疇圖體識之基。此外，77M17 葬闕西側木板灰初義是「科上槁」。發掘者見木灰，初為木。此「木」宜依《說卦》命「科上槁」，述《離》，詳後狄宛瓦匏 QDO：19「咸羅日環鬱肜日圖」考。

　　（2）葬闕納罐面外菭冥畫記義疑

　　葬闕 77M17 納罐 1 外壁面三所別見冥圖，散佈於器棘突與底之際。自遺

址 77 年發掘迄今，未見三圖體釋。不獨「刻符」研究者王志俊先生未檢此圖，字源時代檢討者王暉先生未檢此圖〔註 71〕。此器畫記致疑深遠，此疑深切中國字史、教命史生成，宜行體訓。後圖來自《北首嶺》圖版四五，1。原圖以器口向上，非似葬闕 77M17 狀。此舉悖反葬闕器用。而更改器置器向，不便考釋。今轉平角，使覈揭露者初見器狀。

圖二九一　北首嶺 77M17：（1）菱星半截罐附日環鬱影與星占圖

　　此器被考古界命為「尖底罐」，出自猝命，故難搞實。查此器可依前考命「宥坐」罐。行前考之際，我尚未檢得黿戲王事體證。以此器高程不大，不用「宥坐器」名之，代以菱星器。由此命 77M17：（1）曰「菱星半截罐」。冥畫記謂器棘突以上，似銳底以下用黑膏汁畫作三樣。棘突告日鬱影日非盡冥，見散射，與器雙耳兆此番日鬱輪返為日環鬱。「宥坐」之「宥」通「有」，來自後世命名，宥坐器較長。而此器非如此，甚短。此處不再承取。題涉菱星罐或菱星半截罐，事本黿戲王事察見夏至日鬱菱星圖，詳後西水坡 M45 體釋。

　　4）造父星占圖志與「昏罩」跡考

　　（1）造父星冥圖出自日鬱合朔正曆暨昏罩考

　　菱星半截罐 77M7：（1）面具圖計三幅。義須各異。今依器陳方向，拓錄三圖如後，以為體訓之基。圖名來自後考。

〔註 71〕王暉：《中國文字起源時代研究》，《陝西師範大學學報（哲學社會科學版）》2011 年第 3 期。

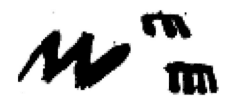

圖二九二　北首嶺罐 77M17：（1）造父（胥）星與屠肆畫

細察此三圖，見左右散佈，而左圖甚大，右二圖上下排列。三幅相近而不連。而且，右側上下二圖相似，俱係橫畫下有縱向平行短畫。上畫冥橫下見三短冥畫。下畫冥短下見四短畫。右側上圖別圖見於圖版三九，3，器樣 T155：2：（4）器表面。而此器下部狀即考古界言「折腹」狀。其源是月芟日交食狀，狄宛系器藝源在西山坪 M4。

檢左畫本係值合畫，以此畫為弟數，即夜弟數，每全折等於六，見三件，乘積等於 18，加六之半，等於 21。此日數即前考北首嶺遺址瓬疇家察由日食輪返於此地當月日數 21 日。又依前考，此番日鬱（食）即狄宛第一期由日食輪返，輪返日是當年 7 月 22 日。兩數誤差 1 日（夜）。此誤差來自起算點參差。如此可斷，左畫韻讀涉由，韻烏。

再察此畫模樣，聯繫狄宛宗女既占須女、虛宿、格星、瓠瓜、敗瓜諸星，得判定此畫乃「危宿」屬星造父。依《中國天文學史》（上），造父五星，在天鉤星南，河中（第 241 頁～第 242 頁）。此造父星圖非孤圖。其源是白家村圜底碗 II：採 1 之內面棕紅色圖之一。俯視碗底，並察內菡畫，見畫記如後：

圖二九三　臨潼白家村造父星圖

發掘者以為此圖狀似 M（前註第 49，第 89 頁），此說非是，此畫記係造父星圖，兆瓬疇女占造父星無疑。此造父星圖早於北首嶺 77M17 菱星半截罐左邊造父星圖，而且色狀俱異。前者色冥，此處乃後者色赤。色冥出自日鬱，色赤出自瓬疇女嗣傳節令輪返，其本在邑女與知寒暑可期，如經血。日色之赤乃派生義。

　　77M17：（1）饋證，狄宛昏時佚鬱古俗。頭戴敞口編織器、瓦器指俗久傳。域外人照相存證，大陸福建於西元1911年嫁女上轎、出轎、拜堂、入洞房之際，頭戴「昏罩」。「昏罩」即麻棉蓋頭，取菱星狀。此二俗傳承別新舊、宗女與寄宗。舊宗即媧宗，寄宗即皞宗。今人凡言「婚配」，轉指媒妁、長輩、兄長命歸，此乃舊名更指，而非昔義。檢《掩扇‧卻扇‧蓋頭──婚儀民俗文化研究之二》（《民俗研究》2001年第4期）說蓋頭之源非是。陝西乾州舊俗娶妻以日昏時，與證狄宛媧宗昏刻佚鬱舊事。

　　（2）造父星占本合朔跡考

　　《開元占經》卷六十九，錄《甘氏中官占五‧造父星占十八》援《甘氏》曰：「造父五星，在傳舍南河中」。又援《黃帝占》曰：「造父星移處，兵起。車騎滿野，馬貴〔註72〕」。

　　此文獻宜加甄別：今見「造父」名，深涉西周星名史。造父曾為穆王馭，自崑崙山某所東行。倘依此造父生年為證，造父星名遲於造父亡年。倘承用此推，抹煞西周前星官功業。察北首嶺77M17為由日鬱圖志，由日鬱圖隱藏南北方星占舊事，又承襲狄宛M208由日鬱圖志。此日鬱非孤見日鬱，而係輪返日鬱。聯彼時宗女為邑首，她們能以韻名畫。她們掌法度，故能用「父」韻，而不必用此畫記。間推彼時，由、父、胥、毋，韻同而隨事命指。北首嶺此番日鬱輪返即狄宛由日食輪返。隸定字「父」甲骨文含法度義。「造」謂詣，二字合謂「使法度詣」，係瓶疇家命指，凸顯度訓。而度數於初《易》為馬。

　　《黃帝占》言「移處」謂察造父星所變動。此星所變之言，察無確證。此文獻言「兵起」則告以器殺人，而且有殊旨。北首嶺77M17男骨殖缺骨頭不少，顱骨等喪逸，此皆肆陳。但未必係後世軍事用兵之果。題涉「兵」源乃至「甲兵」，將於蚩尤絕轡題下細檢。

　　理清此細部，即知《黃帝占》言「兵起」指兵兆宗人用刃器。言「馬」即言「氣弟數」，非謂後世生物學之馬，馬王堆帛書《易傳》「馬」字文本參差，即一義謂數。括前考，菱星半截罐77M17：（1）左圖係「造父」星圖。顧此圖告狄宛M208圖示由日鬱輪返，故可讀「由」，如狄宛第二期瓦圖之由圖。彼時，無「父」字，但承用尺長木棒。而隸定字「父」縱向當「｜」，謂「七」。弧線部兆上弦月。此狀瓦圖多見。依諸考可斷定，狄宛第二期已有「父」念。

〔註72〕瞿曇悉達：《開元占經》（下），中央編譯出版社，2006年，第498頁。

今「父」字屬遺傳學與法律、人倫名，彼時不必為人倫名，但必係法度名。「馬貴」之論出自貨值說，乃軍事資源籌集途徑支脈。

今考彼時女宗嗣承白家村宗女占造父星，星圖志存於北首嶺器面。此圖附證北首嶺古時亦行女宗法，北首嶺遺址瓦瓠器用似狄宛第二期。狄宛第二期有瓦瓠 QDO：19，北首嶺遺址有器樣 M168：（2）（前註第 26，圖版四八，4）。此器面無日鬱肜日圖，口無塑人頭狀。器身幾乎不異於狄宛 QDO：19。此外，北方危宿屬星造父占出自合朔正曆，此占乃狄宛第一期 H363 告須女、天津、瓠瓜、敗瓜、離珠等星占之嗣承。總之，調曆或正曆推助星占。間推「兵動」說出自赤帝末期，蚩尤被殺之後。

5）宗女增占屠肆為天市垣之基考

（1）日鬱肆理骨殖致占屠肆星

檢冥畫ⅢⅠ、ⅢⅢ義涉前考葬闕 77M17 由日食曆圖，而此器被此葬闕男骨頂戴。此葬闕男骨係前著考證之理後存骨。存骨為曆圖，出自瓬疇家造設。理骨而陳列，此即肆。《繫辭下》記孔子言，《易》「其事肆而隱」，虞翻言「曲，詘；肆，直」〔註73〕。虞氏說「肆」無據。

《說文解字》：「肆，極陳也。從長隸聲」（第 196 頁）。《甲骨文編》未具此字，《古文字類編》僅俱金文字狀，右部上略存屠肆勒記〔註74〕。檢《古文字詁林》，肆字字源迄今未塙（第 8 冊，第 351 頁～第 353 頁）。此外，「長」、「彌」字源也不清。《續甲骨文編》納「長」字偶見字源ⅢⅠ部，粹 1155 作 ，上部乃第一冥畫左旋 99°模樣 E。字 1588、751 俱含此部（前註，第 8 冊，第 345 頁）。看來，此字在夏商之際傳承稀薄，存證難辨。

依前檢，肆字字源即 E。而此字本於ⅢⅠ部。依葬闕 77M18 骨殖理陳，知此冥畫口向下謂「肆」。口非向下，其義變。而長字來自此字口左旋。左旋而口向右，取義來自對照口向下。檢北首嶺葬闕 77M17 理陳骨殖用器口向南，得冥畫「ⅢⅠ」狀。如此，口向下謂由日食，即秋分前發生於南方之日食。而口向右者，謂自西察日食發生於東方。前者證在狄宛第一期葬闕 M208 述事。後者證在狄宛葬闕 M15 述事，其輪返被北首嶺遺址葬闕 M248 用器口向東記述，此日食輪返也被狄宛葬闕 M219 記錄。檢葬闕 M248 器口正向東，而非斜向東。如此，長、肆二字俱涉理骨告日食，但含義參差如炬。

〔註73〕李鼎祚：《周易集解》第 4 冊，商務印書館，1936 年，第 385 頁。
〔註74〕高明：《古文字類編》，中華書局，1980 年，第 51 頁。

　　長初有三義，俱連稷類顆粒實否：第一，狄宛元朔日食曾使瓬疇女驚怖，未及夜而冥不見日。此番日全食未致稷類植物歉收。此謂日食致實。第二，此番日食被視為益日食或正日食，此日食被視為助長稷類穀物之日食。由此抽象得「長」義。凡涉此義，字開口必向正東。第三，歲內目睹日食發生日參差。欲次弟日食，即行氣弟之算。氣弟之算來自狄宛第一期氣弟乙教率數。歲內氣弟始於冬至。自此日起算，先見日食為首。算訖秋分日食，其後日食無礙稷類穀物顆粒豐滿，則不須操心。算氣弟須行狄宛乙教氣程率數。

　　如上字義既澄，今可論屠肆星占義。屠肆屬天市垣星座，此星座有二星體。二星橫陳，左右散佈。畫線連二星，得橫線。此橫線即今肆字字源 𦥑 上部橫線。自上橫線引出短豎線三根，告由日食輪返，總計三番。77M17：（1）右圖下冥畫有四垂線。此圖告由日食輪返四番。

　　我曾考釋「乍」（作）字源，為一豎線，側旁有兩平行線，𠂤 考此字謂赤經面變動而給年次（《祖述之一》第 496 頁）。也曾考釋姜寨遺址「市」字致「服」事，並依黃經度變釋半坡遺址「𠂤」義多樣（《祖述之二》，第 326 頁～第 328 頁）。舊說維持不變，今宜連 𦥑 字訓釋字系。

　　肆字源也係乍字源，倘去 𦥑 字縱向左邊冥線，將此字向右轉動 90°，即得乍字源。倘維持縱向冥畫，靠近橫向短冥線增畫平行線，即得數年赤經面於夏至平行之義。倘以夏為物盛，則此字義從𠂤訓釋。於此，由日鬱害稷成弧之念傳承，又兼遊春佚鬱致子嗣多產，此部得「靈」義。此時代屬後黿戲氏時代，夏季日食敗壞穀物之念被削弱。半坡遺址、姜寨遺址晚期貌似瓬疇圖皆宜從此念轉變而釋。儘管如此，前黿戲時代「肆」告骨殖陳列之義留存。

　　（2）屠肆星占源自日全鬱格羅索日於東北天際

　　前考宗女掌屠肆，此事張揚於屠肆占及天市它星占。《中國天文史》（上）援《隋書·天文志》曰：「帛度東北二星曰屠肆」（第 204 頁）。星占固為一事，但星占於地上圖志必係另一事，而且二事必連。

　　屠肆即殺戮而陳骨殖。屠肆星占一題涉天市垣起源。陳遵媯先生曾言，三垣設立時，似乎太陽東升方向為察星象「標準」。先仰察天頂，北極周圍定為紫微垣，為中宮。向東北角察星，定太微垣。再向其東南察星，此域天空被定名天市垣。陳先生又言，天市垣東西兩藩用名來自戰國段國名。天市垣產生時代晚於二十八宿（第 196 頁）。

　　檢陳先生言察星象「標準」非標非準，乃向度，含距度。我檢屠肆名源

自北首嶺間期，曆圖上「一」畫。狄宛第一期有屠肆之事，前考狄宛第一期諸葬闕曆圖為證。倘問此時有無屠肆星占之畫，我無資料旁證，不敢決此疑。倘檢念頭演變為念志，必恃外物，外物又含色料指物。依此推斷，宜言狄宛第一期屠肆星占之念志為畫遲起。念志為畫者，畫記是也。

儘管如此，北首嶺間期既存屠肆星占之畫今告，天市垣星占甚早，星占志至遲生成於北首嶺晚期之前。自此時代迄後黃帝時代，若干天文學史信息滅失。巫咸、甘德、石申存記不足以補足滅失信息。天市垣信息何以滅失，甚難考究。男宗得勢而舊教難存，此或係一解釋。陳先生猜言天市垣生成時代，出自文字經籍讀限所致，宜補正。

我檢天市垣於星名起源於月芟日致瞬時日光消散，太微垣東南星宿瞬時清白，較之夜察天市垣星宿，豫日豫之宗擗瞬時開悟。西方、北方、東方星宿占來自夜察星宿。唯天市垣星占涉及日豫星占。而察食時日豫者宜面東察月芟日。以元朔日鬱之察為證，日初出在東，稍後日升中天之東，少偏南。俟月芟日為冥，索日者以慣性向東偏北覓日。數日前，或十數日前，日在東偏北出，非向彼所求索不可。如此，得睹天市垣星宿。如此可斷，狄宛昔聖何年秋分時節見元朔日鬱，何年即知天市垣，當時即知屠肆星座。殺人理骨而肆之事當年產生。此係諸夏屠肆理骨之源，也係埋葬史之源。倘拓展此說，即可溯跡賈湖遺存。

題涉天市垣星占與北方星占牽連，《開元占經‧須女占三》援《巫咸》曰：「須女，天府天市斗也」。此條告天市垣屠肆、宗人等星占遲於須女星占。虞夏末期，母宗誘導力減弱，天市垣被星占者關聯於五帝功業：《天市垣占十三》援《巫咸》曰：「天市，五帝之治水官也」。援郗萌曰：「天市者，天子之市也」（第三冊註第 47，第 666 頁）。

（3）天市垣宗星占乃華夏宗志起源暨乙教主教與受教之別

丁山先生曾檢甲骨文史料，以為甲文「示壬示癸」之示字，即氏族之氏，又以為，ㄒ乃示字別體。又以為，示、是、氏三字在古代音同而字通用（第三冊註第 42，第 3 頁～第 4 頁）。我檢此說非是，而且他未能自甲骨文庫擷取氏、宗、族三名參差之證。

我檢丁先生謬混血緣字系、垂向字系。故不能析得示、是、氏三字字源。而六書說之象形，其源甚雜。非文明史考不能得蹤跡。殷商文明較之夏念與夏正，時代相去甚遠。丁先生不能考見底細，不足怪焉。遍檢今日民族志學

者研究，亦無宗、族區別之證，足見丁先生選題高而難。

我以為，族、姓、氏三名皆遲於宗念產生，示字非屬宗、氏、族字系，故在示字不涉血緣，而宗、族、姓、氏皆涉血緣。星占史能饋證給故。《開元占經》援《含文嘉》曰：「王者於族人有次序，則天市正明」（第 667 頁）。「於族人有次序」，謂族人倫次明晰。天市垣被關聯「族人」，故在天市垣有宗人、宗正星。宗正督察族人倫次。但宗、族二字韻異義異，不可等同。倘以宗納族，事源混淆。《舜典》有「族」有「宗」，二者何以別，何以證，歷代經生啞然。

我曾檢得狄宛第二期減筆日全食日消息畫減筆劃等，以 𰀀 字為第一期營窟 F371 等記察赤經交於黃道面之略畫。於文字史，此畫乃最早「示」筆劃，係「天垂象示吉凶」之示（《祖述之一》第 495 頁）。我不改舊說，今增補狄宛第一期以降星占事為說。涉宗字起源，宜先述念產與念志產二事。宗念為念，此念見於己心，此謂念產。以畫摹記宗念，此謂念志產。畫記為念產之證，但非念產。二事時差甚大。既往，文字史檢者不知此題。念產於心動及心形，念志產於摹略用器。前者為內省，不必見於外。後者定能見於外。前者屬內念，後者屬外念。外念者，使心念外於己者也，假途膏汁施曳、勒刻、雕琢、寒凝與熱灼或烙印，皆能傳念志。今所謂文字，皆屬念志之類。一些字屬舜時念志，但非傳世文字。讀者不可不察也。

聯狄宛第二期勒刻、北首嶺間期葬闕 77M17 菱星半截罐屠肆星圖，今可勘審，至遲於狄宛第二期第 I 段，狄宛母宗已有宗人、宗正、候、帝座星占。而宗志產生於此時代。

如前考，天市垣之念產生於狄宛第一期，於日全鬱食甚而索日於太微垣旁即見天市垣。屠肆星座二星占僅係一端。反置天市垣屠肆星旁左垣局部，即見北首嶺葬闕 77M17 東壁弧線走向。屠肆近旁，見宗二星。此二星略呈南北向。向右下，有候星一顆。候星之右上見帝座星一顆。候星左下，見宗人星四顆，宗正星二顆。

宗二星呈短斜線。宗正二星也為斜線，但宗星、宗正二星座相去有間，其斜線不相平行。宗人四星狀似短豎線帶斜鈎。狄宛第二期起出瓦片勒刻 13 件，其勒刻狀多有宗人四星之狀。《發掘報告》表一二，左欄第 4 勒刻器樣 T329③：P8，此勒刻顛覆 180°，可謂夏至日於昏時落點。倘如後圖狀，即係宗人四星志。豎線端為第一星，短斜線端有第四星。

圖二九四　狄宛第二期宗人星圖

宗人星正北有屠肆。如此，狄宛第一其肆理骨殖曆圖皆出自宗首屠肆。另外，宗人星志勘審使答一大疑問：白家村早期葬闕 M22 有五宗，前已考知。女邑首五宗來自何方？今可答曰：此五宗來自狄宛。換言之，徙居白家村之狄宛女宗首後輩已有四宗。

此五宗乃諸夏文明史乙教主教與受教人等：其初是母系文明，母系文明基於母系之治。母系之治乃母宗之治。母宗之治占北為上。父宗之念遲起。母宗占北方為上，男人受南方為下。

宗治之母治下存活若干邑人，邑人依宗而別。宗念產生於狄宛第一期，但宗志勒刻發生於狄宛第一期末。彼時有無宗正與治，我檢而未得佐證，但彼時有宗撟，用骨管者即宗撟。

6）北首嶺日鬱圖志補考

（1）北首嶺 H12 日鬱輪返圖考

北首嶺曆闕有某種三番動土成闕遺跡。此遺跡係三番曆象曆闕。倘將曆闕類別，須別三等：曆日曆闕、曆象曆闕、曆日曆闕與曆象曆闕。

北首嶺遺址曆闕 H12（《北首嶺》，圖版一一，2）模樣如後。此處不為工程度當日曆算，唯述曆象之義。此曆闕記錄三番日偏食輪返。而周旋滿 360°，而後重現舊地時刻如舊，其狀如舊。此曆闕是日偏食天象完滿記錄。

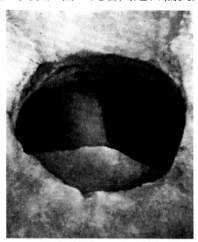

圖二九五　北首嶺曆闕 H12 日鬱三番輪返曆象

　　此曆闕記四番日鬱輪返，滿度 360，右下、其上與最上層圓穴為日環鬱圖、次下為肜日圖，深淺色差印記日鬱圖陽地色淺。第三層、第四層係日鬱月要圖變。倘言同日鬱輪返，即見四番。此曆闕與係同一日鬱輪返滿數圖志。

　　（2）碩丸連如月將掩日圖

　　瓦器亦能告日全食，猶如狄宛葬闕 M15 能告日全食一般。發掘者述：鼎，赤瓦器。II 式。上身兩個相聯小口圓底罐組成。每罐下有二條圓柱長足。素面，腹上部有三個自足之附加小泥丁，器樣 77M4：（7），高程 18、通寬 31.2、厚 0.5cm（前註第 26，第 92 頁）。

圖二九六　效月芟日重碩丸器樣 77M4：（7）及堆記「少」

　　檢三個小泥丁係堆記，似畫記。其散佈呈甲骨文、金文「小」字狀。小者，少也。月芟日謂少陽，少陽謂於數為七。於宗種輩數即謂「少」。又檢此器非日用器，不便盛水、存水。其唯一用途在於傳告邑人日鬱自極俯視狀。此器含外蒞之高空俯察義。非外蒞瓬疇家不能為此器。此器藝與曆義聚合之術傳及後世，其子遺見於山東鄒縣野店遺址，發掘者命「聯鼎」，器樣 M33：10 為證〔註 75〕。

　　河南新鄭大河村遺址某種雙聯瓶（《圖譜》器樣 1703）非屬此類，故在此器有兩耳。此類器藝出自放寫日環食。述瓬疇家曾察兩番日環鬱。此器與甘

〔註 75〕山東省博物館等：《鄒縣野店》，文物出版社，1985 年，第 56 頁，圖三四，1、圖版二五，4。掘理者以為聯鼎，檢系聯碗，故在敞口。

蕭某遺址起出三聯杯〔註76〕類似，差異僅在後者述三番日環鬱。

（3）狄宛元朔日全鬱輪返致晦北首嶺圖志

葬闕 M248（《北首嶺》圖六二），發掘者命此葬闕「甕棺葬」。如前著作考證，倘見器納骨殖，即見間葬闕，但須見骨殖盡在瓦器。而此處僅見上身入器，器底緣不過胸椎。顱骨在深處。對照圖版一九之 3，見左右肱骨間有瓦片一塊。此片瓦來自上身扣瓦器之外套瓦器，但其深程仍不及腰椎，肱骨、腿骨盡直。照片顯示，此片殘瓦有光面，似白色。發掘紀實未述此細節，顯屬未考之象。

我檢此葬闕乃日全鬱葬闕。光面似白瓦片係甕之緣疊器。色近白而且在底甕外緣，此述日珥。倘樹立此二物，而不顧骨殖上部入器，則見日全鬱與日珥之兆。核察人骨殖上部入器底，兆目不能見，猶瓦罩頭。而且，錐影甚濃厚。此番日鬱係日全鬱。其方位如狄宛元朔日全鬱。月自西向東襲日芟日。其時在秋分節令無疑。後圖能顯其在天際走向。原圖子午線位移，比例尺未變。

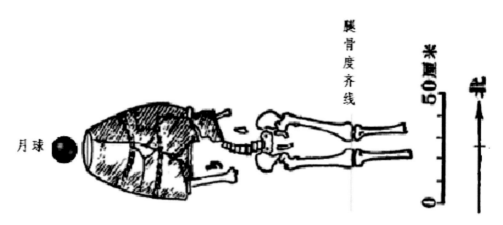

圖二九七　北首嶺 M248 日全鬱致晦

檢此原圖，脛骨以下皆去。猶如身高降低一般。我曾多番思考此狀，認圖及細後勘定，凡見葬闕此狀骨殖，皆謂墓主曾受覆壓。此處覆壓來自錐狀陰影。此圖又證，古人察日全鬱時直立不曲。月丸自西襲日，接觸面似平面，故以小平底器模擬。附繪月丸以加舊義。

〔註76〕郎樹德、賈建威：《彩陶》，敦煌文藝出版社，2004 年，彩版第 25 頁，彩圖48。

2. 宗親源跡暨子產「象天之明」人倫禮說跡考
1）親源暨宗族親黨義十二疑
（1）子產親源「象天之明」舊說義疑

題涉親義，《春秋左傳・昭廿五年》子太叔答晉趙鞅問禮，述聞子產曰：「禮，天之經也，地之義也。民之行也。天地之經，而民實則之。則天之明……」。「為夫婦、外內，以經二物；為父子、兄弟、姑姊、甥舅、昏媾、姻亞，以象天明」。杜預注「則天之明」曰「日月星辰，天之明也」。杜注「夫婦」、「六親」曰：「夫治外，婦治內。各治其物。物，事也。所以經紀內外之二事」。「六親和睦以事嚴父，若眾星之共辰極也。妻父曰昏，重昏曰媾。壻父曰姻。兩壻相謂曰亞〔註77〕」。又具杜注《隱公十一年傳》「唯我鄭國之有請謁焉，如舊昏媾」曰：「婦之夫曰昏。重昏曰媾」（卷1，第29頁）。檢杜預潛以「則天明」視為「象天明」，故隱去不注。杜氏釋「昏」鑒照《爾雅・釋親》「婚姻」「婦之父為昏」條。但不顧妻、婦含義參差。

楊伯峻注「夫婦」、「六親」曰：「外內即夫婦，古人以夫治外，婦治內。二物謂陰陽，亦謂剛柔。經，法也。昏媾即婚姻關係，昏媾為同義詞，古人常連用，如《易・屯》六二爻辭『匪寇，婚媾』」。「姻亞：婿父曰姻，兩壻相謂曰亞（亦作『婭』，今曰連襟）」。又援杜預：「六親和睦」說〔註78〕。楊鑒照杜說「姻亞」，出自《爾雅・釋親》「婚姻」，仍不注「象天明」。楊氏說「昏媾」「同義」詞說無據。

檢宋本《爾雅・釋親》，郭璞無釋。清學人邵晉涵（第三冊註第48，卷5，第1頁）、郝懿行取杜氏「六親」說〔註79〕。如此，「親」無墧指。晚近，趙生群摘杜注、楊伯峻注《隱公十一年傳》，仍不注子產「象天明」說〔註80〕。

杜迺松考「父祖宗親輩分」，始於「考妣」，推測「考」最早指生父。從輩分次弟釋「祖」以「祖先」，認可「且」字甲骨文為男生殖器說，並以田野發掘起出「石且」為證。此說將輩分指源桓限於父系，即有父親即有祖〔註81〕。

〔註77〕姚培謙：《春秋左傳杜注三十卷首一卷》（卷25），《續修四庫全書》第121冊，上海古籍出版社，2002年，第12頁。
〔註78〕楊伯峻：《春秋左傳注》（第4冊），中華書局，1981年，第1458頁。
〔註79〕郝懿行：《釋親》，《爾雅郭注義疏（上之四）》，商務印書館，1936年，第1頁。
〔註80〕趙生群：《春秋左傳新注》（下）陝西人民出版社，2008年，第894頁。
〔註81〕杜迺松：《論西周金文父祖宗親輩分稱謂》，《故宮博物院院刊》2010年第3期。

此說於今有遺傳學片段支持，固不為謬，但又不塙。遺傳學序列乃久遠序列，此序列溯跡始於「身」指上輩男女兩支。但支不為祖。此外，父系致多人將認祖限於人父系之祖，而輕忽母系之祖。於遺傳學，此念仍不盡善。

檢子產說「則天明」、「象天明」乃二事，不得等同。由杜注得知，題涉「夫婦」、「六親」，名源存疑。

（2）《爾雅》宗族親黨義十二疑

《釋親》「宗族」起算於「父」，而不起算於「祖」。此義疑之一。《釋親》不俱宗、族名本，此義疑二。「族父之子相謂為族昆弟，族昆弟之子相謂為親同姓」。「族父」何自來，此義疑三。

「母黨」之屬含「母之昆弟」，但無母之兄。此義疑之四。「母之姊妹為從母，從母之男子為從母昆弟，其女子子為從母姊妹」。從母之男子僅言「從母昆弟」，從母產子何故不得依年齒稱兄，此義疑五。

「妻黨」之屬，「妻之姊妹同出為姨」。「女子謂姊妹之夫為私」。《釋名》曰：「姊妹互相謂夫曰私。言於其夫兄弟之中，此人與己姊妹有恩私也」。郝氏援此釋，又援孫炎云：「私，無正親之言」。「女子、姊妹」，人各不同，《爾雅》說、《釋名》說，何者為本，此義疑六。

「男子謂姊妹之子為出」。郭璞援《春秋公羊傳·襄公五年》何休詁曰：「蓋舅出」〔註82〕。《釋名》「出嫁於異姓而生之也」〔註83〕。倘男子自封舅氏，姊妹產子乃姊與夫、妹與夫合而產。妹之子非己出，己子則為己出。與言「出」。倘言，「出」指姊妹生子，則非謂姊妹出嫁。一義匹兩事，而且人不同，歧義甚顯。經文存此名謂，此義疑七。

「女子同出謂先生為姒，後生為娣」。照《釋名》：「姒，積也。猶曰始出積時多而明也。妹，昧也，猶曰始出，歷時少尚昧也」（第三冊註第83，第45頁）。依《爾雅》、《釋名》二說，父母為匹，倘生姊妹三人。仲女於姊謂妹，於妹言姊。是仲女本無塙名。此義疑八。

「婚姻」之屬，「子之妻為婦」。效此言，父呼子之妻為婦。其子則不自言其妻為婦。此義疑九。

〔註82〕郭璞注：《爾雅》，日本京都大學圖書館藏（陶士立臨字，彭萬程刻），1802 年，第 15 頁。孔廣森：《公羊春秋經傳通義十一卷敘一卷》（襄公第九），《續修四庫全書》第 129 冊，上海古籍出版社，2002 年，第 4 頁。

〔註83〕劉熙：《釋名》，中華書局，1985 年，第 46 頁。

「婦謂夫之父曰舅。稱夫之母曰姑」。郝疏「婚姻」援《釋名》云：「夫之父曰舅。舅，久也。久，老稱也。夫之母曰姑。姑亦故也」。郝氏又援《白虎通》云：「稱夫之父母謂之舅姑何？尊如父而非父者，舅也。親如母而非母者，姑也」。郝氏援《魯語》「古之嫁者，不及舅姑，謂之不幸」。郝氏援許慎訓「威，姑也。從女從戉。漢律曰：『婦告威姑』」。郝氏按，「古讀君如威。威姑即君姑也。《士昏禮》云：『敢奠嘉菜於皇舅某子』，『敢告於皇姑某氏。』鄭注：『皇，君也』。然則君謂之皇，君皇同訓」。姊妹之子曰出，出嫁於異姓而生之也。《儀禮》「舅」、「咎」通用，《國語‧晉語》重耳舅氏名狐偃，韓非《外儲說左上》記咎犯。舅、咎通用。《白虎通》、《釋名》俱不顧此。此義疑十。

「女子子之夫為壻」。郝懿行援《白虎通》釋夫云：「扶也。以道扶接也」。援徐鍇《通論》云：「壻者，胥也。胥，有才智之稱也」。又援《方言》（第三）「東齊之間壻謂之倩」。援郭璞注云：「言可借倩也。今俗呼女壻為卒便是也」。郝氏按：「卒便合聲為倩。倩亦美稱。《廣韻》云：『倩，利也。』」效徐鍇言，胥為本字，倘援《尚書‧無逸》「（周公）聞曰：古之人猶胥訓告，胥保惠，胥教誨。民無或胥譸張為幻」。《說文》訓「胥」為「蟹醢」。此三等文獻不協。此義疑十一。

「壻之父為姻，婦之父為婚」。郝氏援《說文》「姻，壻家也。女之所因，故曰姻」。「婚，婦家也。《禮》娶婦以昏時，婦人陰也，故曰婚」。並援《釋名》曰：「婦之父曰婚，言壻親迎用昏。又恒以昏夜成禮也。壻之父曰姻。姻，因也。女往因媒也」。郝氏從《白虎通》，以為婦人因夫而成，故曰姻因也（《爾雅郭注義疏上之四》第5頁～第7頁）。言婚娶，乃兩家子女事。於夫家為娶。於女家為嫁。但見「婦之父為婚」，不言女為婚。此義疑十二。

前略陳《爾雅》舊說義歧十二，無不致疑經典記華夏人倫之本不清，甲骨文學者漏檢諸題。馮華博士作《爾雅新證》，含《釋親》部〔註84〕。馮氏竟未檢得諸疑。依人倫之源不清，可推華夏文明傳斷不體。晚近，檢黿戲、女媧際遇文獻，俱不能脫此質疑。於世界人倫起源釋疑，譬如英美人何以謂岳母mother in law，舊學毫無啟發。

〔註84〕馮華：《爾雅新證》，首都師範大學博士論文，2006年，第108頁～第111頁。

2)《釋親》十二義疑體釋暨媧祖胥星曆數兆占

（1）《無逸》胥教本胥星占者乙教

《無逸》：「（周公）聞曰：古之人猶胥訓告，胥保惠，胥教誨。民無或胥壽張為幻」。孫星衍依《爾雅·釋詁》「胥，相也」。釋云：「言古人相訓告，相安順，相教誨，民無有誆為詐惑者」（第三冊註第68，第443頁）。臧克和舉段玉裁《古文尚書撰異》言，「民無或胥壽張為幻」句無「胥」字。臧氏又舉郭璞注《釋訓》援《尚書》此句也無「胥」〔註85〕。

檢周公言此「胥訓告」等、「民無或俌（壽）張為幻」有本。胥者，狄宛瓬疇家宗女占胥星。此星近室宿。言地表室宿圖，狄宛第二期F13為證。前考此星於後世名造父。其更名發生於何時，難以清言，我推測在夏、商之際。虞夏之際，乃母宗變向父宗之時。乙教者漸次失勢。譬如，舜後母能指使舜父殺舜，但不掌屠肆，舜得不死。而舜父仍聽妻指使，未嘗違逆，由此見母宗之治子遺。

經文末句：「俌」、「壽」二字俱可用，但宜別二字述事之臨物與外物。倘用俌，為臨物。倘用「壽」，為外物。外物者，遠物也。遠物而論，即今言「抽象」而論。變所謂之俌。更道謂之壽。二者俱含「誆」義。古遊鬱以瓠，瓠為舟。遊則徙。徙則更所。擴大言域謂之張，猶開弓。誤人之教俱以更所、擴大言域為兆。誤人之言，無非俌張為幻。

周公祖古公亶父，古公亶父祖棄。棄母有邰氏。有邰氏傳幾世未知，推此號非一人獨號，乃宗嗣之號。而其生存之所在西土。《詩·大雅·生民》：「履帝武敏歆」之「武」字含虍部。虎發情為周人知曉。倘言壽，從壽字而論，壽字金文構字以三部：上為嘉生狀，猶老字、孝字，其下部源舊未檢得，察下部乃反乙兩側有凵（第三冊註第17，第1405字，第590頁）。三部合謂乙事之令功，致嘉生旺盛。嘉生於人為後輩。生而睹後輩，豈非年齒多？凵乃葬闕納理肆骨殖事。在兩側者，以顧向等為日鬱（食）志也。

（2）宗女為胥掌數以月鬱日殺姊宜弟說第一

日食輪返雙義使宗女忌憚：第一，夜曆法謬算。第二，晝有夜象。前者致宗女瓬疇曆算命八，解決曆法危機。但後者乃天致昏冥。此天象仍是恐懼之源。

前考狄宛宗女遊春佚鬱事在仲春。佚鬱事致宗女能堉言一物之所、一物

〔註85〕臧克和：《尚書文字校詁》，上海教育出版社，1999年，第436頁。

敷它或覆它。如前考述，彼時韻發達而文欠發達。諸命物所之力含取譬之能。無論日食狀變，凡見日食，即睹日鬱，或言日有。

自夜曆法成，狄宛古人安於以夜言時光，不及夜而目睹日鬱，此天象被視為蒼穹某力使月鬱日。能使日月合會之力，乃驚人之力。宗女思考而得去恐懼之途：某力既能使月鬱日，今宜覓得宗人，使掌占月，使用瓦丸，使其以瓦丸遊戲，使邑人與睹其用瓦丸。宗女豫日食而察日食，依記憶形土、屠肆，置某瓦器於足、脛骨或膝蓋近旁，以抬腿足行或以膝蓋彎曲告跬遷之義，祝禱日鬱速往。

宗女占胥星兆掌數，又掌屠肆，掌乙事，號令邑眾。倘宗女以胥星占號令，此宗女為胥。宗女母產數子，男女以別。男不上算而備換鄰邑男子，女則存邑內而別倫次。同母者，同出也，故「女子同出謂先生為姒，後生為娣」。宗女為次女，或為仲女。仲女為嗣子。無日鬱則相安無事。倘有日鬱，宗女殺其姒以祭。祭者，令察也。察月鬱日以女掌月而遊月是也。蒼穹雲團猶如池沼之霧氣。池沼可遊過，蒼穹亦被視為堪過。宗女占月，於邑人為號令月行者。今宗女使姒以天象號令月行，故為葬闕日鬱圖志。葬闕日鬱圖志者，遊日鬱圖志也。貌似、同出之狀堪為宗女替身，遊池沼能及彼岸，在陰則能遊月速使日復明。欲使之在陰察月行、月鬱日、遊月去日，故殺之，此即屠而肆一人骨殖。如此，祭、察、殺、曆日、天象俱聯。

如此，劉熙言「姊，積也。猶日始出積時多而明也。妹，昧也，猶日始出，歷時少尚昧也」不為無稽，以邑人信宗女之力，能使其姊在陰令月遊以去日鬱。又檢姒、始義可通。姒可寫如多狀。其一狀同，金文作 (第三冊註第 17，第 803 頁)。字從凵、舉匕、從女（母）。舉匕謂加刃於。加刃於女或產子之女，形土為葬闕，此即姒。於其後嗣，被殺之女為皇字，證在《后母司康鼎》始字作 (同前註，第 802 頁)。此字乃皇字局部。《英 543》皇字作 〔註86〕。近圓外廓乃日食狀摹，去丨部，存上部「鏃束」之一，直畫向上，即得金文「始」字。大禹族姓姒，推其太祖母乃狄宛媧祖一脈。

如此，仲女塙名初為宗女。倘一母同出二女，則姊被殺，存少女。少女者，宗女也。宗女者，娣也。此娣即太初宜弟說之弟。宜弟者，宜氣程之弟也。以同出女次弟為氣程次弟，取譬而令遊月去日鬱也。如此，圖得仲秋物產豐饒。

〔註86〕劉釗等：《新甲骨文編》，福建人民出版社，2009 年，第 20 頁。

　　《甲骨文編》錄「弟」字三狀，俱涉狄宛系文明舊事：《乙四八四》字作𠂤、《燕一二八》作𠂤、《乙八七二二》作𠂤（前註第 199，第 256 頁）。第一字縱向呈弧狀，底短線走向西北—東南，告日射線，指冬至日出、夏至日落。上見向東南傾斜短線，指下墜，能喻日升北限而降下。縱向弧線喻赤經弧線一截。橫向見一短畫、下見胥星圖，開口向左，喻數十二。如此，得年長數十二個月。第二字源自狄宛瓦片赤畫，器樣 H3115：11，告氣程率數。第三字遲起，系序數字，從己，能告與言人稱，亦係率數畫。上部岔分告夜察日所，以北偏西為極。如此，甲骨文「弟」初非人稱。《甲骨文字詁林》弟字諸說〔註87〕俱不可從。林義光、于省吾等以為，弟字從弋（第 3452 頁）。此係謬說。

　　《金文編》取《沈子它簋》𡥀字、《𣂈鑄》𡥀等（第三冊註第 17，第 386 頁，第 904 字），隸定弟。第三字從乙，以弧線縱穿乙部，下有斜支。前舉二字乃本狀：上有枝杈，義如此字甲骨文，｜乃寒暑之兆，乙謂乙教氣程率數。氣程別前後。冬至迄仲秋前皆為氣程之前。仲秋氣程為正。下部孳乳猶坐姿，起於白家村 M22 宗女姊坐狀。此姊被殺祭，以夏季日鬱事。而下斜支乃脛骨等斜置見於葬闕。倘見字有弧線，乃日軌道局部。前考北首嶺文明早期葬闕 77M9 曆義為旁證。

　　倘言殺祭之源，事在宗首聯繫夏季日鬱致敗嘉穀。宗女由此厭惡夏季日鬱。夏季日鬱在秋分日食之前，此日鬱害氣程之率礙秋分新穀成熟。夏季日鬱害氣程之率可能初被命為「害乙」。「害乙」即後世「害弟」。係「宜弟」說之反。

　　給日鬱編次，後者為弟，前者為首。其時前不過冬至，後不過秋分。宗女惡先於秋分日鬱，喜弟日鬱之念生成。以先於秋分產子譬首日鬱，惡移於此子，故惡首子之俗成。此子為男、為女，無礙宗女殺祭、分食。

　　日鬱以氣程之弟別為二等：由日鬱、弟日鬱。弟日鬱又含正日鬱。此蓋日鬱之類。狄宛第一期 M208、M15 依此而別。如是，嘉穀成敗與日鬱聯繫。自此別伊始，恐懼、憂慮春季、夏季日鬱，又知其不免，為胥宗女逢此等日鬱，咎首子而屠肆，此乃殺首子之源。

　　裘錫圭嘗解《節葬下》「殺首子」舊俗。他以為，華夏昔殺首子之俗宜釋為將頭生子女獻給鬼神，獻第一批收穫於鬼神，旨在平安地保有、食用收穫

〔註87〕于省吾主編：《甲骨文字詁林》，中華書局，1999 年，第 3232 頁～第 3233 頁。

的其他部分，並在來年冀許得到新收穫。獻祭說局部可從，但「獻於鬼神」「宜弟」之釋不能貫坐〔註88〕。今依狄宛第一期星曆乙教之仲秋日鬱，氣弟合宜便嘉生，又參子產「象天明」說終釋。

（3）宗女為胥令邑女佚鬱于男而肆理昏義第二

既知月鬱日，而且此天象輪返，則宜佚月去日鬱。欲效去日鬱之狀，故殺戮而肆理骨殖，布置對象。於宗女無姊妹，或姊妹孕期乃至哺乳期，殺姊妹外女子。被殺者初無由得知宗女殺戮之故，如此宗女姊妹屠肆之替代出現。此等女子或來自同邑，或來自俘虜。此事即宗女胥事之一，證在狄宛第一期白家村文明晚期葬闕 M16，北首嶺文明早期葬闕 77M9。

此葬闕納骨殖可見骨殖作去日鬱狀。使雙退骨併攏，膝部靠近，為「止」狀，又置圓餅於左手掌骨下，作使往狀。其骨殖被被肆理者之顱骨向左偏轉，察梨狀孔延伸線投向左掌骨，延伸於圓瓦餅。圓瓦餅者，效月也。月先撿日，後去日。走向為東偏北。此葬闕長寬深程不詳，無以測算日鬱發生日。推測此番日鬱輪返乃夏季某日食輪返，故在顱骨梨狀孔告視向東北。唯晨東北向日出後日鬱能見食既後月遊向東北。檢此葬闕骨殖肆理狀，圓餅為月狀，晝見日鬱食甚生光之後，月復圓狀。狄宛第一期，宗女司曆法，於宗人即謂掌月日行止。宗女令某人代己，此代事者也是女性。男女之界清朗。由此，推知此葬闕納女骨。此葬闕圖樣如後。

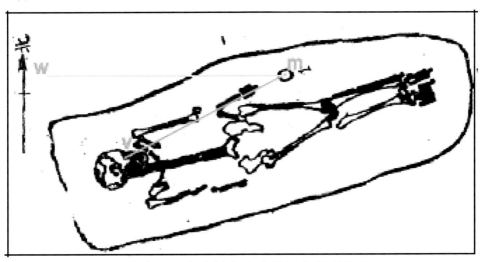

圖二九八　白家村宗女令鬱日之月東北遊

〔註88〕裘錫圭：《殺首子解》，《中國文化》1994 年第 2 期。

顱骨向作偏轉，畫赤直線 vm，為視向。使 v 為視向西南端，m 為東北端。東北端為滿月。此線過掌骨。測此線段在黃道線以北 27°，或曰北偏東 27°。自 m 向西畫線，得 mw 線段，當月自西而東動向。如此，可見去月圖。此番日食乃夏至日日鬱。此番日鬱初虧於日出後不久。我推測 3.5° 許誤差來自為胥者預設，使月在軌道以北 3.5°。貌似月脫軌道。倘不如此訓，即許認讀瓬疇家不諳月所。又或可以為，平面圖測繪者謬繪揭露圖。

推測彼時宗女於不能得俘虜時，用邑女肆理遊月。同邑女之智者疑心此為之義，宗女不能久瞞。遂以佚鬱求歡事相告。於邑女知佚鬱本為男女之事，而且得知將於日鬱輪返將被屠肆。邑女欲先於生時佚鬱，宗女許邑女如己，又如其姊妹，以昏時佚鬱求歡。此乃邑女許昏（婚）之源。此又是祸源。祸者，謨也。謨者，圖謀去日鬱如暮也。此等許昏又是許交，以昏而交也。於文言匱乏時代，單「昏」字足矣。白家村遺址葬闕 M16、北首嶺早期葬闕 77M9 俱屬此類。

佚鬱於何男，不為難題。太初或交於邑內同祖母一男。得知三代內近血緣男女交致畸形，邑內男成年前或被殺死，或遣發鄰邑，換得鄰邑男子。推換男發生於狄宛第一期前，即舊石器末段。狄宛第一期葬闕 M15 男骨無畸形，足證為胥者已知三代內近血緣者不得交。此男骨齡過 50，推測彼時男子性成熟於 17～18 歲。男 50 餘歲為高壽，年齒如此者已致三代。狄宛生殖醫學之近血緣禁交之念或念志出自為胥者，其畫記如何，今無佐證。

（4）為胥宗女令邑女掌間畫佚鬱暨男崇瓦迎日鬱源跡第三

題名全新，出自為胥宗女設計葬闕佚鬱圖變更。間畫謂畫以日鬱別二段。男崇瓦迎日鬱即以瓦器迎月鬱日。

佚鬱圖即《北首嶺》圖六四，此圖含臨葬闕三所：M12、M13、M14，皆北首嶺文明早期葬闕。三葬闕乃鄰葬闕，其表義參差：M12 告日鬱謂間畫，即一畫被間隔。M13 告日未盡隱，故在一貝在上頜骨之下，下頜骨無存而顯此貝。狀似此男張口嘔日，西側隱沒，東側有日光。M14 謂邑女察見日環食，故在一貝入左眼眶狀摹眼球，眼球外有周匝空隙，似前考 77M9 顱骨左眼眶納石丸。左眼眶在顱骨東側。言 M12 告間畫，故在葬闕納二男顱骨，肆理狀摹日鬱，扣合瓦盂 2、罐 5 狀摹月猶在正南覆日。罐 1 乃仄罐，近頭頂左側，似葬闕 77M9 仄罐告半月遊於日外，而後將東遊。自西而東，見日環食、偏食、月去日未盡。

　　依《寶雞北首嶺・附錄四》，早期葬闕 77M12 納男骨殖，來自二男子，其一骨齡大於 50 歲。其二骨齡介於 30 歲～40 歲。77M13 納男骨殖，骨齡 50 歲許。葬闕 77M14 納女骨，骨齡 35 歲上下〔註89〕。77M12 納物：1.瓦罐。2.～4.瓦碗。5.瓦壺。77M13 納物：1.貝；2.～3.瓦碗；4.瓦鼎。77M14 納物：1.貝；2.牙；3.～4.瓦碗；5.～6.三足碗。77M13 納貝位於上頜骨之下。下頜骨不存。

　　細察此鄰葬闕，睹骨殖肆理有序，合乎日食圖志：女骨架在西，月自西來，宗女司月故也。男骨架一具在央，告月鬱日在東。兩男顱骨在東側，告間晝，月乃間晝天體，而日再出。日再出，兩番日出，故算兩日，以日配男，故以兩男顱骨告喻間晝。檢 77M14 骨架，斷左腿脛骨，此謂日蹇。77M13 骨架之兩腿脛骨斷裂，謂日止，日鬱于此。77M12 無骨架，股骨脛骨析開，雙顱骨視向月東遊。股骨、脛骨等肆理以為氐宿圖。

　　細察 77M12，二男顱骨之上有兩節股骨、一骶骨、一髖骨。股骨等肢骨搭菁氐宿狀，一股骨頭在行動線上。行動線即日西行，月東行之投影線。二顱骨位於骶骨之下。氐宿以骶骨象生根。生根者，於天象謂光根，於人倫象產根。於後者，產根即孕婦產道俱在骶骨之所。《天官書》言「氐為天根，主疫」。《史記正義》援《合誠圖》云：「氐為宿宮也」。《史記索隱》援宋均云：「疫，病也。三月榆莢落，故主疾疫也。然此時物雖生，而日宿在奎，行毒氣，故有疫也」（第 1298 頁）。檢司馬遷氐宿說述二事，訓者必別題考釋。天根者，光根也。月蔽日東遊而亡，天復明。月非去氐宿不能生光。天以日照為天，故天根者，光根也。「主疫」者，氐宿名本骶骨。太初之疫乃四六風，嬰兒產四日迄六日被破傷風桿菌感染而夭折。母宗曾抵抗此病菌甚久，於狄宛第一期或稍早成功。證在骨匕 H398：24 乃自割臍刃。

　　骶骨與瓦盂、瓦罐協所，乃崇月東遊之狀。崇月東遊者，祈日西行也。以瓦器在頭頂，象崇月往生光，又像崇生。崇生者，崇祖也。以掌月者為胥、為祖。此念頭或來自邑女佚鬱昏菁，菁後此男心嚮往邑女故鄉。父宗世系或未知，至少此時不入紀。此圖又是男崇瓦瓠、祖瓠念頭之源。《合誠圖》「氐為宿宮也」之宿宮謂孕子之所。宋均說涉四時與疫情牽連，其源不清，非太初疫義。今取原平面圖，補繪線段，顯日食曆圖。

〔註89〕我用電子書第 180 頁骨齡欄不清，對照同頁其餘納女骨骨齡，又依此三葬闕曆義綴聯，推斷 77M14 骨齡 35 歲上下。

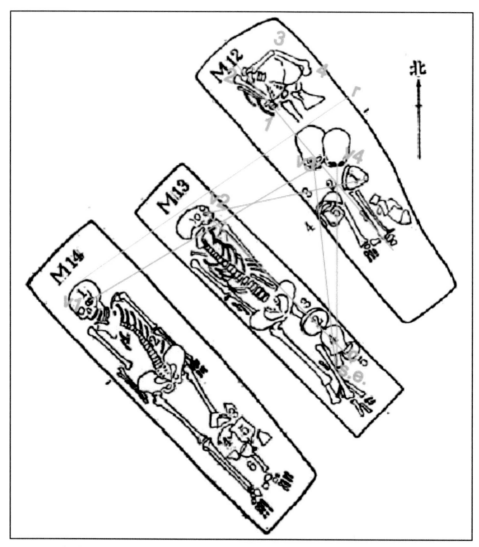

圖二九九　北首嶺鄰葬闕 77M14 等邑女司間晝佚鬱暨瓦器迎日鬱圖

　　葬闕 77M12 又是並肆理圖。二顱骨視向交點乃日月合會之所，日月似合會於正南。顧交點在正南，似值夏至，似在葬闕 77M13，但日月會於 M12 兩顱頂夾縫之上。

　　晝晝日出點延伸線 r，為鄰葬闕斜置顱骨切線。唯東邊顱骨遠去此線。線段 r 告日出線。晝氐宿 4 星。晝黃道線過氐宿 1，伸向 M12 左脛骨及足骨。此線非菏中線。自西側女骨架之顱骨左眼眶貝晝視線 v1，伸向黃道線，此線過葬闕 M13 貝，兩貝告合朔曆夜。再晝 M13 左眼眶視線 v2，伸向 M12 瓦罐底端。晝並肆或「皆」肆顱骨梨狀孔起點線段，為 v3、v4，兩線段會於 s.e. 此

所為日月合會之所。v3 交 v1，告畫察日鬱于南。葬闕 M12 顱骨南見二器扣合不盡狀，束有仄罐，如 77M9。

　　察 v3v4 兩線交以 6°，含誤差 0.5°許。此度數乃日月合會限度。察日出線 r 交子午線以 56°。效此線段，照此鄰葬闕骨殖自東向西降低，此蓋降日食圖，故推算日食發生於夏至後 10 日，約當狄宛文明第一期末某年 7 月 2 日。

　　又察 M14 瓦鼎口向西北，M13 鼎口向南偏東，告黃道度數變遷。線段 v2c 交黃道線以 5°。此告日月合會，投影於地面，故見黃道線過氐宿 1。M13 東南方 s.e.為日月合會之所。三葬闕唯 M13 為長方闕，方角直壁。此葬闕取義在「止」而「正」。止者，日輜行也。正者，得朔日正曆也。此二事融於一字，致後世文字學家難辨甲骨文「正」、「止」（第三冊註第 44，第 2 冊，第 291 頁～第 301 頁）。此字書錄舊說幅長 10 頁，無一說通釋。此外，頻見學人混淆從山部「止」字於從圓圈「止」字。此乃二字，古史家別此二字，前者為歲正朔，後者為紀元正朔。前者不涉革命，後者乃新君改元之正。此別乃父宗興起之曆法佐證，不可混淆。

　　檢此鄰葬闕之 77M12 曆義在於間畫，而屠肆義在「皆」。二顱骨或多顱骨並理而肆謂之皆。證在《方言》第七，「僉、胥，皆也。自山而東五國之郊曰僉，東齊曰胥」。《釋詁》含相似條。盧文弨《重校方言》無注（第 91 頁）。皆字甲骨文上從兩屍，下從日。上下部合謂兩屍並肆而喻日食。唯甲骨文從字下為日環食。此鄰葬闕之 77M14 左眼眶納具能告日環食。胥者，宗女屠肆事也。

　　此鄰葬闕之 77M13、77M14 二骨架性別、骨齡為昏匹之證。生時，兩人年歲差 10 歲許。此年歲差或許是《禮記·內則》「男三十有室」「女二十而嫁」之源。唯狄宛第一期末無嫁娶說，唯為胥者令女、男昏（菁）以豫日食事。

　　依今存發掘紀實，間畫用二男骨殖事本於狄宛系文明第一期末之白家村文明葬闕 M21。現代溝道截斷此葬闕，但無礙求得間畫參數（前註第 49，第 45 頁，圖三六之 1），殘存兩顱骨等。葬闕深程未知，也未起出其他隨葬物。此葬闕為與葬闕，納二少年顱骨等。葬闕南部骨殖骨齡不大於 8 歲，北骨殖骨齡不大於 4 歲。今命南顱骨以 A、北顱骨以 B。畫緯線當黃道線 ow，又為地赤道。畫顱骨 A 視點 v1，投向 c，與赤道交角 23°。畫顱骨 B 視點 v2，投向 d，與赤道交角 13°。畫 v1c 北兩成角骨殖線段。交角告斜極而上揚狀 e。畫赤道北骨殖一截線段 f，告顱骨 B 視線平行線。

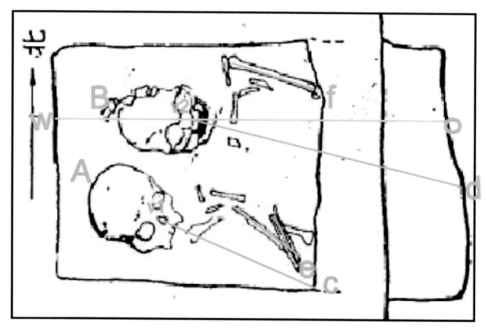

圖三〇〇　白家村葬闕 M21 間畫日鬱志

　　此圖告間畫乃冬至日升日鬱。顱骨 B 視線投向日升 10°之所。此所乃日鬱之所。推測此而童男來自本邑，猶早期葬闕 M22 並納少女骨殖。

（5）宗女臨鬱女訟而許昏並肆暨人倫跡考第四

　　宗女臨訟，謂姊妹、邑女爭佚鬱。生殖醫道既發達，邑內女口增，宗女姊妹眾。如此，男口寡。於眾女 13～14 歲時，宗女雖為胥，能屠肆，但不能平訟。眾女或知佚鬱後將被以日鬱被殺。但無懼此事。今人疑心，如此輕生不合人情。倘能為己前陣遠古場景，能免此疑：遠古乃易死輕生時代，不似現代忌亡諱死。於性成熟宗女姊妹，或邑女，生死俱係日每目睹事件。性成熟後不能佚，亦類病患。於患者，去病痛即為解脫。彼時，不獨宗女姊妹，眾邑女亦俱豔羨宗女以時佚鬱。以佚鬱為至上「自我」，倘能厭此欲，旁無顧忌。於數鬱女，求佚鬱乃太初之訟。此事存證二等：第一，文字史佐證。第二，並肆日食曆圖之證。前者在甲骨文、金文。後者在北首嶺文明晚期鄰葬闕 M283～M285 遊月去日鬱事。

　　《金文編》錄兩字，𡚸、𡛟，此二字隸定妭（第 806 頁，第 1988 字），本甲骨文。《乙四九六》字作𡚸，《乙四四六五反》字作𡛟（前註第 199，第 479 頁，第 1446 字）。《甲骨文字詁林》錄二字似前二字（第 499 頁，第 493

字）。上援字書俱部釋字源。檢第一字兩同部高低錯落乃本狀，其源是鄰葬闕納女骨架。向左、向右之別本乎葬闕納女顱骨視向左右之別。許慎訓隸定字以「訟」，是。段氏補以《周易・睽》「二女同居其志不同行」，不誤。但未顯妠本義在女鬱（發情）而爭之事：父宗得勢，數男爭女遍見，難以設擬女鬱而爭男，故段說不足為怪。又檢金文 𡥉 女字從匕部，乃狄宛系宗女後嗣。

　　二女之訟或數女之訟，來自發情女數人爭莽。為胥宗女必決何女佚鬱。而且，佚鬱關聯昏（莽）。聯此佚鬱于遊月去日鬱，故有葬闕納數女骨架。此蓋文字史佐證，而文字史又非純文字史，乃昔學史。

　　發掘者言，頻見數座暮成一組，墓間隔均勻，墓底距地面深度接近。從出土地層及器物判斷，年代大體相同。「M283、M284、M285 的一組，均向西，分別在 270°～274° 之間，它們整齊地排列在南北一線上，墓底距地面深均為 1.1 米」（圖六三，第 81 頁～第 82 頁）。深程 1.1 米不含發掘細部，譬如開口在某地層，故非深程當日數曆算參數。發掘者言組，故在考古界於彼時不曾類別葬闕，也不知葬闕工程度當日曆法等。

　　依《附錄四》，此鄰葬闕納五具骨架性別不清。倘依葬闕納物推測，M284 骨殖屬男性，證在此葬闕納束骨鏃向上，如 77M1 束骨鏃方向。依此附錄四，77M1 納男骨架。又如葬闕 77M17 納男骨，也納向上骨鏃。M283 兩骨殖之 A 乃女骨，其骨盆狀為證。B 為男骨，證在瓦罐 1 在上，而模擬月狀之瓦盂墜落。照以葬闕 M284，瓦罐 4 在瓦盂 2 之下。兩所二器同狀，其所參差，告月位置變遷。聯察 M285 骨架 A 右股骨覆效月瓦盂、M284 效月瓦盂俱全，位置變遷呈弧狀，M283 骨架 B 瓦盂 2 破碎不堪，告月始遊而生光，日漸顯。較之 M283 骨架 A，西側瓦盂仍破碎，而東側瓦盂口沿渾全，又在下部。此狀告月全而東遊。葬闕 M285 之兩骨架屬女，儘管其骨架 B 左股骨頭附著一枚骨鏃，此骨鏃非束骨鏃，其義在「夷股」，係《周易・明夷》卦名源。諸葬闕納物及物所對照使我認定，此鄰葬闕納 2 男骨架，3 女骨架。女多於男，非佚鬱及遊日鬱去女訟無以釋屠肆多女之故。此鄰葬闕於狄宛系人倫名源多含珍謂，今繪圖如後。

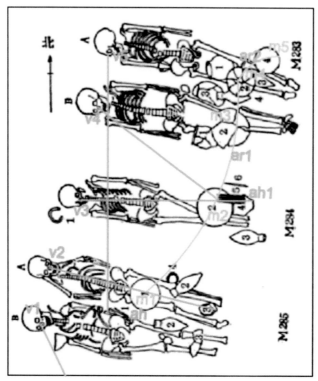

圖三〇一　北首嶺鄰葬闕 M283 等男女匹佚日鬱志

　　自左向右繪視向線，v1 投向日東南出之所，骨架稍仄，時在冬至或稍後。v2 視線投向脛骨下，骨架亦稍斜，視線過滿月。此滿月非夜滿月，乃日鬱前月狀。器 4 口向上，月軌道滑過器 4 圓口，猶月將弇日。v3 投向東方，此骨架乃菳中骨架，效瓬疇家菳中。視線及向上束骨鏃，告日在東被月弇，側旁有骨鏃告日光猶鏃刺目。顯西側見尾宿狀骨器，告日食乃環食。ah 謂鏃英文縮略。此後，月似在冬天向北遊，故在平面布置骨架，不能使骨架在東西向相疊，顯月 m3 似北行，其實向東遊。視線 v4 投向日環鬱發生之所，月 m3 於 M283 骨架 B 不再渾全，此蓋生光之象，故脛骨覆效月瓦盂殘碎。月碎而東遊終全而喪於東，故見 m5 以弧線 ar2 拐向東方。M283 骨架 A 視向落於 M285 骨架 B 腰部，恰在鏃上方。此告月遊扇面及東。此扇面弧邊線乃蒼穹弧線。

　　此鄰葬闕兩所存骨鏃，左邊一枚，央見束骨鏃。二者之別在於：左側告「夷」，謂射傷之光，非尋常冬至或稍後日出之光。此乃日食之光。骨鏃傍附股骨頭，告日蹇。央見束骨鏃乃日環食時傍月日照，似聚光，能傷目。《象》

傳：「明入地中，明夷。君子以蒞眾，用晦而明」。「明入地中」，謂月鬱日，日入月，此象覆地，為日環食。四字乃曆象名，各有所謂，不得草率為釋。蒞眾者，蒞中故眾從。不睹月之夜次日得日食。圖見蒞中者在央，多於三人在側，此謂眾。用晦者，曆夜月末不見月。「而」，次日。明，月鬱日。今言日食，於古為月鬱日。《周易集解》援鄭玄說卦名，聯小人而言君子遭際，去古誼甚遠。餘諸家說「明入地中」俱偏（第 2 冊，第 177 頁～第 178 頁）。《雜卦》「明夷，誅也」乃舊記，此記不誤，但宜限於胥誅。何人被誅？宗女姊妹、邑女、外男也。「夷」又釋「平」，平者，月鬱日軌道平一，故訓平。古人不知日、月質量參差，軌道不同，唯以目視或骨管視見而已。目視之證存於葬闕納屠肆骨殖之梨狀孔或眼眶骨朝向。以骨管視天體之證存於狄宛第三期，器樣 G700：6，長程 63、寬程 32、厚 21mm。斷面呈「凹」形。來自馬鹿掌骨加工。同樣器與之相扣，即得骨管。央槽貫穿，便於獨目弔線。器長程 6cm，器厚 4cm 許，恰堪被身高約 168cm 者握持（《發掘報告》上冊，第 387 頁～第 388 頁，圖二六五，14）。

此鄰葬闕男女骨殖存證宗女姊妹佚鬱事。而佚鬱事即昏（冓），此致有身，後產子。如此，人倫次弟被涉及。

人倫以「親」為綱。親、新韻同，義訓而通。新者，於時先於仲秋而產者。於食物為稷未成時如瓠諸木果，《說文》以薪為蕘，乃古誼。蕘或即蕪菁，塊莖植物，可食。親、薪韻同義通。許慎以「至」釋親，可訓「使某人到人世」。但此字韻讀使訓子嗣如嘉生，血肉被分食，骨殖被布置如某天象。金文「親」字隱約如「帝」字局部，起於黿戲王事，王事於時乃夏至，於事乃察夏至日食，於星象認知乃四星圖含三角狀，詳後濮陽西水坡 M45 黿戲王事考。

宗女為胥（造父），掌術算，宗人晚輩祖之。同輩從之。邑女與從之。《釋親》言人倫起於父，故在胥為宗女，教導邑人，宗女與人言自為牝牡。而教者之器乃度棒。此字後於男宗發達演化為「父」字，非謂母宗之邑存父宗之治。換言之，「父」來自承用母宗號令者之號。既如此，人倫起於父，乃狄宛系輩分必然。又《釋名・釋親屬第十一》「父，甫也。甫，始也。始生己也」（第 44頁）。劉熙言「父」「始也」告胥初掌冓配。言「甫」則基於由日食用嘉生事。由日食即狄宛第一期葬闕 M208 日食記事。彼時日食乃日鬱。證在《甲骨文編》錄《乙七二八反》「甫」字作🜎（前註第 199，第 154 頁）。此字上部從嘉生，下部從由省，韻讀從由。

《釋親》不俱宗、族名，其故二等：第一，宗本女宗，男宗興起承用宗名。秦漢以降，其證多見。不給宗名，便匿既往母宗功業，又以「父」名後起義輔助。檢父宗興起於虞夏時期，黃帝時代仍存母宗之治，綿延不絕，延及周穆王治期，西巡謁見西王母為證。

第二，族來自矢鋒，太初矢鋒乃骨鏃。北首嶺葬闕 77M4 骨殖左脛骨裏附 80 多根骨鏃。段玉裁注《說文》訓「族」，援毛傳「五十矢為束」以為，「引申為凡族類之稱」。毛說於昔無本，段氏並舉「族類」，未事甄別〔註90〕。《說文解字詁林》雖錄殷墟 𢔅 字，未見考究〔註91〕。

檢北首嶺遺址葬闕 77M1、77M17、鄰葬闕 M283、M284、M285 之 M284，知「族」、「夷」同本，俱在宗女姊妹佚鬱菁男，男以爬跨菁射畢事。逢日鬱，宗女屠肆殺祭，為日鬱圖志，使男受陽聚射以得日精，轉而交宗女或邑女使脅傳宗。此致人倫族源。甲骨文夷字作 𢎺（第三冊註第 87，第 2572 頁，第 2580 字），從矢上射，又從己。己者，紀也。日鬱發生於朔日，自朔日可為紀也。下部來自「反生」狀，證在束字或作 𢆶，或作 𢆜。射箭者皆知，搭矢張弓者不射天。今見矢鋒上射，乃瓬疇女虎妝菁事，宗女在上，覆壓菁男，使射佚鬱以弛，弛則欣然，故《爾雅·釋詁》記「矢，弛也」，詳後媧祖虎妝為教考。故此，夷字以韻通鬱而有人本生殖義。

宗女為脅，使一男交一女，此為夷。使一男菁數女，此為族。交數女，則有身者眾。如此，宗女得傳宗者眾。前考鄰葬闕存交眾女之證。而 77M17 日鬱圖志乃一男交數女之證，而男骨殖頸椎上戴菱星半截罐面有「脅」星圖。此器本屬宗女，以其曾交宗女，屠肆後得配此器。此男又或曾交數女，有身而產子被宗女過繼，以為後嗣。由此，得夷、族之細別：外男菁宗女一人，謂夷，或交宗女姊妹一人，謂之夷。夷者，平也，日鬱遊去，月日各行其道，故平。由此引申節令平。倘交數女，謂族。前舉諸葬闕俱見束骨鏃，此是男受日精之證，旁證眾女匹交一男。

《尚書·堯典》言帝堯「以親九族」，此乃最早著「族」文獻。此記恰證族乃男宗興起。儒生釋《堯典》「以親九族」之「九族」計二義：歐陽、夏侯說父族四、母三、妻族二，據異姓有服。古《尚書》說「九族」始於高祖，迄玄孫，同姓而已（第三冊註第 68，第 7 頁）。照前考葬闕匹男女佚日鬱圖，歐

〔註90〕段玉裁：《說文解字注》，上海古籍出版社，1988 年，第 312 頁。
〔註91〕丁福保：《說文解字詁林》，中華書局，1988 年，第 6938 頁。

陽、夏侯說近是。

《禮記・昏義》言「天子」有「三夫人」,「夫人」,此二名異,但事同,俱在胥令交。考此記本於數代「天子」事。以「三夫人」猶可跡北首嶺遺址鄰葬闕 M284 男女數配。倘言「九嬪」與交一男,此記存偽,或傳者截舊章存殘跡,於生理學無證,又無遺址葬闕日食圖志佐證。倘將「嬪」字視為銅器「九女賓」三字謄寫於竹簡,變為九嬪,其事堪釋。九為陽數。女賓者,屠肆女子,使其髖骨兆丸天天極,而菹中。如此,可聯釋為屠肆九女,使其髖骨兆菹中詣天極。

倘言「二十七世婦」、「八十一御妻」堪釋,其事必在數代遊月去日鬱之事。而遊月去日鬱之男為宗女之宗撿,世代俱以此事胥。以 30 歲為世,每世配 3 女,一號之下,9 世見 27 世婦之數。某男宗 27 世,每世配 3 人,27 世得曆算之正。配女各美名以妻,故言御妻。御者,一駕車行一道不脫也。27 世用陽曆 810 年。

前者證在姜寨遺址與葬闕代疊之狀,《祖述之二》存考,讀者對照即得其義。810 年日鬱輪返配女而去日鬱,迄今未見葬闕之證。黃帝時代以降,舊教扭曲,齊民之法廣布,從昔教之男宗又生反叛舊教之心,致一代男君娶十數女之說生成。此蓋中國昏菁史礙知之本,又係男宗殺戮謀家天下之源。自秦迄清,無不如此。總之,夷、族俱本遊月去日鬱舊事,其旨歸「明時」。

「妻之姊妹同出者為姨」者,父宗興起,一女配一男,此女及姊妹俱本其母配某男,其母佚鬱並去日鬱,後被屠肆。去日鬱,日月各行其道,故為夷。以此事功又可言夷。此女產數女,以夷言母功業,皆得呼為夷。其後嗣承用此指,故可用夷呼喚母姊妹。於男宗,以子呼喚而指妻姊妹,故言姨。

前舉「族父之子相謂為族昆弟,族昆弟之子相謂為親同姓」含「族父」。族父者,胥使某男「鏃」,父,胥也。此男於日鬱遊月鬱日,受日精之照。此男又菁數女。殺此男子,肆理其骨,以束鏃置於腿旁。以與此骨殖生時菁者產子為子,此子即族父之子。數女產子,諸子相謂必為「鏃昆弟」。昆弟者,存而長成者也。為首者被殺,故存昆。昆又能為仲。弟者,合仲秋而生者也。故昆弟之名本乎曆日正秋也。

「族昆弟之子」,蓋第三代數人也。相謂「為親同姓」者,受族男既被屠肆分食,此所謂新,新穀用於祭祖,如嘗麥,事本此。如此,親同姓者,男宗同一人被殺而被認胥,又被認祖也。

「母黨」納「母之昆弟」，而無母之兄，故在母之兄被肆理。僅依母而謂長輩、平輩，但不及身、子，故在母為宗胥掌教。母乃宗女，為仲女，故「母之姊妹為從母，從母之男子為從母昆弟」。從母之男子僅可言「從母昆弟」，從母昆弟者，從母兄屠肆而亡而次弟者也。非生者，故無生稱。

「妻黨」者，妻舊知也。「黨」可依《說文》訓「不鮮」也，可從《方言》（第一）訓「知」。知者，《墨子‧經上》義之一為「接」，接者，男女交也。戴震從《廣雅》訓「知」若「智」〔註92〕。此說不合男女際遇事，不宜取。

如此，「女子謂姊妹之夫為私」之女子乃宗女或仲女。此女為胥，能自去鬱而菁一男。後使此男菁姊妹。倘名此男為一妹之匹，其妹寵之，但宗女能奪寵。奪寵即偏愛，偏愛即謂私。《釋名》「姊妹互相謂夫曰私。言於其夫兄弟之中，此人與己姊妹有恩私也。孫炎云：「私，無正親之言」。此說雖告某子所出不清，但未澄清古昏以胥命之事。而姊妹互謂夫曰私，故在姊妹以胥命得通一男，或換通二男。「夫」、「胥」韻同，皆言受為胥者命而交。此於胥治歷「明時」不為荒誕。後世以夫言婿，其源在此。

倘言後嗣之源，即言出。檢與葬闕 M283、M284、M285 即知，女佚鬱菁外男。曾配者以日鬱記事被屠肆，入葬闕。葬闕者，凵也。此男曾菁某女，此女產子。於為紀之女宗，即言此子出自被屠肆某女。於紀族之男，即言此子出自被屠肆之男。《京津一二〇一》出字作 （前註第199，第273頁），「出」，從「止」在「凵」內。依貌摹推斷，此二字顯告「止」入「凵」，非出凵。以「止」為趾動向，此字義貌似不稽。此矛盾出自昔學喪佚，而非諸夏文字無體。

前言宗女平二女之訟，但未考宗女奪寵不功，致排她殺戮洩憤之事。在此補釋一例。宗女察宗內某女爭寵於某傳宗男子，欲止之而不能。遂即聯合部眾殺死此女。此事發生於臨潼零口葬闕 M21 遺址。葬闕去白家村遺址4公里，在渭水之南。其死葬之地在水陰而不渭水北，此謂去北陸、去邑。北陸乃須女宿占者之地，宗首之所。推測此女被殺於零口遺址附近，而非邑內。考古界曾考得此女被殺而葬，非自然死葬。但為何被殺，未見考究。我勘審葬闕與骨殖存器，認定此女被殺，出自宗女嫉恨。此女處於生育期，能招邑內存養男子寵愛。而此寵愛傷損宗女傳宗，宗女止而不得。故處死此女。處

〔註92〕戴震：《方言疏證》（卷1），《續修四庫全書》第193冊，上海古籍出版社，2002年，第1頁。

死方式異於屠肆男子。其證存二：第一，此女骨骼包括顱骨存留致命銳端骨器。但無一銳器為匕器，不見一件骨匕。第二，4 件骨器自會陰插進盆腔。

前者佐證，下令殺死此女者恰是宗女。而骨匕乃宗女之器，唯殺男子用此器。殺女人不用此器。骨匕乃陰芟陽之器，非陰芟陰之器。其次，銳器刺入盆腔謂去生殖力。欲去生殖力，宜辨雌雄。使雄性喪失生殖力，謂之芟，或善、或騸。第一字乃古名。「善」乃替代名。而騸字限於獸類馬、牛等。去雌獸生殖力不言芟，但言劋。類比人、獸，則宜講，此女被劋。能為此者，唯宗女而已。毀壞其生殖器乃宗首本欲。此葬闕也是彼時宗女為邑首佳證。零口葬闕 M21 少女被殺時間去今約 7300aBP。骨殖特徵近寶雞組〔註93〕。而北首嶺遺址男被屠肆之證在於，其胸部有一把大骨匕（前註第 26，第 81 頁，圖版七七，10）。骨匕乃宗女銛割之器。

（6）婚姻俱依胥事得名暨胥星更名造父跡考第五

於狄宛系文明，倘言夫婦際遇，婦為綱，夫為目。名謂依婦而為。婦即宗女姊妹。掌殺祭者或宗女，或其嫡母，先胥。「婦之父為婚」為其證。

「婦之父」非「妻父」，本係「婦之甫」。《釋名》以甫訓父，其本在初婦持矩為度，能以工程度當日而為日食圖志。甫字近由字，故在某女曾使邑人動土為由日食圖志。傳此教者得譽。譽某人者，美此人也。甫又以傳而讚美之義通傳。動土為日食圖志前，使某女菁某男，後用此二人屠肆，骨理為月鬱日狀。此天象又是先仲秋日鬱之日鬱，故為由日鬱。昏時菁謂之昏。此蓋「婦之父為婚（昏）」本義。於男宗興起，男子求於女家，謀得女父母許己菁其女，而菁在昏時，此女男先人乃許昏菁者，由此而得謂「婦之父為婚」。婚者，昏也。

題涉「婦之甫」，婦字本帚，《金文編》錄《女歸卣》字作 𢁨（第 549 頁，第 1293 字）。上部從屠肆圖右旋 90°而來，央部為工字，乃帝事局部，下部乃反「生」圖。生者，嘉生也。

於男宗發達後某時段，胥事被釋以「造父」，男宗之先以父命之。此蓋父名之源。推測更名「胥」為「造父」事發黃帝初興或蚩尤初興。證在《呂刑》記事：「虐威庶戮，方告無辜於上」。「造父」之「造」要部在「告」。告以訟為故，此故乃奻事。奻訟前已考，不贅述。此事又是華夏法刑別源，未來將闢題

〔註93〕陝西省考古研究所：《陝西臨潼零口遺址 M21 發掘簡報》，《考古與文物》2005 年第 3 期。

格述。往而興訟謂之造，使某人聞訟亦謂之造。凡言訟，至少有兩造。

總之，訟頻發於黃帝時代，記於帝堯治期。文字史之證在甲骨文、金文三字狀異但俱含遊義。而且，遊徙之器為瓠。甲骨文「造」字之證迄今未知。金文「造」字以二狀為要。《頌壺》作**囷**、《淳于戟》作**㪯**，宋銅器字多含蝌蚪狀，其餘字狀乃孳乳、變形，近隸定字（第三冊註第 17，第 94 頁～第 95 頁，第 209 字）。檢前字來自胥星圖減省，去一半存一半反轉 180°而來。《古文字詁林》舉郭沫若以**囷**字為「造」，可採，又援蔡全法鑒陶器陰文**㪯**為造（第 2冊，第 343 頁～第 344 頁）。

郭說不誤，而蔡氏舉字更古。我察此字諸狀佐證胥星圖減省為造父星名之跡。前兩金文之後字左從舟，狀瓠，前已考證。右側含四部：上為囧字訛變，下為凵，央有圓點。丗以丨。諸部皆星曆事蹟：囧者，日環鬱也，證在狄宛第四期器樣 H857：4 外涎日環鬱影日圖（《發掘報告》上冊，第 526 頁，圖三六七，4）。凵者，葬闕納納理骨日鬱記事。圓點者，日環鬱央芯冥也。丨者，合朔歲記從北方宿也。如此，月鬱日二事為告之由頭或訟故：曰日全鬱、曰日環鬱。凡言日鬱，全鬱、環鬱輪返頻，而偏食稀，《中國歷史日食典》「日食表」饋證（第三冊註第 70，第 45 頁～第 99 頁）。

檢隸定「告」甲骨文字，三狀為樞：第一，上從屠肆部。第二，上從囧省，義同前考。第三，上從嘉生。前者證在《甲七五五》**㞢**。其次證在《甲一七四》**㞢**，末證在《乙六四七六》**㞢**，餘者俱孳乳字（前註第 199，第 38 頁）。下部凵字，謂葬闕納骨殖即肆理事。許慎訓告字於星曆史無據。《古文字詁林》援學者論甚夥，楊樹達說涉訟，不改諸說俱係無本之說（第 1 冊，第 755 頁～第 760 頁）。檢許慎說「牛觸人」本《易》說扭曲而致：《說卦傳》「坤為牛」，坤本申。申本乙教。教者以形土為天象圖於地。故日鬱食天象兆於此等「地形」。由日鬱投影於地而導出坤義，由日鬱復明為物，導出帝事之故，此等天象為大物。移「物」於獸「牛」，後得此說。由許慎說能間推，賈逵《易》說喪本不少。

金文以舟部聯日鬱記事，而日環鬱記事最夥。此記涉狄宛系瓬疇胥事、佚鬱事、遊月去日鬱事。於男宗興起，初從母宗舊教，將「胥」號更為「父」號。此番變亂殘跡記於《呂刑》。父號初記之證見於《堯典》四嶽言舜父、母。我考胥事被釋以「造父」，於文字史、昏交史為有據。

而「壻之父為姻」者，本「胥之甫」。胥之甫者，為胥宗女屠肆而被某男

讚美也。讚美者以功業得名曰因。姻者，因也，循故常也。此事佐證存二端：其一，乙教與胥教星曆史。其二，為此星曆史殘跡之文字史。

前者為昔學，本狄宛系瓬疇乙教史贊胥事，依我檢討，初讚美為胥宗女屠肆之男乃黿戲氏。他得號而被記如男宗之本。黿戲於娲（胥）宗，乃外男之嗣。其後嗣以「胥」事而被命所出，旁人由此命而知其有本。

胥名由此變為女宗宗支，而非孤男宗。配女宗一女者，得壻之名。於子嗣如黿戲，自認屬母宗支。此蓋「壻之父為因（姻）」之本。題涉黿戲氏讚美其母，詳後考「濮陽西水坡 M45 紀鬱圖暨夏至日鬱室女座大鑽石星和陣圖」。

先秦人言「因」謂循，循故常者也。譬如《左傳・隱公八年》眾仲對隱公：「天子建德，因生以賜姓，胙之土而命之氏。諸侯以字為諡，因以為族。官有世功，則有官族，邑亦如之」。陋者以「故」為因，改「循」如「故」，如此壞義敗思以致心念脫稽。先秦華夏聯言術之「顯故」於今消亡，而西方人昔日與用此術，今仍用此術。謨通中西學術者未嘗不閱諸夏言術以此衰敗，古昔文明以今人「無故」而崩。

前告文字史佐證有二：第一，「因」字韻讀從真，義從真。事在殺祭與日鬱記事。第二，「因」字形告「太」在凵內。《甲骨文編》舉《前五・三八・三》字作（前註第 199，第 276 頁）。葬闋外廓省如凵，許慎字說之「囗」部於星曆學乃凵。全字謂某有「太」號者被為胥者屠肆。某男配女，此男之上輩男子曾被屠肆。今以被殺者之子配某女，曾被殺祭者得「因」之號。此蓋「因」（姻）源。於後世，此又是循。

舊釋雖不及「因」字源，但存舊教容跡。《方言》（第三）「東齊之間壻謂之倩」。郭璞注：「言可借倩也。今俗呼女壻為卒便是也」。郝氏按：「『卒便』合聲為倩。倩亦美稱。《廣韻》云：『倩，利也。』」

郝氏言「卒便」合聲為倩，「合聲」名欠塙。訓詁者頻言「雙聲疊韻」，也不精當，宜名綴讀，綴前聲於後韻。檢「卒便」二字堪釋為「卒而安」。卒者，使卒也。某人被殺，故卒。邑人由此得以安，故曰「卒而安」。此殺戮即胥殺戮，肆理骨殖事。先是不安者，月鬱日故也。訓「倩」為利，故在胥以銛肆理，初為娲祖屠肆動作。美稱者，美之也。美字上部似從羊角，但其本乃胥星圖之反，羌為種名，以尚胥星圖為兆。婦好為女娲傳人傳承胥星圖，詳後娲祖虎妝施教考。羌人崇尚胥星、婦好掌胥星圖，婦好與羌人有無宗種牽連，塙可考究。釋此疑乃澄清殷商加兵於羌人之基。

晚近檢者言血緣婚替代雜婚，乃婚姻方式進步。而後，同宗（胞）兄弟和姊妹之間婚姻為群居生活基礎。而此說基於同輩血緣婚。此說於考古學無證，而且輕忽遠古發情年齡問題。於親黨名謂一無洞見。男女何以「偶」之疑終境存而不解〔註94〕。今暨考釋親黨名源，並澄清婚姻名謂本源，諸夏昏交史之基堅實，族源問題隨之解決。

（7）日鬱之白者致胥屠肆為姑跡考第六

婦，女宗仲女，亦掌屠肆者也。婦字本帚，含屠肆部。姑者，其子往而得配鄰邑女宗一女者也；於配將宗女，姑為外，外讀威。此韻讀於漢未絕，故許慎釋「威」援漢律「婦告威姑」以證。外者，遠也。於貴族仲女，配遠地男子，宗種改良。此男之母謂「威」，故在此男之母於其宗為「可畏」者，但非娚祖嫡傳仲女。

段玉裁注許慎說威以「引申為有威可畏」（《說文解字注》第615頁），此說固是但義廣宜限。於遠古，某地域僅有一女宗為首主娚祖之教，它係雖受此教，但不得僭越。此乃舊教本宗與支宗所際。

晚近，李永勃等以為，許慎釋「威，姑也。從女，從戌」「存在嚴重問題」。其言「問題嚴重」略謂許說不通。李氏饋證：「從女從戌或從女從戊，是無法會意出『姑』（婆婆）的意義」〔註95〕。李氏等檢字狀未得佐證，未得根底而欲敵解許說，可謂無忌。

從戊之言不為誤。我檢《古文字詁林》錄甲骨文戊字狀甚夥，字說亦夥，說者不舉《金文編》錄《戊父癸甗》字、《戊鼎卣》字（第830頁，第2052字）。《古文字詁林》援姚孝遂引字作，援吳其昌（《金文名象疏證》）舉「戊」字狀若干，別甲乙二類，以證狀縱貫能為「工」「士」「壬」「王」「告」等，謂橫展即為「戈」「戌」「成」、「咸」。「皆由石斧施柯之形為中心所蟺衍而出」（第10冊，第978頁～第982頁）。檢各家說俱不可從。《甲骨文字詁林》按云：「戊本象斧鉞之形」（第2395頁），此說僅告合金鑄造器藝致器物，不涉本源。吳氏「施柯」說遠去臨汝閻村石斧圖。舊說未呈「戊」字源。

又檢此字弧線部來自圓物外廓局部，而部來自前考北首嶺瓦器77M17：（1）外面屠肆局部。豎寫此部，即得《甲三九一五》左部，《佚四

〔註94〕汪玢玲：《中國婚姻史》，武漢大學出版社，2013年，第12頁～第15頁。
〔註95〕李永勃、蔡英傑：《釋「威」》，《漢字文化》2018年第3期。

一四》丩右部。屠肆圖用於日食記事，日食乃災異天象，故栽字從此部。日食發生於朔日，正曆者得此曆算，以「成」為記，「容成氏」之號從此部。其餘甲骨字俱從此變來。短弧線來自日食生光狀。為偏食、全食、環食輪返，似無別。但金文兩字將日食輪返，前舉《戊父癸甗》字《戊鼎卣》字上左部俱係日環食狀。似三齒器狀筆劃來自屠肆圖加杆。其狀似前考程橋東周墓戴胥冠者教導祭祖用器。

壬字從此部，故在佚鬱女配男，後被屠肆。配後有身，以日食天象被屠肆。但後嗣存活。後嗣言其祖，乃奉命而配，非化外野人。但「王」字墒見從截弧狀之例。《佚四二七》雕骨刻辭作，《甲三三五八反》作，二字為證。但多數字從《乙七七九五》作（前註第 199，第 15 頁）。三字底部以第一字為古。第一字下從日食局部，第二字乃一字向第三字過渡，似有弧邊，似有三角狀。三角狀為隸定「王」字源，為大角星圖。黿戲氏王天下「王」事以三角狀「王」字為載體，事在濮陽西水坡 M45，黿戲氏以夏至日食察見角宿一、大角星、五帝座一後被醮一事，詳後黿戲王事考。言第一字早，故在此字堪讀「皇」，但第三字僅可讀王。訓詁「王」、「皇」不別，故在韻讀近似，但不得謂二字同源。依許慎訓，皇者，大也。「大」宜讀「太」。劉釗等引《合集 6355》作，《合集 6961》字作，但未釋字源、字義（第三冊註第 86，第 21 頁）。我檢前字為本字。後字為孳乳，故在其左下見虍部。前字從日環食圖訛變、束鏃、從｜。後字右部央畫來自日環食圖訛變。上三豎線來自鏃束減省，言「受日精」。虍部告皇事乃虍宗舊事。此義被殷商貴族繼承。由二字表義得知，王字遲，皇事早。早於黿戲氏者，媧皇、隋皇也。《士昏禮》「敢告於皇姑某氏」之「皇」猶存舊謂。《管子・兵法》「明一者皇，察道者帝，通德者王」。「明一」者，日月合會一也。生光者，明也。其事早在狄宛第一期。日月道被認知，星圖為曆圖以志，乃帝事。狄宛第一期存證。而黿戲氏知日食被先輩知曉，庖犧氏非皇。但察知北極星，以為赤經辨識宜直之準線，此乃德。

題涉「姑」字源，甲骨文聯金文考釋能饋給字源信息。從《白虎通》「姑者，故也」說，「姑」本字本「故」。我曾考《墨子・經上》「故，所得而後成也」章，檢得聯言術之「出推」術，但未澄清「故」字左部字源。今順道補釋。

檢姑本古，而「古」謂由日食屠肆，此義係此字最早義。《金文編》錄「古」字狀夥而無類，致學人疑。檢字下部從三角或從凵。上部或從菱形，或從十，或從實芯似半圓狀。後者如《盂鼎》𠙴字（第 133 頁）。檢甲骨文，見兩狀為要：《佚五三一》作𠙴、《甲四七五》作𠙴（前註第 199，第 94 頁）。比較兩字狀，似存碩異：第一字上部似「中」，第二字上部似在其央加短橫。下部無異。細察甲骨文字書，不見孤中字。此字似為無源字。倘照金文「姑」，即見字源端倪：𠙴、𠙴（第 799 頁，第 1963 字）。第一字給「古」字使人知其上部非方框狀，曾有圓弧。對照第二字，右部雖見從「十」、「凵」，但左部字難辨。細察左部上三角狀，得知此字乃虍字訛變，虍字本胥星圖。順此考釋中，即得華夏之「古」乃宗女以由日食事屠肆。如此可推知，被配外男之同宗女子呼屠肆者以𠙴（古），言從舊俗。後世，女宗枯茶，男宗興盛，女出嫁而謂夫母為𠙴，承襲舊謂。子輩呼父之姊妹為「姑」，故在父來自異宗，而父故鄉姊妹存彼地，用舊俗，故得名「古」。而𠙴字上部，乃「仲」本字，告仲女。

我言中字乃由字，故在此字係中變形：拉長央豎線，外廓近圓即得前字。由日鬱見於卜辭，「羌方中其用，王受又？」《甲骨文字詁林》援屈萬里、饒宗頤等說，或以由為酋長、或為語助詞迺、或卜問用羌人頭祭祀等。紛紜攘本，甚無稽（第 1033 頁～第 1035 頁）。

（8）由日鬱咎外男令用瓦瓳承罪暨舅源跡考第七

題名納四事：第一，舅者，咎也。第二，外男受咎於掌教女宗。第三，凡以由日鬱受咎之男皆配同宗某女。第四，邑內男以瓦瓠為日鬱之象，又為崇月祝禱月行之器。婦呼夫父曰舅，事源甚早，又夾雜旁題，宜逐層跡考。

言外男受咎，其初乃宗內男受咎。狄宛第一期葬闕 M15、M208 俱為證。降咎於男，即加罪於男。宗女以仲秋嘉穀不收而推知由日鬱為害。復以由日鬱發生於夏而聯陽盛，聯繫男為陽。此聯繫基於孕婦體感：凡有身而產男嬰者，孕期覺體熱。夏季甚熱，孕男嬰覺熱。如是，男類夏、類熱、類陽。道書言陰陽，皆本此念。以夏季日鬱於月而降咎於秋分前降生之男，以屠肆告咎。依此又可解邑人晝見日鬱之太初驚怖。

自邑內男子以親情不便被屠肆，臨邑換男之俗興。由是而行外男被殺，以禳月鬱日晝見。於臨邑宗女，本邑乙教宗女許外男昏，又諾其男後嗣留存

本邑。外男被殺，但後嗣存。輩分由是生。此時，肆理既畢，咎名已成。於其子嗣將配之女，此男即舅，謂被咎也，由此名而命存留本邑外男之子，由此不亂宗脈。本邑不憂子嗣畸形。

前言男用瓦瓠以兆日鬱，又為崇禱月行之器，證在掌教宗女使外男以瓦瓠質罪，又即男子以瓦瓠告人，男承罪咎。被罪事本夏季月鬱日。經籍存證雖寡而可考。

《禮記・郊特牲》：「郊之祭也，迎長日之至也。大報天而主日也。兆於南郊，就陽位也。掃地而祭。於其質也，器用陶匏，以象天地之性也」。

此文乃父宗禮法局部。鄭注「大報」句曰：「大，猶遍也。天之神，日為尊。日，大陽之精也」。涉用陶匏而祭，鄭注：「觀天下之物，無可以稱其德」（第三冊註第 1，第 394 頁）。

檢舊說含三疑：第一，郊祭何須兆於南郊？第二，依鄭注，用匏本乎貴匏德。匏德是何德？倘以火成埏埴之德，則為火德。倘言埏埴有德，則須言土德。既不言火德，又不言土德，何以訓匏德？第三，日者，陽也，或曰陽本也。前者乃本指，後者謂引申。既為陽，則不可為「陽之精」。如是，鄭言「陽之精」說該當何解？既往，不見學者詰問，故知儒傳禮學本源已喪。

經文言「郊祭」謂胥令屠肆，以日月交食也。郊本交，日月交會是也。於狄宛第一期末，無「交會」之名，但存「咸羅」日烏事，其圖乃 QDO：19「咸羅日環鬱肜日」。後世，此圖表義歸諸「科上槁」，史家記「蒿」。轉而為「郊」，故在訓讀近似。李學勤釋殷墟甲骨卜辭「蒿土」、「膏土」如禮書「郊社」，認為蒿、膏、郊，音近而通假。周原甲骨刻辭「祠自蒿」應釋為「祠自郊」〔註 96〕。清華簡《金縢》「郊」寫作「部」〔註 97〕。諸言雖不及遠古胥事屠肆，但韻辨不誤。從「高」而釋，起於䮾戲氏後男宗興起。高字上部從三角，乃大角星圖，於數又可釋以六。六又為胥星圖之半，乃承胥之象。倘無此背場舊事，「迎長日」係無源之水。

「長日」者，夏至之日也。「大報」者，太報也。太報，謂以夏季日鬱當罪。「大」可二讀：讀太，或讀戴。從戴韻讀事涉北首嶺葬闕 77M17 日鬱屠肆圖。從太讀，謂「太一」，即日月合，紀元之初。紀元之初以日食，又別日環食、全食、偏食。而環食為上。環食即見日精照。鄭玄釋「日，大陽之精」，

〔註 96〕李學勤：《釋郊》，《綴古集》，上海古籍出版社，1998 年。第 189 頁。
〔註 97〕李學勤主編《清華大學藏戰國竹簡》（一），中西書局，2010 年，第 158 頁。

前者宜釋為「正」，即日環食，如是得「陽精」，陽精者，日環食見日光環照透亮刺目。許慎訓「報，當罪人也」（第 215 頁）。其說確當。

「兆於南郊，就陽位也。掃地而祭」。「兆於南郊」者，形土為屠肆理骨之闕，顯日鬱于南。「就陽位」者，於中天之南見日鬱也。就，成也。成，如前訓，紀元之日環食也。狄宛元朔日鬱于秋分節令食時，日在中天偏南。由日食發生於夏季，也在中天偏南。日在中天偏南被月掩蔽，此即「就陽位」，否則，此三字無釋，或可釋無論何所，日俱就位。倘如此，經文乃偽經。掃地而祭者，父宗興起之儀程也。掃以帚。用帚以高胥治，追念胥治也。掃地者，月掩日掃過中部偏南地表也。「掃」又謂去穢去栽。由此考證，知經文「掃地」謂東西向掃，而非南北向掃。

「於其質也，器用陶匏，以象天地之性也」。涉此數言，舊檢不曾器本及用器念本〔註98〕。晚近檢郊祭或郊祀涉器者途徑如舊〔註99〕。

依此數言，「郊祭」用瓦瓠。陶匏者，瓦瓠也。而且，瓦瓠乃質罪之器。瓦瓠象「天地之性」者，以舉瓦瓠使兩球狀直視線向日也。唯如此，能見「天地」之性。天地之性者，天大於地，天地混沌，天施光於地也。於前者，日每晝象。天地混沌者，無日月星也。天施光於地者，日鬱而後生光也。此處，取第三義。以瓦瓠置於一目視線值日之間，此目不睹日，得日環食之象，或日全食之象，或日偏食之象。

舉瓦瓠者，男子也。狄宛由日食（鬱）被視為氣程率數失效禍端。彼時，瓠成，而秋分未能採穄。由日鬱食乃夏季日鬱，熱關聯男類陽盛，男子受咎。母宗之甲宗以己出男子換乙宗男子。宗際通婚之橋樑為男子。此法系後世「寄婿」之源。男子雖可防衛、抵抗，但烈度甚小。此外，遣發、驅逐宗內成年男子也屬舊法：成年男子能致亂倫，能壞母宗秩序。狄宛第二期數遺址起出貌同或貌似瓦器，故在宗種傳承之念流應。今依前考補釋數言。

狄宛第一期 M208 由日鬱致氣弟不宜，敗匏敗穄，以致部眾流徙，徙居者營造北陸於白家村。此後，由日鬱輪返弊害未曾消亡，喪葬曆圖印記由日食既見於白家村遺址，也見於北首嶺遺址。狄宛第一期邑首以葬闕 M208 曆圖記錄夏季日食於彼時為災。此災在於穄類食物於秋分不得採集，致產婦養

〔註98〕龐永臣：《大宗伯與姬蜀郊祭——三星堆大銅人造型寓意及其他》，《文史雜誌》2000 年第 3 期。
〔註99〕深川真樹：《試探〈春秋繁露〉的郊祀論》，《中州學刊》2019 年 6 月。

生不成。彼時誕子屬認知之域大事。狄宛舊石器期末，邑人知曉生產時消毒刃器割斷臍帶。以火烤骨匕殺菌，切割臍帶，致狄宛生育發達。出生率提高致產後厚生康復問題。菜蔬與穀物培育為至大事務。依 H3107 效曆闕勘審，狄宛春分、秋分係稷播種與收割時段。元朔日全鬱似化為成稷節令。孕婦康復有望。而且，久來使用乾匏浮水，匏乾皮藥用被發現。蒸煮瓠皮能夠消浮腫、利尿。嫩瓠乃優質菜蔬。

　　如此循環數代後，某年夏至前發生日鬱。當年，採稷未果，瓠胴而不成。婦人產子後未能進補，身體羸弱。宗人俱感其害。宗首將此事聯繫當年夏季日鬱，由此厭惡夏季日食。夏季日食在秋分日食之前，自前次序，後者為弟，前者為首。惡首之念產生，喜弟日食之念成長。日食以弟別為二等：由日食、正日食。M208、M15 依此而別，嘉穀成敗與日食發生聯繫。自此時起，恐懼、憂慮夏季日食已萌發。咎男子而殺男子，推測其故在邑內存留男子，或用於存宗種，用男子傳宗。而存男子來自宗際交換，譬如，甲宗以己出男子交換乙宗男子。宗際通婚之橋樑為男子。此法系後世「寄婿」之源。防衛、抵抗之類在女宗邑首之際雖不排除，但烈度甚小。此外，遣發、驅逐宗內成年男子也屬舊法：成年男子能致亂倫，能敗壞母宗秩序。存於邑內男子出自它宗。狄宛第二期多地有相似器物出土，故在宗種傳承之念流應。

　　殺男子用骨匕，故在骨匕源自割臍帶骨刃器。此器乃為母者截斷母子聯繫之器。狄宛第二期地層起出骨匕若干。發掘者命諸有刃似刀骨器曰「骨體石刃器」或骨刀。其實，此類器別二等：第一等，骨尺兼匕。骨尺乃準度器，長程效器。第二等，骨匕。前者器樣 F215：25、F305：49、F360：9。後者器樣 F229：9、T338④：25（《發掘報告》上冊，第 237 頁）。

　　不管怎樣考察婚配史，母宗邑首乃號令發布者。而狄宛第一期夏季日食致咎男子發生於狄宛。此乃匏敗、稷敗後宗首追責之果。

　　題觸狄宛母宗培育稷，其事有證：曆闕 H398 之底，發掘者起出碳化禾類穀物稷，以及油菜，其數不多。發掘者又以為，此二等植物殘跡乃「種籽」（《發掘報告》上冊，第 60 頁）。我以為，言碳化稷、碳化油菜，為史實。倘言種籽，即設定存種籽過時。彼時，既有瓦器，何不以瓦器納種籽？種籽乃貴重物，挖掘 H398 後，為何埋種籽於此曆闕最下層？難道宗首不知深埋種籽致其不能發芽成長？唯故埋以告收穫未果堪釋此事。倘收穫頗豐，則宜以罐納之。

　　邑男或被屠肆，或被流放、換易。於不諳它邑者，被易男不免恐懼。此等降咎致邑內男子恐懼。謀求存活並被寬宥，將日鬱釋譬如陰生陽之象，崇隆母勢而使其益受尊重。崇母宗之念生成。如此，須造器、用器以宣此念。又能告為胥者崇隆，月鬱日，佚日鬱諸事，非瓦瓠不足以告此。如此，造瓦瓠，高舉瓦匏迎日鬱乃遵從胥教之象。

　　此外，男子事此，即以曆夜之算顯己屬於女宗，非孤在生物：日鬱（食）恒發生於滿月後第二番曆夜之第七畫，以瓦瓠告月鬱日，助答亙古懸疑：夜先在，抑或晝先在？月主天，抑或日主天？男用匏告夜在先，晝為夜之子。月主天，日從之。男子如此而媚於母宗。此事乃生物學外母子念頭之源。男用瓦瓠之證見於狄宛第二期葬闕、王家陰窪葬闕、北首嶺葬闕。

　　倘見狄宛第一期葬闕納壺、葬闕男骨殖與在，宜視葬闕為日食記事圖。倘展及此識見於它域葬闕，能得更早葬闕日鬱記事：譬如舞陽賈湖遺址若干葬闕納壺，壺近顱骨。裴李崗遺址葬闕狀況相似。河南郟縣水泉遺址 M72 乃最佳佐證〔註100〕。如此，賈湖遺存與裴李崗遺存葬闕日鬱曆志與曆圖宜等同訓釋。倘檢者欲識曆圖參差，能在郟縣水泉葬闕日鬱曆圖察見女骨殖附葬用瓦瓠，狄宛第二期瓦瓠入葬闕納男骨。

　　由此也可印證，狄宛第一期，無論狄宛當地、狄宛系之西山坪、白家村、關桃園等遺址，狄宛以外，初用瓠或瓦瓠者俱係宗女。郟縣水泉遺址 M72 瓦瓠入葬闕兆日鬱圖如後。圖示日鬱係環食變帶食而落，傍晚而現。

　　圖釋：圖器 2 係雙耳壺，兆日環鬱，石磨盤兩頭圓，兆日鬱之初虧與生光時刻甚久。日環鬱變日偏鬱。此番日鬱發生於夏至午時後。夏至日日鬱猶 2020 年 6 月 21 日日鬱（食）。

　　顱底東向線乃菿中線。V 為視向。月初不見，以顱後告，故為器 1。後以弧線 A 移而似遇合日於日下墜之所。而後，月東南行，初為器 5，後向東偏南行，喪於右股骨——脛骨指向 d。朔日不得睹日唯以日鬱，日光顯月，得見昏刻之月。此番帶食而落發生於 BC4600 年前。事在黿戲王事前後。

〔註100〕中國社會科學院考古研究所河南一隊：《河南郟縣水泉裴李崗文化遺址》，《考古學報》1995 年第 1 期。圖一〇之一。此葬闕乃帶食而落日食志。壺口朝向眼眶。壺位於顱骨、石磨盤之間。如《狄宛聖賢功業祖述之一》第 469 頁揭示，昔聖效帶食而落而為石磨盤。

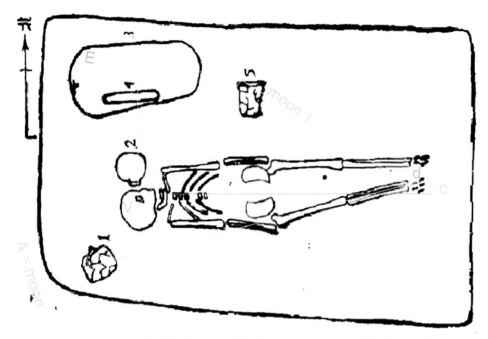

圖三〇二　河南郟縣 M72 圖志西元 4600 年前某夏至日鬱帶

　　題涉咎、舅二字，宜補數言：許慎訓「咎，災也」。從人，從各。此說不誤。檢《古文字詁林》「人」部，咎字作劣。舊說未及清言右部字（第 7 冊，第 416 頁～第 418 頁）。字左固係「各」字，其右乃宗人星圖。「各」者，辭非分也。二部合謂宗女司察日鬱或豫日鬱，而且以日鬱降罪。今言「咎由自取」之咎，即謂某人行止非分而其行止被視為不義，此負面評議即「辭」。舅乃後起字，推其本乃臼字，楚簡字臼字源自皿上部，《甲二四七三》皿字作⿰（前註第 199，第 226 頁）為證。而皿上部來自囧，即日環鬱畫記局部。咎字係象形字。象形者，日鬱天象畫記也。

三、黿戲氏王事存於濮陽西水坡 M45 曆圖體考

（一）舊說撮錄與詰評

1. 舊說撮錄

1）M45 兩番掘錄圖異與刪改

（1）兩番掘理三文掘錄附圖

　　濮陽西水坡遺址掘錄總計四篇。最初發掘者來自濮陽市文管會、濮陽市博物館、文物隊。初掘於 1987 年 6 月。掘錄載於《中原文物》1988 年第 1

期。此後，《華夏考古》1988 年第 1 期載文刪去平、剖面圖。同年，此掘錄載於《考古》1988 年第 3 期。

1988 年 3 月 11 日至 9 月 25 日，此遺存被大面積發掘。除濮陽市文管會、博物館文物隊外，鄭州大學歷史系考古專業、北京大學考古系師生若干與發掘。次年，掘錄載於《考古》1989 年第 12 期。

（2）《考古》1988 年第 3 期載圖刪去雍覆曆闕 H34 之未名曆闕

依《考古》1988 年第 3 期，「M45 位於 T137 的西部，墓口開在 T137 第四層下，打破第五層和生土。墓坑平面為人頭形，西北部被東周時期的 M54 打破，東南、西南、東北部分別被仰韶時期的 H34、H46、H51 打破。墓室的結構為豎穴土壙，東西寬 3.1、南北長 4.1、深 0.5 米。墓底平坦，周壁修築規整。墓室的東、西、北三面各有一個小龕。東、西兩面的小龕平面弧形，北面的小龕為長方形。東而的小龕深 0.6 米，西面的小龕深 0.8 米，北面的小龕長 2.35，深 1.1 米。墓內填土黃灰色，與第五層土色相同，唯土質更鬆，裏面的灰土成分較多，另外還有少量的碎蚌殼。墓內埋葬 4 人。墓主為一壯年男性，身長 1.84 米，仰身直肢葬，頭南足北，埋於墓室的正中。另外 3 人，年齡較小，分別埋於墓室東、西、北三面小龕內。東部龕內的人骨，頭向南，仰身直肢葬，骨架保存得不好，性別未經鑒定。西面龕內的人骨身長 1.15m，頭向西南，仰身直肢葬，兩手壓於骨盆下，性別為女性，年齡在 12 歲左右。頭部有刀砍的痕跡，顯然是非正常的死亡者。北面龕內的人骨，身長約 1.65m，頭朝東南，仰身直肢葬，兩手壓在骨盆下。年齡在 16 歲左右，骨骼粗壯，性別為男性」。「在墓室中部壯年男性骨架的左右兩側，用蚌殼精心擺塑龍虎圖案。蚌殼龍圖案擺於人骨架的右側，頭朝北，背朝西，身長 1.78，高 0.67m。龍昂首，曲頸，弓身，長尾，前爪扒，後爪蹬，狀似騰飛。虎圖案位於人骨架的左側，頭朝北，背朝東，身長 1.39、高 0.63m。虎頭微低，圜目圓睜，張口露齒，虎尾下垂，四肢交遞，如行走狀，形似下山之猛虎」。

「虎圖案北部的蚌殼，形狀為三角形，好像是人為擺的。在這堆蚌殼的東面，距墓室中部壯年男性骨架 0.35 米處，還發現兩根人的脛骨（圖版壹；圖五）」。「自古以來，龍虎在人們的傳統觀念中都是威武和權力的象徵。淮陽西水坡第 45 號墓主人死後有 3 人殉葬，而且還在人骨架的左右兩側，用

蚌殼精心地擺塑龍虎圖案，充分反映了墓主人生前的地位和權力〔註101〕」。依此《簡報》圖九，1，「紅頂碗」，口沿施曳赤膏帶瓦碗。器樣 T250H36：3。圖九，3，瓦盂，器樣 T245H6：5，器較大，口沿外施曳黑彩，器較大。圖九，5，三耳罐，器樣 T136H14：1，器較大。圖九，6，小口丸壺，器樣 T235：7。此文配平面圖刪去《中原文物》1988 年第 1 期見雍覆 H34 之另一未名曆闕。

次年掘錄記云：M45 蚌圖被編次第一組。「第二組蚌圖擺塑於 M45 南 20m 處，T176 第 4 層下打破第 5 層之一處淺地穴內。圖案有龍、虎、鹿和蜘蛛等。其龍頭朝南，背朝北；其虎頭朝北，面朝西，背朝東，龍虎蟬聯為一體；其鹿臥於虎的背上，特別像一隻站立著的高足長頸鹿。蜘蛛擺塑於龍頭的東面，頭朝南，身子朝北。另外在蜘蛛和鹿之間，還有一件製作精緻的石斧。第三組蚌圖，發現於第二組動物圖案的南面 T215 第 5 層下（打破第 6 層）的一條灰溝中，兩者相距約 25m。灰溝的走向由東北達西南，灰溝的底部鋪墊有 0.10m 左右的灰土，然後在灰土上擺塑蚌圖。圖案有人騎龍和虎等。人騎龍擺塑於灰溝的中部偏南，龍頭朝東，背朝北，昂首，長頸，舒身，高足，背上騎有一人，也是用蚌殼擺成，兩足跨在龍的背上，一手在前，一手在後，面部微側，好像在回首觀望，虎擺塑於龍的北面，頭朝西，背朝南，仰首翹尾，四足微曲，鬃毛高豎，呈奔跑和騰飛狀（圖四）〔註102〕」。

依此《簡報》，前述遺存屬第一期。第一期瓦器多泥質紅器。圖五之 2、6，盂、碗，口沿見冥帶。碗，器樣 H231：1；盂，器樣 H140：4。圖五之 1 乃瓦灶，器樣 H221：5，小口折沿鼓腹平底三足。

2）馮時蓋天圖與北斗七星近極說附葉林生五色犬圖說

（1）M45 墓蓋天圖暨依大火星參宿授時圖

馮時先生最早選用《考古》1988 年第 3 期載 M45 圖。他檢 M45 含天文信息，以為此葬闕乃蓋天圖，準乎大火星、參宿授時。晚近展陳舊說，以為 M45 墓主生前有「壟斷天文」之「權力」。

馮氏基於聞一多、李鏡池說，以為《周易·乾·象傳》所言之「六龍」即

〔註101〕濮陽市文物管理委員會等：《河南濮陽西水坡遺址發掘簡報》，《文物》1988 年第 3 期。

〔註102〕濮陽西水坡遺址考古隊：《1988 年河南濮陽西水坡遺址發掘簡報》，《考古》1989 年第 12 期。

指角、亢、氐、房、心、尾六宿。

馮氏言，「斗杓不以蚌殼而用人骨，意在反映度暑與斗建的綜合含義。古代測暑之表名「髀」，援《周牌算經》：「周髀，長八尺。……。髀者，股也」。

馮氏又言，「墓主的葬臥方向為首南足北，古代中國人的觀念正是以首、以南屬天，以足、以北屬地，而墓穴恰恰又是於南部呈圓形，北部呈方形，象徵天圓地方。在象徵的天穹和大地之間，還有兩個類似人耳的部分，因此整座墓穴的平面形狀便構成一幅頗似人首的圖形。我們認為這與太陽的週日和週年視運動有關」。

由此思路，馮氏聯繫《周髀算經》七衡六間圖以及蓋天說。依發掘圖北圓南方之北部繪圖後測算，「大膽地提出，是否西水坡 45 號墓除去方形的大地之外，上半部圖形就是最原始的蓋圖？尤其令人驚訝的是，依照墓穴的實際尺寸，這張蓋圖所表示的分至日的晝夜關係非常合理，特別是春秋分日道，其晝夜關係的準確程度簡直不差分毫。這比依《周骼算經》所復原的蓋圖更符合實際天象」。「西水坡 45 號墓設計的春秋分日道之所以異常準確，二分日在當時具有的授時意義是主要原因。以下據歲差校正的計算結果可能有助於解釋這一現象：3200BC 秋分日躔大火。3400BC 大火於春分初昏始見。3700BC 大火於春分前五日昏見東方。4200BC 大火於秋分朝覿。4400BC 春分日躔參宿。4600BC 參宿於秋分初昏始見」。「半坡類型的時間約當公元前 4800～3600 年，大火與參宿正是二分日時最理想的授時星象」。「西水坡 45 號墓的墓穴形狀選取了蓋圖中的春秋分日道、冬至日道和陽光照射界限，再加之方形大地，一幅完整的宇宙圖形便構成了。它向人們說明了天圓地方的宇宙模式、寒暑季節的變化、晝夜長短的更替、春秋分日的標準天象以及太陽週日和週年視運動軌跡等一整套古老的宇宙理論。儘管這些答案的象徵意義十分強烈，但是又有什麼比它更能說明遠古先民對宇宙的認識水平呢？〔註 103〕」

（2）北斗七星近北極與墓主壟斷天文說

馮時又推算，西元前 4000 年以前，北天極附近不能覓得充當極星之亮星。北斗七星之第六星開陽、第七星搖光距北天極之角距離約 13°。迄西元

─────────────

〔註 103〕馮時：《河南濮陽西水坡 45 號墓的天文學研究》，《文物》1990 年第 3 期。

前 3000 年前，北斗七星第六星開陽距北天極僅 10°左右。馮先生依此論證北斗七星於此期作為完整星官，甚近當年真天極。唯一有資格成為極星之星〔註 104〕。

馮時又云：「西水坡新石器時代遺存的時代約為公元前 4500 年，它是一處以 45 號墓為中心的原始宗教遺存，其中 45 號墓作為遺存主人的葬身之所，其遺跡再現了墓主人生前壟斷天文的權力特點，而整個遺存則展現了墓主人死後昇天的場景。其年代之早，內涵之豐富，規模之宏大，造型之獨特，於世界文化遺產中都是罕見的，它不僅關係到天文學起源的研究，而且關乎上古宇宙觀及文明的起源與形成問題，價值彌重〔註 105〕」。

葉林生曾舉 M45 釋讀之問，他限其問於此葬闕蚌殼龍虎圖之龍圖認讀。他以龍圖為五色犬圖，以此五色犬為盤瓠。言犬乃三苗部族以盤瓠為祖神之氏族團「圖騰」。依此基辨，告 M45 屬磁山——裴李崗文明，非屬仰韶文明〔註 106〕。

3）伊世同北極崇拜說

（1）伊世同 M45 為北斗祭與萬歲星圖說

伊世同以為，淮陽西水坡 45 號墓室天文圖是一幅六千多年前的星象圖，當年星象已形成後世承傳星象之「初步體系」。「古人在六七千年之前就早已找到了北天極，並把它視為宇宙中心去崇拜，以人為犧牲可以說是崇拜北斗、臣屬大自然的最好證明」。「貝殼擺塑的圖騰龍虎，已成為天上的星宿和星象，則斗魁用貝殼，表明斗魁在天、在上；斗柄用人腿骨，表明斗柄指地、在下。古人在六七千年之前就早已找到了北天極，並把它視為宇宙中心去崇拜，以人為犧牲可以說是崇拜北斗、臣屬大自然的最好證明。貝殼擺塑的圖騰龍虎，已成為天上的星宿和星象，則斗魁用貝殼，表明斗魁在天、在上；斗柄用人腿骨，表明斗柄指地、在下。在天、在上，為神、為鬼；在地、在下，為巫、為人。它實際反映著占人頂天立地的幻想，所體現的是蒼天與大地的配合或聯繫，是神、鬼、人的相互交往，是一幅遠古天人合一的圖像——天文圖。斗

〔註 104〕馮時：《中國天文考古學》，社會科學文獻出版社，2001 年，第 278 頁～第 301 頁。

〔註 105〕馮時：《見龍在田天下文明——從西水坡宗教遺存論到上古時代的天文與人文》，《濮陽職業技術學院學報》2012 年第 3 期。

〔註 106〕葉林生：《濮陽西水坡 M45 的釋讀問題》，《蘇州大學學報》2004 年第 2 期。

柄相當於人體（表橐），故用髀骨擺放，也容易使人聯想到人所站立的大地；斗魁也就是巨人的人頭，人頭在上（上蒼），故以貝殼擺塑；當北斗上中天時，巨人腳踏北天極，頭接中原地區的天頂。在天、在上，為神、為鬼；在地、在下，為巫、為人。它實際反映著占人頂天立地的幻想，所體現的是蒼天與大地的配合或聯繫，是神、鬼、人的相互交往，是一幅遠古天人合一的圖像——天文圖」。「六、七千年前的北斗，很可能是頂天立地的巨靈，是天地之間的信使；北斗上代表著天，北斗下聯繫著地；斗轉星移則起著『天垂象，見吉凶』的神通作用，更由於北斗守護著天極，象徵著天與地（通過部族長老或巫祝）聯合，主宰宇宙的氣勢」。「斗柄相當於人體（表橐），故用髀骨擺放，也容易使人聯想到人所站立的大地；斗魁也就是巨人的人頭，人頭在上（上蒼），故以貝殼擺塑；當北斗上中天時，巨人腳踏北天極，頭接中原地區的天頂，顯示著非常魁梧的形象。而隨著不同季節和時間，北斗又總以它的不同姿態，預示著天上星象的出沒變換，很像一位巨靈以左手牽著龍，以右手拉著虎，在以北天極為樞，不停地旋轉著；它預報季節的更替，指揮全天星象的升沒，安排著黃昏和黎明〔註107〕」。

（2）M45 布置當年大角星位於夏至點

伊世同先生去世後，其遺作《龍齡索》發表。此文記其上世紀八十年代後龍齡求索。他重申天文史學古法，言《天官書》星象約始於西元前百餘年，含春秋、戰國、秦漢星象，也透露西周或更早期星象。而西水坡 M45 蚌塑天文圖可為史前期星象代表作。他又以為，兩萬六七千年前，龍、虎、龜、鳳所居天球分至點的位置，和今天的情況差不太多。依此，中國傳統星象萌始年代，實乃距今約一個歲差週期。中國傳統星象體系初步形成年代，在大約六千五百年前（下限）。前推可達七千五百年前，後縮則為五千五百年前。前後星象標誌，大體以參、大火為準。

他依大角星位於當年夏至點附近推論，濮陽天文圖涉及的萌始階段背景，不能晚於八千三百年前，《天官書》所描述的「杓攜龍角」，「角」指大角星。依此，察龍潛北方之所，可準乎察見水面上的龍角尖。它也證明：古人祭祀大火，有著更為悠久的史前期故事，起碼不會晚於萬年，可謂「萬歲星象」。

〔註107〕伊世同：《北斗祭——對濮陽西水坡 45 號墓貝塑天文圖的再思考》，《中原文物》1996 年第 2 期。

此文納四仲中星表一，為要證，今拓錄於後〔註108〕。

表五　伊世同四仲中星表

方位 ＼ 年代 ＼ 星名	心 α Sco	參 ε Ori	星 α Hya	虛 β Aqr	昴 η Tau	畢 α Tau	軒轅 α Leo	斗 λ δSgr	月星 37Tau	日星 χ Lib	狼 α CMa	大角 α Boo
南·冬至(夏夜星象)	−22500	−10500	−15100	−1800	−8800	−9500	−15300	−24700	−9100	−21700	−12000	−19300
西·春分(秋夜星象)	−16000	−4000	−8600	−21300	−2300	−3000	−8800	−18200	−2600	−15200	−5500	−12800
北·夏至(冬夜星象)	−9500	−23500	−2100	−14800	−21800	−22500	−2300	−11700	−22100	−8700	−25000	−6300
東·秋分(春夜星象)	−3000	−17000	−21600	−8300	−15300	−16000	−21800	−5200	−15600	−2200	−18500	−25800

4）段邦寧伏羲墓與虎龍兩部與為華夏族說及蔣南華陳久金顓頊墓說

（1）段邦寧伏羲墓暨十三萬年前星圖及日躔胃宿說

段邦寧先生於 1993 年發布察 M45 新知，識見此葬闕乃伏羲墓〔註109〕。段氏指出淮陽 M45 號墓的墓主為史前古帝伏羲，並稱 M45 號墓的墓穴結構圖為早已失傳的古天球。2005 年 12 月 4 日，在網路發表《濮陽西水坡第 45 號墓星象年代考》（www.cdragon.com.cn）。他考證西水坡第 45 號墓星象年代，以為 M45 所示星象年代距今 133000±1000 年，建墓於 6500 年前。二時段相差十二萬六千多年。他講：倘不計恒星自行而僅計歲差，建墓年代比墓星圖春分點所在年代早 3200 年。此乃 M45 星象年代與建墓年代矛盾。段氏饋給 M45 平面圖繪圖如後〔註110〕。

他察知，蚌虎胃部有一圈由白色殼組成的沒有花蕊空心的梅花形，它表示祭祀時太陽在胃宿。這朵梅花的位置在東西向墓軸 PC' 上。

「近幾年來，據我研究所得的初步結論也是：天球很可能是十三萬三千多年前舊石器時代的早期智人大荔人所刻製。據《中國大百科全書·考古學》卷「大荔人」條載：「大荔人的頭骨化石是經 1978 和 1980 年兩次發掘，發現於陝西省大荔縣解放村附近的洛河第三階地沙礫層中，其腦量估計為一千一百二十毫升，比北京人的平均值稍大。同出的還有石核、刮削器、尖狀器、石錐、雕刻器等。石製品較小，長度一般不超過四 cm，重量小於二十克」。此地正在黃河與渭河及「洛書」所出的洛河的交匯處。天球、河圖及洛書均可能出於此，然後沿黃河順流而下，迄濮陽一帶。

〔註108〕前人：《龍齡索——龍騰東方的萌始年代與其天文學求解》，《濮陽職業技術學院學報》2015 年第 1 期。

〔註109〕段邦寧：《從伏羲星圖研究到十三萬三千年前天球的考古證實》，《中華易學》，1993 年，第 161 期至第 164 期。

〔註110〕段邦寧日誌：http://blog.sina.com.cn/s/blog_6012d5230100deip.html。

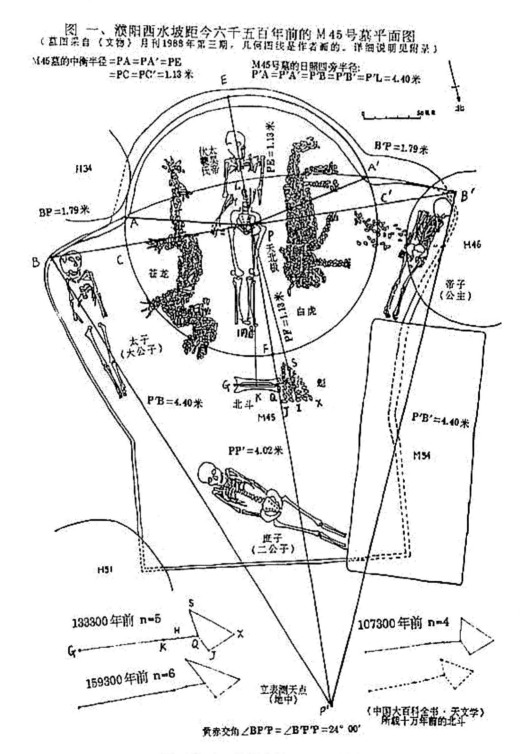

图 一、濮阳西水坡距今六千五百年前的 M45 号墓平面图
（墓图采自《文物》月刊1988年第三期，几何图线是作者添的，详细说明见附录）

圖三〇三　段邦寧繪 M45 圖給釋

他以為，「在 133000 年前，人類還生活在以漁獵和採集為生的舊石器時代」，「為了生存，人類更迫切需要辨認方向、時間和季節的方法」。「在大荔人中，有一位智者，可能是由於基因的突變等遺傳學原因，他的智慧比同時代的人要高」。他長期觀察後，「將當時的星象，特別是北極周圍恒顯天區的星象，如當時就很引人注目的『斗』魁為三角形狀的北『斗』七星等星象刻繪在球形的玉石上，作為辨識方向和季節的器具，也可能作為對天崇拜的祭祀用品」。這是「《尚書・顧命》所謂的『天球』」。「時隔『一元』之後，大約在六千五百多年前，伏羲發現了潛伏於黃河泥沙中的揚子鰐（龍）的背上或其周圍獲得了天球」，「結合仰觀俯察所得的天文學和幾何學知識，識讀了天球上的圖形和符號，並以此作為觀象授時的基本器具和祭祀用品，」「又據此畫卦作《易》，此即所謂『伏羲氏有天下，龍馬負圖出於河，遂法之，畫八卦。』」「並將『天球』平面化從而創立了蓋天學說」。此即「『伏羲星圖』，即濮陽的『萬歲星象』在墓中又表現成為精確的『蓋圖』」。

（2）M45 附蚌殼圖陣兆崇虎崇龍部在魯豫間與成華夏族

他釋此遺址另一組蚌殼圖，所謂龍虎鹿圖云：合體龍虎寓意是，原在成紀（今甘肅天水地區秦安縣），以距今約七千多年大地灣仰韶文化為中心，以伏羲部落為主體之崇虎部東遷後，大約在六、七千年前與原在雷澤周圍（今魯豫之間）一帶崇龍古東夷民族融和而成統一華夏民族。仰韶文化與大汶口文化融和而成統一的華夏文化，為統一的中華傳統文化奠定了基礎」。

（3）蔣南華陳久金顓頊墓說

蔣南華以為，M45 壯年男乃顓頊帝〔註111〕。陳久金也以為，M45 係顓頊墓。另外，陳氏見此葬闕三種年測數參差，清言不信。第一組，所謂「官方」年測數，張文彬宣布（《在『95 濮陽龍虎文化與中華民族學術討論會上的講話》）：距今 6000 年。第二組，中國社科院考古所編《碳十四年代數據集》錄三組距今校正年代：BC4236～3995、BC4231～3987、BC4665～4360。第三組，伊世同委託荷蘭格羅根大學同位素研究中心 J.范得帕里赫特博士測年數為果為距今 6465 ± 45 年。陳久金不信任一組測數，又不事考證〔註112〕。依

〔註111〕 蔣南華：《河南濮陽西水坡 45 號墓天文圖像及墓主身份考釋》，《黔南民族師範學院學報》2002 年第 5 期。

〔註112〕 陳久金：《濮陽西水坡龍虎蚌塑的天文價值》，《濮陽職業技術學院學報》2013 年第 2 期。

此，知陳氏於此葬闕平面圖義茫然。

5）王大有 M45 為蚩尤墓說

（1）M45 首骨殖屬生身非正常死亡

王大有作文三篇，力證 M45 為蚩尤葬闕。其第一篇含圖若干，饋證揚子
鱷乃濮陽龍本狀。王氏辨識：「M45 墓主人的脊柱胸腔處可見上下齊整地被利
器砍斷的痕跡，胸椎和大部分胸肋骨蕩然無存，斷肢殘臂，係被破胸腰斬而
亡，非正常死亡（圖 2，4），應是戰死。正常人脊柱頸椎 7 個，胸椎 12 個，
腰椎 5 個，尾椎 4 個」。「真相只能是：墓主人的胸椎、部分胸骨被破胸時毀
掉了，下葬時就沒有了」。「葬的是『肩骸分離』屍身」。他告識 M45 尾部有兩
星宿：尾中為尾宿，尾稍為箕宿。星芒用矛蚌組成〔註113〕。

（2）蚩尤肚臍當天球肚臍圖說

王氏第二篇論文試證：「M45 墓擴與四人的關係，表述的正是晝觀日夜觀
星的完整的天文曆法系統——東龕墓壙為「天穹」的肩，即湯谷，童子（應為
男性，東為陽）頭南向陽，象徵日出湯谷；然後上中天，中天高下籠蓋四野，
如「⌒」；日行落入西方禺谷，禺谷就是西龕，落日為陰，所以由女童表示；
在落日北方的地谷⊔中斜置一成年男子（古代人成熟得早），他的頭向東南
與男孩的腳成一直線相聯，表示落日從禺谷（虞淵）進入歸墟，歸墟是時空
隧道，再返回湯谷。《山海經》稱扶桑在湯谷中，九日居下枝，一日居上枝，
一日巡天一周，回到湯谷下枝體息，第二日再行，如此十日為一週期。后羿
射日講的是十日打破了這個週期，是曆法亂序，后羿射去九日，留一日，恢
復正常。M45 的童男童女在穹腳湯谷禺谷中，正以童子象徵生命的生生不息，
而以青年在歸墟中象徵成熟和體整、陰陽相交，因為成年人婚媾象徵生命力
的再生，因在地谷⊔中放置 16 歲男性，以象陽剛。如此則構成太陽曆的循
環週期和生命的不滅週期，周而復始。這就是 M45 渾天蓋天圖的實質」。王
氏繪圖加釋如後。

王氏命其繪圖以「濮陽西水坡 M45 蚩尤王陵天穹蓋天歸墟冀形王冠墓天
象曆法復原」。他講，「天臍在蚩尤的肚臍處，蚩尤站在這裡仰望天象，俯察
地理，為太極天臍中心，五方的中方，四時的長夏；八方九宮的中宮所在。承
伏羲上元太初曆，建寅為正月，為立春點，杓攜龍角，天下皆春。龍舌與玄冥

〔註113〕王大有：《濮陽西水坡「中華第一龍」暨蚩尤真身帝王陵在中國文明史上的
劃時代地位與意義（一）》，《濮陽職業技術學院學報》2015 年第 2 期。

頭的聯線交點為寅位，伏羲建寅之位，蚩尤時已南移。寅位約當 9700 年～
9000 年前，與河南舞陽賈湖太昊文化同期」。

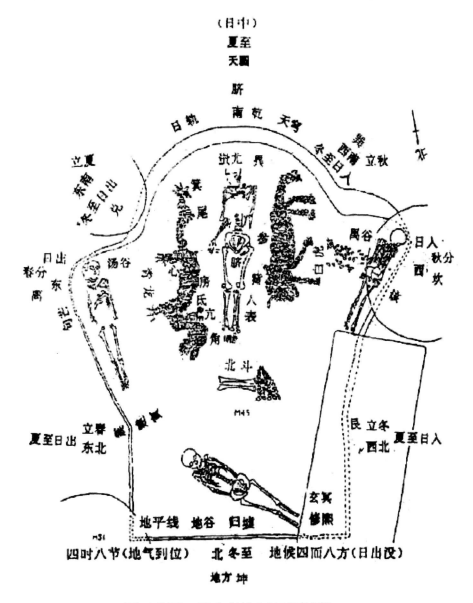

圖三○四　王大有繪 M45 圖給釋

他又講，「龍頭的吻前方與玄冥頭指東南方二連線的交點在東北方，這一
點正是東龕湯谷下腳與地谷交接之點，這一點為『寅』位，即立春點。這一點
至關重要，這是地谷中 16 歲青年頭東南向斜置的根本所在。這說明墓主人的

曆法是建寅為正月。《史記・天官書》說：『昔自在古，曆建正作於孟春』；《索
隱》按：『古曆者，謂黃帝調曆以前有《上元太初曆》等，皆以建寅為正，謂
之孟春也。及顓頊、夏禹亦以建寅為正。』寅為虎，震為龍。伏羲龍虎圖騰，
故建寅，實行《虎曆》。皆因東夷為九狸即九虎，太昊、少昊、蚩尤皆虎。舞
陽賈湖遺址據考古學家考證為太昊遺址（張居中，詳見《舞陽賈湖》上卷前
言），^{14}C 年代距今 9000 年～7800 年（經樹輪校正）。《易經・說卦傳》：『帝出
乎震』、『震為龍』，此帝即伏羲。依據先天伏羲八卦方位，震在東北位。依歲
差原理推算伏羲踐帝位的年代，也是創立以黃昏龍角始見東方地平線的年代，
則為：

$$（26000 \text{ 年} \div 4）+（26000 \text{ 年} \div 8）= 6500 + 3250 = 9750 \text{ 年}$$
$$（25800 \text{ 年} \div 4）+（25800 \text{ 年} \div 8）= 6450 + 3225 = 9675 \text{ 年}$$

則伏羲稱帝——『帝出乎震』的年代在距今 9750 年－9675 年間。這個
年代數據的位置即在 M45 上述的建寅點上略偏北一點點。在 9750 年（9675
年）的這一天建寅為正，蒼龍星始見東方地平。但是墓主人所處的年代是：
（26000÷4）= 6500 年，或（25800÷4）= 6450 年，與 ^{14}C 所測絕對年代 6465
年～6460 年（去掉正負值）絕合。所以 6500 年前『杓攜龍角』的年代，恰好
是 M45 斗柄髀骨東指的年代。這就是說 6500 年前墓主人的『建寅』宗伏羲
的孟春點向南移動了，因此春分點與房心二宿在一條水平線上。這就解決了
兩個問題：

第一，墓主人絕對不是伏羲，……。第二，M45 墓主人是繼承伏羲上元
太初曆建寅為正，以孟春為始的曆法系統。

馮時從地谷中青年頭向東南這一點作了深入研究，他得出結論說：『這具
殉人葬臥的頭向應指向東偏南約 30° 的地方，而那正是冬至時太陽初升之
地……。他的頭向正指冬至時的日出方向，而且相當準確〔註114〕」。「這一點
特別重要，它是揭示墓主人非蚩尤莫屬的一個關鍵標誌」。

此外，王氏給半坡遺址某種所謂「人面魚紋」圖定名「半坡炎帝連山氏
彤魚氏族徽」，又關聯東夷、良渚器用等，認定，「M45 髀骨北斗星座，承襲
13，000 萬年前的古北斗星圖，墓主人肩髀分離，T176 有蜘蛛石斧，證明 M45
是伏羲織女時代風姓嫡傳裔支黑虎部闞姓君長蚩尤的『肩髀分離』而又整合

〔註114〕 馮時：《古代天文與古史傳說》，《中華第一龍》，中州古籍出版社，2000 年，
第 193 頁。

的蚩尤真身王陵。緣此，T176 蚌塑標示墓主人族譜系和王權」〔註115〕。

（3）甲骨屮字源屬遺址黑石板勒刻說

王氏也嘗試以甲骨文屮字聯繫姜寨遺址屮字與西水坡遺址相似勒刻，以為此字謂「通天達地」，步天丈地的大觀。他舉證，西水坡自 T215、T176 間一「灰坑」起出某一黑石板面以銳器刻寫白色「出」字，即「屮」本字。王氏另饋傳說若干，以為支持，此處不再舉陳。

在末篇，王大有認定，M45 墓主人名氏的確認，「為五帝時期的確切年代找到了關鍵性的年代座標點，即公元前 4515～公元前 4510 年，是蚩尤帝戰死的年代。據文獻記載，蚩尤戰死於公元前 4515 年，炎帝夸父戰死於公元前 4514 年，軒轅稱帝於西元前 4513 年，神農榆罔降封盧氏城於 4513 年」。「西水坡」「乃是三苗九狸（黎）最高君長蚩尤帝，死於十月（冬至），故世世代代十月祭蚩尤〔註116〕」。

2. 舊說詰評

1）馮時說詰評

（1）擇纂改圖非宜及論髀之瑕

馮時用圖，非試掘錄者繪原圖，乃《考古》1988 年第 3 期載圖。馮時也未顧蚌陣龍虎圖效深程 0.66m。

馮時論髀，含二疵：第一，M45 用脛骨，不用股骨。為何用脛骨，馮時不察。股骨乃發力令脛骨行動指骨。脛骨乃從動指骨，故不主行動，連足骨，能告輆行。二根脛骨相併，非相連，故告雙足併攏，此乃輆行之象。依此宜識見間斷斗杓行程之義。唯如此，天文圖義不變，故可檢。第二，二根脛骨相併，似直指蚌陣三角。此圖不必合為斗魁圖。

馮氏以首屬天說乃生人立足說，無底義。人立，頭在上，必屬天。此說乏證。以南屬天說無本乃附會《楚語》記（顓頊）「乃命南正重司天以屬神」。屬天、司天乃二事。況且，何謂「司天」，乃舊學未考要題，馮氏以為缺省。馮時說平面圖穹窿與兩側小龕與為人首狀，本乎發掘者孫德萱等。此說可從。而且，西東兩側似人耳龕納骨殖。兩所骨殖表義乃要題。但被疏忽。馮時言，

〔註115〕 王大有：《濮陽西水坡「中華第一龍」暨蚩尤真身帝王陵在中國文明史的劃時代地位與意義（二）》，《濮陽職業技術學院學報》2015 年第 3 期。

〔註116〕 王大有：《濮陽西水坡「中華第一龍」暨蚩尤真身帝王陵在中國文明史的劃時代地位與意義（三）》，《濮陽職業技術學院學報》2015 年第 5 期。

西元前 4600 年參宿秋分初昏始見之說可採。此葬闕容許馮說蓋圖春秋分日道。但馮說不必是，更不必唯一。檢蓋圖本乎白家村葬闕 M22 穹窿。它早於 M45 約 1000 年。其本乃古瓠。

此外，我檢馮時於 2010 年再版《中國天文考古學》仍承用刪改後 M45 圖〔註117〕。而且，此著作前言錄至少三人褒揚，其一人是自然科學史研究所陳美東先生。此著作入選《當代中國學者代表作文庫》，文庫編委會二十餘人。陳美東先生如此文庫編委會他人，無察馮時用圖乃篡改圖。

（2）天文壟斷說非是

馮時以為，圖含方形大地。但問：方形大地位置在北、在南？倘得答，再問：為何在此所？馮時賦予主葬闕骨殖生前壟斷天文的權力。此乃孤賦無證。推其猜測之本在《堯典》君「齊七政」別說。非依考證與旁證貫坐。資源堪被壟斷，利惠堪被壟斷，來利以圈定堪被某等人壟斷。唯認知、認知對象不堪被壟斷。壟斷知識說乃妄人之癡念。星象、天象乃與有之象，何來壟斷之基？依我淺考，即使帝堯、舜也不曾壟斷天文。星曆之能可傳而不必傳。而遊獵者知掘穴，自能獲知度當曆算或曰工程曆算。唯同宗之學似後世王官之學。壟斷事記於《孟子·公孫丑》，其事乃利物壟斷。其證今日猶存。

（3）北極星辨及星所說不塙

馮氏論證北斗七星於此期作為完整星官，甚近當年真天極。唯一有資格成為極星之星。此說之證不足。瓬疇家造此葬闕，初謀記西元前 4500 年北斗七星星官，抑或謀記它事，宜自多域求證，釋諸證謀得合力。否則，盡見猜測。馮先生未曾繪旁圖證其識見。

題涉北極，《中國天文學史》（上）言中國天文史言「帝座」者五：北極、紫微垣、天市垣、角宿、心宿。區域各不同（第 206 頁）。檢西元前 6400 年迄西元前 5000 年，北極星乃 hip73909。西方開示資料告此星屬牧夫座。此星座今位於室女座東北，在東方七宿角宿之下。西元前 5000 年前位置為 89°33'36"。此星乃巨星之一，今仍可裸眼視見〔註118〕。《中國天文學史》（上

〔註117〕馮時：《中國天文考古學》，中國社會科學出版社，2010 年，第 375 頁。

〔註118〕HIP 73909 is a giant star that can be located in the constellation of Bootes. Based on the spectral type (G8III) of the star, the star's colour is yellow. The Id of the star in the Yale Bright Star Catalogue is HR5635. HIP73909 is the reference name for the star in the Hipparcos Star Catalogue. The Id of the star in the Henry Draper catalogue is HD134190. https://www.universeguide.com/star/hip73909.

冊）附表 6、7（中西星名對照）未給此星名。但馮時言圖告北極星，此言可採。

2）段邦寧伊世同說詰評

（1）段氏十三萬年前星圖說不可證

段邦寧以為，M45 穹窿以北龍虎蚌圖夾骨殖乃太昊伏羲氏。此說可從。它選圖非本圖，基於此圖繪圖照顧主骨殖周遭龍虎圖外側骨殖。將子午線伸向葬闕外 p'點。使方闕骨殖被大三角央容納。他以圓心 P 點為天北極。使北天極去圓周 1.13 米。他令東側骨殖為太子，顱側端點為 B。使西側骨殖為帝子之公主，顱頂端點為 B'。使南方闕骨殖為庶子。使圓心達方闕外端點 PP'相去 4.02 米。使 P'為立表測天點。又即地中。如此，得測子午線當測地中之念。他令黃赤交角∠BP'P＝24°整，得黃赤交角，似顯彼時昔聖既知黃赤交角。但此圖偶然而無體，匱乏葬闕星圖基礎。我承認，狄宛瓩疇加知天赤道，也知黃赤交角。狄宛遺址「不周」壕界斷崖在遺跡圖模樣非如此。他使脛骨兩根為斗柄，使脛骨西側三角蚌圖為魁，如馮時說。他令 M45 日照四旁半徑等於 4.4 米，即 P'A＝P'B＝P'B＝P'B'＝P'L＝4.4 米。又使 BP＝1.79 米。

段氏疏於察知十三題：第一，此葬闕圖樣之南北兩端迥異。第二，主骨殖斜陳角度，面顱側向。第三，龍圖東側，男骨殖面顱朝主骨殖上身。第四，西側女骨殖位於圓闕內。東西二龕骨殖理陳狀異。第五，北部方闕骨殖斜陳對照東西骨殖迥異。第六，南部穹窿在東少雍於 H34，西側甚雍於 H46。第七，如前詰馮，龍虎蚌陣圖深程 0.67 米，與其餘長、寬程為孤數，無一數曆法賦值測算。第八，既言葬闕納伏羲星圖，不言星圖源。此亦缺漏。第九，蚌虎、蚌龍陣用蚌殼甚夥。何以用蚌殼，其故未考。第十，段氏言大荔人球狀玉石為天球之本，此天球乃 M45 蓋天之本。兩事相差十萬年以上。兩時段事件難數。此間缺證若干。第十一，段氏斷定伏羲來自甘肅成紀，而於 6000 年前於洛河偶見揚子鱷負此「玉球」。此乃「莫須有」之言。第十二，葬闕穹窿狀源。第十三，大荔—蒲城石球器狀未被細檢。段氏天球—大荔人石球連說宜於此敵解，餘缺後以考並補。

我依《附錄四：大荔舊石器文化再研究》，發掘者在育紅河村北某小土丘內，發現若干石器，動物化石等。此點器樣 D11。石器以刮削器為首，含尖銳器、雕刻器、砍砸器、石錐、石球等。石料以石英岩、燧石為首，占總數 90%以上。發掘者言，此地點較之大荔人時代為晚。石器名下，以工具納複雜石

器，譬如刮削器、尖狀器、雕刻器、石錐、砍砸器、斧形器、石球及細石器等。石球僅 1 件。器樣，DY11：873，石料乃青灰色石英岩。一端存礫石面。其上不滿碎小、不規則片疤、凹坑。長程 109、寬程 99、厚 87mm，重 1126g，圖版五八，4。從上面石片疤察看，似為多檯面石核轉化而來。

另一石球，器樣 DY15②：118，青灰色灰岩礫石面，一端微凹，一端微凸。球面布滿不規則小石片疤。最大徑程 115，最小徑程 105mm，重 1520g，圖版二九，2〔註119〕。兩石球圖拓如後：

圖三〇五　大荔—蒲城舊石器文明石丸

推段氏石球為天球說，本於天墜石塊，又即隕石。古人或可將天落圓石命為天球或天丸，但更趨向於命此物為星石，又以其表面受空氣摩擦而光滑，速取而獨佔。由此而產占星之念。狄宛星占者乃察星者，目睹隕石墜落或流星墜地，雖不在近旁，但能知其墜地。倘某人由目視圓隕石而在生天為球狀之念，此人必先知星體循環，繞天旋轉。於 13 萬年前人等，設擬其俱如此外物之力，覓證之途遙而難豫。故此，段先生之言宜視為猜測。此外，新仙女木事件致舊宗滅絕或凋零，遷徙致一地文明遠播，異地文明代謝事也未被照顧。13 萬年以降星象認知史被視為不輟，屬地質史難證之題。

段氏推測大荔—蒲城舊石器文明遺存含揚子鰐，盡可附議。發掘紀實述此地起出似梅氏犀下頜骨化石。犀牛、鼉魚兩物種生存環境不異。此地又起

〔註119〕陝西省考古研究所：《大荔—蒲城舊石器》，文物出版社，1996 年，第 87 頁～第 227 頁。

出虎右上犬齒化石、鹿角化石等，也為蚌陣虎圖源證。石球之一重 3 斤，徑程 10cm 許，恰係手抓石器，非握持石器。由此器徑程及手抓使用推測，此器屬身高超 1.6m 者，或至少被如此身高者使用。依此，知大荔人屬碩大體型人類。這或許來自水土狀況誘導，也得營養方式佐助。現代，陝西大荔—蒲城居民體高程大於關中它地居民，可為大荔人古今身高連續性之證。段氏言 M45 主骨殖為黿戲氏骨殖，此言亦堪附議，但段氏未給物證。

周春茂曾詰段邦寧，認定段氏給 13 萬年前斗魁斗杓狀不搞。此三角狀須係西元前 133800 模樣。也不宜推測 M45 天球即 13 萬年天球。言大荔人刻製石球為天球，證據不足。諸詰不謬。但周春茂未考如何使用石球〔註 120〕。

（2）伊氏北斗祭與大火星祭說無據

伊世同言 M45 為北斗祭圖，我不附議。其證據單薄：既無葬闕蚌陣龍虎圖深程曆算，也無關聯遺跡曆義注釋，更無大量蚌殼用途釋義，甚至連原圖北極何在都沒有弄清。豈可輕言北斗祭？四骨架理陳方式與走向，各自曆義與曆義之體也屬未知。

但伊先生給四仲中星表乃要證。伊先生言大火祭，不必發生於濮陽當年造葬闕期間。大火祭初發生於西山坪，乃狄宛第一期元朔日食致邑人信仰崩塌後別圖星曆之果。物證是彼時造瓦碗，內壁存赤色大火星圖，器樣 T18④：35（《師趙村與西山坪》，圖 182，12）。塗赤色乃瓬疇女曆為。此圖後見於北首嶺遺址，證在北首嶺器樣 M188：（1），前註第 26（第 94 頁）。掘理者見此器口沿有黑帶，高程 8.4、口徑程 20.2。口部間勒刻「｜」，近底見四個兩兩相對勒刻 ⩘。掘理者不識，此乃外蒞大火星圖。｜勒寄斗杓南北指，時段淨長 6 個月，起算依七。此器高程、徑程比數告夏至，故在此比數小於 0.5，此數喻某物近北極。近北極者，日近北極也。非夏至而何？換言之，大火星之所用於對照夏至節令。伊先生言大火祭，而未檢昔聖察大火星事，證據單薄乏力。

伊先生言大角星乃《天官書》「杓攜龍角」之角，此說為不移之論，力足增補《天官書》。如馮時，伊先生也未饋給 M45 星圖系統，以及葬闕圖於諸夏正朔及宗治史含義。M45 主骨殖如何有此狀，馮、伊、段三人俱未究問、饋答。北首嶺遺址餘葬闕，姜寨遺址體葬闕俱未入視域。

〔註 120〕周春茂：《西水坡 45 號墓·古天球·大荔人》，《文博》1999 年第 1 期。

3）王大有說檢評

（1）寅位移位說不塙並蚩尤墓推測缺證

王大有繪圖仍用《考古》1988 年第 3 期刪減圖，而非初圖。他準乎葬闕穹窿一方凵軸線繪圖，節令說由此產生。他釋穹窿為日軌，此說是，但不盡是。我附議此圖含夏至日所，但他將穹窿央視為夏至日所，顯謬。以兩脛骨傍指三角狀蚌陣為北斗，如前人說。他使八經卦乾、坤以南北相對。使巽西南傍乾，使兌東南傍乾。以東為離所。以西為坎所。以方闕之東為震，以其西為艮。此舉旨在饋證八經卦四對而布。他欲言葬闕涉及卦陣，我察非庖犧氏卦陣。他又在蚌陣龍圖識見東方七宿。在蚌陣虎圖識見西方七宿之參宿、觜宿。我未身臨發掘初狀，不能評判此說，僅能關聯前考而言：狄宛第一期尾宿能被龍圖尾部蚌圖容納，但不必容納。此所謂取象，非狀摹。龍角當角宿之義甚難論證。至少在馮時、伊世同、段邦寧圖樣上不見星圖含角宿或它星。於西水坡昔聖，角宿、尾宿、奎宿等屬狄宛昔聖舊識，《祖述之一》已考，此處不贅言。

王先生視張居中說河南舞陽賈湖遺址為太昊遺址為論基，舉論 M45 為蚩尤墓，我跡王氏故憑依二兆：第一，別組蚌陣圖（溝道內）見石斧，由斧而跡兵，由兵器而連《大荒北經》「蚩尤作兵伐黃帝」。第二，M45 主骨殖缺胸椎。顯屬非「正常」死亡。由此，聯想蚩尤戰死。連二題如一，謀覓佐證，屬文連篇。

王先生沿襲鱷魚為龍形本狀說，此說出現於上世紀三十年代。晚近，倉林忠又以大汶口某葬闕納不少鱷魚鱗片為證。但王氏備細考證楊子鱷乃龍源，言揚子鱷生角者為年老鱷，此說盡可採納。以揚子鱷為龍一念，僅限於濮陽。狄宛第一期，行尾宿龍紀之教。瓬疇女依狄宛第一期九曆闕構尾宿星圖施教、紀年。《祖述之一》饋證若干，讀者可查（第 274 頁～第 285 頁）。我於彼時未曾澄澱龍事層次，謬將太暤功業關聯狄宛第一期，在此更正。阜新查海遺址堆石龍塑事詳後。

王氏以 M45 見寅位移動說，關聯舞陽賈湖遺址太昊文化說，以為 9700 年到 9000 年前寅位於濮陽西水坡 M45 變更。以東龕湯谷下腳與地谷交接點為寅位，即立春點。依此「寅位」變更而立論葬闕為蚩尤墓。他將伏羲稱帝年定在距今 9750～9675 年間。依 26000 年為歲差週期，除以 4（象），再加歲差週期除以 8（卦數），得數 6500 年，加得數之半數，得伏羲稱帝年代。此算法之基於古人為失連。

我檢寅位移動說不能立足。其繪圖罔顧原圖，又不顧古骨殖理陳依視向

之法。既往，我圖顯葬闕星曆之法，此道來自我察知鄉間葬俗殘存古棺小頭大頭平角改向之法。題涉畫卦傳承，張居中推測河南舞陽賈湖文明來自太昊氏部族創造，援《左傳・昭公十七年》梓慎言：「陳，太皡之虛也」時將皡改如昊〔註121〕。是年，郯子又言「太皡氏以龍紀」。皡、昊可否等同，不獨為文字史要題，也是文明史要題。張氏改經籍「皡」字為「昊」，此乃更名。其《前言》不俱更名之故。我意賈湖遺址無「龍」圖，不宜將彼地 9000 年以降文明關聯王事者電戲氏。

　　王大有認定 M45 為蚩尤墓，以為由此覓得五帝時期確切年代原點。他講，「據文獻記載」，蚩尤帝戰死之年乃西元前 4515 年，不詳係何等文獻。葬闕主骨殖死於何月，宜以葬闕曆圖佐證，而非曆圖外佐證。

　　王大有 M45 係蚩尤墓之斷出自猜測姜寨第一期、西水坡 M45 以煉銅互聯。依發掘與研究，姜寨第一期文明屬時代近半坡下層遺存文明，測得半坡遺址下層文明距今 6085±110 年，姜寨第一期文明距今 5970±110 年。北首嶺遺址間層文明距今 6140±120 年（《姜寨》上冊，第 346 頁）。此三地文明連續，至少局部以北首嶺下層為源。倘效王大有給蚩尤卒年，蚩尤生年早於半坡遺址下層文明時代。言蚩尤鑄兵，必涉及冶銅。迄今能證最早冶銅發生於姜寨文明第一期。由冶銅到冶青銅兵，間存演變與發展。懸疑甚夥，每事俱宜考證，而王氏罔顧懸疑未考。此外，王氏屬文多採傳說、出土器樣，鮮饋細證。我不再援評。

　　（2）有本佚日鬱跡考暨蚩本字饋證指瑕第一

　　王氏言蚩尤名涉西水坡遺存某「灰坑」起出一黑石板面勒刻屮。此事不見於掘錄。即使王氏此察無誤，其辨言此字為屮本字一說非是。他聯繫姜寨遺址第一期文明含屮勒刻，以為石板勒刻上部乃蚩字上部之源。此說無本。

　　倘以王氏言屮塙存，此字乃前考北首嶺 77M17：（1）罐外壁屠肆二圖之一。屠肆星圖變樣，下為屠肆星圖，上乃凵字。許慎訓凵，「張口也」。訓口「人所以言、食也」。張口即謂號令、吞噬。吞噬含二義：第一，言人喙水、米。第二，天象之食如日食、月食（後世名）。在此，限「食」於日食（鬱）。此食字乃引申字。其本乃月鬱日。月鬱日別三狀：全、偏、環。唯環食狀堪聯屮。今宜通釋此字，以顯王氏說謬。

〔註121〕河南省文物考古研究所：《舞陽賈湖》（前言），科學出版社，1999 年，第 ix頁。

狄宛第一期日食別正日鬱與由日鬱，初見者為元朔日鬱（M15），67 年 10 個月後見日鬱係由日鬱（M208）。後者猶如白家村 M22。此二番天象使人恐懼，不待言。於跡古者，彼時宗女及其邑眾如何看待日二等日鬱，乃重題。於宗女及其嗣承者，兩番日鬱狀異，別狀而記，恃兩代人而成。前輩如何傳於後嗣，無證可考。但宗女別此二等天象，間瓦瓠起源即能勘審。

瓦瓠來自效瓠。瓠用於佚鬱之遊。彼時，佚、遊乃一事兩時之為。佚鬱終於仲春昏圉。遊春之兆乃瓠。狄宛第一期正日鬱致邑人猜忌，質問宗女，曾占北方宿及天市垣星宿，今如此如彼，如何不如既往。此訟致舊宗女出亡白家村，致白家村早期瓦碗之造。前宗女既遁向白家村，而狄宛邑人推選繼嗣為歷，此乃改嗣事。新邑首形土為工程歷述。

歷述以告「鬱」（有）為事。推有、鬱二字初本「有」字，一字二韻。言某人情緒不佳之狀，心事重重，所謂心情覆壓，韻從鬱。倘言日偏食，由此得名，亦言月蓋日一。但日環食不謂丸或環，而謂囧，後世引申如崇、中或仲。倘見全食（鬱），言冥，乃「明」字韻本。言晦乃釋義。言恐懼而欲阻止日食（鬱），命以「莫」。今暮時之暮本從此讀。統而言日食（鬱），謂之「有」。

（3）有本佚日鬱跡考暨蚩本字贖證指瑕第二

鬱字為地名，即《漢書・地理志》（上）「鬱夷」之鬱。許慎用字𩅬，釋云：「右扶風鬱夷也」《說文解字弟六》，地望在今寶雞西北。字從邑，有。迄漢末，彼地傳承古俗。邑字甲骨文上下二部：上為圓圈或方，下為屈膝以祈狀。此二部俱本曆為。許慎釋「有」以「不宜有」，又援《左傳》言「日月有食之」（卷七）。二說不誤，迄今仍缺補釋。

晚近，龐光華釋《左傳》「日有食之」，援章太炎引瞿曇悉達「阿修巨靈」致日月食說，引浮屠書謂手遮蔽之說，援章言「日、月遮蔽為有」，凡有所蔽曰圉，或謂之宥，反宥則謂之別。後援黃侃、王國維等說，並考《說文》諧聲多例，以為「有」與「晦」、「灰」古音相通。又以為，古人稱日食、月食為「日晦食之，月晦食之」。龐文未舉甲骨文「有」字為訓，可見其述含怯〔註122〕。我檢龐說敗於不別日食發生於晝，而且在日曆法之朔日。《漢書・五行志》舉曆算不精例甚夥，俱訴病瓬疇家誤別晦朔。《十月之交》記「日食」二字乃更名，非本名。檢者從此名引申，皆墮迷霧之彀。

〔註122〕龐光華：《〈左傳〉「日有食之」新解》，《貴州文史叢刊》2003 年第 3 期。

　　《甲骨文編》（卷七，839字）之五下，見《甲一二二二》字作 Ψ（圖版捌陸），董作賓言「此字不知偏旁，所從以文義蠡之，確與有無之有同義。今繫於有字之後」（第294頁）。《古文字詁林》舉金文研究六家（羅、林、高田、馬、李、張）言。於辨字，唯張亞初察金文有含「舟」字為獨見。其識見或超許慎，但以「舟」為「有」之訛一說則遜（第6冊，第505頁～第507頁）。許慎取又、肉部，釋不從肉，從月。此二者不協甚顯。何以如此，歷代無釋。董氏檢舉甲骨文字為「有」，告甲骨文、金文「有」字尚未通釋〔註123〕。

　　王國維《虢仲簋跋》曰：「有無之有，古本無正字。所用又、友、有三字，皆假借也」。「『有』字古文從又持肉，盂鼎、毛公鼎皆然。其本誼當為侑食之侑。後世訛『肉』為『月』，《說文》乃以《春秋》日月有食『之不宜有之說解之，非其朔也」。「……故古人隨意用之耳〔註124〕」。

　　王說不塙有三：第一，有無之別，初出自目視察知，察知於表述者謂之目睹。後世，於省思而能外物者，不目睹也知物固存。此蓋莊子《在宥》之義。在者，察也。倘既省，則謂之「在宥」。「宥」者，存於其所也。西方文字表述不異於此，習英文者皆知之。第二，又、有二字金文表義遞進而別，不可依假借而釋，但宜以「遊」韻讀通釋之。第三，許慎訓不誤。「不宜有者」，不宜日食也。日食致幽暗，故被視為宜禁者，瓶疇家能以莫而指此。日食故以月芟日，但察日鬱者乃瓶疇家。譬如狄宛女瓶疇家屠而取骨理骨聯器，與入葬闕而告日食。故有肉部。「侑」字題涉肉，恰來自屠肆變革，不屠人而屠獸或禽。

　　甲骨文「又」狀多從弧線一截交另一截，向左開口。也見向右開口者（前註第199，第114頁～第116頁）。此字筆劃雖寡，但以韻源難理而難訓。其訓須聯「遊」字：檢有、又、遊三字韻俱從毆（區）。使某物動向某所，須加力。此物及此所，此謂區。察星象於某所，此謂「在區」。黃帝時有鬼臾區，乃瓶疇家，此其證。倘言月在此所彼所，於今人乃月於某所堪察見。但於古人非如此。狄宛系瓶疇家本乎母宗。母宗占星宿、占月、占屠肆。能曆夜。曆夜而後使邑眾察月。邑眾蒙昧，以為月從宗女之力，被毆擊於某所。月於彼

〔註123〕甲骨文學者不乏檢字從韻而精者，也不乏識形精湛者，匱乏者僅在古文字體學。檢金文甲骨文者寡察字形參差之源，此乃與瑕。民國大陸昔學未及體學而阻遏，於今仍見其害，此虧初礙中國學術成體，終致中西文明之現代融通受阻。

〔註124〕王國維：《觀堂集林》（附別集），中華書局，1959年，第1200頁。

等非自遊之物。摹寫月者截取月外廓弧狀，附加一弧狀交之以同向，此謂某夜曆之疊。月狀異所而變，但無望月狀。如此，同向兩短弧線交，謂夜曆法之上弦月兩夜或下弦月兩夜。下弦月再番下弦月，使人覺「又」。總前考，此字含所變之義似月「遊」。古曆書言「遊」來自此義。

　　遊、區兩韻相鄰，但遊韻讀來自區韻增變。而區韻之基是烏韻。依宗女占宿論，別星所而得所差。定所差而別之，謂之區。地上，言遊而不言區。狄宛第一期古人近川而居，獵食必遊。故可推遊、區韻鄰而成於同時。

　　鬱韻讀來自烏韻發音前唇形變動。此韻變致若干古韻、名生成，字則後起。日、月、星體運動在天，俱涉烏韻，前著已考。用於別日食模樣，仍涉此韻。推狄宛人冥日食之日偏食以鬱，猶言日不快活，被月壓抑。此乃「有」韻韻遷。於金文，「有」字須得兩讀：讀有、讀鬱。口形少變即得：u→ü。以魚韻言水蟲遊於水，魚所變遷屬另題，不得混入此題，故在地、水、澤陂以物象而異，旇疇女遊恃瓠而頭臉不入水。

　　《甲骨文編》錄《鐵一八九‧三》 ，或《乙六六六五反》 來自兩思向：前者出自 77M17：（1）器屠肆圖覆置，告三番日食，即兩番日食輪返。此旋轉百八十度告殷商人不再相信母宗屠肆，此時父宗之治施行甚久。下短橫告歲正。此畫似弧線，《甲骨文編》錄字作此狀者數例。依其狀檢見弧狀短線謂食既月去。

　　此兩甲骨文之後字狀來自日食正朔，其證在於：截取囧字甲骨文之下半，在下畫短直線，謂歲紀春秋分節氣平。而取「｜」毌環食之央，得紀年元日，而且告南北氣通。紀元用日環食，不用偏食，不用全食，故在得數「中」。此等日食之象徵義遠大於全食。前考戊、成等字基俱本此部。

　　王氏以「狸」論黎，出自不諳遠古旇疇圖變畫記，而後變文字，亦不諳古韻與韻遷史。舉「帝出乎震」以為塙言。檢其說不塙，而西水坡葬闕 M45 饋證，「帝出乎震」之「出」乃「造」字訛成，詳後考。

（二）黿戲王事體考
1. M45 紀鬱圖暨夏至日鬱致察大鑽石星象考
1）葬闕識見之道暨 M45 原圖跡考與篡改圖辨
（1）葬闕認志與釋讀之道

　　葉林生曾以 M45 釋讀之道為題，疑心他人識見遠是。他以龍圖為五色犬圖，又以此五色犬為盤瓠。復言犬乃三苗部族以盤瓠為祖神之氏族團寄祁。

他屬源 M45 於磁山—裴李崗文明。我詰葉氏，非以其否認此葬闕為「仰韶文化墓葬」，而以其文不含釋讀途徑檢討，文題相去。其察異證，立異說不可怪。而其猜測犬、苗族、盤瓠，此脈不誤。

坦言取捨，我弗附議此葬闕屬仰韶文化說，故在諸夏文明無仰韶文明。而仰韶地名僅係後世歷史地名，較之「狄宛」之命，遠古文明信息寡淡。而狄宛之名使人溯跡彼地瓬疇女曆為與曆為鼎革。此名乃曆法文明史要名。此一名之類在故同而象異之類。故同，則象堪跡而入推。堪入推者為類，則可出推而見獨也。

葉氏言 M45 龍圖為犬圖，出自岡顧試掘錄龍圖，也出自不諳《左傳》言狄，以及狄字犬義。經籍言犬種，輒被誤讀。犬乃尚平之獸，平春秋分曆夜之數，此謂平。遠古無以為志，察犬善平，惡高而不下，或惡下而不升，故取犬義。我考邵店村遺存掘理者者言「大地灣」為狄宛，另有一本：中古史，狄宛名傳往西方，阿拉伯方音存此讀，謂西東。德文 Divan 謂此。西東者，月自西東行也。日食皆月西東事。如此，狄宛乃東亞、中亞乃至西亞阿拉伯人月芰日事之通名也。

葉氏弗識盤瓠本瓠，其念限於遺民祖盤瓠而弗究其本，強聯盤瓠與犬事。葉氏不察遺民祭祀乃舊教孑遺。舊教係瓬疇女占婺女、瓠瓜、敗瓜等星座孑遺。人類太初，無論東西方，俱以母宗為要。迄今不列顛人、愛爾蘭人仍從舊教，尊崇王母之教，唯其名少變，譯者尚女王之名而已。女人太初占星，證不獨見於狄宛舊事，其事也被西方研究證存。女性先男子占星，故在女能知死生輪返，而月事輪返歷知致其初得死生輪返之兆[註125]。月事之血使其知此。「死魄」「死霸」之念亦本此。

我發明動土度當日算法（工程曆算）前，東西方學人未將葬闕與曆算聯考。既往，我雖饋給算法，但未給算法、向程、時段聯檢念源，今補足此缺。

古傳鄉里喪葬細部耐人考究。檢入殯後起靈方式如後：凡出殯起靈前燃爆竹。喪主手持引路幡在前。出門時，棺木小頭向戶外，大頭向戶內。抬起棺

〔註125〕 "Astrology originated from an awareness of women's cyclic experience." "The cyclic understanding of the wisewomen of ancient times has survived within astrology, and it has recently re-entered the art in a more conscious way through the introduction of ideas from Jungian psychology." Lindsay River & Sally Gillespie. The Knot of Time - Astrology and Female Experience, Harper & Row, Publishers, New York, 1988,p. 12.

木，取死者將行之義。長老目視棺木去門戶時直曲之向，依察棺木是否正直而辨死者欲歸地府，抑或存念不忘，將擾生者。由此而擇宜否彎治。靈柩抬迄塋地，於落抬槓前轉向 180°，使屍體頭部入堂內，其足向堂外。取入堂目視堂外之義，猶生者將能起立而行。落槓之刻，燃放爆竹。此俗與行於中國南方、北方、東方、西方。

我依葬俗窺見視向乃關鍵參數，為繪圖取向之基。此基知不為李濟以來掘理者、檢者與享，此法也不為海外研究者知曉。我在《祖述之二》考究狄宛、姜寨等地葬闕頻用此法，故在我幼時於族人、鄉鄰或親戚去世隨父臨弔，目睹喪事終始細節。後於遊歷時不忘檢校，質詢勘輿約期覘師。依我曾見，凡土葬之域，其法盡同。

如此，檢葬闕而勘圖者，宜以既知徵兆而辨認葬闕平剖面圖，再檢圖義，而後能顯葬闕圖志。倘非如此，必如迄今考古界漠視葬闕曆圖。任一葬闕俱若干闕兆，但必含一兆，此兆乃骨殖理置朝向。基於此，可言葬闕模樣與邊聯部直曲之別。諸言可為糾彈掘理者與檢者之法。

（2）加畫輔助線得顯 M45 篡改圖使月無歸

如前察述，馮時、王大有、伊世同等與用西水坡 M45 發掘平面初圖之改易圖。即使 2012 年出版之《濮陽西水坡》也用改易圖樣（上冊，第 113 頁，圖九二，1）。如此，宜先用此圖，繪顯星象，而後用發掘初圖繪顯星象，對照而見篡改，並檢曆算之基。

北方凵狀闕乃氐宿反置（Libra in reversion）。其內見骨殖走向乃日月行道，又係日月合會之道。南部、東部見灰藍弧線乃日、月軌弧線。

顱骨部乃大角星。舊繪圖俱不用雙脛骨，以為北央。雙脛骨指向，脛骨兩根告北斗七星之瑤光、開陽。脛骨當杓，指大角星。

繪平面協所系，子午線、緯線相交，見北南、西東。日、月英文如志。星志以藍色。C.V. α 即 Canes Venatici α，此星屬獵戶座，傳統星圖之常陣一。Virgo α：室女座 α 星，傳統角宿一。Arcturus，大角星。甚亮，以察星者目睹杓指此星，又得三角廓線，故用眾蚌殼為陣，此乃大角星蚌殼陣。橙色英文字母 g 謂 guide，用右尺骨橈骨指引察星，故去左臂尺骨、橈骨，使指引唯一。令察者視 Leo β，即獅子座 β 星，五帝座。此星乃傳統五帝座，但不得釋如「帝」。

英文 sky line 謂天際線，乃東方小龕內察日西行、月東西弧線之下緣。星

象為昏中大角。縮略英文字 M. w.謂 moon watcher，月保，本宗女，代之以長女或少女。月保之東乃蚌殼，指告合朔曆算月將蔽日，或曰月鬱日。縮略字母 n.e.l.謂 nomos eclipse line，效鬱線，月擬行線。龍首連北三角，告龍角。北方凵狀闕乃氐宿反置（Libra in reversion），也能為它星圖。其內見骨殖走向係日月行道，又係日月合會之道。南部、東部見灰藍弧，小龜廓線係日、月軌道。檢此圖題涉北斗七星者，僅見斗杓二星：瑤光、開陽，無北斗星圖。蚌殼三角陣圖連脛骨部盡異乎十萬年前魁四星狀。細察即知。杓二星連三角蚌陣之東側無天權星隆起狀，故非天權星，此側邊平直無凸。而十萬年前杓連三角狀魁之一邊央凸起，此乃天權星。如此，北斗說、魁圖說俱難立足。

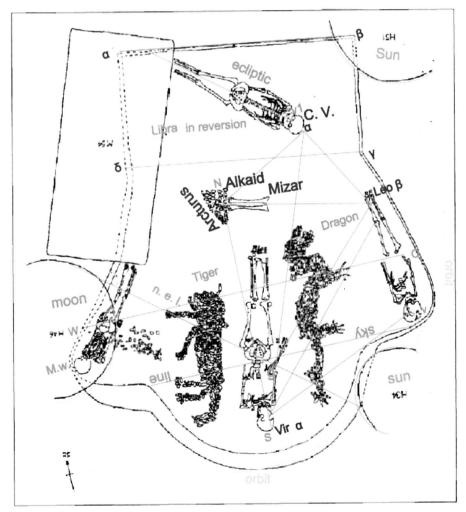

圖三○六　繪圖顯 M45 竄改圖致月東往失所

圖顯兩處弧軌（orbit），主骨殖東側弧軌乃日出後升高之際發生天象所由弧軌。以見天象，星象顯示。南弧軌乃另一天體弧軌。倘使僅見日升，必見弧軌越過主骨右肱骨，平面圖諸部曆象矛盾迭出。此圖緊要處在於，西側天體乃月，月行向東方，而日所別二，月行從軌，月竟然無歸。改易初圖者做夢也料想不到，東南兩圓口「灰坑」竟然是圓天體圖。改易後，兩圓天體僅剩一個，又變掘錄初圖平面方向，俱係無故無端之舉。此改導致古人行動無故：未睹災異天象，而動土營築，於遠古乃無端行動。認可無端動土一說，即謂古人喪失理性。

此葬闕原圖它處是否被改易，暫且不清。北京大學考古系李仰松雖知《中原文物》1988 年第 1 期載 M45 平、剖面圖，但不察《考古》1988 年第 3 期 M45 圖平面位置改動〔註126〕。發掘者孫德萱於發掘 26 年後撰文述評龍虎圖，不澄清試掘錄納圖樣被變更一事〔註127〕。馮時、伊世同、段邦寧，包括李仰松等與用改易後平面圖。看來，圖樣改易事屬彼時考古圈隱秘。

圖顯室女座鑽石星圖，其朝向偏東。此圖北為常陣一，南為角宿一，左為大角星，右乃五帝座一。其名又是春夏大鑽石星圖。倘使畫方闕內骨殖骶骨與地平協所系原點連線，此線在地平協所系東 $7°$。

（3）M45 紀鬱暨夏至日鬱室女座大鑽石星和陣圖或菱星圖考

今承用試掘簡報俱張寶林繪平面圖。檢此平面圖縱軸在《考古》1988 年第 3 期圖樣被右旋 $15°$ 許。今捨棄《考古》承用平面圖，用初圖加繪輔助線，命未名曆闕為 X，使之為月所。即見此遺跡雍覆 H34。繪弧軌兩所，嫌疑點俱消除：月東歸，而日西行。

氐宿反置、大角星開陽、瑤光之所、角宿 1、常陣一、五帝座一俱見。東龕之上，南偏西之所，乃月鬱日之所。自東察（v1），天際線 sky line 在西端 W 與地平線西端重合。脛骨兩根走向線交地平協所系東軸以 $28°$。

倘若彼時瑤光、開陽二星走向如現代走向，而且分至日依此是：春分東指、夏至南指、秋分西指、冬至北指。依此推知，天象發生於 4 月 18 日許。其算法：

〔註126〕李仰松：《濮陽蚌塑龍虎墓的發現與研究》，《民族考古論文集》，科學出版社，1998 年，第 85 頁，腳註 1。

〔註127〕孫德萱：《濮陽西水坡蚌殼龍虎圖案述評》，《濮陽職業技術學院學報》2013 年第 4 期。孫氏於發布此文時已卸任濮陽文化局首長。

斗杓旋轉 360°＝陽曆歲長 365 日

每度數與日數相差＝0.0138

28°折合 28 日又 6 小時。依狄宛夜曆法，起算始於前一日昏時。以今陽曆為效，3 月 21 日春分，加 10 日為月末。由此算得葬闕記事能為某年陽曆 4 月 18 日曆志。是日，發生日鬱（食）天象。前算又基於另一前提：二脛骨走向不曾改易。

方闕在北，如前圖，係氐宿倒置圖。東北向圓闕，係日出圖。檢此所在地平協所系東偏北 38°。此處，不便用黃道度數，故在黃道圈來自星體、日行天球投影。而此處見碩圓在東北，此乃晝見日狀。日所告日行於赤經圈上。此點在東偏北 38°。此度數能關聯地平北極，也能關聯天北極。天北極於春分、秋分垂直於赤道。倘在夏至日，天北極垂直於赤經圈，但赤經面交黃道面 23.5°。勉強以地平協所系之緯線東方為黃道 0°，則 38°約當春分後 38 日。3 月 21 日後 38 日即 4 月 28 日。此日數較之前日數差 10 日。倘準乎主骨殖視向，此線在地平協所系東北 43°。

倘調整蒞中線，使此線自主骨殖顱底左側伸向腰椎傍骶骨，順左脛骨，而越開陽、瑤光之間，伸向遠方斜置骨殖之骶骨，此點為 P，為北極星。氐宿方闕一物二用之義顯著：既為氐宿，又當斗魁。當氐宿，故有日月行中道而交會，日食得睹。如此，理骨者剔除主骨殖胸椎大部，殘存數塊胸椎。推算其數不超 5 塊，去 12 塊之 7 塊，以合 7 星之數，為北斗。殘存胸椎下連腰椎。腰椎者，腰也，央也。此央線北中極星。此蓋 M45 蒞中線之義。故命北部方闕星圖以 double graphic＝Great dipper＋Libra in reversion，謂雙圖納魁四星、氐宿四星，西文星名依陳遵嬀《天文學史》（上）俱《全天星圖》。

凡日食之刻，月掩日，星際圖顯亮，察北天極者能睹斗杓指象，能見北極。至於北極星是何星體，非葬闕星圖能告。此外，此線延長線能及方闕骨殖骶骨，而骶骨乃人體央骨。此線伸向方闕底邊央點，即方闕之 α、β 邊被中分。方闕北置，其故亦在給蒞中之證。再者，此骨殖理置時非屬全置正置，呈少許傾斜。其義必深，一如狄宛系北首嶺葬闕曆志。

既知北極，即能依目睹日晨刻出所測算蒞中線與日所視向線交角。依圖形工具查知蒞中線交日出視向線角度：

∠PZS＝23°

如此，由此算法得知，日出點位於北緯 67°許。此日照乃夏至日照。由此

平面圖法算分，日食天象發生於夏至日。此算法又揭示，在脛骨兩根並擺當斗杓告當年日數與視見北極、日出點交角算得日數矛盾。倘使雙脛骨南北走向，即能互證。倘將雙脛骨東西向擺放僅視為瓯疇家謀告大角、五帝座一宜聯繫，則曆志日數矛盾罔存。M45 圖改易僅限於平面圖右旋 15°一事。此改易似乎不足以視為孫德萱、張寶林偽造，但此改易確實便易了馮時、伊世同等立論。

東西兩側小龕外廓弧狀，於主骨殖乃小東天、小西天。以東西側骨殖為察日月者，則頭頂之天乃中天。此言基於二者朝向參差，其骨架陳向依主骨殖視向而斜置。而其顱頂穹窿之央點近垂直於足骨之央。依天體中天去人近而論，主骨殖之中天宜視為天文學之上中天。此圖見子午圈括中其顱頂穹窿。小東天以晨刻日升道為志，小西天以晨刻月行道為志。二者俱連南天，故在南天乃晝察日鬱（食）者視向端點。夏至日日行道在北半球如在顱頂，而主穹窿出自布圖之需，顯日月過主骨殖顱頂較遠。東西側兩骨殖似處於較低地平面，此設計出自距離與面向。東側骨殖擬察日西行。西側骨殖擬察月東行。相去主骨殖者，各占一所而察也。如此，M45 諸部表義參差，但俱以主骨殖目視、手指聯繫。而且，日鬱似發生於正午前，晨刻後。此言證在東側小冬天之西側發生日食，月掩日之所在主骨殖東側。自日出起算，迄目視日食視見日所，測算黃緯度變為 80°。但此度數不便逕入算式。今以日出點黃緯度數算訖日落點黃緯度數測算，得夏至日日行黃緯度數等於：

$$56° + 23.5° + 23.5° = 103°$$

日在 103°之所約當濮陽夏至日落之所。以 2020 年 6 月 21 日為例，在網路開示資源 [註128] 檢得濮陽日出 5：04：11，日落 19：39：19。此間耗時 14：35：8 秒。

倘以目視日運動，自日出迄日落，日周天運動之黃緯度數，不用負值，即得如下算式：

$$56° + 90° + 90° + 56° = 292°$$

目視日運動周天 292°而落，耗時 14.59。每小時均行度等於：

$$15 \div 292° = 0.04996575$$

依圖，目視日行 80°發生日食，謂自日出迄日食發生用時：

$$0.04996575 * 80° = 3.99726$$

得數毛算 4 小時。換言之，日出後 4 小時發生日食。

〔註128〕https://richurimo.51240.com/puyang＿richurimo/。

　　5：04：11＋4＝9：04：11

　　但此測算致不小誤差。目視向不協於北極星與視線走向。如此，宜增繪線段迄 E1，使圖顯日初虧之所與北極星位置關係。依此間連線對照地平協所系南北走向，以顯初虧發生大略時刻。故自北極星 P 引線迄日食發生之所 E，見兩線交以 19°。檢日食發生於地平協所系正南之西約 5°處。於畫象察看者，日食發生於正午 12 時以後。濮陽夏至日中時分 12：21：45，故日食發生於夏至日 12：30 分之後。

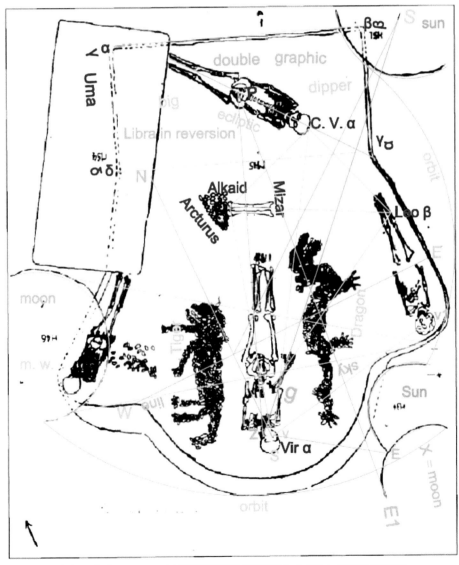

圖三〇七　M45 紀鬱圖暨夏至日鬱室女座大鑽石星和陣

今依勘審兼顧狄宛母宗為治命以「紀圍圖」。倘顧東西方星象同類，宜附加「室女座大鑽石星和陣」。圍納二義：第一，圍者，虎昏圍而孕，後產子。狄宛宗女之子乃 M45 成年男子。第二，圍者，鬱也。月鬱日是也。此名可顯被屠肆男子無畏赴死之念，龍、虎、母子以獵人開闢舊俗而連。彼時，歲紀與高壽聯，而壽數非母許無以計，母司月曆法故也。男子以日食被屠肆乃通例，非新法。「王事」云云，乃後世男宗依此星圖勒記所致，非 6500 年前舊教之念。龍乃重述，述狄宛尾宿，而龍角乃重述：大角、角宿一。室女座大鑽石星圖者，西方瓬疇家之言也。和陣者，數星聯而陳告也，德國星圖之 Konstellation。

此圖大鑽石星圖偏左，乃原始圖。而方闕骨殖之骶骨 P 點為北極星所。北極星去地平北極 21°。此度數較之 23°差 2°。此差數來太初造葬闕者察象，或來自發掘繪圖誤差，或其他。此參數佐證，日鬱的確發生於夏至日，猶 2020 年夏至日鬱。此番日鬱輪返係環食，遺存對象瓦灶可為佐證，詳後釋。

倘依初掘原圖繪中宮星圖，宜效前圖方闕內骨殖之骶骨為北極星，繪圖結果不倫不類。由此得知，繞極星中宮星圖之源不在狄宛第二期初，或在更早時候，白家村葬闕宜得深檢。伊世同先生傍 M45 試推黃道星圖之源絕非中道〔註129〕，他未得源端。而我檢狄宛系黃道星圖源自狄宛第一期前曆闕，來日俟發掘者以驗。

（4）當代星圖室女座大鑽石星和陣圖對照

依伊世同《全天星圖》（第 7 頁～第 9 頁），繪得室女座大鑽石（the Great Diamand of Virgo）星圖，以 A4 紙幅不便拓印橫圖，故繪圖右旋 90°許，拓於後。顧此星圖（第 7 頁）氐宿不盡連角宿，進言讀者檢 Wil Tirion 繪 88 星座，赤經 12 時迄 18 時、赤緯＋60°迄－30°星圖，牧夫座大角星位於赤緯－19°，黃道線過天秤座，約當赤緯－16°〔註130〕。氐宿連角宿。讀者看後圖時宜左旋 90°。藍線為大鑽石星象，各端點為星座。北極不在圖上。下方鈐志乃收藏此圖某單位，字跡不全。讀者不須照顧。讀此圖者能見，6500 年前室女座大鑽石星象似今日大鑽石星象。由此圖得知，各星位置 6500 年來變動不大。星宿退縮難免。依觀星者 Roger Ivester 言，室女座鑽石星圖不獨於今

〔註129〕伊世同：《星象考源》，《濮陽教育學院學報》2001 年第 3 期。
〔註130〕Sir Patrick Moore: Philip's Astronomy Encyclopedia, Oxford University Press, 2002, p.451.

陽曆 3、4 月可見，陽曆 12 月初亦可察見〔註131〕。此圖古名必宜係日環鬱
菱星圖。

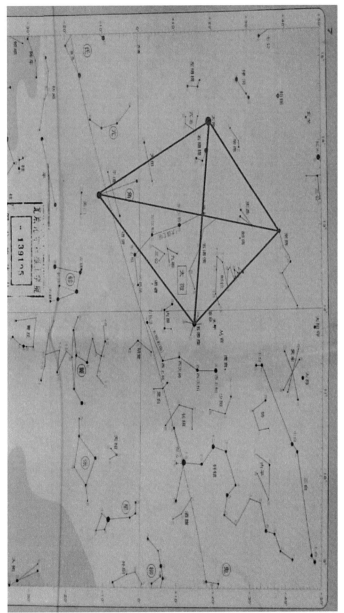

圖三〇八　東方七宿與太微垣局部可成室女座大鑽石和陣

〔註131〕 Roger Ivester:The Virgo Diamond, Monthly Deep-Sky Challenge, 05/08/2013.
　　　　 http://www.telescope.com/Monthly-Deep-Sky-Challenge-The-Virgo-Diamond
　　　　 /p/102879.uts.

2）王事暨「極天之枉」與「帝造乎震」考

（1）侍瓬疇女察大角星王事並顯北極正天枉考

我曾考黿戲氏自為田事，其要在曆為。曆為之途或以曆闕，或以葬闕，或以爟闕，或以營窟等形土營造。甚或以營造雍覆或以雍覆營造，甚或體營造為曆。我曾以為黿戲氏能自為田事（《祖述之二》第 364 頁）。舊考「自為」說不牢，今宜更正。黿戲氏固曾田事，但侍從宗女，非自主為曆。此言之證在狄宛系乙教掌教者乃宗女，而非男子。男宗名謂之父系罔存於狄宛第一期、第二期，甚至在父宗產生後甚久續存，證在武丁時婦好為娲宗傳人，而婦好世系算法仍同狄宛算法。

前未成考黿戲氏王事，今以 M45 大角星圖關聯角宿一為證，顯其王事之義。《繫辭下》言「包犧氏之王天下」，非謂黿戲氏為天子，僅告黿戲察見大角星、五帝座一、常陣一、角宿一與形菱星圖（鑽石狀星象）顯於夏至。而且，此日日鬱（食）。此日鬱又係狄宛瓬疇家日鬱類別之由日鬱。此番曆為致睹北極星。由是，狄宛系瓬疇家星象新增北天極星。此發現於占宗女星象認知，乃莫大豐富。先是，宗女占星不少，譬如虛宿、格星、宗人、須女、氐宿、奎宿、周鼎、參宿、胥星、屠肆、瓠瓜、敗瓠、離珠等。但未知北極星。於宗女，雖占北方女宿，但不曾知極星，則無以窺知冬至夏至赤經圈、黃道圈關係。由黿戲氏得睹北極星而知此瓬疇認知。黃道、赤道角度相差由此顯著。此等功業，必宜圖志。如是，見 M45 五帝座一、大角星、角宿一之三角狀。此狀乃「王」字甲骨文三角狀之源。黿戲察見此三角係王事本相。大角星被後世星家記為「天王帝庭」（《天官書》）。

黿戲氏王事別說隱於黿戲氏牛首說。《列子·黃帝篇》云：「庖犧氏、女娲氏、神農氏、夏后氏，蛇身人面，牛首虎鼻」。張湛僅言「人形貌自有偶與禽獸相似者，古諸聖人多有奇表」。「牛首虎鼻，非戴角〔註132〕」。黿戲氏固非戴角，但前圖告黿戲氏曾於夏至日鬱觀星而見角宿、大角、五帝座一。諸星名之大角、角宿不必命於當時，而傳黿戲氏王事者世代更傳，黿戲氏察星象事久傳失本，訛而變為黿戲氏生而異象，頭長角或生而頭似牛首，能長角。

前考角宿一、大角、五帝座一三星構造三角，此三角亦是後世黿戲氏畫像左手持角尺之本。無論人言魏晉葬闕畫像石或壁畫之女娲、伏羲畫，或女娲、黿戲畫，男子手持角尺乃畫像者不敢更改之圖。由此察看，秦漢以降，黿

〔註132〕楊伯峻：《列子集釋》，中華書局，1979 年，第 84 頁。

戲氏造三角形之事乃世傳昔功，莫敢否認。睹之者絕難料想，此狀源自黿戲氏受命察星象而得睹天上三角。此三角之念或許傳給後嗣，後嗣承襲，沉澱於血脈潛念。

倘言黿戲氏於母宗帝事功業增益，莫過於黿戲氏「極天之枉焉」。錢保塘作《〈帝王世紀〉考異》，以為「極夭枉焉」之「極」疑「拯夭枉焉」〔註133〕。檢皇甫謐原文或係「極天之枉焉」。「天」字訛為「夭」。「極」者，識見北極星也。錢氏揣測無據。

極者，殛也，月芟日即日鬱，於夏至。目睹極性非在天央，而偏西北。此即枉。黿戲以察見北極星，正地平協所系，使宗女革改北天舊識，得正天赤道，瓶疇家依此清辨北天。宗女以為功碩。於星曆史，目睹而且能指證北極星，豈非功業？

（2）碗 T245H6：5「乍」圖與碗 T250H36：3 口沿赤帶與證黿戲王事

依《濮陽西水坡遺址試掘簡報》發掘者起出某種「瓦缽」，圖八，8，命曰「彩陶缽」；也起出某種「紅頂碗」，圖八，7。前者依《河南濮陽西水坡遺址發掘簡報》圖九器樣 T245H6：5；後者依圖九器樣 T250H36：3。發掘者言「彩陶缽」，我檢而見「乍」碗，乃黿戲氏「之作」佐證。「紅頂碗」乃黿戲氏察夏至日食得睹月鬱日色彩印記。「乍」碗圖拓如後。

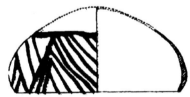

圖三〇九　碗 T245H6：5「乍」圖證黿戲依日環鬱作錐影錐照縱圖

此「乍」圖本乎日環鬱錐影錐照縱截圖，及兩圖向並，存日影稀疏狀。此圖係若干遺址日環鬱錐照錐影縱截圖之雛。《周易・繫辭下》言「包犧氏始作八卦」。此記納兩事：第一，包犧氏「乍」事。第二，「八卦」。後世讀者以「作」為動詞，以「八卦」為名詞，此釋讀致舊義喪失，而覓證者無一得計。

今檢作事本係乍事。乍事者，豫日食察星象而得睹夏至日食，與察大角星、角宿一、五帝座一，又見常陣一為北極星。前三星座與構三角。此察致知入狄宛系瓶疇家功業，此即黿戲（包犧）氏之作。後世莫知黿戲氏初作之證

〔註133〕皇甫謐撰，劉曉東等點校：《帝王世紀》（《二十五別史》之一），齊魯書社，2000 年，第 80 頁。

在瓦盂 T245H6：5 及其圖志。此圖志含三星座與構三角，但能知此三角乃祖字字源。我言作本乍，故在甲骨文見乍字。字書納乍字狀甚夥，但未給字源信息，也未陳述諸字參差之故（第三冊註第 86，第 701 頁）。我睹此字狀別三等，俱本黿戲「王」事。第一，《合 994 正》。第二，《合 11525》。第三，《合 13494》。第一字乃不封口三角兩疊。字源係半坡遺址瓦器口沿勒刻丫字（《西安半坡》1963 年版，第 197 頁，圖一四一，第 13 勒記）。第二字乃疊兩三角而不封口，加貌似甲骨文「朋」字兩側一側。第三字狀乃疊三角不封口，加屠肆圖。此告庖犧於文明史非濮陽人氏，而係狄宛第一期、白家村早期、北首嶺早期文明嗣承者。北首嶺遺址瓦罐 77M17：（1）外面冥圖屠肆為證。依此，能給黿戲之作、北首嶺第二期先後定點：北首嶺早期遺跡早於濮陽西水坡遺址第一期。而北首嶺間期文明譬如 77M17 與濮陽西水坡 M45 時代相近。而西水坡遺址 M45 穹頂狀來自白家村 M22。

如此，黿戲「作」謂察星宿於日食。此前既存豫日食算法。如此，黿戲能豫夏至由日食，不足為怪。

如前言，「八卦」為一事。八卦者，基於夜曆法第八夜而布算日鬱輪返。此蓋後世曆日算法之朔日之源。黿戲未曾立說用八。王大有適用八於除法，算西水坡 M45 年數，憑據不足，頗顯偶然。

發掘者言「紅頂碗」，器樣 T250H36：3。檢此器宜名「赤帶沿瓦碗」，係狄宛第一期赤帶沿瓦盂（碗）變更。對照狄宛文明第一期瓦盂口沿赤帶，西水坡文明第一期瓦盂口沿赤帶寬。平置此器，使口著地，即見此物平面圖頗似日環食。較之狄宛第一期瓦盂口沿赤帶，西水坡遺址此等瓦盂乃狄宛第一期口沿赤帶瓦盂之衍生，非孤在器狀。又依《濮陽西水坡》，所謂「紅頂碗」已見於西水坡遺址第一期遺存（上冊，第 53 頁），M45 次於第二期。輔證以球狀雙耳壺 T257⑧：1 等，M45 黿戲死葬前，濮陽西水坡已發生日環食，此日環食不必係狄宛第一期由日食輪返。球狀雙耳壺器根源在於球狀壺與增造雙耳。前者本乎狄宛第一期，後者與關桃園文明雙耳盆或雙耳瓶雙耳同源。關桃園雙耳盆器樣 H263：1，雙耳瓶器樣 H261：17（前註第 70，第 113 頁～第 116）。而西水坡文明第一期瓦銼 T188⑥：10（第三冊註第 36，上冊，第 70 頁）之源在關桃園文明（器樣 H244：45）或北首嶺文明早期。

（3）瓦灶 H221：5 係夏至日環鬱志暨「庖廚」「食天下」說源

《1988 年河南濮陽西水坡遺址發掘簡報》圖五，1，瓦灶，器樣 H221：5。

其圖拓如後。我檢此器係皇甫謐「取犧牲以供庖廚，食天下」一說更傳之源。

　　更傳者，嫡嗣傳其功業，後世再傳，又以它宗張揚。其功業在史傳之際被更改。「取犧牲」者，宓戲氏被犧牲也。取者，去也。被為胥宗女去生，其骨殖被取用，故言取。「供庖廚」者，蚌醢事。「食天下」者，日鬱為太一之象，眾人睹之。「食」者，日鬱也。其證即瓦灶 H221：5。此器非屬舞陽賈湖係瓦器。此器三足，出自狄宛系瓦器三足。此器堪側視，堪俯視。

　　側視此器，其項以下狀似截平置。器側有圓口，為火眼，器內底部能納火灰。器上口以下有平面見三齒，便與瓦器放置。在下燒火，能加熱上部器盛水、食。此蓋庖廚之器。

　　細察側視圖，見上下兩部接荏部為細頸。細頸外面有嘉生圖。此嘉生圖題意不異於靜寧縣博物館藏瓦盆外面「祝盛」圖，但構圖參差。此處嘉穀莖稈直上，葉旁生，底層對生葉不彎曲下垂，而向上。貌之不似麥類植物，故推測屬黍、稷等圖。

　　下部火眼狀摹日環食圖。俯視圖乃甲骨文囧字字源。此器之器藝體天象、曆算、生殖、種植諸域，乃高等文明之證。此器表義亮清，宜名日環鬱與祝盛灶。

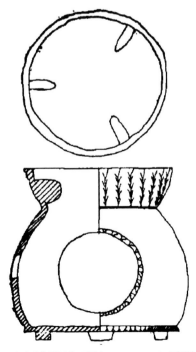

圖三一〇　西水坡遺址瓦灶 H221：5 日環鬱與祝盛圖

3)「帝出乎震」訛自「帝造乎震」考

（1）魏晉以降舊說指瑕

今別舊說為新世紀前、後兩段。先檢前段舊說。孔穎達《周易正義》援王弼云：「帝者，生物之主，興益之宗，出震而齊巽者也」。孔疏：「王之注，意正引此文，則輔嗣之意，以此帝為天帝也。天帝若出萬物則在乎震〔註134〕」。

《周易集解》（卷17）援崔憬曰：「帝者，天之王氣也。至春分則震王。而萬物出生」（第4冊，第408頁）。「伏羲既以旁通迭用教人順性命之理，又以八卦明四時之運行，以始終於艮，故干令升以此為《連山》之易。而杜子春乃以《連山》屬伏羲〔註135〕」。

鄧球柏援余琰曰：「帝即天也，以其主宰萬物故謂之帝〔註136〕」。朱熹《周易本義》云：「帝者，天之主宰」。朱熹援邵雍曰：「此卦位乃文王所定，所謂後天之學也〔註137〕」。李道平曰：「帝，皇天大帝，陽之主，即太乙〔註138〕」。倘檢字釋涉「帝」諸說，鄭樵說誘導力最大：「帝象華蒂之形〔註139〕」。

高亨說：「帝，天帝也〔註140〕」。尚秉和曰：「帝，神也，主宰萬物者也〔註141〕」。何建明以為，「帝」，「非上帝，指大自然一切生機的主宰者〔註142〕」。

王弼雖言「帝」乃「生物之主」。其言之必不清。不可苟同。孔穎達申說，以為王弼之帝「為天帝」。「天帝若出」「萬物在乎震」。此言未顯「帝」何以必聯「震」。崔憬言可兩釋：第一，依日出正東之所當節令。第二，依斗杓指向匹節令。朱熹將帝上升為「天之主宰」。李道平增說帝為「陽之主，即太乙」。

粗檢即知，「庖犧氏之作」係一事，「震」係旁事。二者能聯，但不可等同。當代，高亨以帝為「天帝」，此說來自李道平「皇天大帝」。尚秉和以為，「帝」謂「神」。此說亦來自體悟，非考知，二名之義參差，但我不否認，狄

〔註134〕 孔穎達撰：《周易正義》（卷14），《續修四庫全書》第1冊，上海古籍出版社，2002年，第4頁。

〔註135〕 焦循《易章句》（10），《續修四庫全書》第27冊，上海古籍出版社，2002年，第2頁。

〔註136〕 鄧球柏：《白話易經》，嶽麓書社，1993年，第560頁。

〔註137〕 蕭漢明：《周易本義導讀》，齊魯書社，2003年，第270頁。

〔註138〕 李道平：《周易集解纂疏》（卷10），《續修四庫全書》第30冊，上海古籍出版社，2002年，第6頁。

〔註139〕 鄭樵：《通志略》，上海古籍出版社，1990年，第113頁。

〔註140〕 高亨：《周易大傳今注》，齊魯書社，1979年，第611頁。

〔註141〕 尚秉和：《周易尚氏學》，中華書局，1980年，第324頁。

〔註142〕 唐明邦、何建明：《周易評注》，中華書局，1995年，第251頁。

宛系瓪疇家乙事能含帝事。鄭樵以「華蒂」說「帝」字不可取。

晚近，龍異騰、羅松喬拾取崔憬說，但賦予崔說「天之王氣」「旺氣」義。取「帝，古人心目中的大自然主宰」說或「大自然生機的元氣」或「生機主宰」說，而且以為，倘訓「帝」為主宰、天帝、神，即體現了古人神道觀，訓「帝」為旺氣、元氣，則有一種唯物傾向。又取鄧球柏讀「帝」為「蒂」，借為「北斗七星斗柄」，又以為「蒂」訓「尾」（《白話易經》，嶽麓書社，第 515 頁，第 560 頁）。

龍氏等又檢《彖傳》、《象傳》「帝」兩用，以為「帝」變為君號。於其亡故後成為祭祀對象。其一，用如君主稱號。《履卦·彖傳》：「履帝位而不疚」。「帝位」即君主之高位。《泰卦》「六五」、《歸妹卦》「六五」、《象傳》俱見「帝乙歸妹」。三「帝」俱冠於人名「乙」前。帝乙即商王武丁。《益卦·六二》：「王用亨於帝」。《渙卦·象傳》：「先王以享於帝立廟」。

第二，帝指天帝。《豫卦·象傳》：「先王以作樂崇德殷薦之上帝，以配祖考」。《鼎卦·象傳》：「聖人亨以享上帝」。龍氏等略要，以為《周易》之「帝」多指君主或天帝。

末了，龍氏等以斗柄為紐，綴北極星為太乙說，又由斗柄四向而指而訓《說卦傳》「帝出乎震」章。後援《天宮書》：「中宮天極星，其一明者，太一常居也」。又援《史記索隱》引《文耀鉤》曰：「『中宮大帝，其精北極星，含元出氣，流精生一也』」，援《史記正義》曰：「泰一，天帝之別名也。劉伯莊云：『太乙，天神之最尊貴者也』」（第三冊註第 28，第 1289 頁～第 1290 頁），以為「太一」、「泰一」都是「太乙」，即天帝，天極星，也就是北辰。龍氏謂，《史記》「其一明者」即為北辰中指帝星，係遠古北極星，於古人為天帝之標誌。

又舉《天官書》「斗為帝車，運於中央，臨制四鄉。分陰陽，建四時，移節度，定諸紀，皆繫於斗」，給斗柄等於帝令說奠基。並以為「帝出乎震」段係神道觀，此段納古人「形而上」之思考，含時空變化、事物終始之程，隱含「天人合一」思想。

龍氏等取高亨說：「『帝出』下省『萬物』二字……謂天帝出萬物於震，非天帝自出於震也」（《周易大傳今注》前註）。並認可宋《易》學「帝出乎震」段為文王「後天八卦」說，取朱熹《周易本義》卷首圖為證。

龍氏等以四正四偏方位當八卦而配節令，說此章云：斗柄之運對應地上

物候變化，初昏時分，斗柄指東時，植物萌發出生。指東南時，植物新鮮整齊；指南時，植物生長茂盛，相互接觸；指西南時，植物得到養料繼續成長；指西時，植物成熟，呈現出一幅喜悅之景；指西北時，植物趨向衰殘，處於生死搏鬥之際；指北時，植物萎縮枯竭，猶如疲勞之至；指東北時，植物舊生命終結，走完一個階段，而新生命又在孕育之中。

龍氏等以為，古人察斗柄指向與植物枯榮之象，而以為斗柄運轉是天帝發號施令，萬物遵命而行。以為天帝「使萬物出於震」而終於艮，由是認為一切生機都自震萌發，歷經巽、離、坤、兌、乾、坎階段，最後及艮。龍氏等認定，「帝出乎震」之「原型」，是春分時節斗柄指向東方。「帝」之「原型及標誌便是北辰中的帝星」〔註143〕。

檢龍氏等不諳黿戲王事，故不能檢崔氏「天之王氣」一說之謬。強訓「王氣」為「旺氣」，乃曲說。龍氏等覓斗柄於「蒂」說，來自鄭樵等檢「帝」字源不精。聯君號「帝」而檢，足顯龍氏等不詳「帝」曾歷多番演變。《說卦傳》述事在古，不在秦漢。況且，以帝乙謂商王武丁，不塙。夏含夷考證，遷殷後，商君十二人廟號祭日以「乙」者三例：小乙、帝乙、武乙〔註144〕。倘夏含夷說祭日用「乙」數事不誤，則商代諸君無恒名「帝乙」。

基於前考，我以為，帝乙者，帝事而神也。察《益卦》「六二」之「王用亨於帝」即《渙卦・象傳》「先王以享於帝立廟」之別述。立廟者，奠而貌祖考之功業也。諸夏「廟」較之狄宛旗疇家功業，俱係新設。其質在男宗初奠，氏行而姓抑，亦即祖考喪期得定。漢以降經生不諳男宗庀邑之本。但《豫卦・象傳》言「配祖考」足顯男宗之源傍「先王」「作」。

又檢「上帝」二字之「上」，舊不曾考。而此字謂「基於紀而升為紀」，隸定「上」字甲骨文從「一」上短「一」。下「一」謂得春秋分歷正，得歲紀。而卦名「鼎」謂正朔得紀，周初青銅器銘文可正此說。如此，「上」字起畫蘊藏母宗之紀效春秋。其上部謂男宗得效母宗之紀。而此效乃齊等於母宗之榮耀，謂男宗已去母宗降價之原罪。上短「一」謂得紀如母宗，含「效」義。依此考，「上帝」謂「使帝事者得紀年如母宗」。故此，「上帝」初非專名，而謂

〔註143〕龍異騰、羅松喬：《〈周易〉「帝出乎震」之「帝」考釋——兼論與北辰、北斗的關係》，《貴州師範大學學報》2003年第1期。

〔註144〕夏含夷：《商王武丁的末期：中國上古年代學的重構實驗》，《中國文字研究》2003年，第52頁。

電戲功業於男宗去原罪之珍謂。此事之源在於電戲於後世被後嗣配享於正北。正北者，春秋分坎方也。諸夏坎冠、冑冠之坎冠涉此。詳後，圖四二八宗冑虎妝嘗新祭祖考釋。

又檢龍氏等綴北極星而釋「帝」，悖於斗柄四指之念。此二事牴牾。龍氏失察。彼等以北辰為遠古北極星，又以為古人視此星為天帝。此說不堪以星曆考證坐實。但據《公羊傳·昭公十七年》北辰能指北極星而述，此援可為側證。龍氏等述而未考「帝出乎震」章。六年前，辛亞民析釋「帝出乎震」章，承用孔穎達說，以為此章表達了理性主義宇宙觀。雖引入王家臺秦簡《歸藏》、清華簡《筮法》證《坎》卦古名皆《勞》卦，但不曾澄清「勞」義，終境未澄清此章含義〔註145〕。

（2）「帝造乎震」章祖述電戲目詣夏至日前夜日經天次日豫日鬱諸事叢釋

此前雖曾考「帝」乃旀疇家曆為乙事，本乎狄宛，傳於電戲。但《說卦傳》此章涉疑甚廣。欲去舊說炫目繽紛，非體釋此章不可。此工夫須恃難字鑒別與辨訛，以星曆圖考揭示傳本訛字生成。

我檢此章難字不在卦名，而在事名。諸事涉電戲功業。電戲歿後若干年，其後嗣紀電戲，配享電戲，諸夏女宗遍庀由此向偏庀轉變。男宗局部庀邑出現。後若干年，男宗自立。自立之後，女宗庀邑漸次、徐緩縮小，渭水、河水流域大片庀邑變為男宗庀邑，石峁、陶寺、西坡墓地等遺存俱係佐證。

《說卦傳》版本含難字，涉史諸題跨年數甚大。涉電戲功業難字：出、齊、見、役。涉母宗評價難字：悅。涉陰陽消息難字：戰。涉電戲之祀難字：勞。涉八經卦之體難字：成。涉察日鬱者貴月芟日難字：明。此章樞紐在於「出」字義疑鑒識。倘察義疑，即能繫以前考西水坡 M45 之奠，即夏至日出東北，於午時而日鬱。「明」必含雙義：第一，日鬱見月，日月道會。此乃雌勝雄之說。第二，芟日畢了，月東行。晦暗去，暮色盡消，晝主而日照。此蓋《誥志》記孔子述周太史傳虞史伯夷之言「明孟」「幽幼」之說。孟者，舊曆大數終，新曆正始。新曆者，幼也。幼者，幺也，新紀也。新紀以正朔而開。

舊說八卦配八方，此說非來自星曆考證，故無體。其可採者僅一點：其度360、其曆日可視為乾坤冊數暨配璇璣，又即斗杓每行360°配360日算法。

〔註145〕辛亞民：《〈說卦傳〉「帝出乎震」章析論》，《中國哲學史》2015年第4期。

但此算法不涉星宿，其術算基於以八均分圓周或圓面 360°，得各 45°扇面。但此算法落後於狄宛第一期乾坤冊曆為，證存於第一期器樣 H3115：10。而且，此曆為來自狄宛母宗，非黿戲肇創。廖名春雖駁于豪亮、李學勤排布八經卦次第，但未題各卦方位得角度數〔註 146〕。徐錫臺以卜辭《合二六一》證，殷《易》八經卦次同《說卦傳》卦次，邵雍文王後天《易》說屬罔。此外，遺存起出漢《易》卦次排布與平面圓周，每卦均得 45°〔註 147〕。

舊說既未能聯黿戲王事功業，則宜疑「出」字內涵，由此疑心《說卦傳》此章句「出」字本當何字。

《賓組・合 5762》⾬字即隸定字出字（第三冊註第 86，第 364 頁）。此字從凵，凵納「止」。止顯向上之狀，故含義「去凵」，去凵即脫去凵拘。許慎言「進」，可採。《甲骨文字詁林》援孫詒讓釋「古文出字取足行出入之義，不像草木上出形」。編者按從孫氏說（第 774 頁～第 775 頁）。倘從此字為說，又墜入謬識之殼。

檢《甲骨文編》舉《前 1.3.2.6》⾬字，從羅振玉說，以為蘥字：「《周禮・大宗伯》『以蘥沈祭山林川澤』。此字象掘地及泉，實牛於中。當為蘥之本字」（第 21 頁）。此字似⾬，訛而為「出」字，此訛變本乎傳者之誤。

此字宜讀「造」，乃金文「造」字之本。羅振玉言「蘥」，辨識不塙。此字韻讀必從「少」。字下部係凵，其內見下、上兩字：下部謂「少」，上部謂「有」。此二部合謂「效日鬱而曆為少」。

「曆為少」者，正朔為新紀也。奉新紀者為少。長少之序在宗周乃大事。《周禮・春官》：太史「正歲年以序事，頒之於官府及都鄙，頒告朔於邦國」。頒告者，使之得曾造也。「造「謂詣，即太史目察日月交會。

依日月道會見日鬱論，《祖述之一》考日鬱于秋分或秋分前數日，此乃昔，非少決非「今」。狄宛宗女之紀為太，起於第一期日鬱，如 M15 考釋。黿戲察白日鬱于夏至日，後世依此正朔為新紀，此為少。此字含隸定字牛字，此字韻讀從鬱，入魚韻，來自瓨疇家申戎氏影日肖魚圖畫記。

倘不察「少」部，聯凵字，⾬字、⾕（告）堪近察而見其似，後字來自《㠯組・合 20576》。此二字同源，韻讀可通或可借。而《賓組・合集 14315 正》

〔註 146〕廖名春：《〈周易・說卦傳〉錯簡說新考》，《周易研究》1997 年第 2 期。
〔註 147〕徐錫臺：《考古發現歷代器物上刻鑄八卦方位圖及其淵源的探索》，《文博》1993 年，第 5 期。

字（第三冊註第 86，第 44 頁）坐實此鑒。此三字可借，亦可為轉注。倘轉注，即以少注牛之例，或以凵注牛之例。如此，字可讀「告」，或「造」，從「少」得韻注。劉釗入《合集 14315 正》字於「牛」字，恐誤在韻部。「告」字聯牛字義，而許慎釋「牛觸人」。此說或來自賈逵，舊傳之本不清。

　　「告」字從牛，其史學信息係：日鬱狀變，取自然之物狀摹，以牛戴角擬月捂日見日右、左戾，故牛字韻讀從鬱。於禮器，埏埴至貴之器不外為瓦酉。鬱韻讀遷而為酉，為雙韻，以言黍釀漿液容器之名。此器乃日鬱正朔後行祼兆日鬱後落雨之事，甚或附以屠肆。祼用酉瓦之事存證。狄宛第三期以降，酉頻見於西部遺存，狄宛第四期器樣 H813：27，福臨堡第三期器樣 H123：1，H130：49 等器俱為證。後世，不醓食某男宗首，但行殺祭之俗行祼祭，用酉，附以「牢」，即殺用四足有角大獸。此獸戴雙角似日環鬱平面圖太半，瓴疇家取其兆，從鬱韻讀而名此獸。此蓋牛字韻讀所由。而牛宿之名本於瓴疇女自占北方宿，附於胥星占。

　　商周甲骨文及銅器銘文存證此字此義。甲骨文 𐀢（《乙 6665 反》）係其一。來自或殷或周銅器《牛鼎》一件（拓第 1103），來自周早期《牛鼎》一件（鼎 1104），此二器各存 1「牛」字〔註 148〕。「鼎」於商周乃曆正之器，兆得紀。依此得知，「牛」字為勒記，蘊藏造字者日鬱瓴疇圖正朔之義。括要而言，以犧牛代屠肆人牲，此乃「酉」、「宥」、「幽」韻讀之源。大禹名州，幽州在東北，其事仍本夏至日日鬱日出所一事。

　　澄清此疑，今可通釋此章。首句「帝造乎震」謂電戲帝事，以目視得知夏至晨刻前日行及東北，即初昏日宿北偏西，夜行及晨刻而及北偏東。造，詣也。察日宿所及日經天於夜空，得旦前日所。震者，冬至北極星之所也。從辰，叫做「大辰」或「辰」。《公羊傳·昭公十七年》：「北辰亦為大辰」。何休注「北辰，北極。天之中也，常居其所」〔註 149〕。北極星識見始於電戲。詳圖三〇七，M45 紀鬱圖暨夏至日鬱室女座大鑽石星和陣。P 乃北極星所。經籍或簡文以辰、來、螯記震，皆存本，但言時代參差，後將補釋。而電戲以帝事被視為男宗祖先「帝」號源，其事本於「帝」登天或昇天說。而

〔註 148〕中國社科院考古研究所：《殷周金文集成》第 3 冊，1989 年，第 248 頁，附《鼎類銘文說明》，第 75 頁。

〔註 149〕陳立：《公羊義疏》（卷 63），《清人注疏十三經（附經義述聞）》，中華書局編輯部，1998 年，第 531 頁。

昇天說之本即「帝造」乎「辰」說。此說足顯男宗宗首自占北極星之欲。造者，詣也。

「齊乎巽」者，黿戲王事，午時日鬱之前，日在東南，月將芰日，日暗淡，北見常陣一，西見大角星，東側見五帝座一。此三星陳布，不顧角宿一，即得品字狀三星圖。此圖乃「齊」字源。舊說將「齊」視為「齊整」，謬甚。

「相見乎離」者，午時察見日鬱，此天象乃眚。相者，眚也。見者，目視日鬱影帶過地。眚於古人為災。渭水、渭北東西地帶，逢夏至日，午時日在頭頂偏南。月東行而遺影帶，此帶自西向東移動。離於方向為南，此乃黿戲後設定。離於事為即盡納日鬱，譬如狄宛第一期蚌狀瓦、瓦線陀、第二期迄第四期瓬疇圖之羅賀，俱為羅。

「致役乎坤」者，以秋分後昏刻察日宿所變更，以迄冬至為邊界。役，乙事及天區之界。西南乃日落之所，冬至日及邊界。

「說言乎兌」者，依夏至日鬱正朔，培育穀物而夏季收穫，等同秋令收穫穀物。宗女欣然嘗新，行社祭。說，悅也。言者，令也。宗女悅，宗女令培育夏收穀物。兌字甲骨文上部為容器，下部係「神」（前註第 199，第 364 頁～第 365 頁）。二部合謂乙教者行裸。太初，此祭乃宗女之祭，秋谷釀醬汁為裸液。

「戰乎乾」者，黿戲莅中，於夏至日晨昏，察見北極星所協於冬至北極星之所，莅中察見兩所度程 47°許。夏至昏刻，陰始息而克陽。「單」字甲骨文乃瓬疇畫記或勒記，謂北極星逢夏至在北偏西 23°許，欲協所，並為日冬至北極星所之畫記，兆陽始息。而黿戲莅中。《乙 4680 反》𐤏，《乙 1049》𐤏（前註第 199，第 53 頁）俱為證。其後，甲骨文於增注釋，或增□，或增⊟，以顯陰陽消息兆於方。聯黿戲莅中線，即得「田」部。倘拼接「單」字、「齊」字，能見黿戲王事察見四星圖。

「勞乎坎」者，黿戲氏以夏至日察日鬱，夜察天河自北向南而灌。熱而得天河水下之象，此即「勞」。後世，黿戲氏以襄助宗女協春秋分北極星在正北之所，於冬至配享烝祭。引申義係饋飲食於勤勉王事者，《春秋》經頻見，不枚舉。黿戲氏被屠肆，其後嗣勤勉樹藝而謀夏收穀物，成此事，亦是得配享之故。

「成言乎艮」，對偶北極星冬至、夏至二所，協於春秋分，終得歲曆之

全，謂之「成」。諸節點所盡，此謂成。《經上》「故，所得而後成也」之所為其釋。

　　程浩援《清華大學藏戰國竹簡（四）》之第二十四節含片段祖述，可為小證：「奚故謂之震？司雷，是故謂之震。奚故謂之勞？司樹，是故謂之勞。奚故謂之兌？司收，是故謂之兌。奚故謂之羅？司藏，是故謂之羅（《卦位圖、人身圖》）〔註150〕」

　　細考「帝造乎震」章含日鳥月丸合會於晝之察，日宿所變之察。其事即黿戲察晝夜日月之所得日行周天曆度。此考彰顯，自蒞中點（天心）出發，每天區度數非均得 45°，而該當依協所系之南北軸自圓點向東偏北、西偏北（冬夏至）各 23.5°。兩扇面相加，兩邊加角等於 47°。倘繪其細部圖，堪用於對照圖三〇七，未來將專題彰顯。依此考對照徐錫臺考漢遺物存八經卦次與各得圓周分度，得知《說卦傳》記黿戲與其後嗣為八經消息得角度算式在漢初顯頹。此頹決非來自黿戲後嗣割捨祖業，而來自男君占紫微垣北極星周遭星斗，男宗掌北方占北方星宿，替代女宗已成燎原之勢，而斗建正曆尊帝之說得立。司馬遷傳唐都之學，而唐都斗建說推測源自顓頊已來男宗庇邑者之念或其擴張。其事在狄宛第四期後。男陰莖孤為瓦塑饋給佐證。

　　題涉黿戲以王事配享烝祭，用器之證在狄宛第四期器樣 H813：27，詳後瓶疇圖釋，此器即後世酉。福臨堡第三期器樣 H123：1，H130：49 等器，俱係酉。「配」字甲骨文佐證酉乃祭祀器：此字作𨠈（《懷 767》），或作𨠈（《合集 14238》）。劉興隆先生釋「象人蹲酉前，劉氏援《說文》「酉，就也。八月黍成，可為酎酒。象古文酉之形」為說〔註151〕。我檢「人蹲」說不搞，二字乃「申酉」之合，「申」即後世「神」字，詳後鄒縣野店鬶 M47：56 面「申」（神）字堆記考。此考揭示，「帝造乎震」章乃黿戲功業祖述章，係《說卦傳》之基，祖述者乃黿戲後嗣。「帝」本乎乙事曆為，而以黿戲後嗣祖述變為引申義，由「動」字變為「名」字。商迄殷甲骨文「帝」字仍含乙事殘跡。於後世，黿戲乃男宗第一帝，遠在五帝之前。後世，以帝指男君，皆祖黿戲後嗣「配」事用名。

〔註150〕程浩：《輯本〈歸藏〉源流蠡測》，《周易研究》2015 年第 2 期。

〔註151〕劉興隆：《新編甲骨文字典》，國際文化出版公司，1993 年，第 993 頁；第 997 頁。

2. 黿戲氏醓於西水坡及龍紀暨男宗之紀萌發與嗣承考

1）黿戲氏王事嗣承考

（1）西水坡 W3 碩碗覆顱似北首嶺遺址 M248 甕覆顱

我言 M45 係月鬱日致黿戲察見大角星等曆志，另饋三證。證一：濮陽西水坡遺存文明第二期葬闕 W3（第三冊註第 36，第 101 頁，圖七五），似北首嶺葬闕 M248。貌似之兆：W3 骨殖顱部扣覆一瓦盂。此葬闕顯是「戴天」曆志，也是日食志。唯天為西南天，非南天，也非北天。而日食之所在正午後。其圖如後。

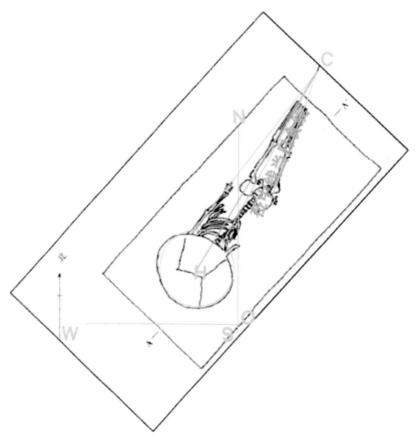

圖三一一　西水坡碗覆顱葬闕地平協所系告日鬱發生於午後

點 C 謂菈中點，猶瓬疇家直立足下。赤線告目視線。視見日出東北，而日行迄南天之西被月掩蔽。日食發生於黃緯 58°向西南延伸線上。H 謂月蔽日，英文 heaven 第一字母大寫。報告編訂者以「甕棺」器樣，告編訂者不能類別葬闕，不別瓦盂、瓦甕。此葬闕非間葬闕，故在骨殖大部不曾被瓦器覆蓋。濮

陽西水坡（前註，第 103 頁，圖七八）葬闕饋證第二，M195 兩腿骨擺佈狀為
角宿一、大角星、常陣一、五帝座一大鑽石狀星圖。

（2）黿戲後嗣王事嗣承於戎狄舊地考

二證足以間告黿戲事嗣承於史書言狄舊地。西水坡瓦碗 T245H6：5 外壁
圖見於武安趙窯遺址，也見於赤峰西水泉遺址。第一，武安趙窯遺址「乍」
圖：圖三二，4，器樣 H21：9，器表畫乃黿戲「乍」事別記。此器出自「仰韶
期」地層之下層，同濮陽西水坡 M45 期屬。此地起出三足瓦碗等，此乃半坡
瓦器，狄宛第一期瓦器間瓦器。

第二，赤峰西水泉遺址，圖三五，5，器樣 63 採：11，殘片圖益似黿戲
氏「乍」圖。此地菱形、三角形圖本可互變，狄宛第二期也見菱形三角形變
改。地色菱形外廓黑色易成黑三角圖。圖三五，4，器樣 T13①：22，面畫也
似西水坡「乍」圖。

（3）黿戲後嗣王事嗣承於關中新證

在狄宛，似瓦碗 T245H6：5，外壁「乍」圖之器見於狄宛器樣 T307②：
P1（《發掘報告》第 1 冊第 132 頁）半坡遺址起出瓦圖。在關中，《西安半坡》
圖版壹伍陸，12，器樣 P.4355，瓦外面黑線施曳，殘片來自碗，圖四二，6，
B22 型。姜寨遺址，黿戲氏「作」記（《姜寨》上冊，第 142 頁）。

圖三一二　姜寨遺址黿戲「作」勒記

此勒記佐證，黿戲後嗣一脈曾生存於今臨潼姜寨附近。由此地能假途豁
口行往藍田，徑藍田而入鄂達郾縣。

北首嶺遺址起出壺 M45：（3），《北首嶺》圖版四六，4 饋證，黿戲後嗣一
宗曾臨此地。此圖決非測影圖，乃日食錐影之象致念成器，器面圖乃日鬱之
晦色，並見日透射線束。三角狀來自截取勾陣一、大角星、五帝座一、角宿
一。器口效日環食之芯。

圖三一三　北首嶺 M45：（3）要壺面圖記電戲「王作」

　　此器下部乃月要圖，器象來自西山坪遺址西山坪 M4：1、M4：2。此乃「月要」圖。月要圖告日鬱，而且此狀來自西山坪瓬疇女之形。此證狄宛系瓬疇女、男與為瓬疇事。北首嶺 M45 係北首嶺文明間期葬闕。在半坡文明前，但在西水坡 M45 之後。自北首嶺南行，徑陳倉道，南行過嘴頭鎮，過小華山能及華陽，溯漢江登岸而達龍崗寺。順流漂能及丹江一帶。此蓋電戲後嗣傳播祖德之途。

　　2）電戲胥醢於西水坡及龍紀源考

　　（1）電戲生母華胥係為胥之宗女

　　《帝王世紀》言庖犧氏生母系華胥。此言含韻遷而於源無謬。檢華胥之胥，乃造父星占者宗女。此星名如前考本為胥星，後更名造父。庖犧氏為第幾世胥星占者之子，我不能證。

華字聲從瓠，韻似瓜，推其本在於綴讀瓠瓜。瓠瓜、敗瓜俱係北方星座，狄宛系女占星者占之。此占星者初生存於狄宛第一期。華字或從化而讀。又或依穀物培育而名。《爾雅·釋艸》：「木謂之華，艸謂之榮」。穀物類果木，以節令而熟。依此可推，「華胥」名謂：胥者謨嘉穀揚花者也。此名謂兆彼時培育穀物者初是女人。

宗女為星占者，嗣承者乃女性。如此傳承，不知幾代，為胥宗女以某男子豫由日食。此宗女用器如前考，乃狄宛第二期瓦器 QD0：19，此器外壁曆圖即「罶（咸）羅盡離圖」。豫由日食者曾配此宗女。以由日食發生於酷熱季，為胥宗女使此男子夜察南方星宿，得睹鬼宿、爟星、天狗、天樽、菁（井）宿等。此人曾正夏至。狄宛第一期，夏至節令後發生由日食。宗女使此男正夏令。我依考見狄宛第二期葬闕 M224 星圖推測，此葬闕納男骨來自燧（隋）人氏後嗣（《祖述之二》第 179 頁～第 183 頁）。葬闕 M224 無日鬱之跡，故非日食圖志，僅係星圖。

倘皇甫謐言庖犧氏代燧人氏，此庖犧氏即狄宛第二期一人。其父為誰，不知。但皇甫謐言「燧人之世，有大人之跡出於雷澤之中，華胥履之。生庖犧於成紀」。燧人之世當狄宛第一期末，第二期初。「大人跡」堪二釋：第一，體高者足跡。第二，體高者踐。第一義下，體高者足長。巨人跡乃狄宛第二期第二段營窟 F245 遺跡似足左足足跡圖樣，此平面圖固係發掘者繪圖者繪製，但營造此營窟者知此圖外廓為足狀。而且，此營窟圖依考係木星紀年之證。第二義下，體高者踐，即宗女佚鬱而使某體高者仰臥，宗女爬跨此人而圍。後義乃隱晦舊事而傳，係母宗為治之證。

倘兼顧二義，即得事本：代燧人者乃男宗替代者。狄宛母宗為邑首，雖用男宗，但非謂狄宛存所謂「父系」邑社。相反，女宗能號令男宗，男宗從屬女宗。而且，狄宛第二期第二段，已行木星紀年（《祖述之二》第 432 頁～第 435 頁）。此蓋皇甫謐言「首德於木」之本。如此，狄宛第二期塙曾有華胥、黿戲功業。

「雷澤」為地名，此地名係於何地，不可強言。狄宛第二期，渭水流域濕潤。河南北部也濕潤。雷澤或在渭水流域，或在濮陽。但此歷史地名起源檢討者宜連屠肆而考，否則僅搬挪史料，罔顧遠古文明傳承。

倘察「雷」，事涉北首嶺屠肆圖，77M17：（1）。屠肆圖乃雷字上部之源。如此，雷澤之雷僅告庖犧氏乃狄宛文明傳人，而非孤在英雄。《說卦傳》：「兌，

正秋也」。「兌為澤」。如此，八經卦之兌乃西方卦。如此，雷澤之澤不可強以澤論，而宜以曆為求證。依此念，澤在某地之西，而秋分為節令之正。此事本乎狄宛第一期元朔日全食。倘使我選，我寧選狄宛附近某地，譬如莊浪縣朝那湫。

狄宛第一期邑人東北而徙，行程徑此地。秦石刻《告大沈厥湫文》屬「詛楚文」之一。石刻出土於宋治平年間，耕田農夫於朝那湫旁掘得。刻石《告巫咸文》出土於嘉祐年間，出自陝西鳳翔開元寺。楊寬先生考此地初係秦宗祝祭祀巫咸神之所。依楊先生援容庚釋《告大沈厥湫文》，秦穆公曾與楚成王仰朝那湫，與楚成王約以通婚，相與利，為質於湫。楊先生以為，秦宗祝祀朝那湫，旨在祭祀水神。祀巫咸，旨在祈求巫咸通天帝，使「詛」的巫術靈驗。但楊先生終境未言，何謂詛巫術﹝註152﹞。我以為楊先生說不塙，故在水神說無本，屬純神話。強勉為題，不外神話檢討一題。古昔瓬疇事能在後世化為神話，但初非純神話。

檢春秋時期，秦、楚與認朝那湫為聖地，此事蘊藏遠古西部文明重鎮之一在朝那湫。考秦得嬴氏之姓始於舜，而嬴字從瓠為舟狀，事本宗女伕鬱，娍宗以此字被題涉。而沉物於淵屬巫者兆瞽術，「詛」謂惡咒。言乃巫者之能，猶周厲王時衛巫。但為器乃瓬疇家之事。沉物於淵兆咒倍盟者「舟」濟不得，恆在此岸，終不及彼岸。

又依《封禪書》，殽以東，名山五，大川祠二：……，濟水、淮水。自華以西，名山七，名川四：……，河水、沔、湫淵、江水，各具祠。湫淵，祠朝那。依此記，於黃帝以降，濮陽不貴於朝那湫。依此考，朝那湫曾被娍宗貴重。黿戲曾隨母宗行遊此地。

巫咸為人名，見於商朝文獻。巫乃事為之名。咸訓遍，告其能無量或無邊。倘問，此能屬何能？曰：宗胥之能無邊，宗胥即屠肆者。殷金文饋證：《集成3150》俱《咸父乙簋》咸作🔲（第三冊註第148，第6冊，1988年，第69頁），字別三部：縱向上部左側見斧鉞，下部見屠肆狀。左側下方見口部。此字本屠肆掌刑之狀，口部乃巫者之兆，巫以音韻傳教。春秋時，巫者精於辨音，化為工，為鑄鍾者。巫醫，以聞、問診病者也。掌屠肆者乃占胥星者。《爾雅·釋詁》：斂、顯、胥，皆也。「皆」字本並骨殖日食圖，詳前考。

﹝註152﹞楊寬：《秦〈詛楚文〉所表演的「詛」的巫術》，《文學遺產》1995年，第5期。

為胥者屠肆而並置某二人骨殖，此即皆。斂類胥，俱係胥治之跡。胥者，宗胥也，以宗女占胥星為治者也。

成紀庖犧氏乃濮陽王事黿戲後嗣。成紀庖犧氏為王，僅限於男宗。王事之證在狄宛系三角畫及瓦碗大角星圖。渭水流域任一遺址大角星圖，無不含黿戲宗嗣勞作。八卦事也發生於狄宛一帶。如此，初王事黿戲、八卦事庖犧乃多人同號異事。初王事黿戲乃濮陽死葬者，葬於 M45。而為八卦庖犧乃其後嗣。傳陳留太皞虛乃為八卦，指成紀庖犧後嗣徙居地，以嫡傳而張揚黿戲功業所致。

（2）黿戲以由日鬱為醢及功業嗣承考

舊說 M45 為祭祀遺跡，為宗教遺跡，俱告此葬闕義一隅。舊說者俱未釋以蚌陣龍虎圖之故。而且，舊說俱不能告 M45 主骨殖與葬闕平面圖關聯。M45 主骨殖屬生者為何而死，迄今為謎。

檢此葬闕納蚌殼，事本狄宛系早期遺存先聖用河蚌與放寫河蚌瓦片。前者初證在狄宛第一期遺存。起出鑽孔蚌殼器樣 H3115：12，此曆闕起出系統曆算器。另檢未鑽孔蚌殼 2 件。其一器樣 H398：63。兩器起出之所為曆闕。兩曆闕俱告狄宛第一期曆為、生殖醫學進益事。蚌殼俱為河蚌。曆算以蚌狀瓦片，譬如器樣 H398：72 一面存蚌羅勒刻。系統曆夜曆法瓦片 H3115：10 出自 H3115。依《濮陽西水坡》（上冊）西水坡遺址第一期遺存未起出一樣曆算蚌器，即所謂蚌鐮（第 86 頁）較之白家村蚌鐮無評價餘地。濮陽西水坡遺址試掘與發掘簡報俱未陳述 M45 用蚌係河蚌抑或矛蚌。檢《濮陽西水坡》蚌陣龍虎圖，龍陣、虎陣蚌殼既見珠蚌，也見矛蚌（第 114 頁～第 115 頁）。矛蚌為數不少。

今舉一問，即能致揭 M45 主骨殖生前如何赴死舊事：無論矛蚌、珠蚌，俱有蚌肉。蚌肉如何處置？答曰：蚌肉用於為醢，M45 主骨殖生前肉身也被用於為醢。如前考，宗女為胥，以由日食降罪於男子。被罪者非任一男子，乃豫由日食男子。濮陽黿戲或曰生於朝那湫，黿戲以夏至日日食被醢。許慎訓「胥」以「蟹醢」。蟹、蚌俱屬水蟲，而有殼。《說卦》：「離為蟹」、「為蚌」。此二物類同。前考日食於卦為《離》。如此，黿戲以察日食而被罪赴死。醢黿戲乃胥星占者，即徙居濮陽某狄宛系宗女。其替身乃 M45 西側 H46 少女。此女之所又納參宿。

黿戲被罪赴死，以裁見故。殺黿戲者，宗女也。宗女申黿戲生前祖媧之

意，故蚌陣虎，布生殺之兆。《史記·天官書》：「參為白虎。三星直者，是為衡石。下有三星，兌，曰罰，為斬艾事。其外四星，左右肩股也。小三星隅置，曰觜觿，為虎首，主葆旅事」。《史記正義》曰：「罰，亦作伐」。又援《春秋運斗樞》云：「參伐事主斬艾也」。《史記集解》援如淳曰：「關中俗謂桑榆孽生為葆」。又援晉灼曰：「葆，菜也。禾野生曰旅，今之饑民採旅也」。《史記索隱》援姚氏案云：「宋均雲，葆，守也。旅猶軍旅事也。言佐參伐以斬艾除凶也」（第 1307 頁）。檢「斬艾」可綴讀栽。《爾雅·釋詁》「艾，正也」，「艾，歷也」。月鬱日於掌月宗女乃莫大曆法挑戰，故為栽。目睹月鬱日，此為閏歷。既於月曆法為害，宜正月曆法，如此，降罪而除為害者。此蓋黿戲被殺之故。

又顧黿戲行夏至節令，故蚌陣為龍。此龍即兩棲生物鱷魚。鱷魚熱則入水，寒則出水。此生物象徵行寒溫之氣。春夏而出，秋冬即隱。《鬼谷子本經·陰符篇》「盛神法五龍」。陶注：「五龍，五行之龍」（第三冊註第 87，第 2395 頁）。

考古界言 M45 係顓頊墓者不少，我以三故不能附議：第一，黃帝功業未清言，豈可言顓頊。凡言者皆逆證者，逆證者宜遍證《竹書紀年》黃帝事與西水坡 M45 聯繫。迄今無一人能饌足證。既不能證，強言無非暢想。第二，西水坡文明第一期迄第三期瓦器俱屬紅瓦器。黿戲為醢後，後嗣承其業，證在西水坡文明第三期四件瓦盂同屬狄宛羅畫瓦器，屬狄宛第三期羅畫瓦盂：T223H136：2、T223H136：1、T223H136：6、T223H136：7，圖二七九，7、8、9、10。掘錄述諸器「腹部飾黑彩網狀方格紋」，口微斂、唇尖圓、腹深直。口徑最大者 10cm（第三冊註第 36，第 319 頁～第 320 頁）。河南南部舞陽賈湖文明無一器施彩，故無演變為羅畫之基。此等瓦畫非狄宛系莫屬。前舉黿戲氏「作」盂 T245H6：5 器身施彩傳於西水坡文明第三期，亦證黿戲氏功業嗣承。第三，M45 缺《楚語》「家為巫史」之證。聯前考，西水坡 M45 非顓頊葬闕，僅係黿戲葬闕。

倘將「作」盂 T245H6：5 器身施曳膏汁視為瓦畫初階，狄宛第二期瓦畫固係成物，而黿戲氏後嗣構圖曾歷艱辛，功成而致諸多系統瓦畫，含返鄉為畫。依此考訂，我略認狄宛第二期及狄宛系瓦畫多出自黿戲後嗣創造，而且仍受宗女約束。

言黿戲後嗣返鄉創造瓦畫，別證在於，狄宛第二期葬闕傍龕，甚顯偶然，推其初乃白家村 M6 附獸坑，龕聯葬闕則係濮陽西水坡葬闕 M153（前註，第95 頁）。西水坡遺址 M45 穹頂來自白家村文明早期葬闕 M22。無論屬何者，返鄉者以瓦畫之技豐富狄宛瓦畫。此葬闕以其西北弧狀龕及龕內兩顱骨，但顱底向上，看似圓器逼近，能模擬日食。依此葬闕平面協所系推算，此番日食即西水坡 M45 述夏至日食。返回狄宛造瓦器為瓦畫之瓬疇家庖犧後嗣又西遷、南遷、東遷、北遷，東北遷徙。而南遷、東遷人數最眾。南遷、東遷、東北遷，俱遺留貌似遺存。

（3）屠肆宗女近朝那湫產黿戲

人言河南淮陽為太皥舊地，我不從此說，故在太皥部非源自濮陽，而本狄宛甚或北首嶺。濮陽係嗣承者之所。嗣此號者四向而遷。南遷者一部初自濮陽而南遷，抑或先西行而後東折而南遷往睢陽，迄今未知。南遷之故在求解太初由日鬱之害，謨在南得穀物，彌補由日鬱致穀物歉收。此乃諸夏之夏別源。此外，彼時瓬疇家已知，太初由日鬱自西南掃過狄宛。謀得仲秋穀物，宜向南覓求，南熱而北寒。

無論怎樣察看濮陽西水坡遺址與淮陽太皥故地聯繫，俱不可否認蚌算合朔事。用蚌殼為曆事初興於狄宛，蚌算合朔遺存之證佐證狄宛乃卜卦源地。而且，不獨濮陽西水坡無蚌算之證、舞陽賈湖遺址、裴李崗遺址俱無蚌算合朔之證。「八卦」初興於狄宛，而非河南淮陽。況且，迄今最早「八」字見於狄宛第一期赤畫 H3115：10，狄宛第一期元朔日鬱術算基於夜曆法算用第八昏（晦）。傳言太皥初興於淮陽者俱不能饋此等曆算史證。

至重佐證乃菱星圖，菱星圖之菱角狀葬闕圖見於狄宛第一期 M208 甶圖。此圖再見於天，此乃莫大之喻。

至於西水坡 M45 黿戲來自何地，暫難塙答。僅可依彼時行止行向推測。狄宛第一期末，留居狄宛邑人一部從屬宗女屠肆者。此人後世名華胥。華胥者，刮胥也。銛割肆理骨殖為曆圖也。此宗女佚北行鬱于莊浪朝那湫，受孕於彼地。產黿戲於彼地。此一線地下存狄宛第二期文明甚夥，可為旁證。華胥生黿戲近朝那湫。黿戲成年後，在彼地合朔曆算，嘗試瓦畫，圖顯星象。又算得某年夏至前後由日鬱指環鬱將見於東北某地，狄宛不得睹。其母宗用此曆算，東北遷徙。行迄濮陽西水坡一帶，某一由日鬱將即時輪返於此地，故駐足於此。靜候此番日鬱輪返。如此推測，既合乎太初蚌算為曆，又合乎狄

宛第二期、西水坡第一期文明聯繫。《濮陽西水坡》（上冊）Cb 型 I 式碗，器樣 T171H333：8（第 68 頁），頗似狄宛第二期碗 C 型 II 式 H223：1（《發掘報告》上冊，第 135 頁）。狄宛第二期見瓦銼甚夥。北首嶺遺址早期起出瓦銼不少。西水坡遺址第二期僅見瓦銼 1 件。如此，在文明體統上，西水坡文明第一期宜係於狄宛文明第二期前。如此，兩地文明時連無間。狄宛遺址掘錄饋證，第二期文明第 I 段距今 6500 年許（《發掘報告》上冊，第 706 頁）。依此推測，狄宛文明向河南北部輻射，由河南北部向河北、山東輻射。而東夷、小昊文明、華胥宗治俱以星曆求索關聯。圖畫日烏反映某種男宗自覺與自省。狄宛第二期不見日烏畫。郯子言鳥紀出自日烏畫演變。其事遲起。鳥名眾、鳥狀繁，不便聯繫旎疇畫，欲紛繁述日烏，即成眾鳥。如此，昔聖寄圖以顯影日與肜日等事難繼。日烏曆志圖消亡。而袁廣闊以生殖致半坡早期瓦圖消亡說非是。如上基考今告，諸夏本無孤立大汶口文明，猶無仰韶文明。大汶口、西山坪、龍崗寺、白家村、西水坡、半坡、楊官寨、泉護村、廟底溝、仰韶等文明無非狄宛文明子遺。中原、河套，江漢、淮水、渤海諸域文明閃耀，不外狄宛文明輻射之餘溫。

（4）狄宛尾宿龍紀於濮陽變為大角星龍紀致男宗世系萌發

我曾考狄宛第一期龍紀在於尾宿紀年。此說不以遼寧阜新查海遺址石陣龍掘理而變更。舊說細節宜依宗女星占補正。如今，從狄宛龍紀跡考延及濮陽西水坡遺址 M45 龍紀跡考，宜清言此二事同異。

已考西水坡遺址 M45 非孤在遺跡，白家村遺址、北首嶺遺址、狄宛遺址等文明俱被題涉。故此，西水坡遺址 M45 龍紀乃狄宛第一期尾宿龍紀變更與演變。狄宛第一期尾宿龍紀乃龍紀之源，西水坡遺址 M45 蚌陣龍圖以龍紀之兆印記龍紀之流。其對照物乃蚌陣虎圖。狄宛虎曆乃曆法鼎革之本，虎紀或間以奎宿為圖，或寄圖於奎宿星圖。此星圖見於《祖述之一》考證。略要狄宛、西水坡龍紀，即得證以星曆、日食天象之聯考，濮陽西水坡 M45 龍紀係狄宛尾宿龍紀變遷之證。由日鬱（食）天象曾見於狄宛、白家村，後見於濮陽。

狄宛第一期尾宿龍紀乃宗女龍紀，非男宗龍紀。此乃狄宛、西水坡龍紀判別把柄。狄宛第一期尾宿龍紀出自宗女認知，此認知綿延不絕。宗女曆為與曆教延及武丁、周穆王時代，尾宿龍紀必及宗周末期。其後未知。

男宗龍紀遲起，濮陽西水坡 M45 王事納龍圖，此龍圖饋證濮陽 M45 之

後，存在龍紀。《左傳・昭公十七年》郯子言龍紀，乃男宗龍紀。

郯子言龍紀，宜釋為歲紀。陳遵媯述亢宿援《禮記・月令》云：「仲夏之月，昏亢中」，述云：「大角一星在亢的上面，夾在左右攝提之間，其光甚熾，是一等星；古法角宿，實從大角算起；它和角宿二星，共三星形成牛首的樣子，由於它最亮，所以列為二十八宿之首」。「後人由於它入亢宿二，五度，遂把它列入亢宿」（《中國天文學史》第 230 頁）。對照前圖，得知角宿一、大角、五帝座一三星聯為三角乃龍紀之角。角宿一為牛首眉心，大角星、五帝座一為雙角。而此紀年乃日環食正朔曆法。自此事發生當日起算，從母宗曆法為夜曆。若干代後，轉變為日曆曆法。

男宗龍紀出自東遷濮陽西水坡故地宗女許可，而非男宗自為。彼時，宗女以夜曆法能記宗譜，能命某人為某人之嗣。此命嗣乃宗女分宗，男宗分宗之源。濮陽黿戲後人別多宗，分宗事由宗女掌管。

龍紀較之秋分之紀為後起之紀。狄宛夏季日食曾致稷敗而不收。而秋分日食之紀為效紀，不敗稷。狄宛第一期由日食後，宗女漸知由日食乃孟春後日食。北方仲春時節下種，仲春後日食礙節氣，礙穀物成熟。如此，宗女察知，由日食不獨指夏至後日食，也指仲春後日食。夏至日食亦致穀物敗收，也屬由日食。黿戲以此被罪被殺，乃事之必然。

以 M45 蚌陣龍圖論，龍紀乃夏至日環鬱之紀。此番日食之後，以母宗許可，男宗為嗣承之紀。後世言祖，乃男宗之祖。「祖」名本黿戲察角宿一、大角星、五帝座一三角狀。此嗣承之證見於甲骨文字，史考者既往不知。察此三角者乃瓶疇家，又即後世言王。唯後世男宗史家崇隆一脈，致餘事難協。此等王事衍生若干故事，既往被謬釋：譬如，男宗某瓶疇家為宗女外一君，雖受宗女約束，但能主宰男子嗣生死。而且，此男行宗女之教。其證有二：《盜跖》滿苟得言：「堯殺長子，舜流母弟」。「堯殺長子」。《釋文》援崔曰：「堯殺首子考監明」。如此，帝堯行「宜弟」之教。舜亦行「宜弟」之教。盜跖言「舜不孝」者，成玄英疏：「為父所疾也」〔註153〕。檢成玄英說非是。瞽欲殺舜，亦從母宗「宜弟」之教。舜輒「得不死」。後世以為舜繼母偏心，檢此念非古，而來自父宗掌治潛念。宗女許男宗為紀，故見《誥志》虞史傳教。

甲骨文存龍字旁證尾宿龍紀、證在《前 4.53.4》、《合 9552》，龍字源或在

〔註153〕郭慶藩撰，王孝魚點校：《莊子集釋》，中華書局，2004 年，第 1005 頁；第 997 頁。

狄宛乙字《拾 5.5》、《合 6631》。無論從前者還是從後者，俱在上部加倒三角，此乃雹戲察大角星之事。《爾雅·釋親》之「新」、親，字從上部。換言之，生殖學之種係雌雄之記，始於雹戲之時。

3）龍紀兩本而貴狄宛龍紀綿延得體

（1）查海與西水坡龍念同異暨狄宛查海賈湖葬闕曆圖文明兆同考

考釋迄此，宜澄清兩題：第一，龍念。第二，狄宛文明、查海文明、賈湖文明葬闕曆圖異同兆鑒。倘言虎事向虎圖轉變，此題屬狄宛系文明。欲言龍事向龍圖轉變，乃東亞廣域大事。在此，宜破除中國龍說，代之以東亞龍說。

我言東亞大事，故在狄宛系尾宿為龍，能遠播東北。而阜新龍念能隨阜新古人西南向徙居而傳入河南濮陽。倘使某人信奉濮陽乃龍圖之源，不認可阜新龍圖來自更早文明，此人即宜先證查海發掘出自偽造。此人又宜證阜新古人不曾徙居，也宜證蒙古人種在東亞、東北亞乃無本古人。

我推測，狄宛尾宿龍念之外，東北亞曾存龍念。但彼地龍取象為何，我未能考知。而濮陽龍圖取象於鱷龍，從其水陸兩棲之性，以熱極而隱藏，以陰極而現身。言阜新古人西南向徙居，逢寒冷而西南徙居，或逢春季後日食而西南向遊獵。能在中原北部，遠及河套地區，甚至更南地區遊獵。如此，狄宛系文明遭遇東北亞文明，混雜中原舞陽賈湖文明之事出現於濮陽一帶。

依發掘勘察，阜新查海遺址石陣龍圖宜屬最早龍圖。1994 年，遼寧阜新查海遺址聚落中心廣場發現史前石塊堆塑龍，全長 19.7 米，龍頭部最寬處 2 米，龍身至尾部寬 1 米左右不等。其下壓葬闕，見祭祀坑 3 所。據測，此遺址距今 7600 年～8000 年〔註 154〕。

發掘者言：龍形堆石遺跡位於聚落「中心」墓區北，腹下約 3.4～3.5m 為 10 座豎穴土坑墓。背部 4.0～6.1m 為南北排列之居住遺存 F31、F36、F45，頭部約 1.5～7.8m 為東西排列之居住遺存 F23、F22、F20。尾部有 F43、F46 遺存。龍形堆石乃一橫過遺址央部寬 0.15～0.25m 狹長基岩脈線上，採用紅褐色玄武岩自然石塊堆擺而成。石塊尺寸多為 8～12cm。造型酷似一條巨龍。頭向西南，尾向東北。方向 215°。造型：昂首、張嘴、屈身、弓背，尾部若隱若現。龍形堆石全長 10.7m。頭部寬約 3.8、厚約 0.12 米，頸部寬 2.85、厚 0.38m。龍身寬約 2.2、厚約 0.16m。尾部石塊散亂，圖版五八、五九、六〇、

〔註 154〕辛岩：《查海遺址發掘再獲重大成果》，《中國文物報》，1995 年 3 月 19 日。

六一、六二〔註155〕。

依查海遺址掘錄,查海石龍色赤,而且石陣龍首向西南,尾向東北。赤色謂布石陣者取色為赤。赤乃火色,告阜新文明古人尚溫熱,濕氣。推其故在彼地水草雖美,但濕氣較重。阜新最低海拔不足百米,水皮甚淺。

石陣龍首向西南,即謂彼地古人崇尚西南,或迷戀西南,或疑惑西南有奇物。此龍首之向指引邑人向西南遷徙。而且,高緯度數條日食帶自中緯度而來。日食致水草不遲生,又致獵物甚寡。難免遷徙。龍首朝向猶如吉兆,指引遷徙。如此,有龍念之阜新古邑人向西南遷徙。

在中國地圖上,依遺址地平協所系龍頭向南偏西 35° 而遷徙,此線伸向河南省北部,線段尾端伸向中國東北。依狄宛第二期營窟遺跡歷考得認知,狄宛昔聖知曉地圓,能依星象指引而遷徙。如此,尾宿外龍念自阜新出發,四散傳播。但最大一脈傳向河北東南、山東西南、山西東南、河南北部。在濮陽西水坡,東北亞火熱龍念遭遇黃河流域尾宿龍念,並替代尾宿龍念。但尾宿龍念自狄宛向東北傳播,內蒙古史前遺址起出玉豬龍本係狄宛尾宿龍念子遺。此際,黃河流域、東北亞人種發生融合。

狄宛文明嗣承者徙居,事出自月日以瓴疇家女男之別而察,又以日鬱天象類比女越男之念。凡日鬱,月自西東行,生光後,日西行,月東歸。秦安縣王家陰窪遺址男女葬闕東西異布佐證察月日交會而分離:西區密布 32 座葬闕,骨殖凡可鑒定者多屬男骨;東區密布 31 座葬闕,骨殖凡可鑒定者多屬女性〔註156〕。如此布置,出自日月依性別而察。宗人徙居,宜從日月道會而見日月行向。

我檢查海文明之 2 葬闕曆圖,與見日食曆圖。今為圖拓並補繪輔助線,以顯其日食察看事蹟。M1 緊鄰石陣龍。西側為 M2。M1 西北側偏上雍於 M2。M1 正北向。壙北端寬於南端。壁、底近平。納成年男骨殖。頭北足南,仰身,面向西。骨殖腐蝕嚴重。存一股骨、上肢骨、下肢骨殘塊。M2 也位於石陣龍東南側,正北向。葬闕狀似圓角長方形。納成年女骨殖。面向西。足下存 2 件素面紅褐罐(第三冊註第 155,中冊,第 525 頁～第 526 頁)。

〔註155〕辛岩:《查海──新石器時代聚落遺址發掘報告》(中冊),文物出版社,2012年,第 539 冊。

〔註156〕甘肅省博物館大地灣發掘小組:《甘肅秦安王家陰窪仰韶文化遺址的發掘》,《考古與文物》1984 年第 2 期。

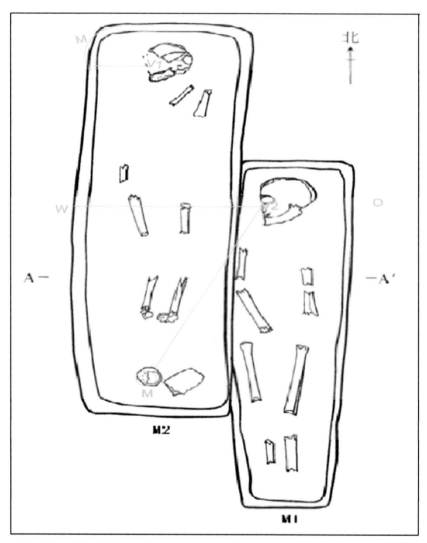

圖三一四　阜新查海仲秋日鬱前夜與朔日日鬱前索月志

　　圖示目視方向乃仲秋日食，即狄宛第一期元朔日食。圖顯男女與察仲秋日食。以 M1、M2 葬闕兩顱骨高低參差而辨，男察近處之月，女察遠處之月。遠方之月即行徑氐宿之月，女夜察月行是也。近處之月乃晝察日初虧前月所。M2 壙北邊高於 M1 壙北邊，此所差反映月在上，又即女莅中之所高過男莅中之所。女骨殖足下一件殘缺直口杯口向上，呈環狀，告天體圓形。推測此天體乃月球。此推測基於此天體處於 M1 視域內，乃次日日食發生前行跡。M2 西北弧線謂月所，視向 V1 能及。M1 內，視向 V2 視域內有圓物在 M2 南，謂月。月在西天劃過。

對照此圖與狄宛第一期 M15 日食圖，即知狄宛文明第一期瓬疇家星象認知有體，而且其地測術遠超同時期它地瓬疇家水準。此差異無礙勘認查海遺址文明、狄宛遺址第一期文明基質同一：二地瓬疇家俱求察知日食。二地瓬疇家與邑人與享圖志之途，宗際交流之基可安然斷存。

題涉舞陽賈湖文明、狄宛文明堪否比較，迄今未見倡言。考古界或避而不論，或草率命賈湖文明為太皞文明，唯以賈湖文明屬年早於狄宛文明為故。既往，我察賈湖遺存含類似狄宛文明遺跡，納裴李崗遺存於檢域，但未遑顧及賈湖文明。今略要賈湖文明，照以濮陽西水坡遺存，給狄宛、賈湖文明比較奠基。

賈湖文明初不涉狄宛文明，乃母宗文明別樣，以五兆而異於狄宛早期文明：第一，骨笛。第二，鑽龜。第三，稻作。依 ^{14}C 等年齡測定，此地第一期文明早於狄宛第一期文明。遺存最早遺物係木炭，樹輪校正年齡屬西元前 7040 年（《舞陽賈湖》第 515 頁）。M344 骨殖檢屬西元前 6520 年遺存，係最早骨殖遺存。但葬闕 M344 依發掘屬第 II 期第 5 段。換言之，在後期地層起出早期地層能函納骨殖（《舞陽賈湖》續表九二，第 515 頁～第 516 頁）。下、上地層遺存代表性發生矛盾。而此矛盾迄今未被考古界檢討。

賈湖遺存研探尚存如後疑難：第一，無序發掘致遺存全貌罔存，我以為中國考古界將永久喪失遍檢之基。第二，營窟星圖檢討乏基。營窟 F33、F5、F40 等平面圖顯含星圖（《舞陽賈湖》第 53 頁～第 65 頁）。第三，曆闕曆算與星圖檢討迄今無奠基之作。此地曆闕見柱洞，譬如 H246（第 83 頁）頗似關桃園遺存。第四，曆闕納犬骨者，譬如 SK1、SK3 等（第 131 頁）似屬狄宛、白家村犬性崇尚之例，可並列於狄宛系文明。兩地犬性崇尚宜得比較。第五，並見石磨盤與瓦器諸葬闕，譬如 M371，顯屬日鬱曆志。諸般遺跡凡涉星圖者，能否覓得狀似狄宛第二期營窟內黃道圈之證，乃未來檢題。黃經、赤緯地測學萌芽與否，天象圖志存否，諸題俱係中原文明進益要題。

《呂氏春秋·仲夏紀·古樂》言葛天氏之樂，「三人操牛尾投足以歌八闋」。三人或合唱，或次弟獨唱，或交替獨唱，必恃歌起落之節密。律管發聲激越，能引導，也能伴奏。賈湖文明以律管見長，葬闕 M73、M121、M270、M341 俱納骨笛。此地樂律早成，乃不爭之事。依《漢書·古今人表》「葛天氏」在朱襄氏後。對照賈湖文明骨笛，班固次弟或誤。以八闋之名論，則歌詠諸題反映太皞之教向葛天氏先輩之域滲透。《禮記·樂記》以瑟為清廟用器，以管並於「鍾鼓磬」，為「樂之器」。樂律史家界別瑟、管甚精。瑟為清廟用器，事

涉男宗之紀與男宗祭男祖。《帝王世紀》言庖犧氏「都陳。作瑟三十六弦」。此庖犧氏較之濮陽西水坡 M45 黿戲，未知徑幾代。造瑟者乃濮陽庖犧氏後嗣，或徙居陳而為瑟。男宗之紀起於西水坡 M45 後嗣，前已考述。

我言黿戲後嗣一部南遷，證在二事。第一，淅川下王崗遺存葬闕 M404（《淅川下王崗》第 35 頁），骨殖肆理狀顯菱星（室女座大鑽石星）圖，乃濮陽西水坡 M45 夏至室女座大鑽石模樣，唯 M404 大鑽石星圖告節令在春分前。此葬闕星圖係濮陽 M45 事傳承之證。第二，西水坡文明第二期葬闕 W3 依前考乃日食圖志，瓦盂覆顱為其兆。淅川下王崗文明第一期 M437 瓦盂覆顱葬闕（第 36 頁）。二地器用之途同。淅川下王崗遺存瓦鼎三足頗似西水坡遺存瓦鼎三足。下王崗遺存若干葬闕頗似白家村、北首嶺、姜寨、半坡等。瓦畫含狄宛系瓦畫構圖。

賈湖遺存葬闕 M233 納龜甲片旁證此地邑人係經籍「苗民」外宗群，《呂刑》「苗民」宜從是釋。狄宛系文明以蚌殼合朔曆算推斷，而賈湖文明以龜甲兆半丸天。《說卦》「離為蚌」、「離為龜」。後條出自增補。賈湖遺存無一葬闕饋證黿戲王事，無一器能證黿戲氏瓬疇畫事。括要以言，舞陽賈湖文明功於狄宛文明變遷，但非同源同質。

（2）北天星察與帝事增北極星占為男宗寄宗女紀年萌發

我檢女媧、庖犧兄妹說背後曾存帝事殘跡與男宗之紀寄於宗女紀年殘跡：第一，帝事自狄宛第一期以降流變，如前考。第二，南方星宿察看汲取星曆知識與北方星宿察看汲取星曆認知融合。此二等認知倘以方知聯合，即為陽方認知與陰方認知。陽方認知即南方認知，陰方認知即北方認知。第三，北方察星者坐實北極星察看，而司南方察星者以王事而自認北極星為真天極。換言之，華夏瓬疇家知北極星初在狄宛系文明西水坡文明段，此段屬狄宛第一期末，第二期初。

美國學者 David W. Pankenier 以為，西元前 2150 年前後北天極位置星圖之小熊星座帝星與兩側星宿為連線，每點射線交於北極，並伸向大熊星座之天權、玉衡、開陽，聯大熊星座此三星，即得甲骨文「帝」字源（圖 16）。他同時認為，帝字創造於何時雖屬未知，但其念發生於西元前 13 世紀以前更早時候。甲骨文生成於此時期〔註157〕。其猜測「更早」說可採，但宜精細。帝

〔註157〕〔美〕班大為撰，徐鳳先譯：《中國上古史實揭秘》，上海古籍出版社，2008年，第 353 頁～第 356 頁。

念產生於狄宛文明第一期，但北極星認知發生於距今 6500 年許。

　　察北方星宿者初係宗女，其嗣承者繼之。於宗女察星占星，胥（造父）星為首。而察南方星者俱係被罪男子與後嗣。狄宛帝事在濮陽西水坡 M45 新增王事，乃帝事增益。後世帝王二字連用，史實無違。黿戲王事，或曾致母宗將王事納入帝事。男宗、女宗在效北極星為天極事於此協一。後世，女宗首、男宗首協「神民」，神民即觀射父言下巫覡。巫覡傳女宗首、男宗首合一，產後嗣，而不傳男宗寄於宗女紀年。此蓋女媧、黿戲合體圖之源。畫像石研究者或以為東漢人喜好「對偶」，將伏羲與女媧並提〔註 158〕。我檢此說失本。漢朝何人敢興此言，敢為此圖？漢墓納畫像石皆祝吉之象。豈宜以敗亂宗脈之兄妹昏菁為畫？

4）夜曆法雜以畫曆法暨兩等名嗣事同而號異考

（1）許依雜畫曆法命男宗及昊事本宗女命黿戲考

　　世傳庖犧氏女媧氏兄妹為婚，孳息不窮。此傳出自星占與瓩疇家功業掩蔽於帝王獨尊說。華夏帝王獨尊之念質在男宗宗首獨尊說。不獨女媧氏功業，庖犧氏功業也淪為後世男君獨尊說之證。凡帝王尊黿戲，非真尊黿戲，假尊黿戲而自貴無匹也。於開明世代，無不以自為牝牡之念為妄。言古昔人祖，無不嘗試以兄妹合婚為本。檢者舊說頗能啟諭。

　　於西水坡 M45 理陳之後，凡器圖見三角頭狀，我以為俱勘識「蝮」或蠃，或少，謂男宗日曆曆志。少者，少陽也。奉此等瓦器者，俱可考訂為黿戲後嗣之器。黿戲、女媧人面蛇身畫之蛇身說俱本蝮義。中國最古占夢者俱知，父夢蛇即謂妻將誕男子，此乃中國「蝮」教星占、夢占入華夏黿戲後裔心理之證。蝮、胥韻近，混跡於口傳，後世莫辨。

　　《楚語下》觀射父言「古者民神不雜」。此俗自狄宛文明傳及虞夏時期。此教基於女媧之教。檢狄宛系瓩疇家施教，凡告氣弟者俱為後世之神，彼等非意念神，乃申教者。迄大禹治水，《大荒西經》記「有神十人，名曰女媧之腸」。「化為神，處栗廣之野，橫道而處」。郭璞注：「或作『女媧之腹』」。又言：「女媧，古神女而帝者，人面蛇身。一日中七十變。其腹化為此神」〔註 159〕。郭氏言女媧為帝，不誤。「人面蛇身」之「蛇身」本「蝮」，「蝮」

〔註 158〕　張道一：《畫像石鑒賞》，重慶大學出版社，2009 年，第 391 頁。
〔註 159〕　郝懿行：《大荒西經》（第 16），《山海經箋疏》，上海還讀樓刻本，1887 年，第 1 頁。

即《復卦》之復，卦名或本庖犧氏。其事在日鬱輪返。返者，古文反也。《雜卦》「復，反也」。《復卦》：「七日來復」。七日者，自第24夜起算，夜曆法之第八昏，合晝曆法之第七日。是日發生日鬱（食）。此晝曆曆算乃夜曆法初變為晝曆法之證。

《復卦》辭云：「亨。出入無疾，朋來无咎。反復其道，七日來復，利有攸往」。「亨」，氣行也。「出入無疾」者，謀算日去軌近軌者不可速。「朋來」者，以蚌殼如庖犧氏算法釐算陰陽氣行，覈胥教，可免天災。日月返行，月掩日似兩圓相切，猶單蝂首尾相去體曲如兩半圓而聯。令第七日睹此狀，如胥生日。月芟（鬱）日似比銚日數為計。

卦辭「來」字，甲骨文字狀甚夥，古字家迄今未別其源。推其本有三部：上見斜畫或橫短畫甚夥無短畫、縱向見｜附木字下部、上部見｜穿胥星圖反向之央。《燕六一》𤯔《鐵二四·二》𣏚、《戩三七·四》𣏽、（前註第199，第251頁）。勒骨者非史家，或為史家而用刃不精，致胥星圖變更，貌似羊角狀。此字乃關中字係子遺，證在北首嶺遺存瓦器77M17：（1）外面畫作之一造父星圖，前考此星本名胥。後世變造父，西方仙後座星圖即此。上短畫平者乃秋分日食赤經走向，短斜畫乃夏至日食赤經走向模擬。《新甲骨文編》舉此字狀，編次略合「來」字形變之序，但將西周字H11：14𣏟字綴於字序末（第338頁），屬不識字源之證。此字上橫畫告秋分日食事，乃狄宛元朔日食輪返別證。此甲骨文又涉「萊」，小麥、大麥、青稞等狀，乃社祭嘗新進夏收穀物之證。

依此考，郭璞言女媧「一日中七十變」出自日鬱事別傳，外加注者增「十」字所致。「一日中」者，月行中日也，「中」述動作。「七十變」本「七變」之訛。古文七、十相似，注者以七注十，致「七十」說。變者，更也。七變者，變夜曆法之八為晝之七。起算於狄宛夜曆法滿月後第二番八夜之第一夜次日。算訖第七日。此乃「七日來復」日曆法本源。狄宛系夜曆法、日曆法對照表如後：

表六　媧宗夜曆法起算於滿月次夜

夜1起算	夜2	夜3	夜4	夜5	夜6	夜7	夜8	復算夜1	夜2
夜3	夜4	夜5	夜6	夜7	晝見夜8	夜復算1	2	3	4

表六納「畫見夜」即日食發生時月掩日天象。復算當夜，以協夜曆法，係狄宛用八歲曆去謬之途。證在狄宛第一期瓦片曆法 H3115：10。

表七　黿戲氏日曆法起算於滿月次日

16日	17日	18日	19日	20日	21日	22日	23日	24日	25日 復1
26日 復2	27日 復3	28日 復4	29日 復5	30日 復6	1日復 7朔	初2日	初3日	初4日	初5日

此處，「媧宗夜曆法起算於滿月次夜」、「黿戲日曆法起算於滿月次日」二名異，但非謂媧宗不知此曆算算式，黿戲為男宗紀之端，寄於宗女庀邑，宗女知此算法。甚或，宗女能依算題而交替用兩算法，而交替算法基於六、九和用，此乃旁題，暫不檢討。

依日曆法，狄宛初一當夏曆望月之夜。迄次夜，即夏曆16之夜算如第1夜。上表、下表夜次、日次對應，夏曆1日為朔日。下表朔日名傍後世，狄宛系日曆法或似《山海經》以「生日」言。初2日後日次傍今陰陽合曆。

澄清此疑，即知「有神十人」乃訛變而得句。其本係「月鬱日申以七，宗」。「有」，鬱也。十，七也。人，宗人。甲骨文「人」字本狄宛、半坡字係，謂宗。宗者，宗別起算也，此算涉男宗紀年。此乃曆法曆算用於算人倫之證。

如此，「名曰女媧之腹」乃本經，後世變更，致「女媧之腸」。「腸」僅係生殖學古名，所謂子宮即花腸之類。「女媧之腹」者，女媧夜曆法更為「七日來復」畫算法也。「女媧」指母宗夜曆法，「媧」讀「瓜」，謂七月瓜熟節令與曆算。此蓋古君以號而名能之證。

（2）瓴疇女許黿戲氏後嗣從夏至日鬱命昊無違屠肆

人言庖犧氏或包犧氏為人文初祖，此係妄言。於諸夏，人文初祖在狄宛。如前檢，初祖乃效乳虎之宗女，以參宿、奎宿占而為宗首。此老祖母或自占或使其後嗣光大其業，附占北方虛宿、格星、須女、瓠瓜、敗瓜、離珠、胥星等。《大荒西經》言「有女子之國」。此記宗女以月鬱日察看為曆，男子聽從。此等邦國在大禹世代仍存，此乃宗女傳教慣性。

宗女釋前嫌而助男宗，女媧後嗣給黿戲後嗣命號，使之治男宗。此蓋男宗之源。凡自為「初祖」黿戲者，貴男宗者也。其說於遺傳學無本、不盡。黿

戲名源自察日鬱王事而被屠肆。宗女寄屠肆於黿字。

長沙子彈庫楚繒書言伏羲女媧生四子，四子時代偏遲。而黿戲事被記如「**羸䨔嘘**」。巴納德定第一字為**虍**，商承祚先生辨如**羸**字。李零先生以為商先生說近是。後兩字依嚴一萍、金祥恒等先生釋如伏羲。金先生考證前字為黿，認為上部即《說文》**雲**。李先生以為是〔註160〕。

我以為，諸字說未盡古誼。我檢第一字可定「羸」，訓「大」或「長」，證在《釋天》「夏為長羸」，告黿戲氏夏至日王事。

楚地亦屬黿戲後嗣一脈生存之地，傳字古樸而難辨。此字存舟部，告佚鬱。前援字之後兩字固為「黿戲」，而黿字源在北首嶺遺存屠肆圖、戲字左加三角則謂濮陽西水坡 M45 遺存大角星圖，此部又融入瓬疇畫，乃王事證跡。

楊利慧以為，上古神話信仰之人類始祖母女媧，原初形象大約來自鯢魚。叫聲似嬰兒啼哭，音似 Gua〔註161〕。此說略屬轉指，即以乳子叫而指其母，乃曲指而非直指。又檢此說於渭水流域各地無證。言鯢魚叫聲似嬰兒，以此音指媧祖，其是域甚狹。此說僅限於海拔較高山地，倘在高地，其川、洞溫度夠低，能睹鯢魚，譬如寶雞市太白縣牛家溝川道曾見鯢魚，此地海拔大約 1560 米。鯢魚僅在冷水川或山洞生存。如吳澤曾檢苗人言女祖，媧本名讀 Ku-eh。苗人男祖名 Bu-i〔註162〕。檢女祖名於輩分曰姑，刿、姑聲近而轉音。女祖名於事則為刿，屠肆事也。名宗女以姑，係人倫側翼。宗女掌黿戲婚圉。

題涉畫像石，無論圖出自東漢，抑或魏晉，某星象圖俱係二人合體畫背畫，或持物顯星圖，譬如山東嘉祥武氏祠後石室第五石畫像之女媧手持屠肆。庖犧手持王事角尺恒無改易。而女媧手持物似十，係屠肆圖一邊缺省圖，反映北首嶺遺址 77M17：（1）器面屠肆圖缺省。倘欲求其缺省之故，宜覓求於半坡遺址勒刻。「十」見於半坡勒刻，凵亦見於半坡勒刻，也見於王家陰窪瓦片勒刻（瓦片器樣 M63：1）。此字乃隸定字「彳亍」二字上部。此字訓六。馬王堆帛書《易》卦畫用 凵凵，訓陸，通六。廖名春猜測此字或為八，由馬王

〔註160〕李零：《長沙子彈庫戰國楚帛書研究》，中華書局，1985 年，第 65 頁。

〔註161〕楊利慧：《女媧溯源——女媧信仰起源地的再推測》，北京師範大學出版社，1999 年，第 104 頁。

〔註162〕吳澤：《女媧傳說史實探源》，《學術月刊》1962 年第 4 期。

堆本《易》如此卦畫而猜測《周易》用八為卦畫〔註163〕。此猜測無文明史支撐。此《易》是利氏《易》，非《周易》。

太皞名源似存於《帝王世紀》：「太昊」，「帝出於震，未有所因，故位在東方主春，象日之明，是稱太昊」（第 2 頁）。但無一經籍具太昊、小昊事為之聯。皇事、帝事變遷甚難理清。世傳太皞之字本昊。小昊傍昊得名。皇甫謐言「未有所因」不塙。

《春秋左傳·昭公十七年》郯子言「大皞氏以龍紀」，不得功釋 M45 告黿戲之紀，僅告濮陽 M45 黿戲犧牲後，宗女為其立嗣。龍紀乃濮陽黿戲之紀，其後嗣承襲龍紀。不獨如此，M45 主骨殖東側男骨殖也得立嗣。庖犧氏之嗣曰昊，此少男之嗣曰小昊。得小昊號者非一人、一世。不獨北首嶺遺存小昊文明，鄒縣野店也曾存小昊文明。大皞者，天皞也。大、天二字以述天極而通。

言以昊而名嗣，故在黿戲以夏至日食被醢。骨殖東側少年也以夏至日食被殺。其所在「小龕」，小龕如前考乃東天之南，南天之東。以夏至中天為昊天，中天之東即為小昊天。日自東偏向中天運行，中天在頭頂偏南。此蓋最初小昊名源。北首嶺間期碩丸連如月將掩日器 77M4：（7）外表「小」字恰告「昊」義。昊者，夏季日食見滿月也。

《爾雅·釋天》：「春為蒼天，夏為昊天，秋為旻天，冬為上天」。夏為昊天者，時天於夏至而睹日環食為志也。又檢《甲骨文編》、《新甲骨文編》，未見皞字，也未見昊字。金文存昊字。《金文編》援《牆盤》昊字作𣅋（第 459 頁）。檢此字上部來自甲骨文𣅊上部。《甲骨文字詁林》釋此字「旦」，又舉𣅊字，並為旦字（第 1100 頁，第 1140 字）。其下部乃「天」字。此夏日食、天二義並記之證。迄今，未見字釋家清言旦字所從之日字甲骨文為何有⊙（合 33694）、⊟（合 33698）兩狀。

檢甲骨文「日」字別二義，俱含曆數：第一，朔日或元日。第二，朔日或元日後連算諸日。元日以月鬱日，故檢環食狀。連日數如線性計算，故見似方框內短橫。甲骨文𣅊上部非元日，也非連計日，乃滿月側視圖。滿月見於狄宛月曆法初一，或日食當時。昊字取日食見滿月之義。

字釋家說甲骨文𣅊（合 27308）旦字，此說不誤，故在此字架構乃日前月

〔註163〕廖名春：《王家臺秦簡〈歸藏〉管窺》，《周易研究》2001 年第 2 期。

背。農曆十五之後，月每夜退行大約 15°於天際。故能於天亮時見月於西、南、東。日月並見異所，而日在月上，月不掩日。此字釋旁證前考「昊」字金文含義無誤。如此可斷，「昊」用於命號，以顯掌月者之尊，顯母宗之尊。M45 主骨殖後嗣被命為大昊，東側骨殖後嗣同時被屠肆。別此二人後嗣，使繼祖業，故以「天」名主骨殖。此乃「天」皇之天本源。天韻從丸，丸者，滿月也。瓬疇女算黿戲功業於瓬疇女功業，故給「天」名。得其一部者謂之小、少。言曆算，八大而七小。言月曆法用八，言日曆法用七。男宗用日曆法，小昊肇創也。如是，太皞、小昊得別。「少昊」記於《嘗麥》詳後考。

經籍言小昊，宜初小昊、繼小昊。初小昊隨初 M45 黿戲得號而得號。葬闕東側小東天內骨殖係聽從主骨殖使喚者，梨狀孔視向線與主骨殖視向為同一線段，此告二人以物象呼應。此乃教與受教之兆。如此，東部骨殖乃主骨殖傳人，略可定矣。而瓬疇家世代傳習，前著曾考狄宛系星曆家世代傳習，姜寨遺址第一期葬闕 M96 為證。此遺址第一期距今 6100 年許（《姜寨》第 58 頁、第 346 頁）。濮陽西水坡文明之基文明既屬狄宛系，則瓬疇家世傳其業。

題涉小昊，曹定雲考云，帝嚳乃小昊〔註 164〕。欒豐實依「考古文化」說檢太昊、少昊某一所際，又以為太昊、少昊乃兩大系部族，其所屬時代相若、散佈鄰近、文化相似，屬於海岱係文化兩大分支。豫東、皖北、魯西南大汶口文化可聯繫古史傳說太昊係部族。大汶口文化來自東方，可能來自蘇北與魯東南南部〔註 165〕。

於第一說，我不能附議。人名少昊、地名少昊何以並用，事無本。人名少昊或號少昊，如何聯繫西方神，題屬混沌。冠此號者「德衰」，迄今不清。於第二說，我亦不附議。檢欒氏說乃堆砌史料，不事田野文明遺存考證，大抵重現白壽彝編《中國通史》以少昊為東夷部落酋長之一之說，於文明史鑒甚無謂。

劉龐生嘗試復少昊「帝」位，以正《史記》「皇」、「帝」編次之疏，但未澄清「夷」源，其考又限於涉昊經籍梳理，不聯考遺跡文明諸兆〔註 166〕，我

〔註 164〕曹定云：《夒為殷契考——兼說少昊、太昊》，《中原文物》1997 年第 1 期。
〔註 165〕欒豐實：《太昊和少昊傳說的考古學研究》，《中國史研究》2000 年第 2 期。
〔註 166〕劉龐生：《少昊考疑》，《司馬遷與史記論集》（第 5 輯），陝西人民出版社，2002 年，第 651 頁～第 672 頁。

亦不敢附議。

檢男宗興起後稍遲文獻存於《周頌・昊天有成命》：「昊天有成命，二後受之」。於「昊天有成命」，王先謙疏援《毛序》云：「郊祀天地也」。又援《漢書・郊祀志》丞相衡奏言：「帝王之事，莫大乎承天之序。承天之序，莫重於郊祀，故聖王盡心極慮以建其制。祭天於南郊，就陽之義也；瘞地於北郊，即陰之象也」（《詩三家義集疏》，第 1008 頁）。匡衡言「帝王」乃男帝、男王。《毛序》說不誤。郊祀之郊在國都之南。聯檢郊所在南、昊天，得知郊祀之念潛藏以時天聯方天說。時天者，夏季也，方天者，M45 記察日月合會於氐宿之方也。夏至日食致察角宿一、大角、五帝座一、常陣一形四邊狀。此四邊狀星陣似菱角而為方。得命者，始命宗也。此宗乃男宗。黿戲後嗣得主男宗事，以宗女之許也。堯之後，男宗漸次隆盛。

5）昊名納男女宗反向行徙之義俱本崇尚夏至日鬱月日異向而行考

（1）尚日烏者西行與尚丸月東行為北首嶺大汶口間往來之要

曾有人慾命大汶口文明為暤族文明，無確證〔註 167〕。又有人言太昊伏羲氏是不同部落在中原融合之果，以為龍出自濮陽，舉圖樣不體，時序不次〔註 168〕。言小昊文明者，宜言黿戲嗣承者流散，齊魯為一方。

我檢太暤乃王事者黿戲。小暤者，黿戲旁支也，M45 骨殖圖告此。小昊遺脈散佈遍諸夏四方，而非一方。西：狄宛、西山坪、北首嶺。央：西安半坡、臨潼姜寨等地；北：武安趙窯、赤峰西水泉。南：丹江流域。東：鄒縣野店等第。大汶口、北首嶺二地瓦器狀似、器圖膏汁圖告此二地曾存往來密道。此道不為今人知，而瓦器、葬闕曆志、寄器告事、骨匕兆刑盡同。

今唯饋證，顯二地文明親緣。《北首嶺》圖七八，器樣 77M10 甲：（1）、77M10 丙：（1）、77M10 丙：（3）、77M14：（5）、77M14：（4），計器 5 件。《鄒縣野店》（第 56 頁，圖三四，1），器樣 M33：10，器 1 件，但以 2 件與構。器成之圖，似北首嶺間期 77M4：（7）。狀似者，丸月之似也。後圖 1～6 之第 1 器來自鄒縣野店遺址。北首嶺器 5 件之三足、器 1 之丸體、器 4 之器口。

〔註 167〕王永波：《炎暤族系與兩代少暤》，《海岱考古》，科學出版社，2016 年，第 387 頁～第 406 頁。

〔註 168〕徐日輝：《太暤伏羲氏與中原文明》，《河南科技大學學報（社會科學版）》2006 年第 6 期。

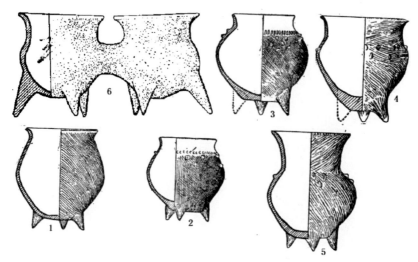

圖三一五　北首嶺遺存早期丸器狀存於野店遺存日鬱器效

　　大汶口文明似狄宛系北首嶺文明旁證在於葬闕日月圖。譬如，山東茌平尚莊遺址葬闕 M27 存證甚豐。1975 年，掘理者在山東省茌平縣城西揭露了尚莊村遺址。此遺址「考古文化」依發掘者「面貌」被歸於大汶口期。遺存之葬闕 M27 口距地表深程 0.52～0.55m，墓坑長程 1.68、寬程 0.56m，方向 98°。骨殖屬男性，13～14 歲，仰身直肢。隨葬物七件。瓦鼎放於右腳部，瓦壺、瓦杯置於左脛骨外側，杯中一骨匕，高足杯在左股骨外側，右手掌握璋牙，玉鐲殘斷為三截，分別蓋在兩眼窩及左耳孔上。涉葬闕深程，發掘者言「殘深 0.24m。自報告墓「口距地表 0.52～0.55 米」一言得知，發掘者言「殘深」二字不確。葬闕本深程須等於 0.24 米。圖示物：1.～3.玉鐲。4.獐牙。5.高足瓦杯。6.鼎。7.杯。8.骨匕。9.壺〔註 169〕。

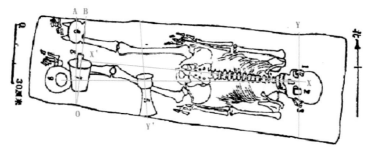

圖三一六　茌平尚莊葬闕 M27 日環鬱志

〔註 169〕山東省文物考古研究所：《茌平尚莊新石器時代遺址》，《考古學報》1985 年
　　　　第 4 期，圖一三；圖版貳，3。

　　將原圖右旋 7.3°，得子午線為水平線，增旋 90°，得子午線為垂線。去原圖誤差 0.7°。留存原子午線、比例尺。後畫平行於子午線線段為 Y 軸，使之過眼眶及耳道殘玉鐲。畫線段 X 為橫軸，西向及壺口圓心。從 X 軸東端畫線段 XX'，使之及骨匕柄邊緣，此二線段相交 5°。兩線段在 Y 軸以西俱過梨狀孔。

　　子午線平行線使下端落於葬闕邊緣，上端為 A，下端為 O，得線段 OA。畫瓦杯中軸線伸向三足鼎口沿邊線，得線段 OB，兩線段交點在 O，兩線交角等於 5°。畫杯軸線，使及葬闕邊緣，得 Y'軸線。此軸線與子午線交角等於－5°。此葬闕瓬疇圖乃日環食志。

　　骨匕刃部有殘月狀。骨匕頭在杯內，刃在下，告匕刃向下，此放置來自使用方式。用骨匕者以刃切割，初用此器者乃女性邑首。於圖史，其源是狄宛第二期冥匕芟陽圖（詳後考），即殘圈底盆畫，殘器器樣 T361④：P33（《發掘報告》上冊，圖一一三，3，第 143 頁）。壺口、壺體外緣狀對比而成小圓在內、外圓更大之狀，乃日環食之兆。

　　自足下向東，迄脛骨有骨匕之所見日食。月自此芟日。目視線恰在骶骨骨匕柄、梨狀孔一線。梨狀孔乃木匠雙目弔線覓中之準線。此線起於骨匕把攥處，在平面圖上則過脊柱，射瓬疇者雙目。於瓬疇者，菈則見日環食象。迄股骨見高足杯 M27：5 斜置。杯座有三孔間隔。三孔者，三番日食為遍舉日食，第四番將見原地同時刻輪返。由日食帶推測，此番日食時月在黃道上 5°；由高足杯軸線走向查看，此番日食發生於冬至前 5 日。此算之故在於，M27：4 與骨匕乃斗柄與斗口複合之兆，以骨匕柄為斗柄，譬杯為斗口。此鑒念頭來自狄宛葬闕 M363。三足鼎在北，口向東。鼎足受火，火向東燒。此方向告赤經圈上端將向東移動。匕把向北，謂斗柄北指，時在冬至。推算日食發生於 12 月 16 日許，似屬降日食之極。

　　殘斷玉鐲覆壓兩眼眶，左耳道，弧凸部向上，象徵目睅環轉，也象徵雷聲滾滾。滾雷聲猶如轉動某物。這三殘斷部相合能復原一穿玉鐲。玉鐲是環狀，摹記當時瓬疇日環食志。

　　（2）男宗嗣承起於夏至為紀贏圖旁證

　　於此，猶宜珍視丸月曆圖向日鳥曆圖變遷。此題證在「贏」器畫。黿戲氏後嗣以夏至睅日食為男宗之曆，其事殘證存於《爾雅·釋天》「夏為長贏」。

此念與日食圖複合，產生日鳥類瓦圖。在此，「嬴」圖能饋堵證。

金文「嬴」字一體含舟字局部。而舟字本瓠狀，揭前考。「嬴」依許慎說乃小昊姓。如此，宗女尚瓠瓜佚鬱事聯於夏至日食事，於某年夏至日為朔日，是日日食。而男宗紀元由此日始。此日也係日曆法起源之日。此日曆法或許被黿戲當時宗女肇創，但歸諸黿戲後嗣，使之嗣承黿戲之號，用男宗曆志之法。

「夏為長嬴」說旁證以及黿戲後嗣南遷旁證乃 2013 年考古界所謂「鳥龍」說。李寶宗等聲言，廟底溝期某斂口赤瓦盆外壁繪圖係「鳥龍紋」〔註170〕。我檢此器樣源於西山坪月要碗，唯碩大而已。掘理者名之曲腹盆之類。掘理者之名不體。

李宗寶文配圖不正，與水平線交約 2.5°，今取拓於後不改。此器圖勘審者不可覆器察圖。器壁全圖絕非鳥龍，故在圖腹部似昆蟲腹部，而似蟲圖翼在上部，其下無足。細察得知，此圖上部乃風翅圖，似首部前有一烏丸圖。風翅者，禽低空散羽滑翔之狀也。

檢器口唇無冥帶，故不得聯日全鬱而命器。鳳翅以下，弧邊兩條為邊，夾圖乃月要圖，此狀見於北首嶺 M52：（1）器圖近腰部邊緣環狀外側物象，也見於狄宛第四期器樣 H846：3。兩斜 S 狀線為邊，其兩端為環狀而反向。間兩端邊線夾圖即此狀。斜 S 狀本狄宛氣弟乙圖之反向。此圖烏丸西向而行。以器口為北，見日烏自東向西而狀變，初在似烏圖之頸部見濃黑，央見地色夾層，此狀兆日環鬱。而後，日烏向西續行。瓬疇家拉長日鬱月要圖，顯月遲緩向東而行。此所謂食分甚大所致。似喙部狀似吞噬。此月要外菹圖宜名：「日環鬱月要與匕右旋肜日圖」，或「豫夏至日鬱嬴圖」，在此選後者，故在後名稍近小昊宗之號。

此圖似禽風翅，但非禽圖。而隸定嬴字金文含月要肜日圖減省。由夏至日鬱瓬疇圖月要圖而抽出夏至日鬱義，由此而連「大夏」之義，此乃《釋天》「夏為長嬴」說之本。許慎言嬴氏係小昊姓之一，謂小昊部從屬宗女命姓。不詳嬴政前後，秦君知否此事。但秦始皇焚書而不廢《易》教，其故豈不可疑？

〔註170〕李寶宗：《仰韶文化發現九十年來的又一個重要發現——關於「鳥龍」紋彩陶盆學術認識的綜述》，《重慶文理學院學報》（社會科學版）2013 年第 6 期。

圖三一七　豫夏至日鬱嬴圖

四、狄宛瓵疇圖附原子頭瓵疇圖體釋

（一）瓵疇圖及勒記義跡之道

1. 色汁圖所畫勒及跡識

1）色汁與匹色晦明義

（1）黑色

黑色乃加色。加色者，欲顯色兆或色象也。此所謂寄告於用色之類。用色之道無非加用。東西方人功畫，俱察地色。此乃加色之證。狄宛畫匠較之現代畫匠，異在碗類器面為底，磚色為地。

於狄宛瓵疇畫匠，加色謂加黑。加黑堪謂加冥。加冥者，加晦也。隴南人言冥謂「使黑」。劉熙言「黑，晦也」（《釋名·釋彩帛第十四》，第 67 頁）。晦者，天光陰暗，或晝而為夜。晝而為夜者，日鬱者也。日鬱者，今言日食也。寄此二者於晦，乃狄宛第二期瓦圖義跡之基也。

黑色施於口唇、抑或口唇之外面、內面義必參差。沿面之外黑線異於黑帶。加黑帶寬者異於加黑帶窄者，日鬱之狀參差故也。檢者不可不察也。

（2）地色

地色乃匹色。瓵疇家加黑而寄形之匹也。此匹色大而便繪。又可曰：匹色者，地色功於對照之色也。對照旨在顯形。能顯孤形者，唯瓵疇家而已。孤形而異說者，後世喪記者之言也。

太初瓵疇家一孤形乃效形，或曰色際之效。色際者，黑色、匹色之邊際也。「彩陶」檢者舊言輒遠去行跡，何哉？俱無緣知昔聖孤形為效也。孤形為

效，或以畫見日月形偶，或畫見日鬱並星圖，甚或為歷工程形土之曆闕、葬闕、燧闕，或體工程，以為曆志、星圖等。欲得昔聖孤形者，宜體考昔聖功業也。

於圖鑒者，宜於色際對照顯形而識見昔聖孤形。閱者以與知物狀而睹黑赤二色所際與物兆。得睹物兆，而後能近昔聖心念。昔聖寄地色以告陽、日射、晝、季節之光足。寄黑色以告日鬱、夜、季節之光不足。

2）色狀寄義動向與穩止以及圖所內外

（1）方圓曲直之寄

瓦器地色即地色，無所謂色狀寄義。於此，地色融於器色。器藝者寄義於器。凡言色形者，加黑色於地色者也。遍察狄宛第二期以降瓬疇圖，能睹通兆：線寄於邊，邊曳行而兆形，黑汁之形謂之瓦圖，黑汁形義即謂圖義。

形黑膏汁於地色謂之形。其狀之類：形曲、形直、形方、形圓，俱以黑色而言。用黑汁形曲線即得曲線，形直線得直線。形直線而閉合，能形菱角或菱角之半。狄宛第一期葬闕 M208 骨殖菱形傳於後世，黿戲氏得之，王事之際察天象圖乃菱星圖。如此，曲直之寄，曆義深遠，不可粗察也。於此，不得以色小大、粗細而言主次色別。

（2）動向與穩止

動向者，非圖自動也，以弧線曳向，以線束兩端多寡及其曲直鑒動。穩止者，瓬疇家知天地無靜，但能察天體動而及某所。設擬其穩及而以為止。止而後行即見節。草本植物之節類此。

動向與穩止寄於瓦碗等器，地色寄於圓面，圓面來自截丸，圓轉之義固在。如此，狄宛系瓦圖無一圖恒告穩止，既往檢者失察也。

（3）內外壁面圖別與畫匠性別

器外壁瓬疇圖得名外菢圖。器內壁瓬疇圖得名內菢圖。外菢圖者，瓬疇家自擬在天丸之外察物象也。此等瓬疇家自擬能遠去天丸之約，即此在之所，而設擬北天不能約其視力與知見之力。此等瓬疇家能自設目不睹之半天丸。前考圖二八七，北首嶺 M274 瓬疇女俯骨殖告察夜半天北方與西北星宿。

狄宛第二期瓦面內外加色之別連加色者性別，非似狄宛第一期抹光口沿、施曳赤汁者俱係女性。第二期為畫於外壁者，俱女瓬疇家，故在女瓬疇家自擬為丸，此丸為望月之丸。此丸能變形，切割日而包含日，譬如日全食，或曰月鬱日盡圖之月納日。如此，外菢圖倘非出自瓬疇女之手，必出自瓬疇女許

可瓹疇男為圖。

內蒞圖者，瓹疇男內蒞也。以瓦碗為全器，器外壁納內壁。壁內面被壁外邊收納。此蓋瓹疇女容納瓹疇男之類，而男女瓹疇家畫所必別之故也。如此，畫作見於內壁、外壁，乃瓹疇家性別之兆。

3）畫勒影線寄義

（1）勒影顯界之謂記

狄宛第一期以降畫家、史家難別。畫家勒刻於瓦片口沿，其義難窺。推其故在瓹疇家以一勒略去其餘。倘無知其餘與此勒所際，必無以知此勒之義。故勒記瓦片最難訓釋。但此等勒記塙係舊識精粹，非用心不苟不能得其義也。

自安特生掘理已來，瓦面畫勒頻見。而迄今能識勒記含義者幾人？非唯後檢者無以識界，檢者尚且不知色界功在界何。而眾檢者止步於它圖參驗，終於緘口。

（2）嗣承受記之謂傳

嗣承受記者，狄宛第一期氣程率六、乾坤冊術算等是也。嗣承謂狄宛第二期瓹疇女嗣承第一期瓹疇女舊記。北首嶺、半坡、姜寨瓹疇家嗣承狄宛瓹疇家在冥帶勒記之樣。或北首嶺、半坡瓹疇家新增勒記而傳於後嗣。

勒影顯界而為勒記，乃告事之便途，勒記能演變為文，為史家傳事之間器。文字既往頻被視為載體。我以為非。文字僅為間器，不能為載體。文字能傳告，能用如器，能用如間器，但俱以人識讀、使用、識見其寄謂於舊謂、體識為限。諸端無非間用之證。「文以載道」者，為文者察文言時謂，從而察道損益消長也。俗儒以「文」用於承受道而訓此言，謬識史傳以人之底蘊也。欲得文字之本，非察瓹疇勒記不可。此途乃跡間、跡器之途。此途於迄今學人為未知之途。

2. 狄宛瓹疇畫體為瓹疇圖類義跡

1）瓹疇家寄日鬱畫第一

（1）寄日全鬱于晝冥如夜

新石器期考古未曾澄清「黑帶」起源，未能恰當命名口沿「黑帶」。我檢此名須更為冥帶，依據甘肅隴東、隴南方音，凡染色為黑，皆曰冥。依此，施曳膏汁於瓦坯口沿，燒結而為黑，須名冥。此帶須命曰冥帶。冥者，暗無天日是也。此命將狄宛第一期施曳赤色膏汁別於狄宛第二期施曳冥膏汁。狄宛第一期瓦碗口沿抹光，來自昔聖寄告之欲：昔聖欲告，春秋分、冬夏至能見黃

道側旁星宿。

狄宛元朔日鬱冥帶寄瓦碗深程、徑程比數或近 0.5，或等於 0.5。碗覆及見器似丸橫截狀。此冥帶告月自西掩日。此即昔聖日鬱之事。鑒識此等瓦碗，宜覆而察。

倘見深程、徑程比數遠小於 0.5，冥帶告日鬱發生於夏至後，乃降日鬱。又或見碗或類碗深程、徑程比數遠大於 0.5，昔聖寄冥帶於此等器口沿，謨告日鬱發生於秋分之後，或冬至之後。發生於冬至前，仍係降日鬱。發生於冬至日後，乃升日鬱。如上比數倘見參差者，或來自瓬疇家故為。故為背後存在某參數誇大。但依冥帶寬程既定，此參數誤差有限。

（2）寄偏鬱變環鬱以兆欲得日環鬱

瓬疇家別日鬱如三等，今日仍如此：日盡鬱或日偏鬱、日環鬱。日盡鬱即今全食。偏鬱即偏食。日環鬱謂日環食。凡見圓圈畫，而且碗類器口沿腹部間見冥色，昔聖寄環鬱圖於圓圈，其央見一黑點。

即使見地色冥色對照似一目斜視，此圖未必為日偏鬱圖。昔聖寄日偏鬱于此狀，欲告偏鬱變而為環鬱。此等瓬疇圖甚夥，兆瓬疇家欲得完滿環鬱也。

（3）寄減省日鬱不怡而勒記冥帶暨勒記變字之源

舊說不能通釋狄宛瓦圖、瓦畫向勒記變遷。今察此難堨係東西方文明生成之文字起源難題，順道給釋。

勒者，勒槽線於冥帶也。覆碗而僅見一勒於冥帶，此勒別曲直。曲折宜繪圖顯義，直者告春秋分見地平，北極在正北。冥帶｜謂七，即此後第七月。第七月者，自春分迄秋分，六月盡，毛算第七個月。此｜謂勒記。勒記者，便瓬疇家曆算之勒也。我間推七勒記乃西文之拉丁文 I 本源〔註171〕，至於拉丁文 I 曾否寄圖於西亞瓦圖勒記，我尚未檢得。讀者不得以我此處檢見而通謂諸夏文明乃西方文明之源。

勒記冥帶乃減省日鬱之途，也係瓬疇家謨抑止或間隱、舒緩日鬱不怡之途。後將細檢狄宛此等圖樣。此外，此途乃狄宛第一期若干勒記子遺，或可為釋讀第一期勒記之鑰匙，不得等閒視之。不知此狄宛第一期瓬疇家減省日

〔註171〕牛津拉丁字書編者釋：此字母系韻母，能謂發音張口。旁義則歸諸術算，初謂術算之「一易擊」或「摩」，但非「兆」或「手書」。此字母印記一元。As a numeral, originally a simple stroke and not the letter, it represents a unit. P. G. W. Glare. Oxford Latin Dictionary, At the Clarendon Press, 1968, p.812.

鬱而為勒記者，不足以與言諸夏文字之源，而今漢字之源僅占其一。

　2）寄不怡於苦難畫第二

　（1）寄日鬱不怡於方照圖

　日消者，晝目視日喪也。於捕獵者，日喪則危殆。危殆即見邑人死於獸反擊而不怡。日消能致捕獵不能，捕獵不能，饑腸轆轆故不怡。日消能致舊曾信賴夜曆法者信仰失寄而不怡。夜曆法敗，乃瓴疇家女為核，周匝邑人信仰從壞之由。故瓴疇家亦不必怡。夜能使人驚憂，晝見夜冥，尤驚憂不堪，故謂不怡。晝見日消，雨後下，欲行者不得行。不得行者，猶方而止轉也。獵人拘於方而不轉，是故不怡。瓴疇家寄不怡於諸畫，皆本日鬱。日鬱者，身心不暢之兆也。

　（2）寄日鬱不怡於旋天丸而肜日

　睹日鬱者，不獨能為瓴疇畫記日鬱，又可為肜日還陽之圖也。此乃肜日圖源。肜日者，日被月納，今欲抽出日，故見圖寫半環或弧線肜日色際。此等肜日圖樣寄義於基義，而舊學以為旋柄、旋紋、漩渦、旋臂等等。

　肜日之旋非漩渦之漩。漩渦之漩畫，乃摹寫川流一貌。而肜日之旋乃宗女為瓴疇家旋之重構信仰之途，豈可同日而語？既往檢者目視此旋，但俱不見旋何物，故在彼等不識昔聖心鬱來自日鬱。欲解心鬱，必宜肜日。此乃肜日圖源。

　（3）寄歲行苦難於日照由圖往還不休暨伕鬱受阻

　於為曆瓴疇家，日月偶行即謂歲行。歲行之際，無非生計艱難。生計艱難蘊藏死生離別。死生離別於存者，憶念即謂苦。死生離別之苦被昔聖察知，而不能脫，又無它物堪受此寄，唯嘗試圖寫為記。如此，歲行固能輪返，但此輪返彳亍受阻。能礙天丸旋轉者，唯天方也。故為天方圖。天方圖又不能寄歲往返不盡之義，故為菱角圖或菱星圖，暗藏旋轉之兆。

　菱角圖者，歲行彳亍之圖也。此等圖樣本乎狄宛第一期 M208 葬闕日鬱曆圖之由圖，故菱角圖俱得命曰「由」圖。此由圖又係甫勒記之源。勒甫者，黿戲後嗣一脈鯀宗之事也。虞史記事頻及鯀，故在鯀元祖傳狄宛 M208 瓴疇家由圖。史家言夏有甫侯，甫侯者，鯀宗後嗣一脈，大禹伯父輩也，猶虢之於武王。題涉諸夏刑本之《呂刑》事體，容後再檢。

　3）寄祁正曆謨嘉穀不成而兆食菱角畫第三

　（1）寄祁正曆於格羅日烏

　曆正者，曆法不誤也。曆法者，夜曆或日曆之法也。狄宛第一期曆正初

見於 H3115：10，此蓋夜曆法正算之體。迄黿戲王事，而後得日曆法。此乃曆法鼎革之事，其後乃曆算艱辛之事。曆算艱辛之一端在於依日鬱而為夜元或晝元。無論夜元、晝元，俱涉日烏月丸之羅。羅者，格而獲也。古人無今人發達繁瑣勒記（字），但依日每物象為記。其記途在於為畫，或減省畫作而為畫記，畫記似勒記。

狄宛第一期存格羅日烏圖若干，前考蚌狀瓦圖為證。此圖在狄宛第二期嗣承。此圖樣被謬識，以為狄宛、北首嶺、半坡漁網圖。此等謬識於上世紀三十年代檢者不為鄙陋，於今檢者，可謂難堪。

（2）寄祈曆正得嘉穀不成而寄食菱角圖

食源於昔聖乃不言大事。食於水者，水蟲之題也。食於土者，穴獸、穀物之題也。食於木者，飛禽之題也。

但檢狄宛第一期以降瓬疇圖，罕見末等，頻檢第一等、第二等。第二等寡見。此何故邪？恃何可別第一等於第二等？此二問乃昔聖寄圖之細寄之辨。

食水蟲者，猶食獸，但食頻者易患痛風之病。此病認知甚遲。我甚或推測，狄宛第一期以降，唯瓬疇女知食源參差，營養參差，而痛風宜以食谷而療。南方瓬疇女不例外。於孕婦，食谷宜速營養，以便復壯、捕獵。得穀物以春分秋分之正。狄宛第一期若干曆闕曆日義涉補日算法，故在瓬疇女欲正曆耕種。狄宛之外，它地曆闕事同。但嘉穀難得，又擾於日鬱害氣程率數，故瓬疇女嘗試細檢日鬱。如此，謨嘉穀者，瓬疇女也。謨正曆得嘉穀者，亦瓬疇女也。瓬疇女恐日鬱害氣程，以日鬱為大害，欲寄故而說，故屠肆宗人，證在白家村 M22。

迄黿戲後嗣之治，嗣承此圖，又顧冬至後日鬱能害氣程之率，而夏至日鬱害氣程率數尤甚，北方穀物以氣程失溫而敗收。如是，寄念加溫、增火，如是得見西水坡瓦灶 H221：5「日環鬱祝盛灶」圖。既往，西水坡 M45 圖檢者視域甚狹，不識氣程率數為樞，日鬱拯救舊事，為言廢昔。

此際，宗女知食源之謨難成，故復覓食於水。此番不再謀水蟲，而謀水底植物。菱角為食始於此。自白家村晚期，瓬疇女嘗試菱角，得其營養。而後，見菱角圖興盛。狄宛、關中、漢江之域，乃至河套北疆俱見菱角日照歲返圖。

嘉穀祝盛圖自見於西水坡瓦灶 H221：5，而後復興於狄宛旁系，又見於北首嶺、龍崗寺、半坡、姜寨冥帶勒，間去冥帶而變為勒記，王志俊、葛英會

等不察此等程變。

我初以為，黿戲氏王事之室女座大鑽石星圖堪為「菱角日照歲返圖」之本，後察此念失本，改從狄宛第一期M208葬闕曆圖由日鬱為說，今乃得安。

如此，昔聖寄水患致難行於「由圖」，或曰「菱星圖」。今以此圖納水生植物之義，補說大雨創天，陸上寸步難行之事。並饋媧宗、黿戲藏於葫蘆避洪水傳說之圖史佐證。由圖史到圖勒，乃圖－文跡聯之紐扣，諸夏古史傳說由此而得貫坐。如此瓦圖又兼具菱角狀，而菱角乃水生植物，塊莖堪食。唯不得捕獵、不得遠遊者知菱角之貴。

返顧武安趙窯、赤峰西水泉瓦面見菱角邊地色圖，今聯之於狄宛瓯疇家寄由圖與菱星圖諸義，得睹《史記》言北方諸族乃諸夏族裔之本。如此通考，將使諸夏史傳貫坐。

4）謨曆算寄月要肜日與寄匕直芨日圖第四

（1）寄月要肜日圖

寄月要畫（圖）者，畫月要而顯地色似日而形變也。此形變之程乃日鬱形變之程。狄宛系瓯疇家為治之西部，夥見此等畫作。此等瓦畫乃虎曆瓯疇家曆法演進程跬。如此瓦畫隨狄宛母宗夷東之行見於東方。而上世紀五十年代已來，中國大陸考古者罕檢。推其默然之故在於夏鼐曾以「幾何個形」無「代表性」說而輕忽。學人之信目而不思不聯思者，遠不如從風聲而檢所聞者，西漢竇太后之反類也。

（2）寄月匕直芨日畫

日鬱畫於瓯疇女乃望月丸占之支脈，故瓯疇女能寄匕解而為解日畫，解日猶摹記日鬱。丸邊入日匕日、殘損日，損盡則日消。此狀堪以直匕模擬。此乃匕去之念與念變。迄今，法律史檢者無一人通釋法、刑、律、格之源，故在檢者不識刑本在去。去之器在匕。而刑本乎去日而正朔之義，又兼南方井宿之念傳揚，而後得《呂刑》之刑。

凡言罰以刃器，太初之罰無非去鬱。去鬱本乎日鬱使宗女不怡。欲怡即必去鬱。唯彼時不言刑，故在刑韻從正，此正乃曆正之正，瓯疇女掌之。刃器不被宗人與掌。如此，寄月匕狀而為芨日畫產生。其曆義存於後荊〔註172〕曆日文獻。荊係曆日「刑夷」名源也在此處。我舊讀學人檢論荊楚文明如何獨

〔註172〕荊別前荊、後荊。前荊者，關中高陵之荊也。後荊者，今鄂鄖縣等地。東周文明之關中、後荊文明爭競，其本皆在赤帝末期，史檢者不可不察也。

立，輒難免質詢。自檢狄宛月匕芟日畫已來，不再矚目於此等夾纏文獻。

5）影日彤日圖三等第五

（1）元朔日鬱致影日為彤日圖之一

狄宛第一期影珇之用，功在影日。然則影日能被任一有心人得知，何必恃昔聖目視？今之幼童如古之幼童，能睹行則影動，止則影住而能移。昔聖影日，非影日而謨爽快，而謨彤日。此等彤日本乎狄宛元朔日鬱。影珇瓦器為其證。

置此器於春分晨刻，春分昏時，秋分晨刻、昏時，即見影長而東西向直。三角影為其狀。與秋分、春分午時置地平，見底面之影。此乃錐狀骨珇三角日影之本。倘涉日鬱，擇此器側置而受日照，如此得影必涉影日與彤日。此時，不宜再言三角畫，言必及影日、彤日。

三角畫或可視為菱星圖之半截畫，兆日環鬱錐照錐影縱截圖橫鋪。如此畫作必寄於瓦丸、半丸盆。器置與置向將決圖識。既往，掘理者如夏鼐、石興邦、張朋川等，矚目「鳥紋」而輕忽幾何圖之三角圖，故在不識其本。

（2）宗女旋匕彤日圖之二

宗女者，掌器者也。器下一物乃骨匕。骨匕之本乃蚌殼匕、瓦匕。石匕罕見，得見者或命之石鏟、石刀。狄宛第一期 H363：18 被命為骨鑿。檢其刃部，乃匕狀。而蚌殼為匕，譬如 H398：63，故在其邊甚薄，功於刮、也功於割。我推人類最初刃器絕非石刀或石匕，而是蚌殼。骨匕刃部僅存蚌殼邊局部。

宗女能運蚌可刃而切割。而骨匕較之瓦匕，乃功割之器。而且，此器便於握持。如此，瓬疇女寄骨匕首之狀，能告日被芟狀。而且，芟日之器乃月狀。而月狀堪以蚌月而述，《祖述之一》已澄瀩此題，不再贅言。如此，而骨匕較之蚌殼匕，能使握持者手心無傷。

瓬疇女分割獵物、其他食物時，能縱橫斜向反轉而用，旋匕則見芟動作，方言以剜而言。剜者，圓轉而取也。由圓轉而取，瓬疇女引申旋轉而得日。得日者，自朔日而存日也。無論彤日圖如何繪成，日被抽出陰影乃諸圖與兆。旋匕彤日圖世遠播北疆，證在敖漢旗南臺地神鹿紋瓦尊面圖。器樣 3546F1：4，夾砂磨光灰陶，平口外折，領肩界線不顯，斜收腹近底略內弧。腹部近肩飾一道弦紋。腹部飾雙鹿紋、由雲雷紋組成的捲曲軀體，尾部飾放射線式三角紋。通高程 20.3、領高程 9.5、底高程 2、口徑程 24.8，最大腹徑程 28.3、底徑程 9.8cm。掘理者以為此圖記神鹿，此器係神鹿紋尊形器（《敖漢旗南臺地趙寶溝文化遺址調查》，圖四，2）。

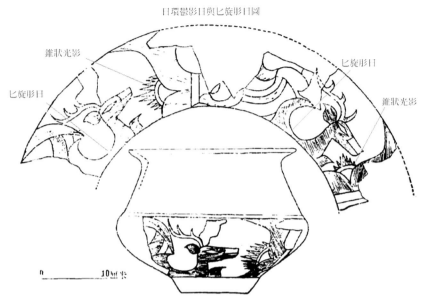

圖三一八　南臺地遺址器樣 3546F1：4 鹿首寄於日鬱錐光影與匕旋彤日圖

　　檢此圖非神鹿圖，鹿頭寄於日環鬱影日與匕旋彤日圖。此圖饋證，北疆所謂「紅山文化」仍屬狄宛文明一系，非孤在文明。

　　旋匕彤日圖乃後世骨質角狀「戎」器之源。而此器初名「彤日器」。合金之術發達後，鑄戈取旋匕彤日圖樣。而其義則在「過」。過者，刮而往也，謂彤日而使日西行，月東往也，含行天時之義，此義恰係諸夏「神」法念頭之源。

　　（３）彤日影日肖魚圖識見之道之三

　　掘理者與檢者與見魚紋，而俱不言魚畫或魚圖。推其故在擬魚紋之名優於魚畫，魚飾優於魚圖。舊說基於設擬無疑，而此擬喪本，溢美之詞無端。此不識之本又或在於，掘理者與檢者自命為考古研究者，而賤視古畫研究、古圖研究。如此，考古之名失寄，幻態無稽。我檢魚圖至難訓釋，故在圖源不清，猶圖之「父母」未知。檢其「父母」作為乃唯一跡識事聯之途。如此圖樣宜命影日彤日肖魚圖。

　　影日彤日肖魚圖至難檢者，在於瓦疇家依日鬱而寄肖魚而影日彤日圖。影日肖魚之畫，固非畫魚。既非畫魚，則畫作能不似魚而存，如此圖樣傳於它地，其義未變。瓦疇家傳承者，非魚畫，乃寄肖魚而影日彤日也。如此，能知垣曲小趙遺址瓦疇家後嗣於肖魚圖用心過甚，而為魚畫。此致彤日肖魚圖亡。凡見所謂象生魚畫，或酷似魚圖之圖，倘非聯古昔圖樣，即謂瓦疇家影日彤日事亡。故曰：魚畫者，非瓦疇家之畫，乃畫匠之畫。而檢「魚紋」者聯

此於半坡、姜寨等地「魚紋」，俱不察閭村魚圖乃生魚狀。此魚不外蒦食。烏蒦豈不食生魚哉！聯石斧而成圖，乃跡古圖，而非魚圖。石斧乃刊木之器。刊木便於營窟。此圖告古人於烏蒦滯留時段營窟。亦告申戎氏君事。

於早期瓬疇家，影日肜日肖魚即宜取象於魚，但不恃酷似為畫。脊樑下凹，尾腰難聯，似尾鰭部夾地色，似鰭而無鰭骨線，孤目或環狀，或斜視狀，俱非雙目。此蓋「半肖」魚之類。既往檢者不察此而通言「象生紋」之魚。豈非謬識？

我言此等瓬疇圖影日肜魚圖，故在圖顯日影流線或方凝之狀，日鬱錐影變似三角影。凹脊腹可直立而四方連察：面北使瓦碗或碩碗左旋90°，一邊著地，即見縱向兩側凹邊。此凹邊右上乃日出之所，左上告日落之所。檢此等瓦碗深程、徑程比數寡於0.5，此等器面左右短狀恰宜告夏季日影東西甚短，而晝見日懸於頭頂之狀，猶酷熱坐地難行。

我如此釋圖之故又在狄宛系古人左右擺動而用瓦碗，水平向左轉或右轉90°乃其轉閾。此說宜得古器轉向而用之證，我檢見陝西華縣梓里遺址M16，得其證。

依《陝西華縣梓里遺址發掘紀要》圖六，梓里遺址發掘者使平面圖地平北極右置，此乃謬更。今宜補繪、復原圖樣。

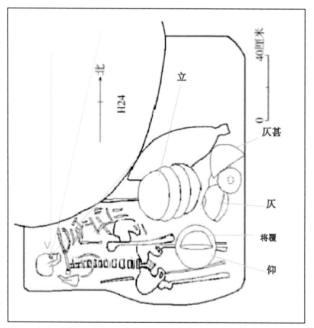

圖三一九　華縣梓里M16瓬疇器置與器轉曆象義兆

如圖示，器置三向而別：仄、覆、仰、立。立者、將覆者最難檢讀。既往檢者漏檢器置〔註173〕。檢 M16 顱骨視向正北、東北以察天體，後世又以 H24 而得視向宥坐器切線之義。器置瓦碗以立置為重。仄置者二件。覆仰之變者各一。覆仰之變以股骨兆動得顯。於肖魚圖檢者，立置四碗兆四歲夏季日行。仄器告日東北出。仰器告日南歸。仰器將覆告冬春之變。倘自覆器轉仰即告夏變秋。此等變量之兆甚難窺測。而我於數年前往賣場，擇內壁有曲環線一盆，每用即思其變動之象。此試驗使我心得增益，於 2020 年初始得肖魚圖檢識之道。

依此葬闕瓬疇器用得知，肖魚圖瓦碗可立察。立碗而察，擬天丸而見夏季熱貫南北而且晨昏甚短。此乃影日肜日肖魚圖之夏季肜日圖識見之途。

三角畫出自日環鬱錐影錐照，能聯某種斜線圖，而為影日肖魚圖。此等畫作頻見於狄宛、北首嶺、半坡、姜寨瓦面。此等瓦畫已融入黿戲後嗣繪圖。而黿戲後嗣繪圖見於經籍，即所謂伏羲畫卦。我在《祖述之一》曾釋狄宛系瓦面消息畫若干，半坡瓦面消息畫居其一。此等消息畫本於日鬱日影、日照對偶，圖樣固堪以陰陽比數而述。而諸釋旁證黿戲一脈曾身臨半坡，但黿戲無緣在西安半坡施教，黿戲早先已被屠肆於西水坡。

6）豫日鬱圖第六

（1）寄祁合朔圖豫日鬱圖之一

合朔圖者，似蚌殼狀外面側視畫也。此狀貌似樹葉而被謬呼為葉片紋，謬屬繫於「植物」紋。今檢此畫不孤存，而寄於冥帶。冥帶又無肜日畫。如此，冥帶畫之本乃日冥，日冥者，日鬱畫也。日鬱之豫，非合朔曆算而何？如此，合朔畫、日冥畫二者所際不外合朔曆算而豫得日全鬱圖。

推掘理者與既往檢者不識此圖，其故非在珍貴葉片畫，而在其不知蚌殼乃曆算之器。此題既於《祖述之一》考證，不再贅言。

（2）寄祁咸羅日鬱與肜日紀元謨恬靜圖之二

咸羅者，遍羅日烏會月丸而日鬱也。羅者，畫羅格算日鬱也。此題已考於《祖述之一》。而每番肜日寄於日鬱每一輪返。羅遍無遺謂之咸羅。咸羅一日鬱，三番而得，第四番則同日同刻輪返於舊地。日鬱者，月丸襲日也。恬靜者，瓬疇女之面貌也。其面貌之恬靜來自察日鬱、肜日，狄宛第二期所謂人頭瓶非人頭瓶，乃狄宛瓬疇女謨恬靜而咸羅日鬱肜日圖。

〔註173〕張洲：《華縣梓里仰韶人葬俗的意義》，《西北大學學報》1989 年第 4 期。

唯以咸羅日鬱而不惑於任一日鬱，遍算一歲、多歲能見日鬱，或得傳生年不睹之升日鬱、降日鬱，而後能安然恬靜而無惑，不再遭受失信之擾也。

器樣 QD0：19 僅一件。而器口似人頭狀。舊釋者不能察恬靜之故，不能察肜日圖樣，也不曾檢狄宛第一期瓬疇女曆為事。但人頭狀瓦器不限於此器。譬如龍崗寺也見此等瓦器，後將考釋。

（3）寄祁羅日鳥月丸鬱日羅賀算圖之三

賀算者，蚌算合朔之加算也。賀非加蚌不成，算非謀合朔不能為曆。謀得日月之會，非陰柔、陽剛用於乾坤冊無以為算。此圖源自狄宛第一期蚌殼曆算，H398 納蚌殼為證。瓦面槽勒羅算日鬱，《祖述之一》已述。我在考證狄宛元朔日鬱與由日鬱時，嘗試羅日鳥而檢。今察此說不誤，但缺丸月與算之基，而此題恰係夜曆法之生成之基。

日鳥芟於月丸，而月芟日以望月狀。日被芟，其狀變。如此，言月芟日不得從蛾眉月、殘月論，而宜從丸月論。丸月之羅，會日鳥之羅，此二者合於格而為丸月鬱日圖。我以前考間推，格羅丸月日鳥勒刻產生於舊石器期末。

彼時，降水甚頻，促迫瓬疇女察月、畢宿所際。《詩經·漸漸之石》「月離于畢」為證：「月離于畢，畢滂沱矣」。毛傳：「畢，噣也。月離陰星則雨」。王先謙疏：「魯『離』作『麗』，『俾』作『比』」。王氏具《毛詩正義》云「以月為畢所離而雨，是陰雨之星，故謂之陰星」。王事援舊說無一澄清「離」義（《詩三家義集疏》，第 818 頁）。檢離，即《說卦》「離為羅」。以擬畢宿之所為羅，月行近畢宿則雨。狄宛瓬疇女掌月，故在月近畢雨下，使人覺不潔，猶壯女經血月每而臨，不潔之念頓生。如此類比使宗女自我之念覺醒。

雨下則地泥濘難行。「不行」之念在此與見。《毛傳》「畢，噣」乃最古經義。而狄宛瓬疇女不獨傳承「噣」義，而且能豫月事，猶如以格羅得禽。由此而連日月之會，寄祁得日月之會，故以「格羅」之器兆日月之會。

史傳伏羲畫卦本「河圖」。狄宛系丸月日鳥圖雖眾，僅可考見「賀羅豫日鬱圖」。此圖之本或在伏羲立曆度周天。狄宛系半坡、龍崗寺俱見其證。諸圖曆義足證瓬疇圖屬曆象與星曆圖，係諸夏自然認知之峰。史傳由此得證，謬傳以此得消。

7）寄歲時察象於星圖第七

（1）寄日鬱于日月合會於氐宿圖

星圖者，一日某刻或數刻識見星圖也。星圖之識，舊石器時代瓬疇家之

能，傳於新石器時代瓴疇家。人或問：星圖可無傳而得識乎？答曰：不可。狄宛第一期，非世傳而不能傳。非指星而無以告星。指星者，以手指、以畫指也。西山坪昔聖察知大火星而傳後嗣，其後嗣一部徙往北首嶺，故北首嶺瓴疇圖納大火星圖。造父星本名胥星，而胥星圖初本臨潼白家村晚期瓦碗內菳圖。而白家村瓦碗內壁星圖識讀，將係新學繼承者之務。

　　星圖存於營窟、爟闕、曆闕、瓦器、肜日器或戲器，俱非格外之題。我於此所言星圖，乃星圖畫作。臨潼白家村、北首嶺等地碗面俱見星圖。狄宛瓦面黑帶納星圖則類狄宛第一期瓴疇家察星圖而形土為圖志，唯物料參差。

　　以我迄今識見，瓦碗黑帶寬程納星圖限於黃道 0°～180°東西向直線上下 15°以內堪目視者。此言故在口沿當此直線，瓴疇家依日鬱而畫星圖於瓦面。倘縮朒黃道圈，黃道星圖之數更寡。而黃道圈縮朒圖存於半坡、姜寨遺址影日肜日肖魚或寄祁咸羅日烏圖。此黃道圈恰係內菳黃道星圖之縮朒圈，使人覺黃道圈甚遠。如此內菳圖又能聯格羅圖、盤狀影日圖。舊說此等瓴疇圖「人面魚紋」，其說乃罔顧圖畫之果。畫日鬱圖又畫星圖者，非狄宛瓴疇女、黿戲後嗣莫屬。

　　言黃道星圖，擇氐宿星圖存瓦碗黑帶寬程之內，不為無常，而屬瓴疇家目力察見之物。不識星圖者曾為多端猜測，罕非曇花之言。

　　讀者檢讀至此，固不宜限星圖於前考，亦可從跡星圖之道自察某遺存星圖。譬如，河南省新鄭縣唐戶遺存〔註174〕之營窟 F22、F26、F42、F21、F55 俱顯星圖之兆。依此地三足碗深程、徑程比數遠小於 0.5，我推測此此地瓴疇女乃擬近北極之外菳者。彼等曾察紫微垣星宿。我曾自問，使我為星圖，我何以寄星圖？隨欲乎，從體乎？隨欲則敗，從體則難。以星近北極，瓦碗碗面堪為星圖之所無非口沿——外內底以內目視幅寬數釐米。今見瓦碗深程、徑程比數甚小，則不足以畫近極星圖，此乃事之必然也。由此，我得另一識見：裴李崗瓴疇家識見北方星體，猶如狄宛第一期瓴疇家識見北方星體。讀者倘問：裴李崗瓴疇家察見北極星否，我不能答。檢迄此所，蔣書慶言狄宛系瓦碗冥帶黑三角乃織女星圖，此猜測乃新猜見，堪享尊重，儘管此猜見不堪。

　　瓦碗冥帶不足以寫記北方星圖之故：覆瓦碗，而欲畫織女星圖，必使織

〔註174〕鄭州市文物考古研究院等：《河南新鄭市唐戶遺址裴李崗文化遺存 2007 年發掘簡報》，《考古》2010 年第 5 期。

女星圖近碗底。如此，將敗壞與圖。與圖者，狄宛元朔日食後瓬疇家繪日鬱圖也。此務乃瓬疇家自救之途。於喪失邑眾信賴邑首，非勤勉、犧牲，無以存身及存信。如此，於狄宛瓬疇家認知，今可進益：瓬疇圖者，昔聖自省自救之器也。自救者，非謂昔聖獨謨存身，而謨存信合眾之道也。存信者，存天象、物象輪返信期及其不可更改也。合眾者，庀邑者社聚邑人也。

（2）寄大角星等四星和陣於日鬱圖

夏至日食，乃諸夏文明史之曆為重事。於黿戲後嗣，乃不可遺忘舊事。於瓬疇女，謂自省、受信與犧牲：瓬疇男黿戲乃瓬疇女「刮脣」之子。於其見四星和陣圖之日，「刮脣」與睄，或許不曾知，但黿戲能依狄宛第一期影瑉、聞知 M298 迫圖釋之，如此即得全新認知：地下理骨日鬱圖之迫日鬱圖四邊，今則見於天際。至於黿戲能知舊事，此事不難申釋。於古，葬闕可被揭露，甚或骨殖可被重理。此事前已考證。而葬闕曆志於後世即「奠」圖。詳後，江陵王家臺秦簡《歸藏》卦名、日次名考。

倘欲圖志此全新認知，非面眾屠肆顯擺不可。如此，「剮脣」為屠肆儀程。依西水坡遺址起出物推斷，屠肆伴隨醢而分食。對照北首嶺葬闕 77M17 遺物與圖志，推想此刮脣難以割捨之境：涕下嚎吼寄失子之哀，移徙以朐其憐。邑人從而蹈、從而涕下哀嚎、從之徙居。徙居者別幾部，今無以知。徙往何地，則可溯跡：西行而還居、東行而及魯南、南行而及豫南、北行而及敖漢旗。隨此徙居，大角星等四星和陣星圖傳承不休。星名、星圖、和陣圖存於瓦面圖。徙居者以還居狄宛者為圖最工。非昔聖存美於地，何能有幸睹諸圖變？

8）日鬱影日肜日圖變與羅賀圖變第八

（1）瓬疇圖變略

狄宛文明第四期能見圖變者七：第一，月要圖寄狄宛第一期乙畫。第二，歲合朔得氣通、氣斷二題。第三，影日肜日圖變。第四，羅賀圖變。第五，多番合朔得日環鬱圖。第六，日環鬱圖變。第七，蟲畫入瓬疇圖。

影日肜日圖又見二變：其一，影日肜日、合朔日鬱圖變為鳥風翅圖。其二，日鬱影日肜日圖變而致兩終端：蛙、蝮畫入瓬疇圖也。狄宛文明晚期瓬疇圖變誘導多地瓬疇圖，細檢綴於此截末。

（2）寄日鬱于蛙圖蝮圖變略

寄日鬱于蛙畫者，日鬱存於瓦圖一部。此類瓦圖之格羅畫乃羅賀圖別樣，

圖非新成。所謂蛙畫，非生蛙狀摹，乃蛙外廓畫，不具蛙足、不具蛙首或使蛙足、蛙首變形之畫。前人依民族志識見蛙狀，可從。此等瓦圖乃狄宛昔聖黿戲後嗣宗脈岔別存證，不可輕忽。依我在海南考察，黎族猶存祖蛙之念。徙居南國而不改舊俗，使人動容。

　　寄日鬱于蝮畫羅格圖者，蟲首狀三角，體見羅格畫之類也。我言此類瓦圖乃寄日鬱于蝮羅格圖，故在此等蟲畫狀摹長蟲。長蟲乃蛇別名。而蝮蛇頭似三角。蝮韻同復。「七日來復」之復乃日曆法樞紐。格羅圖乃豫日鬱算法之兆。

　　基於前考，凡見蝮畫之蝮體羅格畫，起出之所必曾為狄宛文明一脈，而瓬疇男祖必為黿戲也。甘肅甘谷縣曾起出面繪此圖瓦器。此器乃重器，乃甘谷文明史旁證。

（二）狄宛第二期瓬疇圖體釋

1. 瓦碗類外菹瓬疇圖體釋

1）元朔日全鬱輪返與月芰日行向縮朒勒記

（1）瓦碗日全鬱瓬疇圖

　　掘理者言黑帶紋者，元朔日食（鬱）致冥帶掃過之域畫冥也。證在器樣F17：1。此器高程7.5、口徑程17cm。此深程口徑程比數抵近0.5。此器乃狄宛第一期元朔日全鬱之證。此器深程、口徑程比數告元朔日全鬱乃秋分日全鬱，今饋圖如後。

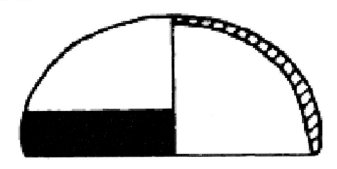

圖三二〇　狄宛器樣F17：1饋證元朔日全鬱輪返於第二期圖

　　此器之貴，非在於泥色罕見，而在於此器以深程、徑程比數告狄宛元朔日全鬱在秋分時節。其冥帶或黑帶告元朔日全鬱再見於狄宛。而且，此器饋給瓬疇家作圖前冥帶本狀。具此三義，此器必為重器。

（2）元朔日全鬱輪返於第七月瓬疇勒記

發掘者述瓦盂狀曰：細泥紅色，表面抹光，器樣 M222：1，口直、唇尖圓。腹壁厚、圜底。口沿飾一周黑彩寬帶紋。寬帶紋上有「｜」形刻畫符號。口徑程 28、高程 10.6cm。器狀如後。

圖三二一　　器樣 M222：1 第二期日全鬱輪返於第七月勒記

此器告狄宛日全食發生逢秋分節令，此節令北極在正北。此器須覆者，此番日全食乃降日食故也，即日自北而南下。於時合烏鸛遷徙往南。冥帶勒記於數為第七，淨算則是六，合烏鸛來去月數。

（3）元朔日全鬱輪返月曳冥帶束行圖

殘瓦碗冥帶能見三勒，而此三勒乃勒記。今饋證瓬疇家寄日全鬱輪返月曳冥帶束行圖於三勒。瓦碗器樣 T3④：5，冥帶有三勒，兩勒端點連，而弧線向西北有圓心者不連。此點既往俱被輕忽。

原圖照相有取景面傾斜，甚難復原。繪圖前，將器口沿、垂線依繪圖軟件找正。繪直線延長線，使盡頭為 O，端點為 Y，與東端點為 A。OA 交 OY 以 51°。O 點側弧線為圓局部，故畫圓 C、顯圓心 R。Y 軸為秋分地平正北。倘畫圓心向東南延長線，如黃色線段 RO，恰見半徑 R 伸向 A 無曲。黃線與赤線同直，此告日由高處向低處降低，此番日全食是降日食。丸月遠大於丸天。此證瓬疇女仍掌宗治。

此三勒之東側二勒乃宗字之源。此勒記告狄宛第二期宗別依日鬱察看與信曆數之事。言宗教者，宜言信曆教。故曆教於彼時乃本教。

此勒記也是狄宛第二期「示」源。有外莅司掌之義，為宗會之旨。此題將在後檢。第二期入此勒刻為象，即六書「象」說之象，乃中國社源。凡論社、社會等名，須基於此。否則非類。有比較中西「社會」著作汗牛充棟，我未檢見一著作行此理路。而希臘、羅馬社念如何，迄今無人檢討。

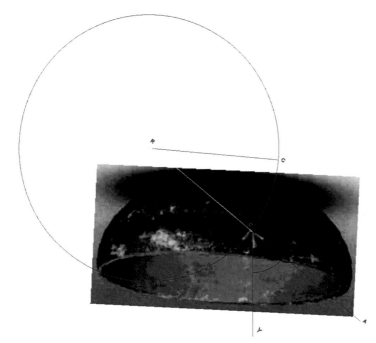

圖三二二　器樣 T3④：5 元朔日全鬱輪返曳冥帶係降日鬱圖

（4）元朔日全鬱曳冥帶行向圖縮朒勒記

後圖器樣 QDIII：1，掘理者述，寬帶口沿處刻畫「＋」符號，高程 10、口徑程 27.4cm。「十」字說謬甚。依前訓，今覆器顯畫兆以證。今自《彩陶》（第三冊註第 76）拓彩圖 13 檢審。

兩勒之橫勒平行於口沿面，一弧勒貫橫勒，而且交點偏中心右側。此弧線乃狄宛太初用夜曆法算八之證。而且，此器勒記來自日鬱圖縮朒。今繪圖為證。

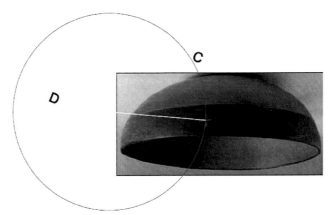

圖三二三　器樣 QDIII：1 第八夜正曆法數源暨朔日日鬱為夜圖

圖名弟八夜者，狄宛第一期瓬疇女畫赤「八」字告日鬱發生於第八夜。此第八夜即平旦見月正南後第八夜。曆算合今朔日見月掩日。狄宛第一期瓦片 H3115：10 乾坤冊數乘法參數之與數「八」源自此算。而其細證得睹於狄宛第二期器樣 T3④：5、器樣 QDIII：1。

2）合朔與合朔日鬱圖

（1）合朔圖

圖一〇七，2，器樣 H347：8，合朔圖。圖一〇七，3，器樣 T205④：1，合朔圖。圖一〇九，4。器樣 T610③：P27，合朔圖。圖一一〇，4，器樣 F712：5，合朔圖。圖一一八，5，器樣 H211：29，合朔圖。

（2）合朔日環鬱圖

圖一〇六，3，器樣 H235：7，合朔日環鬱圖。圖一〇六，4，器樣 H379：P190，合朔日環鬱圖。圖一〇九，2，器樣 H210：P5，合朔日環鬱兩番間黃赤交角圖。圖一〇九，5，器樣 H3100：P8，合朔日環鬱影日圖。圖一一四，7，器樣 H389：P23，合朔日環鬱附日照地方圖。圖一一六，5，器樣 F320：P8，合朔日環鬱圖。圖一一六，6，器樣 H709：P32，合朔日環鬱圖。

圖一一九，7，器樣 F324：3，日環鬱合朔圖。圖一一八，6，器樣 G700：P43，合朔圖夾於日環鬱縱切錐狀照射圖。圖一一八，7，器樣 T711④：P26，似圖一一八，6，器樣 G700：P43，合朔圖夾於日環鬱縱切錐照圖。圖一一八，8，器樣 F711：P16，似圖一一八，6，器樣 G700：P43，合朔圖夾於日環鬱縱切錐照狀圖。圖一一九，2，器樣 T700③：19，日照散射或黃赤交線，兩旁合朔日環鬱圖。

（3）合朔日月道會日環鬱圖

圖一一〇，1，器樣 T700③：17，合朔日環鬱附日月道會圖。左側係日環鬱圖變。圖一一五，9，器樣 H253：P36，合朔日月會道附日環鬱圖。

（4）日環鬱橫截日照布方為菱星圖

圖一二二，6，器樣 F245：P10，四方與見夏至日環鬱圖框於菱星圖。此圖宜左旋 90°，面北而察，見左側烏丸最大，照大角星。光照面甚大。

3）日鬱圖或直匕日鬱圖

（1）日環鬱或日全鬱圖

圖一〇六，5，器樣 H397：P2，春秋與冬夏日環鬱圖。貌似影琘影日烏圖。依口沿為置向，橫向烏丸兆春秋日環鬱。縱向烏丸兆冬夏日環鬱。圖一

○七，1，器樣 F383：7，日環鬱圖，與日照弧面圖。圖一○七，4，器樣 T101③：P12，置向不變，左側係日環鬱圖，右側係日環鬱縱切減冥芯圖，三角日照圖，似日照方面圖，央夾線謂午時日照。圖一○七，5，器樣 H709：P19，日環鬱散射圖。圖一○七，6，器樣 T340④：P11，日環鬱附黃赤交角線。圖一○七，11，器樣 H379：P186，日環鬱扇面日照圖，附黃赤交角圖。圖一○七，14，器樣 H714：P38，日環鬱影日圖。扇面日照反向夾日冥圖，係肖魚圖魚尾畫之反。圖一○七，16，器樣 F234：P3，日環鬱弧面照地圖。圖一○七，17，器樣 H3：P12，日環鬱圖，附側旁日照圖。

圖一○八，1，器樣 H379：130，右側，夏至日環鬱影日似珺影日烏圖。南北日烏兩所者，黃道近旁與少遠方與見日環鬱也。央見日環鬱錐影縱截三角圖。左側烏丸兆黃道少遠方見日環鬱。圖一○八，2，器樣 H7：2，右側圖如圖一○八，1，器樣 H379：130，左側圖係日環鬱錐影圓錐縱切拆散反置圖。圖一○八，7，器樣 H218：P41，日環鬱重圖。

圖一一○，2，器樣 T212②：21，日環鬱影日似珺影日烏圖。三所見日環鬱。圖一一一，12，器樣 TG4④：P14，日環鬱錐影縱截與日照割方面圖。圖一一三，3，器樣 T6③：P16，日環鬱圖。圖一一四，8，器樣 H379：P187，日環鬱照射扇面圖，來自截割錐狀照射圖。附黃赤交線。圖一一五，6，器樣 H390：P21，日環鬱錐狀照射半截圖附日照方面圖。

圖一一八，1，器樣 F222：P6，日環鬱照射方面圖，附縱切錐狀照射圖。圖一一八，3，器樣 T109④：P84，日環鬱照射方面圖，附縱切錐狀照射圖。圖一一八，4，器樣 T212④：P32，日環鬱縱切錐狀照射圖與似方面照射圖。圖一一八，9，器樣 T109③：P41，日環鬱縱切錐狀（三角）照射圖。圖一一九，3，器樣 T342③：P14，日環鬱縱截日照錐狀圖等。圖一二三，3，器樣 T109②：1，日環鬱圖。圖一二三，4，器樣 H204：1，日環鬱圖，扇面日影圖。圖一二六，2，器樣 M206：2，日環鬱圖。圖一二三，5，器樣 T109④：8，日全鬱圖。

（2）直匕日鬱圖

圖一二三，1，器樣 T218③：10，日鬱骨直匕日圖。圖一二三，2，器樣 G300：49，似圖一二三，1，器樣 T218③：10，日鬱骨直匕日圖。

4）日環鬱月要肜日與匕旋肜日圖源

（1）日環鬱月要肜日圖

圖一○七，8，器樣 H379：P185，日環鬱肜日圖，月要肜日圖。圖一○

七，9，器樣 T223③：5，合朔日環鬱影日月要彤日圖。圖一〇七，12，器樣 G300：P10，合朔月要彤日圖。疑日鬱圖照夏至日環鬱。圖一〇七，13，器樣 T343③：P16，日環鬱月要彤日圖。央陽地色冥色界照月撿日半。圖一〇七，15，器樣 H262：P25，日環鬱月要彤日圖，右上為日環鬱與月要彤日圖，左側乃冥芯圖殘部。

圖一〇八，5，器樣 H379：P103，日環鬱彤日圖附月要彤日圖。圖一〇八，6，器樣 F708：P3，右側係月要彤日圖。左側係日環鬱光影圖橫截，冥芯圖附月匕圖。圖一〇八，9，器樣 G700：P69，午時日照，日環鬱月要彤日圖。圖一〇九，3，器樣 G700：P11，合朔圖變，附日環鬱、月要彤日圖。圖一〇九，7，器樣 F234：P37，合朔圖變附月要彤日圖。圖一〇九，8，器樣 T109③：P125，日環鬱圖附冥芯似珥影烏丸，橫截日照，似月要彤日圖。圖一〇九，13，器樣 T330③：P32，圖左側月要彤日圖、右側月褪出日圖。夾日環鬱錐照圖，似圖一〇九，9，器樣 F333：6，骨頭狀日照圖來自橫截日環鬱日照圖變為橢圓圖。

圖一一〇，5，器樣 H379：109，日環鬱月要彤日圖。圖一一五，4，器樣 H379：156，日環鬱冥芯圖，附月要彤日圖，似能互釋。圖一一五，7，器樣 F341：P23，日環鬱圖附影日圖與似月要彤日圖。圖一一五，8，器樣 F356：P25，日環鬱照方面，附月要彤日圖。圖一一六，3，器樣 T602③：P14，日環鬱日照扇面圖附月要彤日圖與合朔圖。圖一一六，4，器樣 H379：P47，日環鬱、合朔圖附月要彤日圖。

圖一一九，1，器樣 F1：4，自左向右：第一圖同央圖。日環鬱錐狀日影圖、附月要彤日圖。其次，線束左下，日照扇面圖，附直骨匕日圖，右側係異所日照扇面圖。線束上左上，日照扇面圖，右側，日環鬱日照錐狀，左側直骨匕日圖。線束謂日環鬱日散射。餘者似前釋。圖一一九，4，器樣 T342③：P15，日環鬱圖附月要彤日圖，附日照錐狀似三角圖。圖一一九，5，器樣 T109③：P80，合朔圖，月要彤日圖等。圖一二一，2，器樣 T307②：5，瓦器月要彤日座，器合日環鬱圖。圖一二二，4，器樣 T200②：P21，日環鬱圖並，附月要彤日圖變、合朔圖等。

（2）日環鬱匕旋彤日圖源

圖一〇九，10，器樣 T201①：6，日環鬱彤日圖，顯匕旋狀，係稍遲匕旋彤日圖源。附兩耳係日環鬱器合圖。圖一一八，2，器樣 H379：P189，器面：

日環鬱月要朒日圖。沿面：日環鬱日照扇面，隱藏匕旋虛朒日圖。

5）日環鬱影日圖

（1）日環鬱影日圖與影日圖變

圖一〇九，6，器樣 H211：168，日環鬱影日日照圖。圖一一二，4，器樣 F233：P7，日環鬱錐照錐影影日圖，係影日肖魚圖源。圖一一四，5，器樣 H379：148，日環鬱影日圖，扇面照地。央夾日冥圖。圖一二二，1，器樣 T306③：P61，日環鬱影日圖，附合朔圖。圖一二二，2，器樣 T306③：P62，日環鬱影日圖。圖一二二，3，器樣 T306③：P28，日環鬱影日及日照射圖變。圖一二二，5，器樣 T306③：P60，日環鬱影日圖，央見減省骨頭狀日影，來自日環鬱錐狀向下照射自端拼綴圖。

（2）日環鬱橫截冥芯圖

圖一〇九，12，器樣 T1③：1，央圖係日環鬱圖。日環鬱橫截日照冥芯。左側乃日環鬱冥芯拆解圖，直骨匕拆解。右側也係直骨匕拆解冥芯圖。器雙耳，兆日環鬱。圖一〇九，9，器樣 F333：6，日環鬱橫截日照冥芯。附骨頭狀地色冥廓圖來自日環鬱縱照橫截後環狀日照變橢圓圖。

（3）日環鬱光影橫截縱截圖變

圖一〇九，14，器樣 H218：P23，右側係日環鬱圖，骨頭狀地色乃日錐影圖變。左側係合朔圖變。骨頭狀地色冥廓圖係日照圖，凡不見窄細冥線外廓，來自環狀體照變橢圓狀。

（4）日環鬱影日雜圖

圖一〇九，11，器樣 T320④：26，央圖係日環鬱日照地扇面圖。左側乃日錐狀下照橫截圖變形，似骨頭故在日照外廓畫為橢圓，再變而來。似圖一〇九，9，器樣 F333：6，左側圖樣。

6）日環鬱影日肖魚圖

（1）影日肖魚圖

圖一一一，9，器樣 T7③：P9，日環鬱影日圖變樣，影日肖魚圖與它圖殘部。圖一一一，11，器樣 T603①：P11，日環鬱影日肖魚圖殘部。冥芯變冥三角圖。冥芯變冥三角日影圖或來自此部繁用、變更。半坡遺存三角錐影圖頻見。圖一一二，2，器樣 H377：P24，日環鬱影日肖魚圖殘部。左係日環鬱冥芯圖變，右係錐影截割圖。圖一一六，1，器樣 F1：2，日環鬱影日肖魚圖。

（2）影日肖魚圖附直匕日圖

圖一一一，1，器樣 H232：1，合朔日環鬱影日肖魚圖。並見直匕日圖。
圖一一一，2，器樣 QDO：174，合朔日環鬱影日肖魚圖。並見直匕日圖。圖
一一一，4，器樣 F360：14，日環鬱影日肖魚圖。並見直匕日圖。圖一一一，
5，器樣 T331③：P21，日環鬱影日肖魚圖殘部。並見直匕日圖。圖一一一，
6，器樣 T327④：P29，合朔日環鬱影日肖魚圖殘部。並見直匕日圖。圖一一
一，7，器樣 H208：P17，日環鬱影日肖魚月要彤日圖殘部。並見直匕日圖。
圖一一一，8，器樣 T340④：P28，日環鬱影日效魚圖殘部。並見直匕日圖。

圖一一一，10，器樣 T331③：P22，日環鬱影日肖魚圖殘部。並見直匕日
圖。圖一一二，1，器樣 Y301：P7，日環鬱影日肖魚圖殘部，附直匕日圖。夾
陽地色似竹節狀，本於錐日環鬱錐狀照射圖，將上錐端照射面拓畫，加於原
畫即成。三角狀陽地色來自錐狀照射。錐狀照射即日環鬱日照側視棱邊三角
圖。圖一一二，3，器樣 T341④：30，日環鬱影日肖魚圖，附直匕日圖。

圖一一二，5，器樣 T332③：14，日環鬱影日肖魚圖，附直匕日圖。圖一
一五，5，器樣 H227：22，日環鬱影日圖肖魚圖，附直匕日圖。圖一一七，2，
器樣 F707：15，日環鬱影日肖魚圖，附直骨匕圖。圖一二六，3，器樣 M218：
1，日環鬱日照影日肖魚圖，附直匕日圖。圖一二六，4，器樣 M302：1，日
環鬱影日肖魚圖。附直匕日圖。

7）日環鬱光影圖與光影縱切反綴布方菱星圖

（1）日環鬱光影圖縱切

圖一〇七，7，器樣 F201：P2，日環鬱錐照錐影縱切平鋪三角。使口沿向
左而面北，見夏至日出、日落。對面圖來自此圖反轉 180°。此兩圖來自黿戲
於夏至日鬱見菱星圖，下見斜日射線，係日環鬱光散射圖。圖一〇九，1，器
樣 T340③：52，日環鬱錐照錐影縱切三角圖。圖一一三，1，器樣 F310：5，
日環鬱錐照錐影自上而下縱切，得三角圖。面北使此盆底向右，見夏至日出
入照射圖，夾冥芯者，日環鬱圖也。加六冥線可視為重消息圖。圖一一三，
4，器樣 K201：P2，日環鬱光影縱切錐影圖。縱截夾層日照似午時日照圖。
圖一一三，5，器樣 T304④：P46，日環鬱光影縱切似瑁影影日圖。

圖一一四，2，器樣 T109④：12，日環鬱光影縱切影三角狀與單向散射
圖。圖一一四，3，器樣 H379：188，日環鬱光影縱切錐狀圖，加日環鬱自西
向東似上坡移動圖。此番日鬱弧狀劃過，在地面照方帶，截去側旁散射。圖

一一四，4，器樣 F310：2，日環鬱錐狀照射縱切圖變，非合朔圖。自上截割，使左右並列，上下拓畫。圖一一四，6，器樣 H379：124，左圖似圖一一四，4，器樣 F310：2。右半係日環鬱錐狀照射自上而下截割相背，弧狀。樹立此盆，使底向右，面北即知，此日環鬱亦係夏至日環鬱。圖一一五，2，器樣 F11：3，日環鬱光影縱切，似圖一一四，4，器樣 H6：1。圖一一七，1，器樣 T339③：53，日環鬱錐影錐照縱切圖附日散射圖，附日照扇面圖。圖一二六，1，器樣 M18：1，日環鬱錐狀照射與錐影縱切三角圖。

（2）日環鬱光影橫切與縱切

圖一一三，2，器樣 H3117：10，日環鬱光影圖縱截橫截圖。央圖：日環鬱橫截影日圖。上下圖似圖一一一，11，器樣 T603①：P11，係縱截錐影圖。圖一一九，6，器樣 F709：23，日環鬱錐狀照射橫向截割圖，及其拓畫背反圖。

（3）光影縱切反綴布方菱星圖

圖一〇八，8，器樣 F353：P22.日環鬱光影縱切反綴布方菱星圖。左旋 90°，面北察圖，見菱星圖變。附日環鬱錐影與夾層日錐照縱切，反旋 90 度，交日照日冥圖所致，舊說魚紋，毫無根底。圖一一四，1，器樣 H6：1，光影縱切反綴布方菱星圖，似一〇八，8，器樣 F353：P22，見菱星圖變。不贅言。圖一一五，1，器樣 F234：27，似圖一一四，1，器樣 H6：1，見菱星圖變。圖一一〇，3，器樣 H227：29，夏至日環鬱圖變暨菱星圖源：面北使器口向西，察上第一圖，係日環鬱冥芯圖，央冥芯周遭見日照。其次，菱星狀上見日環鬱冥芯，下見菱星狀錐影反向。第三幅照日環鬱影日錐狀縱切而反轉 180°。第四幅，日環鬱央冥芯變更，錐影下部拆散。橫向見日自東向照射。日環鬱光影縱切反綴布方菱星圖轉向之勢能來自此圖。

8）夏至影日肖魚圖體釋與重消息《中孚》及夏至日環鬱正氣弟體釋

（1）日環鬱影日肖魚圖解

欲證示舊說魚紋不得貫坐，今饋圖以釋。圖一一一，3，器樣 F310：1。蔣書慶曾檢此圖而未得圖義。左轉器 90°，立圖。器深程、徑程比數遠小於 0.5。顯夏至日照圖。今饋圖並附釋於圖，讀者檢從立圖古義。自上而下見畫：尾影解而並畫、環鬱畫、扇肜偶畫、匜影內外畫。圖見扇肜偶畫乃半坡、龍崗寺、姜寨等地盆瓦內范圖圓盤狀肜日圖之肖「人額」部畫。

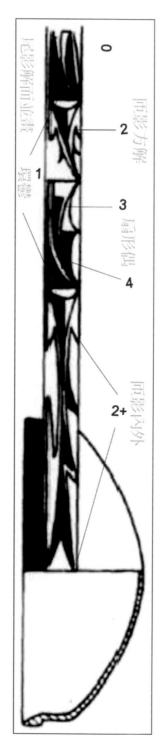

圖三二四　器樣 F310：1 日環鬱肜日影日圖

（2）夏至日環鬱藏重消息圖考

日環鬱漫長圖：圖一〇八，3，器樣 H379：139，高程約等於口徑程，此乃長大南北向之器。關中方言「弔」，蓋謂日弔於天。日弔於天者，日久不行貌也。此兆夏至日狀。我曾考此器圖重消息義，名之「巽兌夾陰盈重消息」畫，言此乃《中孚》之本，《易》象「風澤」。（《祖述之一》第 501 頁）。今持守此考，依新考而顯黿戲後嗣命「囧」之義。今使此圖立，圜底向西，即見日弔之狀，無礙日環鬱之央為冥色。此番日環鬱食分甚大。央黑地色能謂日鬱黑芯在央，2020 年 6 月 21 日日環鬱亦是夏至日環鬱，食分甚大。

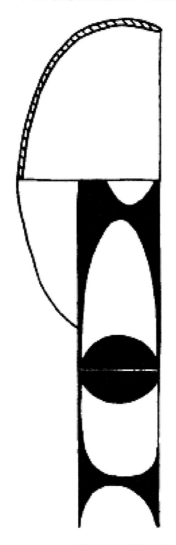

圖三二五　器樣 H379：139 夏至日環鬱輪返當重消息《中孚》

　　我使此碗底向西，故在此圖上部地色可謂遠處日照。以丸狀天釋此圖，即謂上存北極，以陽端及北極而狹。而黿戲曾見常陣一屬係五官之東官，於夏至在斜行天河之北，在河北者，渡越津而近北極星也，此蓋「浮」義一端。「中」者，囧也，於宗女之治，改元乃囧。如此，《周易》「中孚」卦名本黿戲遺教，而「風澤」之澤謂天河，而非地上雷澤。諸事大抵係文王之《易》古傳之源。

　　（3）夏至日環鬱正中氣圖釋

　　圖一〇八，4，器樣 H205：11，器曆義難訓。倘依前考日環鬱光影錐狀圖覓跡，能檢得瓬疇家府藏：三角陰影殘存於橢圓邊際。由此而知此器宜面北而察，使底向右。繪橢圓 C，得知夏至午時日照圖。鄰陽地非環狀，由此得橢圓圖已變，日軌道變動。下部圖樣係上部圖樣之反，兆日過北極。而且，熱氣東西貫通，平行於器口沿。

　　由此，得知此器圖兆夏至日環鬱功在正朔日，由此之後，當年秋分，來年春分節令無誤。

圖三二六　器樣 H205：11 夏至日環鬱過極正中氣圖

日橢圓軌道又似用蚌殼合朔之蚌殼圖。如前考，日環鬱之豫非偶然而成，係有本之事。

2. 宗女匕日曆為圖示與黿戲後嗣瓵疇圖要略

1）宗女直匕芰日為旋匕肜日暨刑念源考

（1）月刑日之念寄於骨匕刑日之念暨月刑之源

《天官書》：「日變修德，月變省刑」。此言注者不釋其本（《史記》，第1351頁）。歷代無人究考其本。今檢「月變省刑」說本宗女邑治時代宗女掌丸月之俗。丸月者，望月也。以望月為曆算，乃宗女治基。此治納十月孕期、納行獵約行與約返、納諸邑往來，甚或攻伐。

自狄宛元朔日全鬱，瓵疇女曆為構信，重拾令從。此等曆法進益更新丸月認知。尤於第一期由日食之後，丸月聖潔之念難以維持：日環鬱、日偏鬱頻察，致其更改舊俗。人裁瓦丸，效日偏鬱之事發生。殘損瓦丸起自狄宛曆闕、營窟，足告加刃瓦丸。此念移向瓦丸丸面瓵疇圖，即得直匕日圖之圖。此念乃直匕肜日念源，也係旋匕肜日圖之本。圖一一六，2，器樣T361④：P33。此圖又係芰日圖。日得月要狀出自月芰日，月掩日後褪出。瓵疇女以掌月者面眾。在設擬加匕首於日圖前，瓵疇女曾頻用骨匕。如此，我推定瓵疇女使用瓦丸——骨匕被邑人信賴。而此信賴之基乃瓵疇寄效程於骨匕。

猶骨匕首入日，日不全貌。

匕直切，得日直邊。寄日圓於楊地色。今殘，則日被月芰。

圖三二七　器樣T361④：P33擬骨匕首入日直切圖

換言之，直匕日圖起於狄宛瓵疇女掌丸月與曆法。曆法者，工程曆為與術算是也。此算又納度當日曆算。度程之效見於狄宛。月長既連丸月，則丸月於瓵疇女乃瓦丸可兆之器。擬此瓦丸受刃，而後將此念遷向瓵疇圖，而後得「匕肜」之圖。於此，狄宛骨匕長程堪否被掌握，乃一至重至難考證。前著未給，今於此補給。

（2）圍獵用棒長程效 33cm 增力臂

自圍獵時代，棒長與棒重、棒直徑相關。欲推算棒長幾何便於攻防，須照顧獵人個體臂長。這樣須援引古人身高，類比尺骨撓骨長程。舊石器期末以降，早期大地灣人身高數不見於文獻。在此以姜寨人身高 168cm 為測算基礎（《姜寨》第 491 頁）。這種身高對應的人尺骨撓骨長程是 26～27cm。倘考慮勢能交換，手持部聯繫棒長，非握持無以重擊。這樣，棒長程之效程或基準長程大於 27cm。顧肘長 26～27cm 者掌寬約在 6～7cm。須加此數於尺骨撓骨長，此致模範木棒的長程等於：

26cm＋7cm＝33cm

用此長程木棒點式攻擊力最大，發掘得大量獸骨殘破，出自圓物端打擊致凹陷。而圍獵者用此物最大便利是，不須旋腰即能高舉木棒，垂直向下時勢能最大，後又能速撤回，便於重擊野獸。新石器期葬闕納墓主骨架，但掘理者不見右臂尺骨撓骨，譬如北首嶺 M274 左尺骨撓骨盡被撤去，其本在此。

另外須定棒體形狀。四棱棒不便均勻發力，棱間有隙，握持不緊。如此，最初的擊獸棒定是圓棒。這樣，牢握木棒即須照顧棒直徑程恰當。而且，棒粗於便握長程，於碰觸獸身即傾斜，勢能交換速衰，不能傷獸。察棒周長須小於或等於把握之長。欲握牢者以中指、大拇指構圈覆蓋距離須少大於握持部周長。彼時，手握定度，而不須計算。但時代遠去，不能目睹，故須測算還原。

若論 168cm 身高者大拇指中指伸展長程，一拃約等於 20cm。此數須小於模範圓棒周長，使如此身高者握持周長 20cm 小樹一段，其直徑程 6.4cm，不能攬住。對於古人，謀速得其數，折枝條如拃長程，自周長 20cm 減去中指端節與中節長程約 6.5cm，得 13.5cm，此圓柱體直徑程等於：

$$d=\frac{13.5}{3.1415}=4.3$$

如此，身高程不大於 168cm 之獵人也能把攬此徑程木棒行獵。依此考，今獲得諸夏最早度量衡制度是尺度，尺效程長 33cm。

（2）長程 16.5cm 刃器便於掘穴取獸

狩獵失敗，獸入穴難得，腹饑獵人不甘捨棄。他們仿傚犬或貓科動物刨地捕獸。四五人分工，挖掘者、移土者、堵出口者協作。挖掘與移土者之間距離太大不行，距離太小也不可。挖掘用器之長程選擇是人類最初工程問題。

力臂長短決定能挖掘成敗，不可指望饑者長久挖掘。伏地或貼近地表挖掘，器長程須小於擊獸棒模範長程，此係土工垂挖之前提。土密實則難加力，撬動小孔便於捕捉，也須用較短力臂，否則器易折。檢模範尺二分之一比例刃器便於土工。長程 16～17cm 寬刃器便挖便刺、切，也便於將掘土推移一邊，無礙續掘。這樣，尺長一半之度程念頭出現。而後，每次挖掘，俱用半尺之度。這樣，捕獵失敗不致產生沮喪與挫敗感，原始圍獵者之生存心理被增強。那些不能覓得此技之群居者被飢餓擊垮，於是淘汰。

掘穴得獸者既知用穴躲避，由此推知獸穴坑坎便於躲避。為提高勞績，智者給其餘協作者分工，某某埋伏在曾挖掘獸穴內，草草掩蔽，而候他人驅獸來臨。獸近前而不虞，潛伏者奮力棒擊獸頭，獸驚懼由受重擊，追擊者至。如此，也能暫獲頗豐。此間，潛伏與動靜，騰躍時刻，風向利否，節令關聯之蔽體材料等無不關係狩獵成敗。

（3）骨匕長程考

狄宛器樣 F360：9，長程 123.5、寬程 16、厚程 6mm。馬鹿掌骨骨幹後壁為料。背與刃平置。柄部尖圓且有一圓孔。尖銳部前端磨出偏鋒刃。除柄部一側未磨光有骨鬆質，大部器體磨光。骨體一側緣開長程 62、深程 3mm 刃槽。扁平骨體一面刻 4 條淺槽，最短者 34、長者 66mm。長槽每隔 6mm 鑽小圓窩，坑徑程 1mm，總計 12 個。近端部小坑淺，淺槽與小窩內殘留紅染料。發掘者推測：殘斷之骨體石刃器又改制為窄刃骨鏟或骨鑿繼續使用，其黑白圖見於《發掘報告》（上冊，第 237 頁，圖一六四，5）。此物其實是骨尺，小圓窩塗紅以告度程尊貴，而且諸器屬宗女。赤色初本女月事見血色，前已考。此色兆輪返與均度。它用於測程長，即直線長度，平置能見其刻度，刃能用於斷割。而刻度或分度本義在於截割某長程，器有刃恰證諸夏最初度長是一個切分名稱。依《發掘報告》（下冊）附表五，「第二期房址登記表」，此物來自第二期第 I 段營窟 F360。依其殘損可判定，此物是第一期遺物，殘損後遺留於此營窟。

如此，其刻度有效程之義。骨尺之度準乎太初力臂與挖掘長程之度，其滿尺之度折合今克釐米秒制之 33cm，動土深程 2 尺當對應關聯節氣，以察日入穴出穴節氣差。2 尺合今 660mm。1 寸折合 33mm。此二用骨器柄部少殘，推算其滿長初是四寸，折合 132mm。此長程恰是姜寨遺址基準身高者把握棍棒之度。以此長程為度除以圓周率即得便於握持之棒器直徑：

$$x = \frac{132}{3.1415926} = 42$$

得數 4.2cm 是大約 168cm 身高者把柄之直徑程。而器厚程 6mm 是磨損後殘厚，補足 0.6mm，即得 2 分厚之程。加刃初寬，原寬程須是 5 分，即半尺，折合 16.5cm。

器樣 F215：25，殘長程 101、寬程 19、厚程 3 毫米，僅存中部。器平直、通體磨光。雙側刃。一側刃槽貫通殘端。刃槽深 4 毫米。另一側刃槽殘長 3.5、深 2mm，被 8 道橫淺槽分割為鋸齒狀。扁平骨體面，近短刃槽，一面有兩道淺槽，另面有一道淺槽，俱貫通兩端。淺槽內鑽圓小窩，淺槽與小窩留醒目紅色物質，謂輪返均度。小圓窩直徑程約 1mm，大小略異。間距 3mm 許，個別可達 5mm。此器頗似一把刻度尺（《發掘報告》上冊，圖一六四，2）。

2）黿戲後嗣夏至日環鬱影日肖魚圖源與菱星圖施教

（1）影日肖魚圖源跡

夏至日環鬱影日肖魚圖源，即圖一一七，3，H211：P168，器口徑程 51cm，碩器之一。立之，使口向西，得其瓬疇義。繪圖顯日環鬱投影殘部在下。肜魚圖殘。冥色在央，乃日環鬱之兆。此器乃黿戲後嗣畫夏至日環鬱圖殘部.其徑程 0.51m 猶小於西水坡三足碩碗 T229⑥：10 腹徑程 68cm，差 17cm。

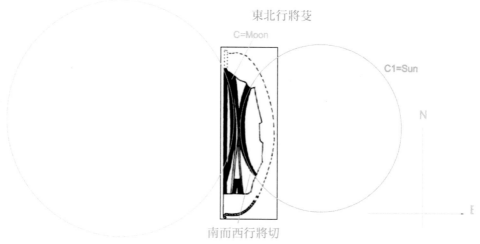

圖三二八　器樣 H211：P168 碩月會日為環鬱圖

圖顯月自西來，行將切入日，再行向東北方。而日將向動偏南滑行，軌道線細謂遠去。日自東北而大，在東南遠去。遠去者，過天際而後西行也。

此圖顯日鬱事本，但述日月徑程比數失誤。此失誤或出自傳承，此傳承來自狄宛前文明史老祖母，她掌月而宏月教。月被視為甚大天體。能使晝變為夜，能遮蔽日，豈非更大？如此，日環鬱時，央芯外圍日照被視為月故存照射，而瓬疇女以日環鬱圖寄祁邑內瓬疇南崇隆月恩賜，由月恩賜而轉感宗女恩賜。此蓋刮脅祖母雖屠肆而無礙為邑首之故。

（2）夏至日環鬱肖魚圖並黿戲菱星圖考

蔣書慶言 F227：2 面三角有丸圖乃織女星圖，我前已敝解其謬。今考此圖乃夏至日環鬱影日肖魚圖並黿戲菱星圖。此星圖本存於濮陽西水坡葬闕 M45，黿戲後嗣察見此番日環鬱輪返，記於器樣 F227：2。

星圖唯左側星為大星。此乃大角星。曆義似圖三〇七 M45 紀鬱圖義。此器匹圖一〇八，3，器樣 H379：139，兩器圖協記黿戲王事曾睹夏至日食與北天星圖。

圖見大角星在西側，五帝座一在東偏北。北方星常陣一。環鬱尾向下，乃似錐影部，央見冥色，此層見地色，外層又見冥色，乃日環鬱圖日——冥色層次圖。

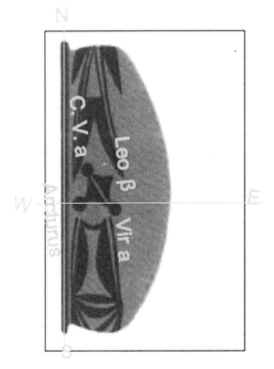

圖三二九　器樣 F227：2 夏至日環鬱菱星圖附影日肖魚圖

（3）夏至日環鬱菱星圖施教附日過氐宿並影日肖魚尾圖考

檢見黿戲後嗣於夏至見日月道會於氐宿，繪圖附影日肖魚圖。證在圖一一五，3，器樣 K707：1。覆器，見日環鬱在右。陰影左旋而去。月自西襲日。日錐影在下而綻開如兩足。投影自大變小。以肖而摹，瓴疇家為環狀陽地色包裹冥圓陀，外加申釋，告冥色左旋而往，東行是也。此圖係 F227：2 圖附圖。見於爟闕者，爟事也。爟事者，察夏至南方星宿也。井、鬼、爟等宿。

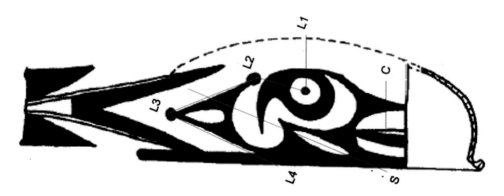

圖三三〇　器樣 K707：1 夏至日環鬱肜日日月道會氐宿與影日肖魚圖

赤線自球面西北而來。L 為氐宿西文名縮略。日過氐宿 L2、L3 向察日食者 L1 之所移動，在此處見日環鬱。C 為環鬱冥芯變易。圓周日照變為橢圓日照，冥芯變易為上平而下弧。芯生照射區。此圖亦係合朔肜日圖，陽地色匕旋圖來自肜日圖。依此圖得知，肜日圖異於影日圖，也異於影日肖魚圖。

3. 瓴疇家日鬱器合圖暨宗撿察日鬱正曆叕考

1）瓴疇圖罕見者三等

（1）羅日烏月丸圖附黿戲菱邊星圖與格羅勒

羅日烏丸月與日環鬱：圖一二二，2，T306③：P62，日環鬱與羅格圖。日環鬱者，日烏與月丸之會也。依此圖，日烏與月丸並墜羅「成禽」。此圖附釋存於狄宛第二期菱瓦器樣 F234：18。此瓦片少殘，存者棱邊俱磨光，一面存羅勒。羅勒乃合朔曆志，猶狄宛第一期瓦線陀羅勒日食曆算。其圖如後。

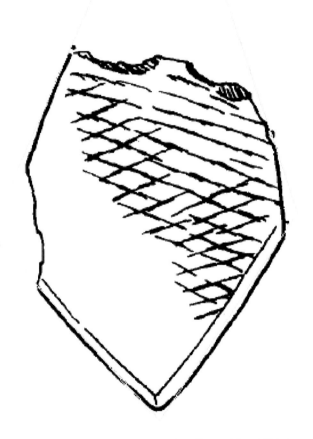

圖三三一　器樣 F234：18 夏至菱星圖與羅勒圖

　　依今流傳西方星圖，西水坡 M45 黿戲曾睹星圖乃室女座大鑽石星圖。我考此名不合古俗，不合狄宛第二期器藝，以及彼時瓩疇家能動用資源甚宏，但無鑽石。對照龍崗寺、北首嶺、半坡等地頻見菱角瓦瓠，我命此星圖以菱星圖。

（2）內菹天樞繞極周旋圖

內菹天樞繞極周旋圖：一〇七，10，F1：5，內菹圖，數赤環六，加央點，得數 7，謂天樞繞極周旋圖。依少半丸盂推時在夏至。此器可名以「復夏至日少半丸（球）盂」。復者，再述也。用赤色，瓨疇女之為也。於狄宛第二期罕見。

依前考，圖一一七，3，H211：P168、圖一〇八，3，器樣 H379：139、一〇七，10，F1：5、圖一二二，2，T306③：P62，諸多夏至日日環鬱肜日圖佐證，狄宛第二期瓨疇女曾曆夏至日環鬱輪返。黿戲氏王事復述乃最大話題。推測為此者係庖犧氏。

2）線陀瓦器座瓦橢片瓦

（1）線陀瓦

日偏鬱：圖一二三，1 器樣 T218③：10。日偏鬱：圖一二三，3，T109②：1。三番日偏鬱：圖一二三，4，H204：1。日全鬱圖：器樣 T109④：8，圖一二三，5。

（2）器座瓦

器座側似月要狀，此狀兆日環鬱圖：器樣 T307②：5，圖一二一，2。

（3）橢片瓦

橢圓片瓦，舉之以傚黃道面，赤經面，或象日軌道。其一，圖一二四，8，器樣 F202：20。其二：圖一二四，9，器樣 T710②：1。瓨疇家亦能以此二等器摹寫月日道會。或放寫月鬱或放寫日鬱。

3）硎瓦五等與珇骨瓨疇圖像

（1）舊說陶銼本名硎瓦暨夏至日鬱之效致刑考

掘理者名以「陶銼」諸瓦器，以 175 件之數，不得輕忽。我曾考此類器為消息器，用於兆重消息八經之聯並及變更。今維持此識見，並將此識見視為寄見，非源見。源見即物本功之見。承用者寄於此見，而為新見，此新見即寄見。寄見係樹藝人知演進第二階。我以消息說為寄見。先於此見之源見在於，諸器之本狀於狄宛第一期係石硎，為磨礪骨器之器。襲模石硎，埏埴而後見瓦硎。瓦硎以模樣眾而得名硎瓦。硎瓦輒見於狄宛第二期遺存。不獨狄宛、關中，漢水之域，遠至山東不乏硎瓦。其瓨疇義探究宜係重題，此題係諸夏刑法史重題。

諸器質地堅硬，色赤或褐。坯芯灰、黑。面上均布細小麻窩。掘理者推

測，麻窩來自泥坯沾滿穀物種子。焙燒後穀物盡炭化。以第二期器藝，焙燒者能為質地均勻瓦碗，何故使此類器芯灰、黑？鑒照即知，器芯二色出自瓻疇家故為。日鬱必見日冥，日環鬱必見日冥芯。故此，諸冥芯瓦乃日鬱之兆。

器面麻點出自穀物之斷墒當。但問：既可用木、骨銳端施窩於坯面，而焙燒後得器面狀無異，為何沾穀物？難道昔聖不知彼時粟、黍、稷皆貴重食物？其解答唯一：恰以其知秋收穀物貴重，故黏附穀粒於坯面。瓻疇家以此兆諸瓦器用於兆日鬱為歲曆之朔，即正朔而後能正歲曆。而且，秋收新穀乃嘗新之物。如此，諸器亦兆嘗新事。於狄宛宗女，諸器乃宗社社祭之兆。推彼時社祭不以松柏為兆，而以谷稈為兆。西水坡遺址瓦灶 H221：5 面日環鬱祝盛圖、靜寧縣博物館存器 JNXM：21 面嘉生圖俱為證。

掘理者識見諸器之功無誤，但「銼」名指不墒。彼時，無銼名，亦無銼念。檢此等瓦器宜名「形」。《養生主》「今臣之刀十九年矣，所解數千牛矣，而刀刃若新發於硎」。郭象注：「硎，砥石也」。《莊子音義》：「音刑，磨石也。崔本作形，云『新所受形也。』又援《尚書傳》云：『砥細於礪』」〔註175〕。

檢「形」、「刑」於一義通用：言賦予某物某狀，言刑、形俱可。證在《莊子・天道》「刻雕眾形而不為朽」。倘言罰，以刑字。但此字僅可用指蚩尤後刑法之五刑。證在《舜典》、《呂刑》。但此字用之源俱在父宗得紀之後。其源本乎母宗念頭之月芟日之狀。

月芟日之念存於《魯語下》敬姜教其子諸言：「是故天子大采朝日，與三公、九卿祖識地德；日中考政，與百官之政事，師尹維旅、牧、相宣序民事；少采夕月，與大史、司載糾虔天刑」。

韋昭以「春分朝日」注「大采朝日」，未注「日中」。韋注「『夕月』以秋分；『糾』，恭也；『虔』，敬也；『刑』，法也；『載』，天文也。『司天文』謂馮相保章氏與大史相儷偶也，因夕月而恭敬觀天法、考行度，以知妖祥也」〔註176〕。

徐元浩援王引之言「政事之政讀曰正」。援俞樾以為，「載之為天文於義無取，殆非也。載當為栽，即災字」。俞氏舉《周易・剝》之《象》傳，災、載為韻。又言「司載即司災也。《漢書・天文志》文昌六星，五曰司祿、六曰司災。是司災乃星名。《周官》有司祿，以星名官……。司災所掌，必天文災

〔註175〕陸德明：《莊子音義》（上），《經典釋文》，中華書局，1983年，第12頁。
〔註176〕韋昭解：《國語》（卷5），中華書局，1936年，第8頁。

異之事。故與之糾虔天刑也〔註177〕」。

韋昭解不連「大采」「日中」「少采」三事。其「天法」說事涉蚩尤之後，不及遠古。此題乃男宗為治之事。解「糾」以恭，「虔」以「敬」，以「天文」釋「載」，俱無本。檢王引之說，「政」讀「正」，此說是。而俞樾以「司災」釋司載，見災、載義同，此釋塙當。言文昌星之第六星為司災。檢狄宛第二期塙已知文昌星，證在營窟F303平面圖考見季冬迄孟春北斗、文昌、內階諸星（《祖述之二》第441頁～第443頁）。而文昌第六星可否當司載或司載，於狄宛第二期未知。此外，俞樾釋「司」字不塙。「司」字宜訓「尋」。「司載」於母宗之治，謂「以日鬱之災而尋」，尋含殺首子之義。此名存於甲骨文，即「司母」。以豫日鬱正曆而通「時」。諸說俱不連釋「少采夕月」、「糾虔天刑」。我檢諸言俱係古傳，而敬姜傳申戎宗記黿戲以後舊教。今通釋如後。

「大采朝日」者，依曆為豫夏至日鬱將發之晨視日在東生。大訓太，謂太一。太一訓日月合會。日月合會之日鬱在夜不可察，在晝別晨、午、夕。自冬至起算，日鬱以歲初、歲中、歲末而別。以冬至、夏至論日鬱之別，見升日鬱、降日鬱。依節令別，春、夏、秋、冬俱見日鬱。而秋分前日鬱含義甚大，為由日鬱，乃男宗受罪之兆，如前考。敬姜言王，謂黿戲事，故采夏至日鬱為效。

「日中考政」者，檢討效夏至正朔曆法庀邑諸事。「日中」者，黿戲王事，夏至日鬱于午時。政者，《洪範》「次三日農用八政」。八政者，依日鬱正朔而行八事。諸事俱係舜後君事。八事之「食」、「貨」、「祀」，第一事本宗女庀邑，謂日鬱與進食。日鬱進食即屠肆進食。黃帝之後，廢此俗。蚩尤曾行此俗而酷烈，所謂醢而與食也。故此，「食」之日鬱義乃古義。食字韻讀以同肆字韻讀而替代。食涉耕種，似「貨」，俱本乎申戎，在黿戲後，《繫辭傳·下》記此。而「祀」乃歲別名，商殷之君承用（《爾雅·釋天》）。推祀以韻讀亦通「肆」。故此，食、祀、肆三字在文明史上悄然更代。後世學人不察，致多端而釋。屠肆又即祀源，亦係嘗新之源。

契母簡狄，傳曾「吞卵」而生契。「吞卵」說本於古社祭尸坐而吞噬鳥卵，兆日喪。女者，陰。卵兆鳥，鳥象日，金烏一名存證。由此得知，簡狄乃媧宗在中原傳人。題涉宗女社祭，詳後，圖四二八義釋。

〔註177〕徐元浩：《國語集解》，《國語研究文獻輯刊》（六），國家圖書館出版社，2012年，第300頁～第302頁。

「少采夕月」、「糾虔天刑」二言最難訓釋：少者，滿月夜昏刻後，始察月狀之變。採者，取月狀變也。「少」字如北首嶺 77M4：(7) 丸面堆記「小」字。滿月而縮朒，故小。「糾虔」者，依三變之數辨識月狀變遷，亦從宗女虎妝舊教而豫日鬱將臨。「糾，繩三合也」（第三冊註第 41，第 50 頁），繩單而不合謂之紉。由此數而得滿月三變為周之古義。「虔」字從虍，謂娲宗虎妝之教。「天刑」者，乾硎也，依乾方日落之所而謨月芟日，放寫日鬱以瓦硎。此所乃夏至北極星之所。月芟日即夏至日鬱。此二句謂豫夏至日鬱，宜依月芟日三狀而硎瓦擬之。後世，「天子」之念本乎男宗叛宗女之治，依夏至日鬱正朔而為紀。我以黿戲氏於濮陽王事而推「天子」念源必在「乾子」。乾者，以夏至日鬱得紀也。子者，正春秋分依北極星之所也。

如此，言罰則可謂刑，母宗骨匕虐體也。言其威嚴不可逆，則取象於硎瓦為月芟日之狀，乃至月硎日之狀，此蓋「天硎（刑）」之義。後世，言賦物以某狀，則謂形。無論怎樣察硎，日鬱于宗女須是月磨礪日，月似匕旋而芟日。芟日並為硎日。此蓋諸夏「硎」為刑源隱微者。

（2）楔瓦與瑂瓦

器樣 F383：2，圖一二四，1，為物即形瓦五等之一，命之楔瓦。樹立為象，即日照扇面夾芯。堪為消息器，八經消息之坎。倘平置此器，使央著地，即見其四邊似菱，繪四邊延長線，必得冬至、夏至日出落之所。此謂初秋分之外，日四仄之兆。以此器堪為形瓦五等之夾芯瓦，暫命之楔瓦。倘半截此器，得狀即為瑂瓦。瑂瓦樹立，用於兆示夏至午時日直射。

（3）判瓦

器樣 H379：85，圖一二四，7，可命曰判瓦，以其狀似滿月半截狀。堪為消息圖變，兆異或兌將見。此判又細狄宛第一期曆算用八之源。謂初八，即滿月後第八夜月狀。名分之分，判是非之判，俱從此來。此狀來自狄宛第一期蚌瓦，器樣 H398：72。諸夏刑律之刑納判，既往不清。今饋證，其成熟之源在狄宛第二期，其初源在狄宛第一期。

（4）戾瓦或月要瓦

器樣 T306③：17，圖一二四，10，可名月要瓦或戾瓦。言月要瓦，其源係西山坪 M4：5，亦係 M4：2 器腰下一側直視狀局部。此器乃日鬱之兆。此器亦可名戾瓦。此狀可兩向而用，或 ℂ 狀，謂左戾，言日行不直，偏軌道，兆日出而西行，將日鬱。其反狀 ℐ 謂右戾，謂月自西而東，偏軌道，將合會於日。

左、右者，謂觀象者面北也。依《發掘報告》（上冊）表一二，左戾、右戾畫記可背（勒記 T314④：P2）、可向（勒記 H235：P13）。於消息圖，依向別而謂震、謂艮。

（5）匕旋瓦

器樣 T302④：32，圖一二四，6。匕旋肜日瓦圖之源。係圖一二四，10，器樣 T306③：17，戾瓦不均勻加厚，以及更改粗細自央向兩端變動之均勻而成。細端似柄。此器堪為月芟日之兆，係月芟日圖之圖樣。此器後變為骨質鉤狀器，頻起出於寶雞以東遺址。諸地俱屬戎地。申戎氏、蚩尤曾以此器施教。

（6）珇骨

珇骨：器樣 F305：24，中空圓錐體，圖一二五，1，影珇。地平測影器。夏至正午日影透射得環狀日影。春秋分，東西向橫置此器，晨昏見日射線平行於地赤道。由此用而能得瓯疇圖。東西向能見日光穿行影珇。樹立時，其影狀似三角。圖一二五，2，器樣 T109③：75，此器丸狀黑色乃日烏圖別源。

4）瓦瓠兆日環鬱暨葬闕 M219 宗撿察日鬱曆算寄瓦敷證

（1）狄宛瓯疇男瓦瓠兆日環鬱偏鬱之源

狄宛第一期瓯疇女嗣承者以由日食圖志 M208 施教前，徙居白家村瓯疇女以葬闕 M22 納敗器數片告敗瓠日食輪返，並營造此葬闕似敗瓠。而此事又本狄宛宗女占須女、虛宿、瓠瓜、敗瓠、離珠等北方星宿。而敗瓜星名本 M208、M22 致氣程率敗。

倘檢白家村遺存器用，葬闕納器似狄宛第一期，譬如三葬闕納石鏟：M7、M8、M9。葬闕 M10 納三足罐。M5 納器：瓦碗、圈足碗、小口罐、三足罐、石鏟。但葬闕顱骨近旁不見罐。但白家村遺存間葬闕。此等埋葬隨白家村人一部西向還居向西傳播，姜寨遺址、半坡遺址、魚化寨遺址、北首嶺遺址等俱見間葬。而北首嶺遺址大抵係狄宛第一期敗亡邑首率部眾東徙後還徙沿途最大居所。此地葬闕用瓦器能告瓦瓠器用之本。

狄宛系諸遺存葬闕見瓦器近置顱骨大抵始於北首嶺遺址，此類曆圖頻見。葬闕 77M12 納顱骨二件。東側顱骨左側有一瓦罐。但此瓦罐非受顱骨 1 或顱骨 2 目光直視，而受 M13 顱骨視線直視。瓦罐近顱之證在於 77M9。顱骨左眼眶有榧螺，此係日環食見察之證。研究者檢討種相，識見榧螺來自南海一帶。

自白家村文明早期葬闕 M22 見敗器，到 77M9、77M17，俱用日鬱瓦罐述

事。日鬱用器之跡清晰無餘：北首嶺 77M9 納敞口罐，77M17 續用敞口罐兆月芟日。而罐器源於南方星燿宿察看與曆義。依此星狀造器或改造器，即產生罐器，前著已考此題。77M17 用罐告夏季察考日月相會，而且主事者乃瓬疇男。此前，瓬疇男黿戲察夏至日環鬱。而且，罐口大，容水而覆，能速止渴。此器告盛夏日鬱。此器覆首，即謂 77M17 瓬疇男在日鬱錐影下。此番日鬱乃日全鬱。以瓦器銳端向上而兆日全鬱，此事初見於西水坡遺址、北首嶺遺址。時代相若。而器義在覆或晝冥。但兆日環鬱或偏鬱之器，以器底著地。此乃瓦瓠器平底起源。至於為何用瓦瓠，源在瓦瓠乃形土效瓠之果。瓠乃狄宛瓬疇女或異地瓬疇女涉川之器。佚鬱必恃此器。而夏至日環鬱或偏鬱乃災象或厄難，欲度此厄難，猶涉川濟岸。此蓋狄宛昔聖「瓠岸」解難之法。人言葫蘆狀瓦器為法器，但無人考其「法」義，而今我給其「法」以曆法義，而非俗人鬼神巫覡義。

又檢日環鬱、偏鬱投影小，故瓦瓠不宜器底向上，而宜器底置於地。如此，得知狄宛昔聖用瓦瓠之途。掘理者「非實用器」之用可謂大矣！

（2）狄宛瓦瓠 M219：1 兆日環鬱擬圖

狄宛瓦瓠兆日環鬱之器：此類瓦瓠：圖一二七，2，器樣 M216：1，底面印紋渦狀告肜日圖。其姊妹器即圖一二七，3，器樣 M220：1。M219：1 也屬此類。欲顯此器用，僅繪擬圖如後。

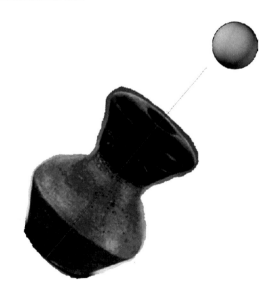

圖三三二　以瓦瓠 M219：1 效月逆日道會擬圖

依此圖，器樣 M222：2，圖一二七，4，也能兆日環鬱。

（3）葬闕 M219 夏至日環鬱正曆補釋暨葬闕用瓦日鬱叕證

前雖考釋狄宛第二期瓦碗等器面瓴疇圖，終境未能饋給葬闕考釋顯日環鬱之證。今為此證，校補《祖述之二》（第 649 頁～第 650 頁）。

既往勘審 M219 原圖不細，致得反向察春分結論。今行新考葬闕之途，校改舊說。圖見葬闕納物：1.瓦瓠；2.、7.、8.、9.瓦碗；3.、4.、6.夾砂罐；5.豕下頜骨；10.骨笄；11.骨管。

覓得圓弧及圓心三所：c、c1、c2，及其半徑 r、r1、r2。以 r1 圓心為 o。自顳骨左眼眶畫線，起於 v 及 o 為直線。此線過骨管又過瓦盂 2。再自梨狀孔畫線過骨管及 a。自 a 畫線過瓦瓠 1，見其傾斜有故，此線伸向右足下 k。自 o 畫線伸向器 9，為 f 點。自梨狀孔畫線，與 ak 相交於 e，伸向罐 4，終於 w 點。自 w 點畫橫線為緯線及 x。再自小龕邊緣 s 點畫線切器 9，過骨笄及 y 為縱軸。得平面協所系。自 y 點畫線過腰椎、骶骨，及 1 點在豕下頜骨上。此所為瓴疇家菬中之中。此線本須源自梨狀孔，今見過左眼眶，得知顳骨朝向右轉若干度數。自 e 點畫線，交 x 軸於 d 點。見瓦瓠傾斜迎罐 3。見瓦罐 4 靡碗 2，而西南環狀物 c1 不及罐 4，但罐 4 似能近遮罐 3。而瓦瓠口向罐 3 芯部。細察 v1w 恰為瓦瓠肩部切線。

今察 c1 為日鬱前碩月弧邊，則瓦碗 2 行而行往罐 6，見芯為日環鬱之兆。瓦碗 2 與為食既後日西行之兆。罐 4、罐 3 乃影日之器，影日碩而擬小，故遞見瓦瓠 M219：1。瓦瓠肩部係日影殘留。a 點到 h 點線段乃目視東北日出之日射線。此線段在 a 點鼓起，故在地平協所系正交線僅饋給射線，而不能饋給日照射在高空曲率，瓴疇家知此，故用此顳點連線而告夏至日射線。此為乃我迄今考見唯一佐證瓴疇男知丸穹之證。視日照視線、日照射線之參差見於此所。

再自小龕南弧角下端 y1 畫線，交於骨笄 11，為 b 點。此點恰告顳骨少轉度數，檢度此度數等於 6°。此度數告瓴疇男轉顳 6°，此乃轉顳度數差：自用骨管察見月球，迄睹日月之會前，目視日月逆行，日行 6°，證在氐宿合會。檢此圖圓弧 c 之半徑 bc，得知日東北出而南行之兆。而此線段伸向左目、梨狀孔。設枕骨梨狀孔為軸線，目視日自北向南滑行。但日月合會非發生於地平協所系東，而發生於地平協所系指南偏西。日南行 9°見日月合會。證在 v1w 交 vo 以 9°。小龕功在放寫夏至氐宿，故圓弧 c 端點、j 間擬連線能平行於地

平協所系子午線。聯罐 3 罐 4，gi 線段、of 線段俱達龕內，足證瓴疇家於夏至氐宿見日月之會。此氐宿乃反置氐宿。倘使掘龕於西，必礙骨管視線，月自西來之察被擾攘。

　　此葬闕骨殖──顱向異向告側身與轉向。轉向者，對照日鬱投影內外也。顱不覆器，轉顱而察，此番日鬱非全鬱也。對照 M219：1 之所，見罐受合會之影雖罩瓦瓠，但不能罩瓴疇男首。但瓦瓠盡在日月合會之 i 帶內。考全圖得知此番日鬱乃日環鬱輪返。

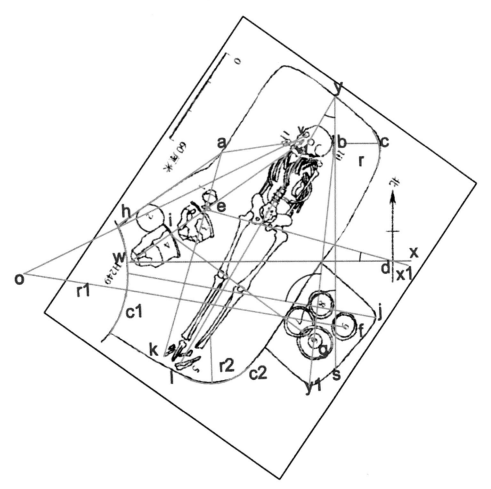

圖三三三　葬闕 M219 宗撥男夏至骨管察月自西逆日道會

　　圖見 ys 交 wx 以地平協所系原點。此直角以菹中線 yl 斜見而對應於放寫氐宿之小龕。左脛骨右下圓弧 c2 乃日月合會之兆。此狀本乎西水坡 M45 主骨殖顱頂日軌道線。此處唯無天際線。午後日及此，而後日鬱。此番日環鬱

發生於午後。

　　ys 線段交 yl 線段以 31°，此線中豕下頜骨。下頜骨者，六也。此六謂晝六時辰。此二物之際兆比數。此比數即六分之一時辰。六分之一時辰者，一時辰也。午後一時辰發生日環鬱。

　　此圖瓬疇家視線中骨管乃《嘗麥》成王言「宗撲」之「撲」，M219 瓬疇男於狄宛第二期狄宛宗女為宗撲。梩螺、玉環入骨殖眼眶諸葬闕，俱納宗撲骨殖。

　　（4）葬闕 M219 日環鬱曆圖承用狄宛合朔豫日鬱曆算補釋

　　曾考葬闕 M219 曆志，彼時曆算不誤，維持舊說。圖示察黃赤道耦動說欠妥。舊圖未顧夏至日環鬱自西開始。此外，舊曆算得日數蘊藏一算法，此算法基於乾坤冊除以 8 算法，此算法系合朔算法。此算法未被連檢。今檢補此算法，及日鬱合朔正曆傳承。此法自狄宛第一期產生（H363、H3115 等），未絕於狄宛第二期。

　　舊算葬闕深程度當日等於 16.95 日，寬程度當日之一等於 8.29 日，其二等於 10.05 日，深程度當日等於 83 日或 84 日。小龕長程度當日等於 5.53 日，寬程度當日等於 3.68 日，深程度當日等於 98 日。算法：

$$16.95＋8.29＋83＋5.53＋3.68＋98＝215.45$$

　　用深程度當日 84 日加，得數是 216 日。此數是乾冊數。坤冊數為缺省數。乾冊數被 8 除盡，得數 27。前者為算合朔用數，用 8 計算出自狄宛第一期瓬疇女逢元朔日全鬱曆夜。寬程度當日數差 1.76 日，毛算 2 日，此 2 日為陰曆月長校正日數。彼時算法用夜，不用日，謀便計算。此算旁證，第二期合朔曆日算法嗣承狄宛第一期瓦片 H3115：10 赤字曆算。M219 雍援 M249 之題不再檢討。

　　（5）月要瓠 M1：1 日鬱義證黿戲後嗣依黿戲王事造甲子補考

　　月要曆算器圖：器樣 M1：1，圖一二七，5。蔣書慶以為器身畫乃立杆測影圖。今細檢得此器脈月要器並曆算器。此器宜命「月要瓠」。參數之一，口面十二等分圓周，乃地支起源。「｜」淨算六，交九十°，故為十二。參數之二，器面配值合畫。器身每「六」加算，合 60。參數之三，以月要腹為曆算算式之 8 加 7 豫日鬱，為黿戲日曆法算式，得數 15。參數之四，復以 60 除以 15，得數 4。此乃 4 地支配四季起源。

　　算法傳承：8 加 7 算式乃傳承加新見算式。8 曆夜算法來自瓬疇男照顧狄

宛第一期宗女豫元朔日鬱創造之「八」曆夜算法。日曆法用「七」，來自黿戲夏至日食王事曆算，「七日來復」曆算。器身值合畫總計 60 之數蘊藏甲子紀年，聯木星紀年。此事於若干年後，演變為大橈甲子紀年，詳後景雲氏土德星曆考。

4. 狄宛器樣 QDO：19 宗身日環鬱咸羅瓠與 DW：G11 日環鬱月要曆算圖體釋

1）器 QDO：19 宗身咸羅日鬱肜日圖

（1）效宗身為器 QDO：19 考

圖一二〇乃狄宛 QDO：19 器圖。此器狀、器畫含義迄今未顯，考古界猜測紛呈。舊說或謂女有身或生殖崇拜之證，似告器義，近是但不盡是。言腹鼓似孕婦，此是。但孕婦頭面不必似此器口狀恬靜。於古年輕女子，孕乃頂險事。何得恬靜哉？

此器義別二等：其一，器狀之義。其二，器畫之義。今宜假途前考先討圖狀。由此而及命器。倘非如此，器圖深義淪喪。

我命此器圖以咸羅圖，命此器以宗身瓠。前考羅圖為咸羅圖名基。「宗身」二字總孕婦，此孕婦大抵西黿戲後嗣紀黿戲母，乃刮肎，掌夜曆法與屠肆者。「宗」以言其分。「身」以言其脈本。此器狀合「身」、「誕子」二向程義。

今補釋數言以密咸羅名之謂。此器外面遍布圓孔目羅。以羅事乃宗女本事，乃邑人寄其貴重之所，造器者以「有身」言傳承不絕。又依此告狄宛第一期瓬疇女曾曆宗親反叛、承嗣者挽救信仰之事。此器係彼時人倫至貴瓦器，係東西方昔聖宗種未絕之證。

檢此器狀合「身」、「誕子」二向程義，故在「身」告腹鼓。孕婦誕子，盆腔向下。此即向程一之一。穩婆或助產者助婦產子，須使子頭部先出離母體。此謂子、母反向則婦安。否則「立生」克母致死。狄宛瓦器 QDO：19 底平。置之於平地，使人覺孕婦立地。

依此釋，此器又含生殖醫學義：產子頭向下則母產順暢，此器乃孕婦寄吉之器。由此推斷，此器係刮肎後嗣之器，或隨其葬入葬闕，或出自營窟。倘出自營窟，初係祀器。推測此器出土時，非直立，非倒置，而是臥置。匏口向何方，我無以推知。

此器有二耳，已殘，如《彩陶》圖 21（第 12 頁）。此器耳非人耳，其狀似日環鬱，即史書「日食記事」器。寄此器「告生」能致邑眾堅信，某一祖母

為人祖，邑人遵奉此人，各屬己於其嗣承之眾。此器人頭塑乃先姑塑，恬靜之故在咸羅日偏鬱或日環鬱。存原器之館所宜奉還狄宛遺址博物館。

（2）器樣 QDO：19 咸羅日環鬱彤日圖

以此器平置，功似 M1：1、亦似 M219：1、M222：2。器圖者宜顧圖源與流。圖源於日月偶行而逆，逆而後各行其道。察三層之間層，見兩所有地色圓物，此二物乃日、月。二所日月小大參差，以日月遠近。器身著地，即見日月東西弧線互行。而彤日黑線無不自上而下分叉，或左右向分叉。器面弧曲，有旋轉之勢能。故此，構圖含旋轉義。

依前考，地色之似角狀，似合朔圖半狀，似井口狀，無不述日環鬱影日、或日照圖。環鬱者，央地色近圓者是也。間層日環鬱兩側圖乃環鬱前後日月相去或相向圖。見兩黑色短線之圖乃合朔豫日鬱圖。兩短線告日月沿軌道抵近而動。另一三角地色見日月上下，非日月在北、南，而謂器弧面著地，日月軌道北南相去，但畫決不至北極、南極。其軌道之約見於有側旁黃赤交角線束。此線束告日月道差數，以黑色線論，以 5 條為滿，或可當度數差 5°為界。此圖已缺省而捨棄氏宿圖。橢圓之央見圖乃環鬱月掩日央冥芯狀。

狄宛 QD0：19 彤日圖曲布絡狀地色被臨潼姜寨旉疇家繼承，其第二期器樣 ZHT8M168：3 圖也係日環鬱圖，後將體釋。

（3）瓦瓠 QDO：19 日鬱《離》圖暨「科上稿」與宗女嫁娶補考

檢此器圖又以述日食四番而告「嚮明」事。如何見其史學珍謂，恐宜深究。狄宛第二期乃狄宛文明衍生期。旉疇女為宗女，旉疇男從其令。宓戲氏生存於狄宛第二期某段，前著有此推測。宓戲氏功業絕非孤在或自成，而來自宗女傳授。《繫辭下》述宓戲氏功業局部：「作結繩而為網罟，以佃以漁。蓋取諸離」。虞翻曰：「離為目。巽為繩。目之重者唯罟。故結繩為罟。坤二五之乾成離。巽為魚。坤二稱田。以罟取獸曰田，故取諸離也（第三冊註第 73，第 4 冊，第 346 頁）。虞氏釋義不從《說卦》。《說卦》言：「離為日」。「巽為繩直」。日非目，繩直非繩。此外，經文無「魚」說，虞氏加之。勘審虞說似通，但無本。依此得知，田何傳《易》「直」論已喪。《繫辭下》言「取諸離」，非言取獸以罟。「離為日」之「日」字本或係金文「正」字訛變。金文「正」字訓囧，謂日環鬱，今言日環食，乃更改紀元天象。

宋人熊禾曰：「緝麻為繩，結為網罟，以佃山林，以漁川澤。疑『取諸離』，

蓋離為目。德為麗，即網罟之兩目相承而物聚焉〔註178〕」。熊氏言屬產業之類，行動域廣而所不定，故在山林、川澤遍見於中原與江南。

既檢知虞氏說無本，熊氏言歸諸無所，須跡狄宛第二期器與器畫，以黿戲氏為瓴疇男，而非漁民。經文述二事一源：第一，作結繩為網罟。第二，以佃以漁。源：取諸離。前二事基於「作」、「為」。「佃」、「漁」。作結繩為網罟，非謂造網罟。「佃」「魚」二事之一為譬喻，其二為述事。俱觸黿戲氏造設64卦事，此事存證即狄宛第三期瓦盆H398：72外面羅賀圖。此題後將陳釋。今唯釋器QDO：19羅罟圖「離」義。

此圖「離」義有二層：第一，羅。羅日烏、月丸是也。第二，合朔豫而得日環鬱，為紀元是也。此「離」字述日謂畫日烏，非謂日烏。

惠棟以為，《說卦》：「離為火」告熱與熟食，援《說文》曰：「火，燬也。南方之行，炎上也」。「為日者，荀云：『陽外光也〔註179〕』」。荀爽得古傳殘部，陽外光者，日環鬱之日影央為冥，外為照。

「離為鱉」告雙陽夾陰，猶「離為蚌」，係賀羅豫日食算法之基。惠氏援許慎說有舊傳之跡，故最佳。荀爽說僅有殘跡。南方火燬者，夏至日鬱敗匏。此敗即燬。「炎上」云云，出自《洪範》。「上」謂夏至及其後一個月，日猶使酷熱。荀言「陽外光」謂日食輪返為日環食。芯景為冥暗如夜，但圈外有日光射下。

「離」「其於人也，為大腹」，證在瓦匏QDO：19體曆圖。而鄭玄傳經文「其於木也，為科上槁」最難訓釋。而此文蘊藏狄宛母宗北宿須女占、天津占、虛宿占、敗瓠星占舊事，也係由日食體母宗法之紐帶。

《周易集解》此文作「其於木也，為折上槁」。虞翻訓：「巽木在離中，體大過死。巽蟲食心則折也。蠹蟲食木故上槁。或以離火燒巽。故折上槁」（第4冊，第427頁）。惠棟言：「或以離火燒巽，故折槁。案，巽蟲者，巽為風。《易本命》曰：『二九十八，八主風，主蟲。故蟲八日化』」（第三冊註第179，第133頁）。檢「離火燒巽」說屬無稽之言。火豈能燒風？火燒木仍為火。火燒果實謂之熟。《易》源時代遠去用火熟食時代，火熟食豈足道哉！

〔註178〕熊禾：《易經訓解》（卷3）《下繫》，《續修四庫全書》第2冊，上海古籍出版社，2002年，第13頁。

〔註179〕惠棟：《周易述》，《清人注疏十三經（附經義述聞）》第1冊，中華書局編輯部，1998年，第133頁。

鄭玄注「科上槁」曰：「陰在內為疾〔註180〕」。孔穎達《周易正義》曰：「科，空也。陰在內為空。木既空中者，上必枯槁也〔註181〕」。

今檢「巽為木」含譬若干。第一，木謂果木之木，穀物之莖稈也為木。第二，木、果於物不異，而以時別。第三，譬太初宗身誕子，子為果實。

此三者宜別述：遍見果木如李。而木、果於物為一僅見於匏，嫩時可食，成熟為木，堪用於浮水。狄宛第二期，水澤廣，瓠為日用器，用於涉水。

又檢「其於木也，為科上槁」告狄宛由日食敗瓠、敗稷。科，《說文》：「程也，從禾從斗。斗者，量也」（第146頁）。檢許說半是半非。言程從禾從斗，此說為是。此說貴在字源定字義。斗者，斗宿是也。宗女占北方大星求節令，非辨向。禾以春播種，夏季成長，秋季收割。而「科」字也含斗部，故此字含義涉北宿斗宿。「上」者，日在斗也。夏至節令，日在此所。往常，日在斗無它，而逢由日食，則非是。夏至日食弊害氣程率數尤甚。瓠敗、穀物敗。狄宛舊事致記此番遭難。而《易》說者固得古傳，但言「離」則不連黿戲察日環食於夏至事。在寶雞北首嶺遺址間期，宗女在葬闕77M17西側置木板，其類即《說卦》言「科上槁」。括前考，「科上槁」乃棺板之源。宗女初用此告秋分前日鬱害禾礙營養。後以瓬疇男得世系，傳習此斂骨之器而為間葬器。

2）器樣 DW：G11 日環偏鬱曆算圖

（1）器圖

狄宛民眾起出瓦罐一件，寄器之圖奇特。此器被郎樹德先生視為「仰韶文化早期器」。「早期」二字使我將此器屬於狄宛第二期瓦器。《圖譜》（甘肅、青海寧夏地區）器樣56即此器。《甘肅彩陶研究與鑒賞》（第19頁）錄其照片，器樣11。對照《彩陶》彩圖器樣18（第10頁），知此二圖告同器。顧此器圖含多畫，甚難遍察，故錄此二圖，以為綴釋之基。命此器樣DW：G11。DW告狄宛，G11告罐器樣與圖次。

郎先生述：器口大、唇圓、腹深。腹腰微鼓。下腹內收。小平底。黑彩繪。畫面三層，紋飾有弧線、弧形三角、垂弧紋及圓點等。三層構圖不盡相

〔註180〕王應麟輯，丁傑後定，張惠言訂正：《周易鄭注》（卷10），《續修四庫全書》第1冊，上海古籍出版社，2002年，第5頁。

〔註181〕孔穎達：《周易說卦第九》，《續修四庫全書》第1冊，上海古籍出版社，2002年，第7頁。

同，變化多端，繁華富麗。在仰韶早期，這種彩陶罐極少見，藏於秦安縣博物館。

圖三三四　狄宛月要彤日罐 DW：G11 日環鬱彤日

（2）月要罐 DW：G11 外莅圖體釋

檢此器宜命曰「日環鬱彤日月要罐」。月要罐係器類名，入月要器。此模樣舊名「曲腹」，非古器名，出自掘理者隨欲而命。其本在西山坪 M4：1、M4：2 月要狀。此等瓦器不必覆察外壁圖。命「日環鬱彤日」者，外壁圖三層莫非瓶疇家寄告豫「日環鬱」之事。名「罐」者，狄宛第二期日環鬱夏至曆為或夏季曆為。罐名以爟宿察見得名，前著既考，不贅言。

此器作上層見地色月要狀，兩者反向，夾乾獸皮張狀，兆夏季。也見彤日圖。夾線兩側兆日環鬱圖。間層左見日環鬱圖，右側見合朔側視圖。其次見日環鬱圖。再右側見合朔圖。右端見日環鬱半蚌狀，告十五，數源夜曆法第 8 加日曆法第 7 日，合算 15。此算法乃賀算羅日月合會之基。半狀日環鬱圖下乃日環鬱影日圖。外圈日照之半是也。下層乃日環鬱日照扇面圖、「｜」（七）算式。器右側上層圖鑒合朔、月要彤日圖。間層圖似此器左圖之間層圖。器右側第三層圖似器左側第三層圖。不贅言。以「｜」數不全，不能為曆算。

又檢巫山大溪遺址 M11 瓦瓶外壁獸皮張狀本 DW：G11 上層地色圖，乃日環鬱影日圖兩幅縱向布置而橫連。其窄狀乃日環鬱影央日狀。

（三）狄宛第三期瓬疇圖體釋與《易》曆源考附嘉生乙教祝盛圖釋

1. 諸殘瓦瓬疇圖體釋

1）合朔與日環鬱圖

（1）合朔圖

圖一二八，6，器樣 H373：P28，合朔圖。圖一二九，5，器樣 T12①：P9，合朔圖。

圖一二九，7，器樣 T343③：P61，合朔圖並。圖一二九，11，器樣 T342②：P24，合朔圖。

圖一三〇，2，器樣 T343③：P50，合朔圖。

（2）合朔日月道會圖

圖一二八，3，器樣 H392：P20，合朔日月道會日環鬱日。圖一二八，9，器樣 T707③：P30，合朔日月道會圖附日錐狀下照圖變。圖一三〇，3，器樣 T605①：P21，合朔日月道會與日環鬱圖。

（3）合朔日環鬱圖

圖一二八，7，器樣 H211：P65，合朔日環鬱。圖一二八，8，器樣 T702②：P41，合朔日環鬱與圖變。圖一三五，7，器樣 H375：P20，合朔日環鬱圖並及影日圖。圖一三四，2，器樣 TG5③：20，合朔圖，附日環鬱影日圖。圖一三五，3，器樣 T211③：P20，合朔圖附日環鬱圖。圖一三五，5，器樣 F383：P9，合朔圖殘部附日環鬱影日圖變。

2）日環鬱影日圖

（1）日環鬱影日圖

圖一二八，2，器樣 T301②：P6，日環鬱影日圖，陰影似蝌蚪狀。圖一三一，1，器樣 T107②：3，日環鬱影日減省圖。此等瓬疇圖僅一樣。其圖即夏至日環鬱午時錐影縮朒圖。圖一三一，1，T107②：3，碗立，底東，見日烏投影向下錐狀而魚尾狀地色。月掩日之義見於弧狀分叉內外二層。內層為黑色條塊。此蓋月掩日投影於地狀，此圖乃黿戲夏至日環鬱輪返。舊說以為「簡化魚紋」，檢為無本之言。

日烏丸月合

錐影夾陽地色日照

圖三三五　器樣 T107②：3 夏至日環鬱錐影縮朒圖

（2）日環鬱錐狀下照圖

圖一二八，4，器樣 T309③：P23，日環鬱及錐狀下照圖。圖一二八，5，器樣 T344③：P25，日環鬱錐狀下照橫截連而背反圖。圖一二八，12，器樣 T344③：P54，日環鬱錐狀下照圖。圖一二九，1，器樣 H700：P45，日環鬱與日錐狀下照圖。

圖一二九，2，器樣 H302：P30，似圖一二九，1，器樣 H700：P45，日環鬱與日錐狀下照圖。

（3）日環鬱附橫截匝繞日照圖

圖一二八，10，器樣 T305③：P46，日環鬱圖附橫截匝繞日照圖。圖一三一，4，器樣 T305③：P52，日環鬱日照扇面圖。圖一三三，3，器樣 H302：5，橫截日環鬱錐照與錐影，取其半，拓而上下綴聯圖。

（4）日環鬱冥芯影逸或冥芯變易圖

圖一二八，11，器樣 T702②：P32，日環鬱冥芯影逸圖。圖一二九，4，器樣 F377：P22，日環鬱冥芯圖，附合朔圖。圖一三二，2，器樣 F321：P20，日環鬱冥芯變形圖。

3）日環鬱影日異圖

（1）日環鬱似瑁影日鳥周照圖

圖一二八，1，器樣 T339③：55，日環鬱光照圖。

（2）日環鬱曳影圖

圖一二九，8，器樣 QDO：P31，日環鬱曳影圖。

（3）日環鬱錐影平面四方環狀布置圖

圖一二九，9，器樣 T344②：P27，日環鬱錐影平面四方環狀布置圖，附日環鬱圖殘部。

（4）日環鬱橫截錐影縱向布置圖

圖一三二，3，器樣 H703：P36，日環鬱圖附橫截錐影錐照圖，縱向布置圖。

4）彤日圖

（1）月要彤日圖

圖一二九，3，器樣 QDO：P312，日環鬱圖與日環鬱日照錐狀匝照面，含月要彤日圖，附合朔圖。圖一二九，6，器樣 T343③：P54，合朔日環鬱圖，附月要彤日圖。圖一二九，10，器樣 T344②：P38，日環鬱圖，附月要彤日圖。圖一二九，12，器樣 T342③：P50，日環鬱圖附月要彤日圖。

圖一三〇，4，T342③：P51，日環鬱圖，附月要彤日圖，及橫截錐狀日照圖，故似扇面。圖一三四，1，器樣 T314③：16，合朔日環鬱圖，月要彤日圖。圖一三五，1，器樣 H704：P2，合朔日環鬱圖附月要彤日圖。圖一三五，6，器樣 QDO：P12，日環鬱圖附月要彤日圖及橫截錐照圖。

（2）匕旋彤日圖

圖一三〇，1，器樣 T342③：P49，日環鬱圖，附匕旋彤日圖。圖一三一，3，器樣 F330：40，合朔日環鬱匕旋彤日圖。圖一三一，5，器樣 F704：14，合朔日環鬱與日環鬱陽面旋轉圖，兩所冥芯見疾行狀，附匕旋彤日圖。圖一三二，1，器樣 F330：46，壁外菮圖：合朔日環鬱圖，匕旋彤日圖。沿面：合

朔圖，縱向切錐狀照射圖。

圖一三二，4，器樣 T340②：P36，日環鬱圖附匕旋肜日圖殘部。圖一三二，5，器樣 TG3③：1，合朔日環鬱圖，附匕旋肜日圖。圖一三二，6，器樣 T304③：P42，合朔圖幅日環鬱圖，橫截錐照，擴間日照面圖，附匕旋肜日圖殘部。圖一三三，1，器樣 T309③：11，日環鬱匕旋肜日圖，及影日圖。圖一三三，2，器樣 H302：6，日環鬱匕旋肜日圖，附合朔圖殘部。

圖一三三，4，器樣 T300③：P38，日環鬱匕旋肜日圖殘部。圖一三五，2，器樣 T602②：P4，日環鬱圖附匕旋肜日圖。圖一三五，4，器樣 T109②：P103，日環鬱圖附匕旋肜日圖殘部。圖一三五，8，器樣 T301②：P1，日環鬱圖殘部附匕旋肜日圖。圖一三五，9，器樣 T605①：P16，日環鬱影日圖附匕旋肜日圖。

（3）月要肜日與匕旋肜日圖

圖一三一，2，器樣 F330：24，日環鬱匕旋肜日圖。左側皮張冥圖係日冥芯自錐影上縱切拼合圖，附月要肜日圖。

2. 月要盆 T210③：38 羅賀圖為《易》源考

1）羅賀曆圖初考

（1）羅義源自第一期 H398：72 月芟日之羅烏曆算考

檢月要盆器樣 T210③：38 面圖乃羅賀圖。此皿乃橙黃泥瓦，質料細膩。此圖依俗名塙係發掘者曾言「網格」，但檢者不得訓網格圖。倘如此訓，此器圖之功盡於記述漁獵。聯《抱朴子·內篇·對俗》「太昊師蜘蛛而結網」與此圖，太昊食天下之能以此圖彰顯。如此窮盡宓戲氏之功，可謂陋。

前檢此等畫作乃羅日烏月丸之徒。狄宛第一期見瓦線陀四件，器樣 M212：2、H254：2、M208：14、H363：11 網狀勒俱涉日鬱輪返曆算（《祖述之一》第 438 頁～第 442 頁）。今從此釋察器樣 T210③：38 含義。

（2）圖義初考

檢此圖須命曰「朋賀圖」或「羅賀圖」：此圖具二弦月狀，且圖本狀為迭蚌狀，故而謂之「賀」。朋義詳後。此圖旁證《繫辭傳》「河出圖，洛出書，聖人則之」之記有本。僅於傳習之程有變。

此圖右為半月，合月之第七日，或二十三日。連算二者，必得月三十日之率。西為弦月，算三日。連算七日與三日，合計為十，此乃月之旬日數。右半月接陽區，但不交，西之弦月亦盡為地色。羅內無述日照於地之式日圖景，而

述兩面橢圓相對之象。據此可知，疇人占算之能今生轉變：二期八爻今化為月圖。唯掌月圖難盡數術，由於月圖涵納察日者所知歲內每日陰陽情景，陰陽變化不能測算。事實上，即使陰雨，亦應該察知日出之所，日落之所。且刻察此，不為難事。察月相較之察日出落更難：天陰、落雨、霜雪都是難事。今見狄宛第三期疇人不論月相，重視數術，知一期以來的月相知識積累傳承甚久。

使人驚訝者在於，兩扇面完全對稱，但扇面相連出斷開，上下不連。這告誡讀者，應解析此處。此理對於遠古前人易於認知：此圖左右為日貝扇面，斷開則貝死，其肉已喪，其殼猶在。準乎此理再看兩弦月：在右者上下接，在左者唯接上，而且兩者全然不稱。

此模樣大義在於，月行於天，軌跡變動，自低處而高，高而迄極，唯自彼處軌道墜落，故而兩圖斷然不可相稱。倘使構圖者欲唯美而以相稱構圖，必不述月道。如此解析而知，此圖核心在乎申述月起明、在軌道升極、在軌道降落。此二月狀乃「朋」字有二「月」之源。

基於此圖，又能斷定貝五朋計說之源。細察朋賀圖，自東而迄兩弦月相對之中線，能見五層橢圓。將五層橢圓視為大小不同、而且大容小之套蚌，則睹五蚌。此外，此五蚌不影響弦月「朋」。推想狄宛瓬疇家後輩構圖之念，應係五蚌當上下弦月之間氣數變化，即歲內陰陽氣數變化皆堪以五計算。

令人驚愕者在於，三圈淡色橢圓於數為三，以五日為候，乘五等於十五，此係氣數。此二數即候、氣說之源。五日為候之數出自此圖：前述橢圓有五層，拼接東、西橢圓，則見幾近滿月。以夜之滿月模擬晝間日狀，則得五日之數。此即五日一候說之源。孟喜以來候氣說不誤。此又明證，朋賀圖數術之「五」為易教若干數術之度。

倘若再韌勁查看河蚌殼，並非偶而，而是每每能睹扇形層迭之狀。此層迭之細者頗難盡數。但是，倘若以魚脊樑為準狀，判別蚌殼外面扇面層次，則能判別五層，沿一層為或然層，即閏則有不閏則無有。這給予我輩判定指針：聖人以一蚌之棱弧線為界，別一蚌為五層。五是蚌所象之數。而五蚌為朋之數當二十五。又由於蚌殼有弧度，象日出沒運動軌道面，一蚌而當五日之數係太初數術之本，而五日一候說之源亦在此。

2）賀義朋跡卦義考

（1）豫日鬱彤日格羅日烏月丸卦義源考

狄宛第一期瓬疇家以瓦線陀勒刻、磨光鑽孔為日鬱志。臨界日鬱（食）

被記錄。而錯勒致圓羅之念生成。此事合肜日事，演變得義。卦者，罣也，礙行也。使日月道會，得其交，羈絆毋喪此天象，故言卦。以羅格函肜日之數，此即太初羅術。肜日堪以合朔蚌殼擬效。如此，旂疇家依蚌殼鑽孔或不鑽孔告得日月合會之全鬱、環鬱。由此「象」念生發，而得蚌合與拆解陰陽數次第，曆法日數堪以蚌殼布算表述。

此念頭產生於黿戲王事前，而其用在狄宛第二期。隸定卦字從圭，但其甲骨文字源上下兩部俱異狀，檢《合 15147（賓組）》字作𠄢。字上部從黿戲王事而察見大角星、五帝座一、常陣一此三星成三角星圖。上部成在狄宛第二期無疑。下部字狀遲起，鄒縣野店遺址鬶面堆記局部含此部，詳後野店遺址器樣 M47：56 圖釋。此部又源自狄宛第一期「乙」畫。隸定圭字甲骨文兩部合謂預日鬱合朔曆算，效夏至正朔之義被擴張。

（2）五蚌為朋考

朋字義疑，係古文字學界大題。黃文傑以為，「朋」字演變，以出土文獻甚夥得許透勘：「七八十年代以來大量戰國秦漢簡帛的出土，為解決這一問題提供了條件」。其研究結論有二：第一，展示了甲骨文𛀁字以後 9 模樣，嘗試釐清字形筆劃演變。他以為，例七、八是例五含五種模樣的演變：𠤏、𦉬，「中間的𛀁的上橫畫與外圍𠃊的上橫畫借筆，已見雙月之雛形」。第二，傳世文獻「朋友」之「朋」本非從雙月，係由金文「倗友」之「倗」演變而來，非假借金文「朋貝」之「朋」〔註 182〕。甲骨文「朋」字及其變跡甚夥，考者言論紛紛。《甲骨文編》卷六將𨑲字繫於「貝」部，並以為許慎說訛奪，又舉《前・五・四・七》𨑲、《前・六・二六・七》𨑲、《佚・六六四》𛀁為例。

此書編者不曾類別諸字先後、次第。此等微瑕或許由於發掘、發現甲骨文獻先後偶然，或許它故所致。而字狀堪依易教印跡甄別，其狀別為二模樣：一是兩側有凹面而且上下連通，凹面似凹面鏡，且中部凹面畫短橫；一是畫兩直豎，上部連通，下敞開，另在兩直豎外畫短橫。前者係早期字形，後者為後起字形。緣故是：前者有貝狀，而此貝狀是中間形，非原始物狀。原始物狀乃背蚌殼狀，假途貝狀圖識流傳。直豎出自兩相背弧線的更改，畫直線易而畫弧線難，這是簡化。今再釋短橫之義。第二字仍見背弧狀。此乃耦蚌殼狀。金文作𢆶，猶存蚌殼為三爻義，兼背蚌殼為二陽爻狀。

〔註 182〕黃文傑：《說朋》，《古文字研究》第 22 輯，中華書局，2002 年，第 279 頁～第 280 頁。

舊說未得本義，此疑存於字狀演變前，非始流變，故其義難測。此字本乎術算之率。五貝（蚌）朋數率殘跡見《毛詩·小雅·菁菁者莪》：「菁菁者莪，在彼中陵。既見君子，錫我百朋」。鄭箋：「古者貨貝，五貝為朋」（《詩三家義集疏》第607頁）。

於曆算，蚌有孔為合朔之證。合朔依五能為閏基。如此，田蚌五即以五為綱謀合朔。蚌殼鑽孔不在凹陷處，故非圖湊數。由串蚌殼到穿珠，其事俱涉合朔。串珠者，日環食之謂也。狄宛遺址第二期蚌殼功在此。半坡遺址起出瓬疇家串珠61顆（《西安半坡》，圖版壹陸柒），其狀不乏橢圓狀，此等石珠皆合朔器。61珠為算，謂某瓬疇家算12太歲紀年，非普通陰陽曆調和。

（3）為賀考

今依五蚌（貝）當朋例，合計陰、陽象數，以證八卦術算。蚌肉於人為不睹，故為陰。孤蚌殼謂去肉，去陰。蚌殼象陽數，蚌肉象陰數。偶兩蚌殼，背兩蚌殼，陰陽消息義變。合則有陰陽數，所見五蚌合十陽、五陰，即貝殼有二扇，象陽；貝肉附著於陽，拆散貝，則陰拆散，所得為五陰。此數即《繫辭·傳·上》記孔子言：「參伍以變，錯綜其數」。「參」者，三也。以五相乘即「參五」，其數十五。「錯綜其數」者，陰陽數爻交措也。後十五日陰陽日數放前十五日陰陽日數，即謂措綜。「其數」者，曆算月長之日數起於朔，須照顧望月也。「其」，期也。「數」，朔也，朋賀圖易歲律始於朔。朔又謂初，起算之弟也。

3）六位成章及四馬生八卦釋

（1）六位成章義釋

依《說卦·傳》「分陰分陽，迭用柔剛，故易六位而成章」。今依「羅賀」圖數術檢之：

前述二十五之數合五朋，即二十五蚌。二十五蚌即五十陽又二十五陰。此又謂五十陽配二十五陰。故而折衷採二十五之數為準。顧念曆日之基不在地，而在天，日行度定日數，日月兩者行度不匹配，一歲朔望月數定日數與回歸年實際日數不合，故生閏月之情由。

今唯以天數為算法之基礎，類別先輩瓬疇傳承歲內諸節氣排序，則得卦畫系統，以為校驗曆算之法。顧太乙謂日全食，日月為一。自此臨界曆元起算，太一生數。今有二十五，欲算節氣之數，效此一之後，始於秋分曆算，求算節氣，故須自二十五之數減一，餘數二十四，此數即歲二十四節氣。

（2）四馬生八卦釋

《繫辭傳・上》「是故《易》有太極，是生兩儀。兩儀生四象，四象生八卦」虞翻釋「兩儀生」句：「四象，四時也。乾坤生春，艮兌生夏，震巽生秋，坎離生冬者也〔註183〕」。清人李道平未究虞氏消息說，逕述虞翻注「易有太極，是生兩儀」（第三冊註第138，卷8，第43頁）。而虞翻又以「太極」句謂為「太一，分為天地，故生兩儀也」。又以「兩儀」謂為「天地」。此說謬。

檢虞氏消息說述「四象」條下，「生」訓省，非昔，「四時」謂四季。「四象」本乎「四馬」，虞翻未睹舊本。謬釋，不須訴病。虞氏舉卦證即「震巽生秋」說。虞氏言八卦應別為四重卦條例：「乾坤」謂「乾下坤上」，此乃《泰卦》。「艮兌」即「艮下兌上」，此係《咸卦》。「坎離」者，「坎下離上」也，係《未濟卦》，三者皆是。唯「震巽」為「震下巽上」，依虞氏《易候》合「卿益」條，其時為《蒙卦》後節氣，其徵為水蟲魚躍而上冰，時非秋（第三冊註第9，第3頁）。故而，虞氏消息說自敵解其《繫辭傳・上》注解。據此，我知虞氏《易》不協舊說。虞氏說既含紕繆，今須另覓旁途。

《繫辭傳・下》：「庖犧氏始作八卦」。虞翻注：「謂庖犧觀鳥獸之文」。張惠言補注：「鳥獸謂日月」（第三冊註第183，第3頁）。張氏此訓極有見地。准此，帛書「四馬」之「馬」應訓獸。「獸」讀守，謂毌喪日月之數。且馬王堆帛書見「戲是」，不見「義氏」。「戲」字通「犧」。《周易音義》「犧」條引鄭玄注：「鳥獸全具曰犧」（第28頁）。鄭謂祭祀獻牲，而鳥獸謂犧之義不容否認，故而張氏鳥獸為日月說來歷有本。今以《山海經》山有獸而解「四馬」則得「四獸」。基於諸文獻，我推斷帛書「四馬」名係《易》教舊傳，非訛誤。廖名春以為，「四象」說為舊說，「四馬」說為新名。此事須先澄清。

廖名春以為，馬王堆帛書《繫辭》將『象』皆寫為『馬』，應為音借。『象』上古音屬邪母陽韻，馬為明母魚韻。魚陽主要元音同，祇是一無輔音韻尾，一有輔音韻尾，故陰、陽可對轉〔註184〕」。廖氏陰陽對轉說頗涉陳新雄《古音學發微》舉例。陳氏總孔廣森韻說，以陰聲韻部與陽聲韻部合韻者命

〔註183〕張惠言：《周易虞氏消息》（卷1），《續修四庫全書》第26冊，上海古籍出版社，2002年，第4頁。

〔註184〕廖名春：《帛書〈周易繫辭傳〉異文初考》，《帛書〈周易〉論集》，上海古籍出版社，2008年，第312頁。

為對轉，又名陰陽對轉。陳引二例：「序（魚）或作相（陽）。《詩・大雅・綿》：『聿來胥宇』。《新序・雜事篇》引作『相』。又或作象（陽）。《易・繫辭・上》云：『是故君子所居而安者，易之序也。』《釋文》：『序，虞作象』」。相通轉之故在於，魚讀〔a〕，陽讀〔aŋ〕〔註185〕。依陳氏言，末聲帶鼻音。我以為，此讀似昂。「轉」於讀聲言舊元音增輔音，或曰有輔音者今減省輔音。減省例在定韻上類德語韻文對韻上的獨韻足，猶德語詩學之 einsilbig voll 例。

彼時事為本相須是，「馬」名早而「象」名遲，帛書「四馬」為舊傳，「四象」說為替代名。何時出現，或許在春秋。準乎王筠告喻，古音變一事見於春秋〔註186〕。此間結論是，廖先生所言「馬」為「象」借字說非是。

又檢「四馬」名宜從熱冷氣行而訓，以解其象數之義。《莊子・逍遙遊》「野馬也」句《釋文》引司馬彪云：「春月澤中游氣也」。崔譔云：「天地間氣如野馬」（《莊子音義》上，第 1 頁）。依《莊子・天下》「易以道陰陽」斷之，崔說為上。若言「馬」為獸名，則述此獸善走如氣行，飄逸灑脫。今以陰陽氣解「馬」，則知「四馬」謂「四陰陽氣」。四陰陽氣即四陰氣、四陽氣，合八氣排列模樣，為八經卦。

倘使將日月擬父母，此謂二。由此推導，導六子，將得父母生六子。此雖合乎遺傳學，但絕非古義。彼時尚不識遺傳學。

連三爻數，二十四節氣為「生」，此二十四節氣別雌雄以匹。匹則見孤陽耦孤陰之卦對照。此對照乃經卦之源。此數恰繫馬王堆帛書「四馬生八卦」之源。「四馬」卦如後。

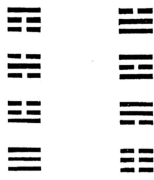

圖三三六　兩儀生四馬卦圖

〔註185〕陳新雄：《古音學發微》，文史哲出版社，1983 年，第 1022 頁～第 1035 頁。
〔註186〕王筠：《毛詩雙聲迭韻說》，《續修四庫全書》第 69 冊，上海古籍出版社，2002
　　　　年，第 351 頁。

在此，我取「兩儀生四馬」出自三故：第一，狄宛第四期外菿圖有似「勿」畫，器樣H395：18。其橢圓地色圖內乃日環鬱圖，此圖附合朔圖，詳後釋。第二，馬王堆帛書記「四馬」，不得依傳本更改。第三，曆算基於雌雄認知，如《大戴禮記・誥志》記。於術算須言生、後。後不得逆生母，否則寒暑失次。依西北政法大學范闓老師於「文化大革命」期間下鄉閱歷，雄馬不與母逆交。蒙其目，使不睹母，強使交，而後雄馬知此，自觸頭於堅物而斃。照狄宛瓦盆「馬」畫，知馬王堆傳本之「四馬」乃本傳。如此，以「馬」言生數、生數後而不逆，恰當不過。此馬喻獸守從數而不逆本數。檢知此事，連劭名舊檢「馬」義也不堝。他依鄭玄釋《禮記・投壺》「請為勝者立馬」之「馬」曰「勝算也」以為，「馬」義同於「數」〔註187〕。此言甚泛。

第一故涉甲骨文「勿」字源。倘使此畫移而為字，謂某獸，或能指牛。此時韻讀能如牟。李志超先生以為，此字讀冒，古音同木。其說或是，但無韻考〔註188〕。此字讀曾歷韻遷。鬱、魚、嘘等變而為宥。倘依電戲氏尚陰陽消息之變而論，於畫指物時代，馬鬃隨風飄逸能告風行。此或係「四馬」之馬本源。

「兩儀生四馬」，其後有卦數固為8，但於陰陽家不得謂八，故在陰陽自太極而來，既來，則不再堪孤存，故須耦之。於曆象為日月軌道似橢圓而相背，往來以會，非合朔不得相交。言二十四，乃陰陽耦變：三畫之數定寒溫之極，三畫於地表指彤日暨熱量三層。三畫於垂向謂地中、地表、地上。四排三層得十二節氣，八排列乘三層得二十四節氣。此係瓬疇知陰陽層變基數。

此數術基礎是月效長三十日，終始晦朔，於望月計當月第15日。用璇璣歲三百六十日除以十五，即得二十四。「四馬生八卦」之「四」指陰耦陽序列各四，「馬」謂陰陽氣奔走，消息變遷也。而計朔為月初，此即狄宛第一期前迄第一期星曆之革新。舊曆以望月為首日。今見朔日為月第一日。此乃狄宛第二期瓬疇家合朔曆算之果。此果以盆T210③：38記錄。此器乃諸夏曆算文明之珍器，干支曆算之旁證。

於此，「兩儀生四馬」宜別於帛書「觀馬」。「觀馬」二字本「爟為」。此乃旁題（《祖述之二》第186頁。）題涉《易》版本，我曾考馬王堆《易》乃利（冏）氏《易》（《祖述之一》第496頁）。今補數言：此利氏本名「利」，訓

〔註187〕連劭名：《再論馬王堆帛書〈繫辭〉中的「馬」》，《周易研究》2002年第3期。
〔註188〕李志超：《物字及「萬物」》，《尋根》2003年第4期。

黎，係重黎之黎後嗣，其男宗本於申戎。申戎以彤日而庀邑。彤日瓦器或骨器為「象」，用於施教。用於耕作，為犁初狀。武王徵商以甲子朝。辛未，武王賜「有利金」。利氏為簋。此「有利」即曾掌彤日之黎後嗣。

但《說卦》言「數往者順，知來者逆，是故《易》逆數也」。此言謂曆既往日夜，起於紀，從而算。而「知來」謂逆數，亦謂迎曆日之豫。諸言不可混淆於生數。

4）《易》「有太極」「是生兩儀」「兩儀生四象」釋

（1）「有太極」謂月殛日見日鬱

「有」依許慎訓，義涉「日月之食」。今以「有」訓鬱，而日鬱逆目睹物象，在晝，故為異象。此異象宜深究。由此又能導出日全鬱堪被視為陰陽合一。此合一，謂太一，或太。「極」者，殛也。日被月殛而死也。倘將「有」字視同存在，則日鬱被設擬恒存。此思向不合天象發生之律。《易》「有太極」者，恃《易》曆算能得日鬱，日鬱即見月芟（殛）日，日月合一。

（2）「是生兩儀」謂「氏」「角狀軌」互動

「是」，氏也，係也。言某人祖某人，先人謂之氏。算世系，則依係。此乃求「殖」（直）。「兩儀生四象」說舊貌應係「兩儀生四馬」。「兩儀」訓耦儀而動。「儀」訓「宜」，「兩儀」者，猶輪轉使彤日畫三角旋轉，扭曲。甲骨文「宜」字從「△」，「儀」、「義」、「宜」三字相通。又檢狄宛第二期以降合朔圖函三角相耦，使之動，即「兩儀」。此傳頗涉後世《易傳》有易睹王亥車輪。旋轉以「兩」喻，故在車輪兩而動。

（3）四馬生八卦基於蚌陰陽耦

兩儀，如前考，謂彤日三角之陰陽三角耦動、旋轉也。此二者互動即見陰陽色塊增減。陰陽色塊增減即謂寒暑變遷。寒暑變遷即日子。曆算日子由此得來。

欲得日子，須捕獲。捕獲之器即羅。依尚烏論，羅烏即羅日。但日、月俱不可羅。羅之即謂喪之。喪日將致盡冥。如此，八卦之生，須以蚌羅告之。

3. 羅賀圖五蚌陰陽效術暨黿戲氏「佃」而為祖考

1）羅賀五蚌陰陽效數

（1）五蚌盡陽數效算

羅賀圖之賀乃術算之率。此數率五。羅得之物乃蚌。蚌乃介蟲，其狀特定：兩殼夾一陰。故每蚌當二陽、一陰。

五蚌積數為陰陽數：總計十五，堪拆解為事十陽、五陰。又即以蚌為陰陽序之象，一序列為三，積數為十五。

列十五：一、二、三、四、五、六、七、八、九、十、十一、十二、十三、十四、十五。

別此數函陽數、陰數：

陽數：一、三、五、七、九、十一、十三、十五。計得九個。此謂老陽，謂蚌算陽窮。

陰數：二、四、六、八、十、十二、十四，數字有七個。此數謂少陰。少陰者，以陰少陽者也。遮蔽陽者也。月遮日謂之少陽。

如此，陰陽二者備，迭用柔剛之數備。柔剛者，蚌殼、蚌肉也。此間聯繫，乃《易》教少陰、老陽之本。「老陽、少陰」諸舊說皆非本說，出自猜測，毫無自然科學可依。

（2）五蚌函陽效算合六十四重消息

陽數總計：

$$1+3+5+7+9+11+13+15=64$$

六十四以四馬總數計算，等於八倍。此乃迭用柔剛之事。六十四又等於方八。方八堪為乾坤冊盡算。乾坤冊者，三百六十之數。璇璣歲之事本此。而璇璣歲乃為曆之基，不得更改。歲內二十四節氣、一日陰陽消息盡被羅納。

璇璣歲曆算見於狄宛第一期，證在瓦陀 H3115：10。《祖述之一》已考，此處不贅言。

（3）五蚌函陰效算合日鬱輪返

五蚌含陰數算法：

$$2+4+6+8+10+12+14=56$$

此數乃合朔曆算陰陽曆法津梁：朔望月 223 為食年。食年乃日全食輪返日效。此日效堪依狄宛第一期曆算陽曆歲效長折算：

$$223*30.5=6801.5$$

$$6801.5 \div 365=18.6$$

得數謂陽曆日食輪返之年效。日全食三番輪返，其算法：

$$18.6*3=55.8 \approx 56$$

如此，至遲在狄宛第二期，瓹疇家如黿戲已能為夜曆雜晝算法，能豫日鬱。旦朔日為月首之陰曆成於狄宛第二期之後。狄宛第一期合朔日食蚌殼、

合朔蚌殼俱見。乾坤冊算法之證也見於第一期。而且，合朔得日鬱之蚌殼與乾坤冊曆志存於狄宛第一期曆闕 H3115。

合朔得日鬱之證係有一孔珠蚌殼，器樣 H3115：12。告日環鬱之蚌殼工成截環，器樣 H254：26。乾坤冊曆算瓦陀器樣：H3115：10。合朔未得日食蚌殼器樣 H398：63。諸物俱見於狄宛第一期地層。如上考釋足證，狄宛第三期器 T210③：38 外范圖乃《易》源羅賀圖。

元賀之俗傳於後世。《前朝公規》：「元日稱賀：正月朔旦為元日。各衙門官吏於公廳設位率士庶僧道稱賀〔註 189〕」。我推測，羅賀圖之名訛變於後世傳承，僅存「賀」而喪「羅」，「賀」又轉而為「河」。此處不跡訛變跬步。

2）電戲氏「大衍」佃事考

（1）「大衍之數」舊說不及名源

將前訓總計貝五朋之抽象度數五與後察圖具五日為候之度數相乘，得數即二十五。此數係陽數之方，此合《繫辭・傳・上》記「大衍之數」含天數五者總和：一、三、五、七、九相加得二十五。但「大衍之數」總數為五十。五十之數係此數而二倍。另外的二十五出自計曆算遇惑。《損卦》：「六五，或益之十朋之龜」。《益卦》「六二，或益之十朋之龜」。楊履泰云：「《損》『六五』、《益》『六二』皆取此象。《損》自二至上為《離》。其五爻，離之中也。……言十朋者，中三爻為坤。十者，坤之成數。朋為兩物相比，乃《離》之二象也〔註 190〕」。

檢楊氏言「坤」是，言「坤之成數十」實謂爻詞別述。此係訓詁上明同義之訓例，非申述《易》教舊義。前者言「坤」實在緊要，卦象之《坤》即川，指示涉川曾得行，涉川者，渡也。何以渡，曰以瓠渡。逢日鬱之難而流徙也，詳後《歸藏》「初」義釋。

（2）舊說「惑」謂置閏數疑

又檢《損》自二至上固為《離》，但六爻之陰陽爻數恰有對偶之狀：三陽爻、三陰爻。陰陽總數為六，此數乃方六數盡歲三百六十日之冪底數。但作易者初非謂此，故在爻詞已講「或」。或者，惑也，曆日三百六十日而不盡也，餘日數乃陽曆日數。如何盡之？

〔註 189〕宋魯珍、何士泰：《類編曆法通書大全卷之一》，刊印者、版年不詳，第 1 頁。
〔註 190〕楊履泰：《周易倚數錄》，《續修四庫全書》第 34 冊，上海古籍出版社，2002年，第 9 頁。

《墨子・小取》：「或也者，不盡也」。倘使數盡，何惑之有？顧此前提，《損》「六五」、《益》「六二」兩卦「惑」句係使令句，言兩卦所示上多陽氣、下多陽都不足以導向曆算無誤，當此時宜如何如何。

復檢後世《損卦》狀如䷨、《益卦》狀如䷩。此二模樣出自瓳疇家肜日圖識，兩卦情形異偶。依《泰卦》考，《損卦》下陽盛、《益卦》上陽盛。此即陰陽不稱，故而為「惑」。此時，須當「益之十朋之龜」。

「十朋」於數謂「五十」，「龜」者，蚌也。《說卦傳》離為「鱉」、「蚌」、「龜」三者通用。堪通用者，故在三物皆係介蟲，外有兩剛夾一柔。石藝時代遺跡介蟲類以蚌殼多見，龜甲偶見，故訓此言應準乎昔法。五十龜即五十蚌，況河南舞陽賈湖等遺址遺存龜數有限，絕無五十龜之證。

顧羅賀法五蚌為曆，五十蚌當十歲。自陽數導每歲六十四重消息，十番而已。重消息曆算六十四卦 10 倍。每歲日數去陽曆日數 5 日，10 歲總計差 50 日。此日數去兩個陰曆月寡 10 日餘。如此，傳本言「或」（惑）在於匹配陰曆、陽曆。

（3）「大衍」即「佃」圓方術

如此，每五歲置閏一個月。算迄第 6 歲，下一輪置閏曆配陰曆日始流。依此法，能得地上日數配天上日數。地上陰數者，陰曆月日數也。天上日數者，陽數也。如此，置閏法又係圓方曆術。圓方曆術者，地上曆術合天上曆術也。此又係合朔另一義。

又檢「大衍」二字頗可疑惑。倘使聯繫黿戲氏圓方曆術，「大衍」二字須係黿戲氏「佃」本。又係後世甸服之源。甸服者，依五或其倍數土斷也。而此土斷，依《通典》乃黃帝功業，虞夏承襲。此題暫不展究，此處唯檢「佃」事。

檢「大衍」綴讀佃，乃後世易傳者聲韻，推其字是一個，此字用於命指黿戲氏圓方曆術。此乃舊義，故深藏。

「大」讀「泰」，「衍」字通「愆」。「愆」，許慎列此字於「心」部，「心」本謂瓳疇家肜日後圖識日照狀並為志。「愆」字聲準乎「凵」，此乃瓳疇家肜日之光柵狀，狄宛第二期有曆畫存光柵殘部。半坡遺址也有此遺物殘畫。許慎訓「愆」以「過」。段玉裁注曰：「『過』者，度也」（《說文解字注》第 510 頁）。此注近是，而「過」字於易教有別義。「過」者，涉川也，即越《坤卦》所示寒冷時節，新歲至。此字用於指過行，涉及辜義，則係引申。

如此，以雙聲迭韻例推測，「大衍」係雙聲迭韻例，此名對應者係「甸」，即《禹貢》所記「甸服」之甸。其數為五，此數之百倍係服制通行地域，服制係此話題伸展，不必申述。夏服制與五數牽連在於，五百里之數即五之百倍。五蚌曆算基效仍在。

基於狄宛第三期「羅賀圖」可斷，黿戲氏前，昔聖於「五」數已不陌生，而此「羅賀圖」係黿戲氏後嗣追記黿戲給予邑人饋贈。而黿戲後嗣既得陰陽數之效，自能知生數之本。本部母系邑秩須係其羈絆。求歲首而背東西行，在所難免。察星象而既知東方七星，求索尾宿本相，促使黿戲氏東北遷。

此間的結論是，「朋賀圖」塙係「兩儀」「四馬」「八卦」之源。此外，「大衍之數」亦出此「朋賀圖」。《繫辭傳·上》「大衍之數」係此數術的別樣表述，其算法根源不異。

4. 黿戲祖瓦匏本於女祖效乳虎暨王家臺秦簡《歸藏》卦次用「初」考

1）黿戲寄於匏系考

（1）聞一多等舊考略述

聞一多依《繫辭》、《管子·封禪篇》、《莊子》之《人間世》、《胠篋》、《繕性》、《田子方》，《尸子·君治》、《荀子·成相》、《楚辭·大招》、《戰國策·趙策二》講，伏羲名記載出現於戰國時。而女媧之名見於《楚辭·天問》，《禮記·明堂位》以及《山海經·大荒東經》。兩名並見於《淮南子·覽冥》。

他認為，迄今舉陳二人為兄弟之言最無理由，譬如《世本·姓氏》言「女氏：天皇封」事。羅泌《路史後紀》與梁玉繩《漢書人表考》中類似觀點亦係歪曲，而無深究必要。

於二人關係，另存兩舉陳：兄妹，夫妻。他舉《路史後紀二》引《風俗通》云：「女媧，伏希之妹」。又舉《廣韻》上平聲十三佳，《中華古今注》皆持同說為證。

《唐書·樂志》載張說唐《享太廟樂章·鈞天舞》「合位媧后，同稱伏羲」。此二句依聞先生釋謂二人係夫婦。漢唐畫像石之發現與研究坐實了此陳述，圖已具兩人下身為交尾蛇之狀。但人們對此舉陳疑竇重重：為兄妹則不能為夫婦，否則違逆倫理禁忌。既刊載文獻具研究結論使人不再懷疑此說：邊疆民族與鄰近民族傳說中的伏羲、女媧是兄妹，亦是夫婦相向之狀。檢考者還原了此陳述，還原恃材料係五種石刻、二種絹畫摹記。

芮逸夫《苗族洪水故事與伏羲女媧的傳說》記錄芮氏採集轉引之洪水故

事，凡二十餘則，含瑤族洪水故事，地域從湘西、川南、雲貴、廣西、海南、臺灣、乃至交趾、印度傳說。故事主題一致，皆是洪水來時，兄妹（或姊弟）二人得救，終為人類始祖。

涉及二人名氏，一些故事所記兄為伏羲，妹名未具。第六則故事即「貴州貴陽南部鴉雀苗洪水故事中，兄名是 Bui」。據調查人克拉克講，用漢語則曰 Fu-his，是伏羲譯音。而妹曰 Kueh，芮氏以為即媧的對音。聞先生以為，此論可信。

第十八則故事，兄名 *Phu-Hay*，妹名 *Phu-Hay-Mui*，聞先生以為此二名「顯即伏羲與伏羲妹」譯音。他認為此故事亦可信。

聞先生在其第二截論「從人首虵身談到龍與圖騰」，首先討論了人首虵身神。他引《楚辭·天問》王逸注：「女媧人頭虵身」。又引王延壽《魯靈光殿賦》：「伏羲鱗身，女媧虵軀」。另引曹植《女媧畫贊》、《列子·黃帝》以及《帝王世紀》、《拾遺記》、《玄中記》以申伏羲有「虵身之神」名號。他又引《山海經·海內經》「南方有人曰苗民」、《莊子·達生》「委蛇」，認定，「所有的人首虵身神的圖像與文字記載，考其年代，大致上起於戰國末葉，下至魏晉之間」。

聯此結論，聞先生又檢《繫辭》以後文獻。他認定，緯書《尚書中候》、《春秋元命苞》、《運斗樞》中的伏羲、女媧獲得了三皇之二皇的座次。他擬定，魏晉之間，這個傳說終止了活躍的年代，其證據即《三五歷記》述盤古傳說。得證於京房《易傳》言「睽孤，見豕負塗，厥妖人生兩頭」。亦引《博物志》「蒙雙民」同頸二頭四手傳說以證。

題涉蛇、龍，聞先生舉《鄭語》史伯引《訓語》「二龍」說，細討其多樣：「交龍」、「螣蛇」、「兩頭蛇」、「一般的二龍」。他總其檢，以為二龍神話是「圖騰主義」遺跡。他亦討論了圖騰龍蛇演變。

在第三章內，聞先生論戰爭與洪水故事，以論氏族之爭。其論仍圍繞人面虵身傳說，證明伏羲、女媧是苗族祖先。

聞先生以第四章論漢族與苗族關係。後則論伏羲與葫蘆，展開了「洪水造人故事中的葫蘆」、「伏羲女媧與匏瓠的語音關係」。最後一章揭示伏羲與女媧，名雖有二，義實祇一。二人本皆謂葫蘆的化身，所不同者，僅性別而已。陰性的曰女媧，猶言女伏羲〔註191〕。

〔註191〕聞一多：《聞一多全集》第 3 冊，湖北人民出版社，1993 年，第 58 頁～第131 頁。

任繼昉援季羨林說，以為葫蘆可作為女性象徵，由於梵文 garbhatumba 謂「胎葫蘆」。胎的模樣似葫蘆，葫蘆裏面有子〔註 192〕。此說不足以釋古人多方用瓠，乃至瓠象徵義源。

（2）黿戲祖瓠出自母佚鬱用瓠遊春受孕而非葫蘆化身

聞先生說太半可採，韻釋可採，言苗人之祖伏羲、女媧亦可採。但存題漢人或中原人何以別於苗人為疑。他以為，伏羲、女媧二人本皆謂葫蘆化身，僅性別參差。此斷非是。今考母宗祖羅羅者，曰行媧宗之教諸母系方國，其治傳及民國大陸治期。男宗之祖羅羅者，係西水坡 M45 黿戲後嗣。宗女虎事存於舊教。而佚鬱寄於瓦瓠。浮水及彼岸而遇某男子，合而有身。有身事乃難言者，但佚鬱用瓠則係本傳無謬。如此，寄有身事於瓠，恰當不過。瓠變匏出自韻遷。

又檢黿戲名以韻學得證：暫不顧宗女屠肆事，韻讀「卜亥」，或讀「匏系」，二名俱喻曆算：匏、卜二字韻遷。甚或可讀「卜亥係」。卜謂占算。亥乃地支，此數興起於男宗自為世系，其證在斗建用次第十二，其本在於夏至日鬱正曆。其事始於黿戲被屠肆，其後若干年，男宗崛起，反叛母宗而為地支數。狄宛第一期乙教隨之崩潰。「係」言「算是」，定朔日為曆也。《繫辭下》言王事即黿戲功業。其後嗣在狄宛第二期之後施教時，「取諸《離》」，《易》曆算、正朔、生數等六十四重消息得成。此《離》本於狄宛第一期某一日鬱輪返羅勒。而且，第三期 T210③：38 瓬疇圖堪當《離》，亦堪當《羅》，亦堪當《麗》。麗者，附也。日附於月，月遮蔽日是也。此昔聖乃《繫辭下》「包犧氏」，為男宗，但寄於媧宗。《帝王世紀》旁證此事。括要以言，作《易》者係狄宛人，此事決無疑問。至於包犧氏與 T210③：38 瓬疇圖所際及其細節，我以暫無證據不能申述。

2）羅羅祖瓦匏告生旁證

（1）《西山經》「羅羅」本乎瓦匏羅賀告生

《西山經》：「又西三百五十里，曰萊山，其木多檀楮，其鳥多羅羅，是食人」。考此處言「羅羅」即云南彝族羅羅部之祖。其古昔祖在狄宛或近狄宛之域，後南遷。經文言「萊山」謂嘉生之山。萊，麥也，或係彼時草本植物總名，黍、稷、粟屬之。鳥，烏訛或少昊部訊息致大禹、棄等遊治者以鳥為鳥。

〔註 192〕任繼昉：《「伏羲」考源》，《傳統文化與現代化》1994 年第 3 期。

「多羅羅」，謂美、善羅羅。「多」讀「狄」「烏」「阿」三韻連屬。秦人「大父」之「大」韻讀如此，今陝西、甘肅方言存之。讀羅羅，謂羅之少者也。羅，羅賀圖之羅。「是」，正也。金文「是」含「正」宜。正者，正朔也，以日環鬱正朔。食人，非謂咥人或啖人，謂嗣宗。使邑人同種者以嘉穀得養存嗣。播殖嘉生能養民。播殖嘉穀初貴春分。小麥、大麥、青稞等則貴夏收。經文記事涉申戎功業。此外，「食人」引申義謂「祀宗」，即祭祀，食，祀也。此乃禮教子遺，推其太初乃嘗新之禮。

（2）羅羅族系究釋

葫蘆瓶起出於墓葬，舊說以為此事佐證葫蘆是圖騰。對於雲南彝族家戶，每戶祭祖神龕供著葫蘆。俗名「祖靈葫蘆」。劉堯漢曾調查民俗，記云：居住滇西南哀牢山有自命「羅羅」之彝族，供奉葫蘆以為祖靈。此等家戶俱認為通祖，禁通婚……。「羅」族系與信仰：依「羅羅」之言，葫蘆與祖先兩名表義等同。其發音「阿普」，此名並告，葫蘆係祖先〔註193〕。

檢「阿普」兩韻俱從烏。阿讀烏阿切。烏不得逃逸，音如「臥」，陝西關中迄今令止某人言行，謂之「阿」，念去聲。聞此言者須峮倒蜷曲體肢。而普讀撲，謂烏不撲翅膀不飛去。捕烏喻逮年月日數，乃曆算。「羅羅」係《西山經》記舊族。外菡瓦匏羅畫即羅。又檢彝人言「羅羅」謂「虎」。此事本乎黿戲氏母宗曾效乳虎，初於仲冬發情而菶，後改仲春昏菶。羅謂羅日烏，謀知日食。日烏之烏韻、虎韻與存。彼時聲韻不發達，不別日、虎諸名。久傳致後嗣不知本相。涉黿戲氏御龍令虎行舊事，詳後西水坡葬闕 M45 嗣祝通考。

楊成志於民國十九年春在雲南調查昆明縣東鄉散民族（羅羅族支名），師從羅羅文教師張正「覡爸」，獲得羅羅經文〔註194〕。我檢其文含若干筆劃，勒曳如狄宛系瓦畫局部。譬如「太上清淨消災經」。羅羅文幾乎每字都宜鑒照瓦畫圖樣檢讀，其源深遠。

3）日環鬱正曆稷麥祝盛圖考

（1）舊述靜寧縣館藏瓦器畫

郎樹德《甘肅彩陶研究與鑒賞》錄靜寧瓦盆（第26頁），外壁繪圖殊異。

〔註193〕劉堯漢：《彝族社會歷史調查研究文集》，民族出版社1980年，第1版。第225頁。

〔註194〕楊成志：《羅羅太上清淨消災經對譯》，《國立中央研究院歷史語言研究所集刊》第四本第二分，中央研究院歷史語言研究所，1932年，第175頁。

依郎樹德述，後器屬仰韶文化中期。他命此器畫曰「枝葉紋」。但未言係何枝葉。口徑程 30、底徑程 12、高程 20.7cm，存於甘肅靜寧縣博物館。此器徵集自靜寧縣城關鎮峽門村。郎先生云，此器口沿外飾條帶紋。上腹部繪 3 組連續圖案，每組由 1 條豎線、4 個小圓點、6 條凸弧紋組成。由圓點向兩側對稱引出凸弧紋，上下重迭，形成枝繁葉茂的植物圖案。以圓點弧線組合圖案，又有由圓點向上下引出弧線，左右排列，好似展翅翱翔的飛鳥。依前命器之效，命此器為器樣 JNXM：21，便於檢討。字母告出所，數碼告援取著作圖次。

圖三三七　靜寧器樣 JNXM：21 日環鬱正曆稷麥祝盛圖

（2）靜寧 JNXM：21 日環鬱正曆稷麥祝盛圖釋

檢此器腰腹下狀似西山坪 M4：1，係前命月要瓦盆。由月要器之名得義，知此器出自日環鬱記事。日環鬱乃曆法正朔天象。前考狄宛第三期頻見瓬疇家為畫日環鬱圖或日環鬱肜日圖。而正曆又係樹藝之高端，食源之寄。此器乃重器，故在瓬疇家寄祝盛於此器。器不得覆斜，但可置於器座，使器座口沿貼近月要器腹部冥線，即得嘉穀盛壯之景。

檢此器面圖乃瓬疇圖，圖畫來自兩等畫作。第一，禾苗夾圖來自西水坡遺址瓦灶 H221：5 日環鬱祝盛圖。禾苗夾圖即「來」圖。來者，麥也，大麥、小麥，甚至青稞俱是。此圖於甲骨文字字源檢者，多含珍謂。來、麰字源俱在此瓬疇圖。第二，狄宛第三期日環鬱肜日圖 H703：P36，縱向間以日環鬱圖。此二者畫作與成器樣 JNXM：21 祝盛圖。連器狀察葉狀畫相連部存珤影烏丸

圖。依此器畫得知，瓻疇家正曆而致稷麥之盛。嘉穀成於秋分，亦能成於夏至。嘉穀在地謂之嘉生。穗粒為盛、為食。於孕婦而言，產後進補，粟稷粥最富養分。幼時曾聞，孕婦「坐月子」非粟粥不能速康復。此俗乃古傳生殖醫學與營養學支脈。而麥如稷，俱係嘗新之物。今推此俗乃渭水流域古俗。此器或係申戎氏一脈重器之一。

4）江陵王家臺秦代 M15 涉《易》簡文存狄宛古《易》考

（1）舊說或認定或否認《易》占簡文為《歸藏》

荊州地區博物館於 1993 年清理了若干秦漢墓葬，王家臺 M15 係秦墓，自此葬闕起出若干墨書竹簡。題別「日書」、「易占」、「效率」三等〔註 195〕。易占文頗似馬國翰輯本《歸藏》等。

馬國翰引朱震《漢上易集傳》云：「歸藏之書，其初經者，庖犧氏之本旨也。卦有初乾、初奭（坤）、初艮、初兌、初犖（坎）、初離、初釐（震）、初巽，卦皆六畫。《周禮》三易『經卦皆八』，所謂經卦則《初經》之卦也」。馬氏舉宋《中興書目》載《初經》、《齊母》、《本筮》。馬氏又援李過曰：「謂震為釐，釐者，理也。以帝出乎震，萬物所始條理也」「初巽，有鳥將至而垂翼」，「皆六畫」。馬氏援朱元昇《三易備考》云：「《歸藏易》以純坤為首。『坤為地』，萬物莫不藏於中。《說卦》曰：『坤以藏之』」〔註 196〕。

馬氏舉郭璞注《山海經》引《歸藏·鄭母經》：「昔者羿善射。畢十日，果畢之」。劉勰《文心雕龍·諸子》「按歸藏之經，大明迂怪，乃稱羿弊十日，嫦娥奔月」〔註 197〕。

王明欽、王寧、連邵明、廖名春、梁韋弦、王輝、林忠軍、蔡運章、李學勤等先生多方用功，或釋義或對照，或嘗試定性。但也見否認易占屬《歸藏》，否認《歸藏》屬殷《易》之論。史善剛等以為，「殷易」存於殷墟四盤磨卜骨《易》卦與小南屯地卜甲《易》代表之「《易》卦中」〔註 198〕。我附議王明欽等先生識見，以為史先生等言非屬史檢。我此言證在彼等否認郭璞注《山海

〔註 195〕荊州地區博物館：《江陵王家臺 15 號秦墓》，《考古》1995 年第 1 期。

〔註 196〕馬國翰：《玉函山房輯佚書》，《續修四庫全書》第 1200 冊，上海古籍出版社，2002 年，第 483 頁～第 488 頁。

〔註 197〕黃叔琳注，李詳補注，楊明照校注拾遺：《增訂文心雕龍校注》，中華書局，2000 年，第 229 頁。

〔註 198〕史善剛、董延壽：《王家臺秦簡〈易〉卦非「殷易」亦非〈歸藏〉》，《哲學研究》2010 年第 3 期。

經》援《歸藏》。但我不否認，諸先生檢《歸藏》「易」為說，未顯《易》若干卦名源，也未顯包犧氏及女媧傳《易》之證。

（2）連邵明王輝蔡運章等釋簡文要略

寡曰不仁。昔者夏后啟是以登天，菅弗良而投之淵。寅共工隊□江□☒。簡501。

連先生釋云：「純陰無陽，故謂之寡」。

介曰：北北黃鳥，雜彼秀虛，有叢者□□有□□人民☒。簡207。

連先生釋《周易》作《豫》，《歸藏》作「分」。王家臺秦簡作「介」。援尚秉和以為，「《歸藏》作分。言震雷上出，與地分離也。又一陽界於五陰之間，便上下分別，與《周易》義異」。又援《周禮·內宰》鄭注「敘介決也」。又援《釋文》：「介，本作分」。

《夜》曰：昔者北□夫卜逆女☒。簡343。

連釋《蠱》，以為「卦有婚娶之象，故名夜」。故在巽依《說卦傳》當長女。又以為艮為取。舉《周易·旅》「初六，旅瑣瑣，斯其所取災」。虞翻釋：「艮手為取」。又援《釋名·釋親屬》「婦之父曰婚，言婿親迎用昏，又恒以昏夜成禮也」為說。

毋亡：出入湯湯，室安處，而𤔔安藏，毋亡。簡471。

連釋：援《論語·述而》「君子坦蕩蕩」而讀「湯湯」如「蕩蕩」。以疑字為予，謂「我」。「予安藏」即「反於性命之情」。

散曰：昔者□□□卜□散實而支占大夫☒」。簡214。

連釋：《散》即《周易》「家人」。連釋「如庶人」，援《禮記·樂記》「馬散之華山之陽」。又援鄭玄注「散，猶放也」，為說。梁韋弦以為，《家人》卦名「家」即家庭之家〔註199〕。

《兌》曰：「兌兌黃衣以生金，日月並出，獸□☒」。簡334。

連釋：「『離為日』，兌為月。故曰日月並出」。檢《說卦傳》，「坎為月」。援虞翻注《周易鼎》「九五」「離為黃」。援宋衷注「兌為金」。援《周易·說卦傳》「離為乾卦」。

「勞曰：昔者蚩尤卜鑄五兵而支占赤□☒」。簡536。

連釋：「蚩尤是惡神，《廣雅·釋詁》三云：『蚩，亂也。』《廣雅·釋言》

〔註199〕梁韋弦：《王家臺秦簡「易占」與殷易〈歸藏〉，《周易研究》2002年第3期。

云：『尤，異也』」。「《周易・說卦》云：『坎為盜』」。蟲尤為害於社會。

　　《中絕》曰：「萅□卜☒」。簡317。

　　連先生等讀萅以帝。連先生釋卦名為《中絕》。此卦當傳本《中孚》〔註200〕。王輝先生釋簡317卦名「中綯」，言此字不見於字書，但「從包得聲之字多與孚通用。《呂氏春秋・本味》『庖人』作『烰人』」。「《中綯》即《中孚》」〔註201〕。

　　蔡運章先生讀簡501如：《寡》曰不仁。昔者夏后啟是以登天，萅（帝）弗良而投之淵，寅（演）共工隊〔於〕江……。

　　蔡先生釋此簡卦名為《寡》，不用「坤」字，不否認此卦即《坤》卦。他以為，坤、寡含義相通。援《左傳・成公十二年》：「寡我襄公」。杜預注：「寡，弱也」。援《周易・晉》：「裕无咎」虞翻注：「坤弱為裕」。又援《周易・象傳下》：「君子以居賢德善俗」。虞翻注：「坤陰小人柔弱」。又舉《周易・象傳上》說：「君子以抒多益寡」。虞翻注：「坤為寡」為證。他認定，「寡」本是《周易》之《坤》卦象。係以某卦之象通假字作卦名。此例見於「坎」在《歸藏》名「勞」。蔡釋擴張《大荒西經》「夏后開」「上三嬪於天，得《九辯》、《九歌》以下」。釋云：「夏后啟竊來《九辯》與《九歌》後，整日飲酒作樂，荒淫無度，顯聞於天，引起五子內哄，天帝因而擯棄弗用〔註202〕」。

　　王明欽先生以為，「古人傳書，多為口傳心受，借用同音同義字，本來就很常見」。譬如，馬王堆帛書《周易》「乾」作「鍵」，「大過」作「泰過」，「中孚」作「中復」、「震」作「辰」、「離」作「羅」等〔註203〕。王明欽先生推測《歸藏》成書於西周晚期至春秋初年，並援《禮記・禮運》孔子言「吾得坤乾焉」為證。

　　廖名春先生彰顯「鄭母經」本名《奠母經》（第三冊註第163）。王寧先生以為，江陵王家臺M15起出《易占》是《歸藏》之《鄭母經》等篇援據之易占類古書〔註204〕。李學勤先生察知，震卦簡文也寫如『來』」〔註205〕。

〔註200〕連邵明：《江陵王家臺秦簡〈歸藏〉筮書考》，《中國哲學史》2001年第3期。

〔註201〕王輝：《王家臺秦簡歸藏校釋（28則）》，《江漢考古》2003年第1期。

〔註202〕蔡運章：《〈寡〉、〈天〉、〈蚕〉諸卦解詁——兼論歸藏易若干問題》，《中原文物》2005年第1期。

〔註203〕王明欽：《試論〈歸藏〉的幾個問題》，《一劍集》，中國婦女出版社，2001年，第107頁。

〔註204〕王寧：《秦墓易占與〈歸藏〉之關係》《考古與文物》2000年第1期。

〔註205〕李學勤：《〈歸藏〉與清華簡〈筮法〉、〈別卦〉》，《吉林大學社會科學學報》2014年第1期。

（3）秦簡《易》占存娲宗古《易》初考

檢簡 501 經文兩說：坤、寡。連釋不塙。無陽即純陰。純陰則可間釋柔或純柔。此乃自然狀態，不能釋人倫之寡。倘無故，寡無論如何不能連不仁。「不仁」乃政事之酷烈或殘暴，不能連純陰之義。

蔡釋卦名《寡》，塙當，但釋經文「不仁」不塙。以《坤》當《寡》缺文明史關聯。而且其釋「不仁」基於「夏后啟竊來《九辯》與《九歌》」，「整日飲酒作樂，荒淫無度，顯聞於天，引起五子內哄」，「天帝因而擯棄弗用」。檢此釋出自猜測，也出自拼湊，基於以「天帝」為取捨之君。此釋或為擬人，或為純神話，捨棄了《竹書紀年》啟舞《九招》事。蔡讀啻如帝，不塙，宜讀諟，訓「理」。《禮記·大學》：大甲「曰顧諟天之明命」。此處存題若干，宜先清釋《寡》何以當《坤》。

於匹夫匹婦，婦失匹，可言寡。此謂喪夫。以純陰純陽之匹而論爻偶，坤乾之連謂之泰。乾坤之連謂之否。六爻盡陰，則為無陽，故為坤。經籍記君自言曰「寡人」，此謂失祜，依許慎言，謂「少」。少者，嗣承者也。寡何以堪謂嗣承，今人難喻。但狄宛系母宗太初無匹，但能命姊妹之子或徑命己子為嗣。彼時，無父子之傳，但存母子之傳。如此，嗣承者言己以「寡人」，無非承舊教而自以為分當嗣承。故此，敢面向外人自稱「寡人」者，皆自以為合為君名分者也。如此，《寡》卦乃狄宛系女娲傳《坤》卦，此言存於秦簡，類《歸藏》，其本必係娲宗傳人之卦，即婦好或其先輩之卦。簡 476「恒我曰：昔者女過卜作為緘而☐」為證。

「不仁」者，《否》仁也。乾上而坤下。謂陽逸去而陰存留。言人親疏，謂女親近而男疏遠。於古昔，自男子行獵，難得留居。婦人產子，恒不知父。此言乃「之」卦例。

「昔者夏后啟是以登天」句謂「夏后啟依宗女屠肆例而造乾方」。登天，造乾方。登，造也，放電戲例。能效此例者，唯娲宗之宗女也。

「啻弗良而投之淵」謂，使宗女理某人骨殖，而此人「弗良」，其骨殖被投於深澤。淵，澤也。澤，兌也。使之屬西方。蔡讀啻如帝，此字可兩讀，或讀帝，或讀諟。讀帝，謂帝事，譬如簡 189「黃啻」、「炎啻」即黃帝、炎帝。此二人曾帝事。讀啻如諟，訓「理」。《禮記·大學》：「大甲曰：『顧諟天之明命』」。理者，理骨葬也。

《大荒西經》「開上三嬪於天，得九辯與九歌以下」。郭璞注「嬪，婦也。

言獻美女於天帝」。郝懿行注引《周書・王子晉》云「吾後三年上賓於帝所」。題涉夏后開竅，諸言出自郭璞檢見，而非來自《歸藏》開筮曰。而郭璞注「得九辯與九歌以下」云：「皆天帝樂名也。開登天而竊以下用之也。開筮曰：『昔彼九冥，是與帝辯同宮之序。是謂九歌。』又曰：『不得竊辯與九歌以國於下』。義具見於《歸藏》」。《大荒西經》又言「此天穆之野，高二千仞。開焉得始歌九招」。郭璞注：「《竹書》曰：『夏后開舞九招也」（第三冊註第159，第16，第9頁）。

我檢郝懿行駁郭璞「獻美女」說半是半非。天訓乾，八經八方之乾方，為夏季日落之所。夏啟取黿戲夏至日鬱正朔王事，效黿戲嫡嗣。而王子晉言「吾三年上賓於帝所」謂將歿而及帝星之所，自占將拱北極星。郝氏說雖近，但不搞。

郭璞言獻美女，乃秦漢獻美人之媚術。此念出自某採納者好色，而且採納者為男子。倘問，「天」好色乎？郭說嬪義以此問而黜。賓者，髕骨也。前考狄宛第一期關桃園葬闕M26右髕骨當天極，而天極為蒞中點。夏啟「上三嬪」原文係「上三女，賓」。合女、賓二字而為嬪。此句宜訓「使三女髕與蒞天中」。如此，夏啟曾屠肆三女。

夏啟得「九辯」「九歌」「以下」者，夏啟帝事用斗魁、斗杓，以斗杓下謂夏至。「得」者，德也，直也，節令直斗杓指向也。「九辯」、「九歌」之「九」皆言斗魁之狀，由此引申而得「九」字。詳後，原子頭遺址葬闕M32魁斗設建考。此題乃《夏小正》「正月」，「斗柄懸在下」說一源。

簡207「介」。連釋傳本《豫》，不誤。而尚氏說震雷上出，與地分離。此說限於卦畫次第，「分離」說無搞義，非名本。案，《釋文》記其作「分」，與「介」堪通釋。舊說不考「分」、「介」卦名先後。言「介」，事涉黿戲嗣承寄於媧宗，北首嶺以降帝事俱是，證在此字含「少」部。介字甲骨文從「乙」事部加「少」字。《掇二・二七八》含乙事，右上短橫線乃夏至日落之所斜線減省。少者，於男宗謂黿戲後嗣也，於宗女謂媧宗嗣承者。

此字似甲骨文「分」，譬如（《鐵三八・四》），但兩字別新舊事述。分多作（《前五・四五・七》，《甲骨文編》第29頁）。細察甲骨文分、介，見兩字內層俱從狄宛乙事，但「介」字無「八」。而分字含「八」。依狄宛第一期日鬱察知致「八」算式考，《分》名早，乃狄宛宗女傳卦名。而《介》名乃黿戲後卦名，推其本在狄宛第二期迄第三期黿戲後嗣。「北北」二字謂「分北」，如

《尚書·堯典》「分北三苗」。北者，左右戾也，使不聚也。使苗三宗左右向而相去。不涉今人言北方。鄭康成以為，西裔之三苗。可從。唯三苗謂苗人三宗。此苗傳習狄宛舊教而貴母宗。八內反乙附斜線來自旐疇圖之風翅圖。後世，「」字央部訛為「刀」部，其事涉屠肆、硎、刑源，此處不專檢。此簡文之餘者尚無墒詁。

簡 343《夜》。虞翻言「艮手為取」，連釋「艮為取」。連釋擴張《說卦傳》「艮」義。簡文言「逆女」不言「取女」。此又何故？而卦名《夜》義未顯於釋文。又檢《左傳·昭公元年》醫和曰：「在《周易》，女惑男，風落山，謂之《蠱》」。醫和之言當何釋？《蠱》卦何以連《夜》，係至大一疑。

檢案，艮者，少男也。巽，長女也。倘言醫道，年長之女交年少之男。男少而不能自節，女以憐愛而足其欲，久交則傷。故醫和言淫。淫者，水下不休也。腎虧之說本此。倘言狄宛第一期以降女男之交，女在上而男在下。以巽當長女，艮當少男，女在上，男在下，豈非「艮落山」？

倘言男女之事以昏成禮，以日鬱似昏，但日全鬱如夜。男女之交類比女在上，男在下，即月芟日或月揜日，故得《蠱》女在上之象。醫和說不誤。日鬱類比男女交會，其俗本乎狄宛第一期秋分前日全鬱如夜。此日鬱發生於晝，但狄宛舊曆算日鬱昏暗如夜，曆夜第八。依此訓，狄宛女宗胥以日鬱替邑內少男迎鄰邑長女，使交媾，此即逆女。逆女之女不必為長女，但宗女必是長女。此乃《夜》連女、男義之本。由此得知，《蠱》卦出自狄宛宗女之教，推其名成於狄宛第二期，《夜》係媧宗舊卦名。此重消息名屬媧宗重消息名，非雹戲重消息名。由此，又可跡得婦好傳《易》為《歸藏》底義。黃帝為《歸藏》之說，如皇甫謐記，很難驗證。

簡 471。卦名《毋亡》，連釋傳本《周易·无妄》。舊說俱不釋卦名。連釋文以為疑字係予字。檢簡文疑字係野字。《天水放馬灘秦簡·日書》乙種簡 69、簡 70 之「野」字俱作壄。而「毋亡」之亡讀芒，本謂月滿光全，證在隸定光字甲骨文從胥星（造父）加於月外廓局部，下為「神」部變形，乃母宗乙教月曆之證。《京津二九二一》。日全鬱致其義析出，事在「食既」見月周遭強光猶細小芒刺，能使人目盲。故芒、亡、盲同讀。毋者，忌也，不可也。日鬱為天象，屬忌避。狄宛第一期以前，宗女傳下此忌。此忌致宗女難以庀邑，以致出逃或遷徙。狄宛第一期，白家村、西山坪文明遺存似狄宛第一期文明，故在此。

　　簡文「湯湯」述人體覺熱。秋分之後，日全鬱（食）致氣溫降低，寒氣逼人。但此前，食甚即見生光。日出之後，睹者覺暖洋洋。此後，日復圓。月芟日而去，謂之出。日復圓，暖復，謂之湯湯。簡文之「入」，月入日也。「出入」者，入後出也。室者，實營窟也。野者，郊也。逢日鬱，宗胥入居於營窟，故安居。「野安藏」者，逢天象而埋瓦於營窟之外。連釋「反於性命之情」，內涵不清。

　　簡214。梁韋弦以為，《家人》卦名「家」即家庭之家。此說難通。檢大夫之居曰家。今人言「家」，於古為戶。連釋「散」謂放。不塙。檢《周易》傳本《家人》之「人」謂宗。「散」謂釋放。連「散家人」，謂釋放「家」之號於多宗，證在《鹽鐵論・散不足》之「散」。散者，捨釋也，分也。大汶口遺址葬闕納多件豬頭骨，推屬牡豬頭骨。此謂豭。此乃「家」源。此亦係男宗興盛之跡。《楚語下》記觀射父言：「及少昊之衰也，九黎亂德，民神雜糅，不可方物。夫人作享，家為巫史，……」。夫人者，丈夫為宗也。「家為巫史」者，瘞埋豭也，用宗女匹男子正紀。史者，正紀也。「支占大夫」雖係大汶口文明後大事，但自占「大夫」之號，必係「家」占。

　　簡334。連氏未釋「獸」字。「日月並出」何以連「獸」，不通。檢此處「獸」字乃經籍「獸」說之源。狄宛第一期葬闕納獸骨，白家村文明早期T203H25，晚期M6存證。前者以犬在西向東，守春分。後者依狄宛H363合朔正曆。狄宛第一期宗女乙教恃虎，亦被涉及。

　　《兌》經文「兌兌」，言「兌之兌」，故繫重消息兌。「黃衣」喻「狐裘」。《論語・鄉黨》「緇衣，羔裘；素衣，麑裘；黃衣，狐裘」。

　　「黃衣狐裘」含兩義：表層，謂狐裘黃衣為面。深層，黃色乃鬱金香之黃。今在上，罩住裘絨毛。絨毛類比光芒。如此，得日鬱之象。經文言日月並出，恰當日鬱。倘以日月二字當明，以囧訓明，即見日鬱，狄宛第四期瓶疇圖存證。獸者，守也，守禦不捨也。日鬱乃定日定時天象，猶獸行止之率。逢日鬱，月自西來。依此經文，兌、黃衣之說來自獵人冬日狐裘類比。而兌、金之說，來自銛割。銛別兩義：第一，剝取獸皮。第二，秋分收穫。收穀即銛谷稈。銛割之器：蚌殼片、骨匕等。用狐裘於孟冬（《禮記・月令》）。倘言夏季著狐裘，不合天氣。但聯狄宛宗女孟冬用狐裘，後世以男宗貴夏至日鬱，從夏至日鬱正朔。配祀者貴夏，又不得捨棄母宗之教，合而用鬱金香黃色兆日鬱義，又述夏季祀配男祖電戲。故夏用「黃衣狐裘」。題涉鬱金香為宗女佚鬱

之草，詳後男宗立尸祭祖嘗新考。

簡 536。連釋蚩尤為惡神。此乃謬說。此處存三題：第一，蚩尤。第二，卜。第三，鑄。蚩尤係古諸侯，與功瓬疇。蚩尤鑽龜而不灼。大墩子龜 M44：13 為證。卜字所從丨即狄宛系瓦盆沿丨。此字謂七，謂第七晝日鬱，異於狄宛母宗舊曆以日鬱發生日鬱昏暗為夜曆法。其事在狄宛第二期，傳於後世。初卜非依爻次第，而依瓬疇圖。證在姜寨第一期勒記 T109H103：2 拓片█（《臨潼姜寨》（上冊），第 143 頁，圖一〇九，4）。

蚩尤承用黿戲「丨」豫日鬱，即第七晝日鬱，效黿戲夏至日鬱曆算，此即蚩尤卜。卜字所從丨，及其右上側短斜線俱本狄宛第二期瓬疇圖。此短斜線兆夏至日出之所。《甲骨文編》舉例夥，其眾皆見右斜上短線。亦向左上短斜線。丨謂北南，短斜線向西北謂日落西北。向東北謂東北日出。謂夏至日昏刻、晨刻之所。而短橫線之例罕見。此短橫線字傍斜線字，倘短橫線在丨左，謂日落西，兆春分或秋分日落。短線斜向左下，謂冬至日落。向右下，謂冬至日出所。而蚩尤之卜僅從黿戲例。

許慎釋卜，言「灼剝龜也。象炙龜之形。一曰象龜兆之縱橫也」。董作賓援鄭玄《周禮》注墨、坼，及孫希旦《禮記集解》「火灼龜」，「視裂紋」辨吉凶為說（第三冊註第 44，第 3 冊，第 721 頁）。我檢其非古義，不含事為，僅可導向太史偶然為釋之說。檢灼龜事起於埏埴焙燒事廢，而鑽龜興起。鑽龜事起於蚩尤之教。

蚩尤鑄造事源於姜寨冶銅，而蚩尤施教以青銅兵代狄宛之瓦硎。瓦硎用於伐，即為後世兵器之兵，詳後蚩尤為兵考。蚩尤施教後若干年，瓦面瓬疇圖消退，代之以灼龜。詳後，瓬疇圖淪落考。

依秦簡文，蚩尤卜，而黃帝、炎帝占。王家臺簡 182，「同人曰：昔者黃啻與炎啻戰▢巫咸」王輝先生補殘字以「涿鹿之野，而枚占」。倘從王輝說，蚩尤卜，而黃帝、炎帝占。蚩尤、黃帝、炎帝以此而別事為。詳後，下潘汪瓬疇圖釋暨蚩尤之卜考。

簡 317。連釋「中絕」，不塙。疑字非絕字。甲骨文絕字從匕，從幺。匕字本乙下增短線，下部似斧鉞刃與刀具刀背廓線。王輝說疑字係「绚」，言「從包得聲之字多與孚通用」。以孚人謂庖人而說卦名繫傳本《周易》之《中孚》。其說塙當。我推此疑字乃黿戲得紀之證。「包」謂庖，不可謂之黿戲之黿。此人後嗣在狄宛施教，為瓬疇圖，含重消息義。系部本「少紀」。依古字構，「包」

字在右側，系部在左側，連二者，即得「包」、「紀」二義。依此推考，連究狄宛第二期瓦盂器樣 H379：139 面瓬疇圖，從前考而得其義堛係後世重消息《中孚》，而狄宛第二期堛曾生存庖犧氏。此人本名讀若布、若曝。揭前考，圖三二五，器樣 H379：139 夏至日環鬱輪返當重消息《中孚》。依此二者叕考，庖犧氏畫卦係信史。瓦器瓬疇圖淪喪之後，記此事者媧宗傳人婦好也。如此，《周易》之前，古《易》體以狄宛媧宗之《易》，非寄於庖犧氏。朱震言「初經者，庖犧氏之本旨也」不可靠。以初連八經，事本狄宛宗女。

5）阜陽簡文存媧宗古《易》與《明夷》御龍占源考

（1）阜陽漢簡存媧宗古《易》叕考

簡 2：《坤》作「備東」。簡 117：《復》「馮來无咎」。「朋」作「馮」。帛書《豫》、《咸》、《解》、《損》、《益》諸卦朋俱作「備」。

韓自強先生《周易》異文釋：馮、備等字從朋得聲，故得通〔註206〕。倘從前考五蚌為朋為曆，依朋布算，固可以備代稱。但《復》用「馮」，恐非代稱。依此，致韓氏訓未安。

簡 7：《屯》：「……家·初九：般……」。傳本：「磐桓」。

王聰潘援韓自強說援《釋文》「磐本亦作盤，又作槃」，「帛書作半遠」。援丁四新援《廣雅·釋訓》「盤桓，不進也」。又援《說文》「般，避也。象舟之旋」。《爾雅·釋言》「般，還也」。

簡 133：《頤》「□吏·六二：奠頤弗經於丘。頤。政凶求不得」。傳本：「六二，顛頤，拂經，於丘頤。征凶」。帛書：「六二，曰顛頤，柛經，於北頤。正兌」。

簡 170：九明。簡 171：於𰀀垂其□。王聰潘摹疑字如𰀀 。

傳本：初九，明夷於飛，垂其翼。帛書「飛」作「蜚」，「垂其翼」作「垂亓左翼」。王氏舉依《干祿字書》以𤰞為正字，此字從囧從月〔註207〕。此見不誤，但王氏未釋「垂其左翼」或「垂其翼」。疑字何以連初九卦辭，不詳。

簡 2 叕考：「備」字通「朋」、「崩」。天子歿曰崩。崩者，塌也，勢高而落謂之崩，取艮象，故從山部。其事起於黃帝歿。男宗君歿，少男嗣承。少男

〔註206〕韓自強編著：《阜陽漢簡〈周易〉研究》，上海古籍出版社，2004 年。第 47頁～第 102 頁。簡碼依此著作。

〔註207〕王聰潘：《阜陽漢簡周易校釋》，吉林人民出版社，2019 年，第 14 頁～第 15頁；第 118 頁。

於乾坤六子為艮。艮為少陽。

《坤》卦以「備」言，故在「山」墜於地表，則為地表之物，同陰。倘言落於葬闕謂之墜，則見坤藏之義。此外，蚌殼用於合朔曆算，算而不埽，失正朔。郭店楚簡 45 見偍字，乃戰國字，其源甚古。下從土，故在用蚌合朔曆算，而後簇存於土臺，狄宛第二期存證。

「風」於瓶疇圖，必謂狄宛瓶疇圖之風翅圖。而風翅圖之兆乃飛。而飛字來自瓶疇圖之風翅圖。庖犧氏風姓，其畫記即簡 171 ✦ 字。王聰潘摹字上部猶存舊貌，而下部喪漢簡字存瓶疇圖向畫記轉變之兆。檢此字上部來自屠肆，其源在北首嶺葬闕 77M17：（1）。其下部來自瓶疇圖之似烏風翅圖兩相背。使之右旋，左旋，俱見一邊下垂。任一邊來自烏風翅瓶疇圖。「垂翼」之言出自此象。狄宛第四期器樣 H395：18 合朔日環鬱匕旋肜日似烏風翅圖，後將考釋。

「馮」字讀朋，出自合朔用蚌。從「馬」出自曆術用「馬」，謂不逆數。而《復》卦「七日來復」恰告日鬱曆晝用七，而非曆夜用八。依此考，阜陽《易》卦名存電戲為曆用七，此記匹狄宛第四期瓶疇圖，可謂瓶疇圖轉為畫記之證。乃包犧氏族最早「風」姓或「馮」姓之證。但記此事者，不必是電戲後嗣，而能是媧宗某人。考雙古堆 M2 係夏后灶妻墓〔註208〕。其墓起出封泥「女陰家丞」。「家丞」二字告其來歷定涉觀射父言「家為巫史」。推此女係婦好一脈。而「家為巫史」之記大抵來自女宗。而觀射父遠祖乃男宗之顯赫者。「觀」者，爟也。此姓氏之源在於察爟宿、占爟宿。推其先本「絕地天通」之南正重。

簡 7 覛考：般者，日鬱食分大而月不進謂之般，引申為盤，猶如瓠在水轉動而不行。許慎訓象舟之旋，是。舟者，涉水之瓠也。狀圓，故般字舟部從瓠俯視外廓局部。許言避，則係引申，以日鬱為凶兆，故宜避。狄宛第一期宗女逃逸，隨其逃逸者或及西山坪、或及白家村即其例。言「半遠」，非謬記，而謂月判日而將盡，盡則滿圓，為亡。半者，判也。遠讀圓。記此言者從月芟日謂判之傳而記。此判即狄宛、北首嶺、半坡、姜寨等地起出判瓦。此判瓦以面非光滑而有硎功，以月面磨日面故也。如此，判亦與硎（刑）通。

《彖》言「剛柔始交而難生」釋義直切：剛柔者，剛守刑而柔。難生者，

〔註208〕安徽省文物工作隊：《阜陽雙古堆西漢汝陰侯墓發掘簡報》，《考古》1978 年第 8 期。

妨礙木枯榮也，引申稷粟等時至而不可收。「動乎險中，大亨貞」。月東行受阻，及月掩日蔽日央，見日環鬱。月東行而消，安然正朔為曆。「大」讀多。亨，安然。貞，正朔以正曆。「雷雨之動滿盈」，取《屯》象，下卦為震，雷也。上卦為坎，水也。此水自天，非地上之澤。滿盈者，器大而盡受也，取卦畫之象，第二爻迄第四爻盡坤。坤，藏或納也。天水下即納。「天造草昧」之「昧」謂依曆畫正朔。「天造」者，乾造也。黿戲「造乎震」謂日出之所，日宿在乾所。「宜建侯而不寧」，祖黿戲，又從斗杓匹地上物象。欲察物象，毋寧居。宜者，配享也。狄宛第四期、福臨堡第三期西器面「且」瓬疇圖。建，斗建也。侯，官地上之物象。

簡 133 覈考：廖名春以為，疑「北」訛為丘。「北」讀「背」。此疑今可肯定。六二者，自朔日起算，第二番六夜。望月為第一夜，算訖第六夜，加六夜，得第十二夜。未及月晦之夜。奠頤者，填「頤」也。占日月行道趨近而不交會，無秋分前日鬱，穀物依時得收，輔以曆日。占而祈，故瘞埋以養土。冀以時收穀為養。段玉裁《說文解字注》釋「頤」基義可採。但單薄而不連「奠」。

焦循曰：「讀為顛實之顛，填也」（第三冊註第 135，卷 1，第 24 頁）。填頤謂填土納物為歷便養。「弗經於丘」，謂不從斗杓子午向，當呼籲日月相背。經者，子午向也。於者，噓也，引申呼籲。日、月南北在道，西東而行，故曰背（北）。「政凶」者，逼迫凶兆。日鬱為凶兆。政，加力使正也。正者，曆日不必改元也。「求不得」者，雖著黃衣狐裘，但日鬱否直。求者，裘也。狐裘黃衣也。「不得」訓否德。德者，直也。帛書「顛頤」從此則義清。阜陽簡「奠頤」之奠訓瘞埋或填土於取土之所，無論曾系曆闕、葬闕、燋闕，俱屬奠。而且，舊曆為之所新啟，歷援後填土，仍屬奠。於後世，僅能見地表構築物。「奠」字足以釋新石器器任一動土為曆事。倘非母宗傳人，誰能通毌曆為、占事吉凶之聯？

此外，《周易·鼎》卦、初爻辭義古樸：「元吉，亨」。「初六，鼎顛趾。利出否。得妾以其子。无咎」。帛書作「初六，鼎填止。……」。「顛趾」乃古傳，非文王自創。

「顛」訓填。《禮記·檀弓上》「主人既祖填池」。鄭注「『填池』當為『奠徹』聲之誤也。『奠徹』謂徹祖奠設遣奠」。喬樅案云：「古者填實聲同。說見《詩·東山》及《常棣》箋。……《詩·采蘋》『于以奠之』。毛傳云：『奠，

置也』」〔註209〕。

元亨者，得朔日而安也。元，紀始之日。朔日別日鬱正朔，非日鬱正朔。日鬱正朔為凶，非日鬱正朔為吉。亨，安然。初六者，依狄宛夜曆法，自望月起算，第八夜次晨旦時月在南而消。再算六夜，得第十四夜。次日為晦日，晦日恒不日鬱。故言鼎。鼎顛趾者，朔正而瘞埋手指也，半坡遺址 M8 納手指骨殖（《西安半坡》1963 年，第 205 頁，圖一五〇）為證。顛訓填土。填土者，動土，遣物祈吉。填土既畢，即謂奠。狄宛第一期曆闕、葬闕、營窟底開覆土，凡納瓦器，俱係奠。半坡營窟底開納顱骨覆土亦奠。由此字導出酉，謂配，訓祭奠。依此考，舊考西水坡 M45 者言彼時曾祭祀，此言可更改為：黿戲曾被奠。此葬闕同層探方起出瓦器，係祭奠之證。奠必用灌器。狄宛第四期、北首嶺第三期俱見酉，皆係祭奠之證。

簡 170 瓬考：九明，即《周易》傳本「初九，明」，「夷於飛」之前三字之二字。初九者，自望月算八夜，再遞增第九夜，此謂第十七夜。倘自望月次夜起算，即得第八夜。此第八夜即朔日晝見日鬱。以日鬱為夜。倘某日全鬱之後，三番日環鬱或日偏鬱輪返，此後必見日全鬱輪返。此番日鬱必為日全鬱。三番日鬱瓬疇圖見於狄宛，此圖變為畫記，即囧字。狄宛第四期器樣 H857：4 瓬疇圖即囧圖，而「明」乃夜曆法算式之象，即日鬱天象。

隸定字朙甲骨文別兩向、五狀。而兩向乃字義之本：凡見月在日左，即謂月自西來將芰日。月在日右謂日鬱既，日西行而月東往。五狀：曰月在日右、月在日左；曰田在月右、田在月左；囧在月左（第三冊註第 86，第 398 頁～第 399 頁）。田者，黿戲之事也。

（2）夏啟御龍占承《明夷》初九命吉考

今並考阜陽簡 170「九明」殘文。《周易》「明夷」之「飛」乃「登天」說之源。郭璞注《山海經》引「《歸藏・鄭母經》曰『夏后啟筮御飛龍登於天，吉。』」「筮御飛龍」者，筮見《明夷》卦重消息次第。「飛龍」者，如傳說黿戲御飛龍。飛者，風翅圖也，以其兆風動即奮勒記而訓。龍者，尾宿也。「御龍」或係「有龍」訛而得。賓組甲骨文四字《合9772》、《合9773》、《合4929》、《合4930》（同前註，第 398 頁）。其上部俱係「有」字。第四字「又」字上筆劃來自日鬱圖。前三字上部含黿戲王事星三顆三角圖。龍角之

〔註209〕陳壽祺撰，陳喬樅述：《禮記鄭讀考》（卷 1），《續修四庫全書》第 106 冊，上海古籍及出版社，2002 年，第 22 頁～第 23 頁。

角來自大角星與角宿一。右側乃五帝座一。王事在乎日鬱。字下部來自「乙」反向，又似尾宿狀。

甲骨文「御」字從「幺」「卩」二部，或在左增彳部。而幺部來自嗣「紀」。「卩」來自「神」部加縱向短線，似夕字。詳後，圖四二〇，4，鬶 M47：56 面「神」堆記。御字此部似三角部來自黿戲王事四星圖之常陣一、大角星、五帝座與成三角側視圖。述黿戲王事。而黿戲王事以夏至日鬱為要。如此，「御龍」二字能是「有龍」二字補釋。龍字上部或下部似尾宿狀。「有」變為「御」，述黿戲「神」（乙事），而見御龍。此說大抵成於虞夏，而記於商朝。

如王家臺秦簡 194 記，「明夷曰：昔者夏后啟卜乘龍飛以登於天，而枚占□」。夏后啟卜乘龍，如何能連《明夷》，既往乃一奇題。而今可釋：《升》，帛書作《登》。鳥風翅圖固能兆飛。飛者，升也。「明夷」者，日環鬱正朔，以平春秋分也。夷者，平也。連日鬱正朔，能得狄宛系最古曆正之術，即平春秋分曆術。其事見於拙著第一部，不枚舉。夏啟之占為吉占，故在能平春秋分。此吉乃狄宛宗女念頭之吉。非似今日占卦者之吉。卜以用七為基，出自黿戲自芒（望）月次日畫起算，計迄第八日，加畫第七，得十五日，當畫日鬱。是日即後世正日，亦謂朔日。如前表七佐證。「夷」者，平也，春秋分平。

檢御龍或乘龍登天說之源僅二端：第一，以目「造」尾宿而近。此事太初乃狄宛第一期宗女帝事局部。此後，黿戲曾「造」尾宿，其事屬王事。黿戲不獨造北極星，而且造尾宿，造常陣一、大角星、五帝座一、角宿一。此乃西水坡遺址葬闕 M45 蚌龍圖之源。尾宿九顆，乃自然數九之證。「造」即黿戲造乎震之造，謂目視而達，或「視詣」，如前考。黿戲為男子，寄於娲宗。黿戲歿後，其事被傳為「鬱龍」。若干年後，鬱龍說被御龍說替代。夏啟亦男子，為男宗之君，效黿戲王事，太史記其卜。在蚩尤、炎帝、黃帝時代，卜似先被蚩尤取用。蚩尤取用屬新創，抑或承襲，或承襲而變革，尚待考證。

第二，馴野豬為家豬，而且飼養以道，豬繁育，兆陸蓄。使之以時繁育，在月滿月晦之際，即謂以月消月息而繁育。月消息不過「芒」、「晦」之變。「芒」、「晦」夜數去芒（滿月）夜而為月半，夜數小於或等於十五。取豬下頜骨兆六，取尾宿九，和二數即得十五。狄宛第一期葬闕起出豕下頜骨，第一期宗女帝事而察尾宿。此乃六、九和數之故。依此考，狄宛古《易》（消息）已含九、六。第一期值合畫六、日鬱見日月背行「八」之乾坤冊《典》存於器樣 H3115：10 面上。

《明夷》重消息指下見離、上見坤。離初爻為九，曰「初九」。初九非今曆初九，而謂芒夜後八夜加第九夜，其數為十七，當今曆初三。《周易》此條下曰「君子於行，三日不食，有攸往，主人有言」。「君子於行」者，敬畏天道者籲日月各行其道。「三日不食」者，曆日自晦日迄朔日及次晝未見日鬱。不食者，月不芨日也。此乃吉兆。「有攸往」者，憂懼日鬱而未見，月西行而已。「有」訓鬱，日鬱也。「往」者，行之。阜陽漢簡 138 見一疑字作█。王聰潘摹字█，並以為書寫時訛混致此狀，此疑字乃「西」字，本應是卣。我檢王說半是半非。此字似卣字，也似西字。頗似王氏援《漢印徵》█（西）（《阜陽漢簡〈周易〉校釋》第 26 頁）。我檢王氏摹字上部不誤，下部存疑。阜陽簡疑字下部似郭店楚簡《緇衣》簡 45█（卣）字下部，釋文者讀為攸〔註 210〕。細檢阜陽簡疑字下部外廓內，字似廿字，此部或來自甲骨文「止」，外廓乃「白」。白字引申為魄，本月消息圖。此字上部兆月能在軌道行迄東北或西北。行東北會日，如行西北會日，俱係升日鬱，即今言升日食，逢夏至。如此，卣含義乃月東西行。月東行者，日鬱發生時可見天象。月西行者，夜或晨刻，乃至後晌能見天象，無日鬱。而日鬱乃正朔天象，依此可平春秋分，故郭店卣字下部見█狀，似「二」部謂春秋分平。斜短線兆日落西北，此係黿戲王事子遺畫記之一。阜陽簡 138 疑字「白」內筆劃訓「止」，謂正朔。上部墇從乙，乃狄宛乙教畫記。

此重消息「初九」曆日無日鬱，無忌。此乃夏啟吉占之故。倘發生日鬱，夏啟將臨覓替身被屠肆之事。

（3）狄宛陰陽消息效芒離《易》本論暨芒三初三節三爻曆術布算推考

依前檢夏啟用數考，對照表八，並從前考狄宛夜曆法推數，今呈表布算，以顯芒為狄宛陰曆之樞。月輪返依芒，每芒納節三。每三節見月消息不休，此乃《易》謂變易說之源。倘見日鬱，由月芨日而推導日從而變易，此乃陽從陰而消息之義。

月消息三節，為陰三爻。日鬱見月芨日，陽消息亦三爻。故得六爻，純陽、純陰合而為六爻。純陰、純陽非爻，故在陰、陽不交，故《乾》、《坤》不宜入六十四爻變，而宜為孤純卦畫。如此，六十二爻變係狄宛第二期重消息。此二例宜訓陰盡息或陽盡息。由息而消，為變。由消變為盡息，亦為變。言爻

〔註 210〕荊門市博物館：《郭店楚墓竹簡》，文物出版社，1998 年，第 20 頁，《釋文》第 131 頁。

變即言月消息，或日消息。日月之納，陽陰盡納也。爻含二義：第一，日月交。第二，甲骨文爻字謂三爻而盡。此三爻即月芰日三番，第四番日鬱如第一番，於同地同時輪返。此乃狄宛古《易》說天象學所在。

六爻源自狄宛第二期，我在《祖述之一》已考述，今補數言。狄宛古《易》即第一期已存八經消息，第二期重消息成，證在第二期若干瓶疇圖堪依重六爻得釋，前考狄宛器樣 H379：139 重消息《中孚》僅係一斑，半坡器樣 P.4740 瓶疇圖係重消息《大過》（《祖述之一》第 505 頁）。其姊妹畫必存於北首嶺遺存。

古《易》三題於後世亡軼：第一，合朔為曆並於陰陽消息。第二，陰陽消息又以瓶疇圖呈現。第三，合朔為曆基於朋算。欲便學者細檢，今為狄宛月消息體譜。此譜堪為曆日之效。而諸夏曆法之夜曆、畫曆義全。

表八　狄宛母宗夜曆月長芒弟初譜

芒	弟	弟	弟	弟	弟	弟
前輪返	一	二	三	四	五	六
弟	初（節）	弟	弟	弟	弟	弟
七	八	九	十	十一	十二	十三
弟	弟	初一（節）	弟	弟	弟	弟
十四	十五	十六	十七	十八	十九	二十
弟	弟	弟	初二（節）	弟	弟	弟
二一	二二	二三	二四	二五	二六	二七
弟	弟	芒				
二八	二九	輪返				

狄宛月消息為月長之基，月長為歲長之基。而器樣 H3115：10 乾坤冊之《典》補以此譜，即得狄宛第一期夜曆法體統。

狄宛昔聖為曆，每月三初。首初謂之初，合今陰曆二十三。三初盡，得夜數二十四。效此數，堪為日鬱曆算用八，以八統日鬱之變。廖名春依羅泌言「《歸藏》用八」設擬，倘《歸藏》Λ 是六，上海簡《周易》、阜陽漢簡《周易》用 八、馬王堆帛書《易經》之 ⅃Ⴤ 是八，則《歸藏》用六，而《周易》用八（第三冊註第 163）。檢廖先生此說無基：阜陽簡 八 非八字，而是 Λ 減省，去上銳頭而成，此字仍是六。而馬王堆 ⅃Ⴤ 字乃陸字古字。甲骨文已不見此字，僅見其為

偏旁，彳部字俱從 」乚 字，但轉向或等於直角，或不足 90°，或大於直角。馬王堆《易》乃利氏《易》，非《周易》，本申戎氏《易》，如前考。申戎氏仍傳庖犧氏傳古《易》，必用六、九匹數。H3115：10 乾坤冊《典》用六，係其證。重消息六爻僅以六、九之變為算，輔以初或然二變，或自六變九，或自九變六。但俱效「八」。效八者，基於日鬱為曆正朔也。此乃《易》曆法精粹。

（4）歸藏齊母奠母《易》名釋

前已決朱震「初經者，庖犧氏之本旨也」說不可靠。今依表八「初」用數「八」而論馬國翰輯重消息八經，則此八經之初爻非九即六。「初經」係宗女之教所致，非庖犧氏之能。依前檢，今可決庖犧氏獨命或獨為重消息三者：第一，《復》。第二，《中孚》。第三，《大過》。男宗傳庖犧氏之能而摘去狄宛宗女之教，此乃後黃帝時代大事，此事隱沒於經籍。

題涉「畢日」名，今饋其義：畢者，月近畢雨。以月似被畢宿收住而雨下，類比日烏月丸被收住，收者為羅，二者與被收住而雨下。依此考，存即「畢日」之條乃最古題涉日鬱之名，乃狄宛第一期宗女言日鬱之語經，珍謂無必。

「歸藏」者，旂疇家曆為而理骨埋骨殖也。歸者，鬼也，此題顯於商代。藏者，地納也。地納骨殖隨葬物謂之遣。舊學「陪葬物」、「隨葬物」乃遣物。

「齊母經」本係「齊毋經」。毋訛為母。齊者，黿戲王事，常陣一、大角星、五帝座一、角宿一與成菱星圖。使菱星圖為三，上一，下二，此乃齊字源。成片麥穗於三月末吐出，謂之齊穗。由此得知，「齊母經」乃黿戲後嗣庖犧氏紀庖犧功業命名，而且含避忌毋。毋或潛謂「芒」，即日鬱為忌。

廖先生以為「鄭母經」本名「奠母經」，此推測是。奠者，填也。旂疇家理骨曆為，而後填土。填土即奠首義。遣瓦西，此乃奠。倘無瓦西，而見它樣水器，或菱星狀瓦器，俱可釋為奠。奠母者，奠毋也。以日鬱之忌而奠也。前考若干葬闕非日鬱之忌而何？推鄭母經之名來自奠母經。

王明欽先生以為，「古人傳書，多為口傳心受，借用同音同義字，本來就很常見」。檢此說不搞。韻讀混淆，能成就同音字，但決難借用同義字，借用即謂變屬或變係。我不信王先生說，而且，依考佐證字異義異時代異傳者異之事，譬如，馬王堆利氏《易》帛書「乾」作「鍵」，「大過」作「泰過」，「中孚」作「中復」、「震」作「辰」、「離」作「羅」等，每名俱有義。凡一重消息異名，必由狄宛第二期《易》多途異世傳習所致。

（四）狄宛第四期瓻疇圖附原子頭瓻疇圖體釋

1. 日環鬱影日或肜日圖

1）毌央影日圖二等

（1）狄宛第一期乙教更為肜日圖

後圖三三八，器樣 F3102：10，某種碗殘部。掘理者言，上腹殘存 4 組 3 條弧線構成之垂弧紋，腹內壁飾以 S 形紋，唇邊飾以黑周彩。細檢此內菹圖，從前體釋之脈，即掘理者識見粗疏。今檢此器內菹圖係狄宛第一期瓦盂內壁赤色陽射率六圖子遺（器樣 H3115：11），此圖又係乙教畫記之本。三股乙粗線交於器底，三股間地色堪視為月要圖。從此義釋，即得日鬱圖義。器口沿冥線兆日環鬱。下潘汪頻見乙畫，推其本在此器兩「乙」線相間而兆日鬱。

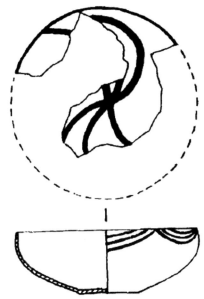

圖三三八　器樣 F3102：10 狄宛第一期乙肜日復興圖

（2）日環鬱錐影胅垂照圖

圖三三九　器樣 T309③：58 日環鬱錐影胅垂平鋪圖

夏縣西陰村遺存被李濟掘理。李濟曾識見某種「鐵十字」狀。其圖來自狄宛器樣 T309③：58 圖，自此圖減一股即得其狀。

2）日環鬱肜日圖三樣

（1）日環鬱匕旋肜日圖

器樣 T801③：67 圖係日環鬱匕旋肜日圖。央圖似鳥首，能引發諸多題涉「鳥」類聯想，諸聯想俱以無本而不堪信賴。

圖三四〇　器樣 T801③：67 日環鬱匕旋肜日圖

（2）日環鬱月要肜日圖

圖三四一，器樣 T801①：53 貌甚奇異，細察口唇肜日圖，對照瓦面圖，即得釋義：日環鬱寄於肜日圖。此圖於諸夏歷史具珍謂。

圖三四一　器樣 T801①：53 日環鬱寄月要肜日圖

（3）日環鬱匕旋彤日減省圖

圖三四二，器樣 T703②：61 難識，但檢照前檢圖義，即得此等圖義：日環鬱匕旋彤日減省圖。其匕旋、冥丸圖面俱減。央圓圈乃日環鬱減省。冥線係影日圖，環狀地色係匕旋減省圖。

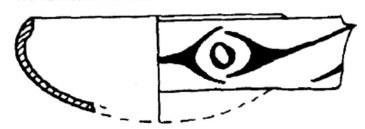

圖三四二　　器樣 T703②：61 日環鬱匕旋彤日減省圖

3）合朔日環鬱月要彤日圖

（1）乙畫反旋合朔日環鬱月要彤日圖

《發掘報告》（上冊）圖三六七，1，器樣 H846：3。此圖甚難訓釋。倘連第一期乙畫，合朔彤日地色月要圖，則能見第一期嗣承之義。而且，此圖含反乙畫。此反乙於諸夏古史乃前未聞大事：母宗之治疏散。日環鬱為紀事本西水坡 M45 死葬電戲。舊說 S 線非是。言 S 必使人聯想拉丁文 S。我以為，宜以體釋察此畫。可命之：合朔日環鬱繁月要彤日反乙畫。月要彤日圖在後世變為嬴畫。此月要彤日圖或來自北首嶺 M52：（1）半環狀圖外側放寫。

圖三四三　　器樣 H846：3 第一期乙畫反旋合朔日環鬱月要彤日圖

（2）歲合朔日環鬱氣通氣斷圖

後圖三四四，歲合朔日環鬱氣通圖：器樣 T810④：53。此圖演變能為歲合朔陰陽氣斷圖，證在 T802③：25，前已具，不贅言。此二等瓬疇圖變樣紛繁，舊釋以為植物葉片，謬甚。

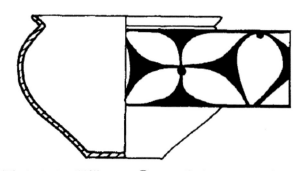

圖三四四　器樣 T810④：53 歲合朔日環鬱氣通圖

此圖央或端烏丸謂日環鬱，又謂曆法元日不誤。合朔圖能告日行軌道圓轉而滿度。如此，氣通之義得見。

（3）多番合朔日環鬱月要肜日圖

多番合朔得日環鬱圖如後，器樣 H226：13，前圖三三九。日環鬱畫在央，兩側左上，右下乃肜日圖。

圖三四五　器樣 H226：13 多番合朔日環鬱月要肜日圖

（4）合朔日環鬱兩鄰肜日圖

合朔日環鬱兩鄰肜日圖即器樣 QD0：314 圖樣，此圖日環鬱兩鄰，甚難識見。合朔圖殘，猶可跡見，肜日圖由見於口唇。

圖三四六　器樣 QD0：314 合朔日環鬱兩鄰肜日圖

（5）合朔日環鬱匕旋肜日似烏風翅圖

狄宛第四期器樣 H395：18 圖甚難訓釋。我依前考琂影烏丸圖推知，此器口唇三烏丸乃日環鬱圖。由此，勘審殘器面存合朔、肜日、日環鬱加烏風翅圖。烏風翅圖乃「勿」字源。勿字韻從暮，取義日環鬱光影猶暮時，而非昏時或夜時。「潛龍勿用」者，潛龍暮用也。經文依此訓則通，否則訟恒不斷。

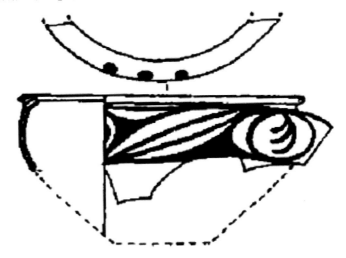

圖三四七　器樣 H395：18 合朔日環鬱匕旋肜日似烏風翅圖

（6）羅賀日環鬱烏風翅轉向相偶圖

器樣 T205①：4，下部乃烏風翅轉向相偶圖。上部左邊乃日環鬱肜日圖殘部，右邊羅賀圖殘部。上部左圖見於內蒙古赤峰西水泉遺址器面，圖三五，3，器樣 T26①：4，亦是日環鬱圖之肜日圖。

圖三四八　器樣 T205①：4 羅賀日環鬱烏風翅轉向相偶圖

2. 羅賀圖變

1）月要彤日羅賀圖與合朔羅賀日環鬱彤日圖

（1）月要彤日羅賀圖

圖三四〇係第四瓨疇圖器樣 T316②：51。此圖固係第三期器樣 T210③：38 別解，但饋證彤日羅賀圖照釋，由此照釋而勘審，此乃史前瓨疇家世代功業之證。日鬱之察起於狄宛第一期，而黿戲後嗣還故鄉後，則以羅賀圖曆法檢索與類別日鬱之狀，季節、月日、時辰。

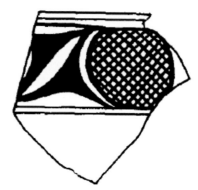

圖三四九　器樣 T316②：51 月要彤日羅賀圖

器樣 T316②：51 之姊妹器係圖三四一，器樣 T803③：113。此圖加日環鬱畫。第四期前，彤日圖能連合朔、日環鬱，但賀羅曆算不必顯日鬱之環鬱或偏鬱、全鬱。依我前考，瓨疇圖能為「日食記事」，即日鬱記錄。由此記錄及既往記錄，連而能告歲睹日鬱之月、日，乃至數代瓨疇家依舊記而行羅賀曆算檢別，如此而得豫某一番日鬱輪返之垢言。推《尚書》、《毛詩》等文獻細算之言不少，《周易》含此等曆算，但傳者不傳或不題曆算。推其事出自瓨疇曆圖變畫記、勒記之際舊算喪佚。傳本多樣，屬難免之事。

（2）合朔羅賀日環鬱月要彤日圖

器樣 T803③：113 見合朔畫、羅賀圖、日環鬱、彤日畫，故命之合朔羅賀日環鬱彤日圖。

圖三五〇　器樣 T803③：113 合朔羅賀日環鬱月要彤日圖

（3）月要彤日羅賀日環鬱圖

後圖係彤日羅賀日環鬱圖，器樣 F401：2，似烏禽圖。但羅賀部使其連前圖義。此等瓬疇圖易於視為象生圖，其狀便於目睹者聯想，以為某生物。此乃傳說宜被甄別之故。

圖三五一　器樣 F401：2 月要彤日羅賀日環鬱圖

（4）合朔風翅羅賀日環鬱月要彤日圖

器樣 H374：28，孤器圖難識，但依體釋，昔聖寄義可辨。此圖含合朔風翅羅賀日環鬱彤日圖諸部。

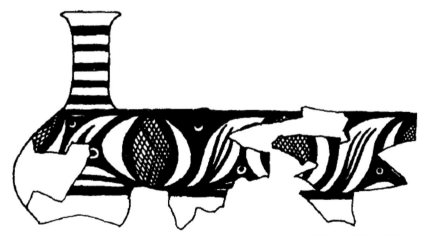

圖三五二　器樣 H374：28 合朔風翅羅賀日環鬱月要彤日圖

此圖三叉狀線貌似怪異。細察得知，此一股變三股，出自合朔圖並日軌道長軸斜陳央烏丸變遷。烏丸者，日環鬱冥芯也，今岔為三，能告三番日環鬱，或日月道會依三輪返，非月要彤日圖。此圖樣乃後世「烏三足」圖源。

2）羅賀日環鬱七日來復圖變

（1）合朔羅賀日環鬱彤日附七日來復畫記

檢器樣 QDV：2 外蒞圖，細察而見諸畫縱置橫連。別而後體檢，而得圖義，由其義的得其名：合朔羅賀日環鬱月要彤日圖附七日來復畫記。

圖三五三　器樣 QDV：2 合朔羅賀日環鬱月要彤日圖附七日來復圖

（2）羅賀日環鬱七日來復匕旋彤日畫記

器樣 H826：11 圖貌奇異。細察而後照以前諸圖，顧羅賀圖殘部，即得圖義。今名之：羅賀日環鬱七日來復匕旋彤日圖。

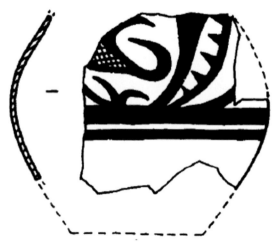

圖三五四　器樣 H826：11 羅賀日環鬱七日來復匕旋彤日畫記

（3）羅賀兩番日環鬱彤日似蟲瓶疇圖

器樣 F820：15，賀羅日環鬱兩番圖。近壺口冥色納平行兩地色圓點乃日環鬱減省圖，每圓點兆一日環鬱。彤日圖在兩圓點周遭，上端貌似三角地色兆日影之源於地為帶，帶為面，面可為方。

圖三五五　　器樣 F820：15 羅賀兩番日環鬱彤日似蟲瓶疇圖

（4）日環鬱三番盡拘雛圖附影日圖

狄宛第四期器樣 H857：4，掘理者言，侈口罐，寬斜沿，沿內圓弧，上腹微鼓，橙黃瓦，上腹部飾對弧三角紋、圓圈紋及院內添加的弧線紋。口徑程 30.8cm。檢期面係日環鬱影日及日環鬱三番盡拘圖。如此圖樣在原子頭第四期變樣，譬如器樣 H99：1，福臨堡晚期、楊官寨亦見其圖。其圖之兆：三番日環鬱被拘於橫截日環鬱照射圓面。

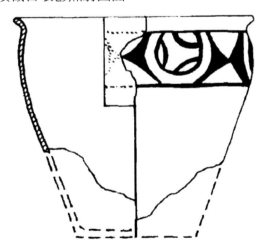

圖三五六　　器樣 H857：4 日環鬱三番盡拘雛圖附影日圖

日環鬱三番盡拘雛圖變為畫記，其一變成甲骨文囧字，《新甲骨文編》饋證不少（第 399 頁）。

（5）附錄黿戲後嗣日環鬱祀祖圖

器樣 H813：27，掘理者言，器殘餘肩與腹部，肩腹接荏見 6 條凹弦紋，殘留 1 個圓泥餅，肩腹飾以斜線紋，線紋之上飾白色彩繪，三角紋、圓圈紋及橫線、豎直線（《發掘報告》上冊，圖三五四，14）。

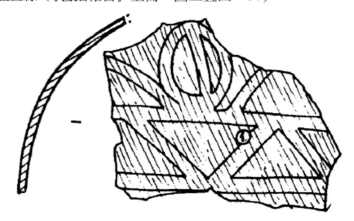

圖三五七　器樣 H813：27 黿戲後嗣日環鬱祀祖圖

檢上環狀乃日環鬱圖，央縱向圖告午時陽貫照，寄此圖告夏至。連前圖謂夏至日環鬱。兩側飛軌，告彤日。日環鬱圖下乃「且」字本狀，來自黿戲察見大角星、角宿一、五帝座一三星。其側旁圖乃且重見。重者，紀連也。此圖含追記西水坡 M45 黿戲之義。其後嗣之紀未絕。推此圖能饋給西水坡 M45 黿戲以降世系，惜乎殘損。

此器「祀祖」圖係江蘇六合縣程橋東周葬闋起出殘銅五片圖〔註211〕之本。銅片殘圖係宗胥虎妝坐尸祭祖嘗新圖等，詳後，圖四二八與考釋。銅片殘圖見「且」字即此圖日環鬱下「且」字，兩圖產生時差約 3000 年。二圖互證，狄宛系宗女掌男宗世系。

3. 原子頭第一期迄第四期瓱疇圖體釋

1）合朔圖與合朔日環鬱眾圖

（1）合朔圖與合朔日環鬱圖

圖九四，2，器樣 F31：5，合朔日環鬱圖。圖九四，8，器樣 F33：1，合

〔註211〕江蘇省文物管理委員會、南京博物院：《江蘇六合程橋東周墓》，《考古》1965年第 3 期。

朔日環鬱別樣圖。圖九七，2，器樣 H84：2，沿面：合朔圖。圖九八，2，器樣 T13⑥：15，合朔日環鬱圖。圖九八，3，器樣 H55，日環鬱似珥影日鳥圖。圖九八，6，器樣 T35⑥，合朔日月道會殘圖。圖九八，7，器樣 T41⑥，日環鬱散射圖附合朔圖變。圖九八，11，器樣 T42⑥，日環鬱圖。

　　附：圖九二，2，器樣 H126：5，瓦碗冥帶勒 Λ 記，謂六月。補釋狄宛瓦碗 M222：1 冥帶「｜」（第七）。由此二器得知，狄宛瓶疇圖曾在原子頭增益與訓釋。

　　（2）合朔日環鬱似眾目圖

　　圖九七，3，器樣 H42：1，合朔日環鬱並列似眾目輻輳，推測右下缺一合朔日環鬱圖。傳播於東方。

　　2）日環鬱影日與影日肖魚圖

　　（1）日環鬱影日或縱切三角日照與扇面照射圖

　　圖九三，1，器樣 F4：4，日環鬱影日圖。圖九四，1，器樣 H84：3，日環鬱與橫截扇面照射與日環鬱遷徙圖。圖九四，3，器樣 H65：4，日環鬱縱切錐照三角圖，側旁橫切日照扇面圖，左右錐照三角圖納日環鬱橫截圓照背反圖。背反圖似狄宛第三期器樣 T344③：P25，圖一二八，5。圖九四，5，器樣 F33：5，日環鬱圖附縱切錐照圖。圖九五，2，器樣 H12：4，日環鬱與錐影及照方圖。圖九五，3，器樣 H100：3，日環鬱錐照三角圖與合朔日環鬱圖。圖九五，5，器樣 T6⑥：3，合朔與日環鬱錐照縱截三角圖。圖九五，6，器樣 F3：6，使底向東，面北，得日環鬱冥芯日射繁拓圖。圖九五，7，器樣 H65：3，日環鬱縱截錐影反向間陽圖。側旁系日環鬱照方圖。圖九五，1，器樣 F8：1，日環鬱光影縱切錐狀圖，加日環鬱自西向東似上坡移動圖。圖九五，4，器樣 F6：6，日環鬱光影縱切錐狀圖，加日環鬱自西向東似上坡移動圖。似圖九五，1，器樣 F8：1。似狄宛圖一一四，3，器樣 H379：188。

　　（2）縱切錐影反向布方菱星圖

　　圖九六，1，器樣 H65：2，日環鬱縱截錐照錐影圖，反向布方為菱星圖。圖九六，2，器樣 H48：2，日環鬱錐影圖別樣附縱截錐照錐影菱星圖。圖九八，1，器樣 F28，似圖九六，1。日環鬱縱截錐照錐影圖，反向布方為菱星圖。

　　（3）日環鬱影日肖魚圖

　　圖九三，3，器樣 F27：8，日環鬱影日肖魚圖。圖九六，3，器樣 H12：5，日環鬱影日肖魚圖殘部，附日鬱冥芯圖。圖九六，4，器樣 H55：1，日環

鬱影日肖魚圖。附直匕日圖。圖九六，5，器樣F33：4，合朔日環鬱影日肖魚圖，附橫截錐照圖，及月要肜日圖與直匕日圖。圖九八，9，器樣H85，日環鬱影日肖魚圖殘部，附直匕日圖。圖九八，10，器樣T9③，日環鬱影日肖魚圖殘部。

3）日環鬱肜日圖

（1）日環鬱月要肜日圖

圖九三，5，器樣 F27：16。日環鬱月要器座兆肜日。圖九四，4，器樣H19：2，合朔日環鬱月要肜日圖。圖九四，6，器樣H100：1，日環鬱月要肜日圖附器雙耳兆日環鬱。圖九四，7，器樣H100：5，日環鬱月要肜日圖。圖九五，8，器樣T13⑥：21，日環鬱月要肜日圖，附照方圖。圖九七，5，器樣F2：1，日環鬱繁圖與日環鬱月要肜日圖。圖九八，5，器樣T34⑥（1），日環鬱月要肜日圖。圖九八，8，器樣T34⑥（2），日環鬱與縱截錐照圖，與月要肜日圖。

（2）日環鬱匕旋肜日圖

圖九八，12，器樣H45，日環鬱冥芯圖與匕旋肜日圖。

4）日環鬱錐照月要圖布輳與合朔日環鬱道會曳影扇面照地圖

（1）雜湊日環鬱月要肜日圖

圖九七，1，器樣F33：3，壁面：合朔與日環鬱圖及橫截日錐照圖，與月要肜日圖。器沿面圖：合朔圖與日環鬱橫截錐照圖。圖九八，4，T34⑥，日環鬱照方地與縱截日環鬱錐照圖為三角，及錐照橫截圖反半，與月要肜日圖。

（2）合朔日環鬱道會曳影扇面照地圖

圖九七，4，器樣H84：1，左列：合朔日環鬱圖。左第二列：日環鬱扇面照地圖。央列：合朔日環鬱圖。左第四列：上三層係日環鬱扇面照地，第四層係合朔日月道會日環鬱圖。右列：日環鬱曳影圖。

5）日環鬱三番盡拘及匕旋肜日單向致禽圖釋

（1）日環鬱三番盡拘附縱截錐影圖

圖九九，1，器樣H99：1，日環鬱三番影日圖，寄盡拘日環鬱之念，輻輳於橫截日環鬱錐照圖。左側圖源：縱向自上而下切錐影而並為菱星圖狀，間縫照來自日環鬱垂照。日環鬱三番盡拘圖，或謂以一番日環鬱而正其餘日環鬱。

圖三五八　器樣 H99：1 日環鬱三番盡拘肜日圖

（2）日環鬱錐影三股附匕旋肜日單向兩間風翅圖

前圖九九，2，器樣 H112：1，日環鬱錐影三股附匕旋肜日單向兩間風翅圖。右側係匕旋單向肜日兩間圖，左側係日環鬱錐影冥芯三股兩間圖，貌似禽風翅圖。右側圖似狄宛第四期器樣 H395：18，「勿」畫。本匕旋肜日圖。前考圖三五二含其局部。

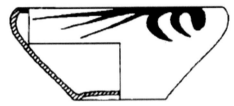

圖三五九　器樣 H112：1 日環鬱錐影三股附匕旋肜日單向兩間風翅圖

舊說以此圖納鳥紋，其說無本、無歸。倘從其說，將隱沒此類畫作姓源部含義。《帝王世紀》言庖犧氏風姓。其本在此等畫作。依此等畫作，庖犧氏之姓顯寄於匕旋肜日部。而匕旋肜日部即後世申戎部。換言之，黿戲乃申戎遠祖。

（3）日環鬱影日匕旋肜日致鳥風翅圖

圖九九，3，器樣 H104：6，日環鬱影日匕旋風翅圖，畫日環鬱似喙不全。

圖三六〇　器樣 H104：6 日環鬱影日匕旋風翅圖

（4）日環鬱影日匕旋肜日反向之禽風翅立止圖

瓬疇之一等堪命日環鬱影日風翅圖，屬禽鳥瓬疇圖一樣。其本在原子頭遺址，器樣 H99：8。任誰察看，俱能見「鳥翅」「鳥足」。但彼時尚無鳥說，而行禽鳥說。禽者，擒也。羅賀擒鳥日與丸月也。由此，得圖名日環鬱。此圖較它圖貴在日環鬱影日風翅圖加禽足。

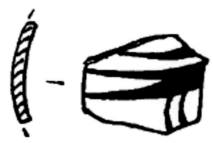

圖三六一　日環鬱影日匕旋彤日反向致風翅立止圖

　　器樣 H104：6、器樣 H99：8，俱含匕旋彤日圖。諸圖亦饋證，黿戲後嗣曾為施教者，從宗女之紀而得紀年。皇甫謐言庖犧氏風姓，倘以此言謂屠肆於西水坡之黿戲後嗣，此言確當。倘以施教於狄宛、北首嶺、泉護村之為風翅圖之瓬疇家為太皥，則係大謬。

第二卷終